プロ野球12球団ファンクラブ全部に20年間入会してみた!

長谷川晶一

（12球団ファンクラブ評論家®）

12球団ファンクラブ生活20年間で得た特典グッズの軌跡

全球団入会10年目、2014年！
ここからさらに10年、
ユニフォームや特典グッズは
さらに増え続ける

ユニフォーム、キャップ、バッグ、クッション、野球用具、ぬいぐるみ、ピンバッジ、DVD……。プロ野球ファンクラブの特典は多岐にわたる。12球団×20年分のファンクラブ特典を集めると、必然的にとんでもない量になってしまう。

歴代GOYコレクション

「GOY」とは?
「グッズ・オブ・ザ・イヤー」の略。1年間のファンクラブ特典のなかで、ファンクラブ評論家®の長谷川がもっとも優れたグッズと評価したものを独断で表彰する
※2005〜2014年GOYの写真は10年前のものです

2005年 GOY Goods Of the Year

イエローメッシュジャージ
阪神
毒々しいまでの黄色こそ、
この球団のアイデンティティ

2006年 GOY Goods Of the Year

宮崎駿デザインぬいぐるみ
中日
巨匠の生み出した新キャラ、
その名も"ガブリ"

2007年 GOY Goods Of the Year

鉄平ボブルヘッドフィギュア
楽天
ファンが選んだ前年度MVP、
この傾きが天才の証明！

2008年 GOY Goods Of the Year

オリジナルバスタオル
日本ハム
なんの変哲もないタオルのはずが、
人生のパートナーに

2009年 GOY Goods Of the Year

「カオシマ」ユニフォーム

広島

ホームとビジターのユニを掛け合わせた革新的デザイン

2010年 GOY Goods Of the Year

つば九郎プレミアムフィギュア

ヤクルト

スタッフの対応を含めて大満足、重量感溢れる本格派

2011年 GOY Goods Of the Year

オリジナルスウェットジャケット

西武

センスとクオリティが群を抜く、歴代最高アイテム

2012年 GOY Goods Of the Year

黒ひげ危機一発ジャイアンツバージョン

巨人

タカラトミーとまさかのコラボ。遊び心が最高！

2013年 GOY Goods Of the Year

オリジナルパーカー

ロッテ

FC界の雄の意欲作、普段使いできる高品質に大満足

2014年 GOY Goods Of the Year

ダイヤモンドプラスプレミアムバット

阪神

選手サイン刻印入り、
プレミアム感溢れる黒塗りバット

2015年 GOY Goods Of the Year

全選手サイン入りカード

楽天

年会費10万円超、
球団の本気度が違うブースター特典

2016年 GOY Goods Of the Year

リュック

オリックス

透かし加工が施されたチームロゴ、
ハイセンスに脱帽

2017年 GOY Goods Of the Year

Gボックスチェア

巨人

“ストレージの巨人”、
椅子としても使えて強度抜群

2019年 GOY Goods Of the Year

レオとライナのステテコ

西武

FC初のボトムス登場、
ファンの生活に
密着する西武

2018年 GOY Goods Of the Year

キャッチャーマスク

DeNA

軟式野球で使える野球用具から
“ガチ野球路線”へ

2020年 GOY Goods Of the Year

ランタン

日本ハム

停電時も安心、
災害が多い国で暮らす
野球ファンの灯

2021年 GOY Goods Of the Year

レオシルエット掛け時計

西武

4選手の肉声を含む9種の音声が
生活に彩りをもたらす

2022年 GOY Goods Of the Year

宮崎牛モモ
スライス500g

オリックス

超革新的アイデア、
時代はとうとう"食べる特典"へ

2023年 GOY Goods Of the Year

醤油皿

広島

醤油を垂らすと絵柄が浮き上がる、
珠玉の謎アイテム

2024年 GOY Goods Of the Year

しゃけまるネックピロー

日本ハム

応援グッズとネックピローの
2WAY仕様がありがたい

広島のユニフォーム特典は独自路線を独走中。ホーム版とビジター版を掛け合わせたり、特殊な加工を施したり、ノースリーブにしたり……。そんな17年分の“ユニホームの海”に潜り、バタフライを決めてみた

12球団ファンクラブ
珍品&名品コレクション

腕時計

日本ハム、DeNA、ヤクルト、阪神、巨人ほか

箱入りの高級時計は日本ハムの「SEIKOコラボウォッチ」(2024年／4万円の追加料金が必要)。2022年にはDeNA、ヤクルトの「スマートウォッチ対決」が展開された(詳しくは54ページへ)

コロナ関連グッズ

ヤクルト、阪神、巨人、ソフトバンク、日本ハムほか

2020年のコロナ禍以降、マスクや卓上加湿器のようにコロナ関連グッズを特典とする球団が急増した(詳しくは36ページへ)

DVD

ソフトバンク、西武

継続特典としてソフトバンクが先駆けて採用し、好評を博したDVD。その後、西武も追随している

掛け時計

ロッテ、西武、日本ハム

生活に密着した掛け時計の特典。「そろそろナイターが始まる時間だな……」と時間を意識できる

Bluetooth スピーカー

阪神、ヤクルト、DeNA

2023年にセ・リーグ3球団の間で「Bluetoothスピーカー戦争」が勃発（詳しくは54ページへ）

ピンバッジ

12球団のファンクラブに入会していると、継続特典などでピンバッジが続々と集まる

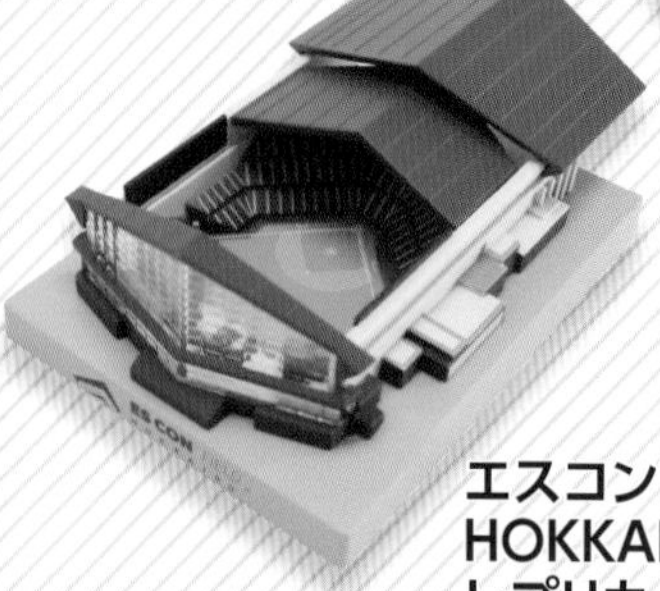

エスコンフィールド
HOKKAIDO
レプリカ
日本ハム

折り畳み傘
DeNA

スタジャン
ヤクルト

まだまだあるぞ！
珍品、名品、
数々のコレクションを
ご覧あれ！

ドアラ折りたたみ収納スツール
中日

ブレザー
楽天

でじたる つばくろっく

ヤクルト

ヘルメット

阪神、楽天

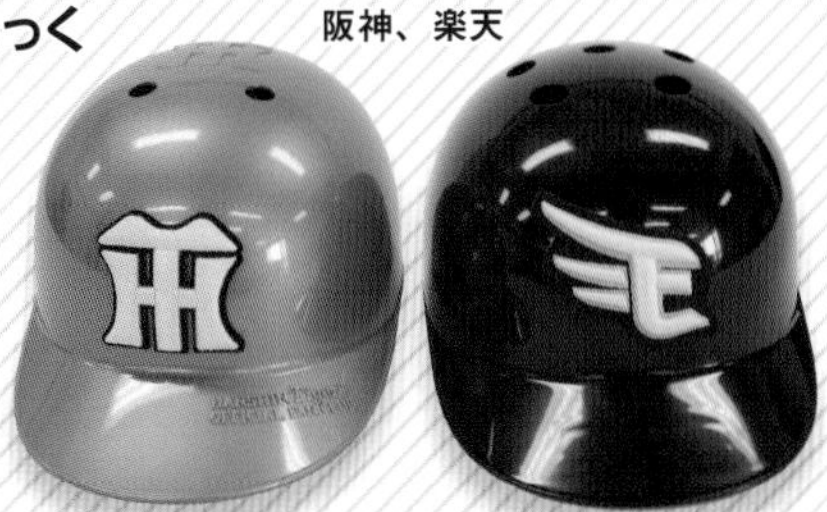

ストラックアウト

ソフトバンク、中日

野球盤

オリックス

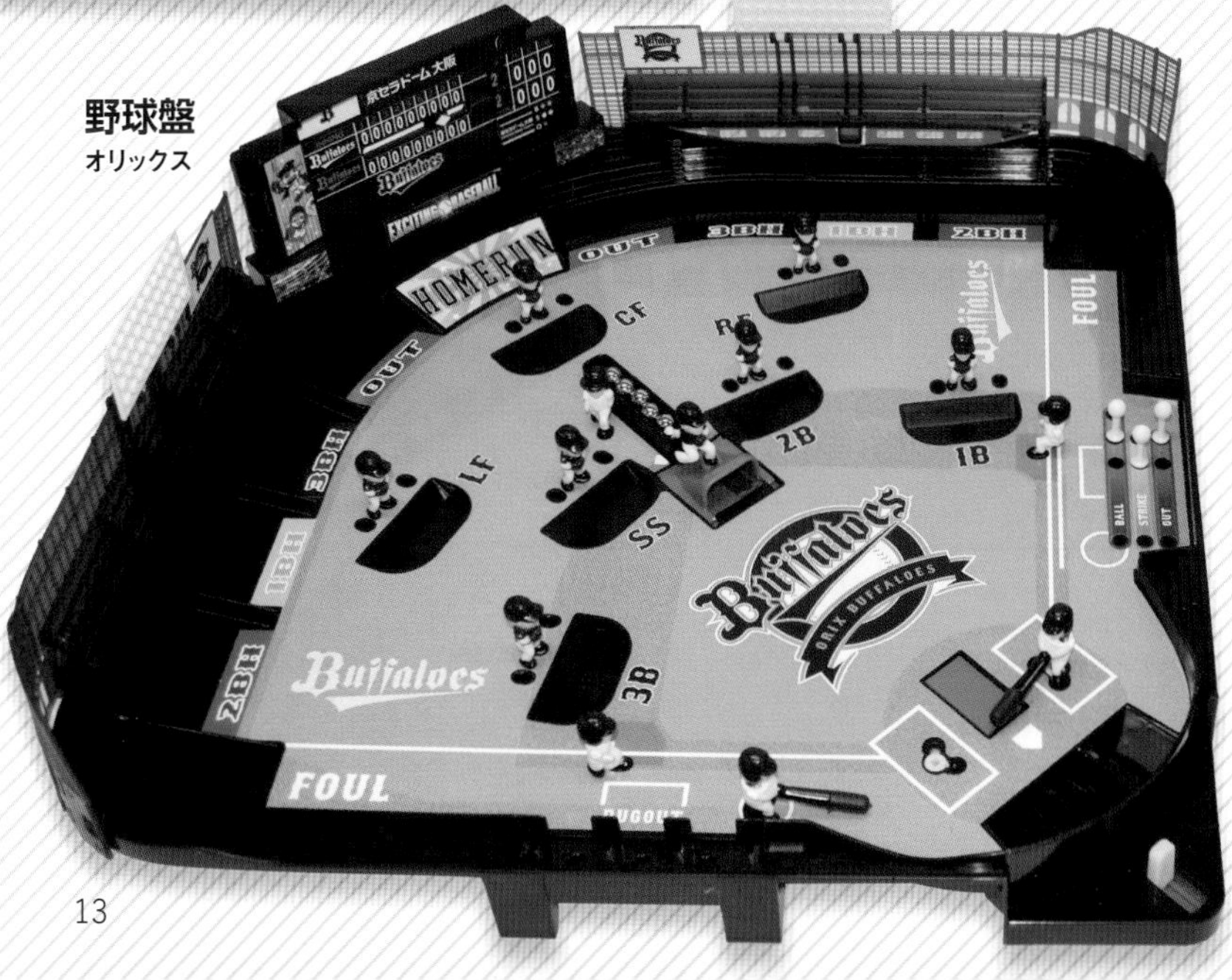

プロレスファイティングキット
楽天

扇子
ヤクルト

ドアライバー
中日

ツミコレ
巨人

ボストンバッグ（本革）
ソフトバンク

つば九郎クッション

ヤクルト

アースミュージック&
エコロジーとのコラボバッグ

DeNA

ラジコン

楽天

レオとライナの
シャンプー
ボトルセット

西武

ラウンド型タオル

広島

目覚まし時計
(選手音声付き)

ソフトバンク

毎年12球団から届く荷物の山

毎年春になると、著者の自宅には各球団から大量の特典が届く。段ボールを開封して整理しているものの、12球団×20年分のグッズが集まれば、当然ながら収納場所にも困ってしまう。好きでやっていることとはいえ、「いつまで続けるべきなのか?」という自問自答は続く……(詳しくは198ページへ)

プロ野球12球団ファンクラブ全部に20年間入会してみた！

著者・長谷川晶一（12球団ファンクラブ評論家®）がつぎ込んだ会費総額

216万2,685円

2005年	¥41,600
2006年	¥49,400
2007年	¥49,000
2008年	¥48,800
2009年	¥51,300
2010年	¥57,300
2011年	¥46,300
2012年	¥50,800
2013年	¥56,800
2014年	¥177,900
2015年	¥214,680
2016年	¥128,060
2017年	¥115,660
2018年	¥104,060
2019年	¥116,580
2020年	¥95,015
2021年	¥121,115
2022年	¥152,015
2023年	¥129,300
2024年	¥357,000

プロ野球12球団ファンクラブ全部に20年間入会してみた！

CONTENTS

20年の研究を経て見えた、
深淵なるFCの世界

アナライジング・ファンクラブ①

はじめに

余はいかにして十二球団応援會信徒となりしか

始まりは、ふと芽生えた「不信感」から……

始まりは、心の奥底に芽生えた、小さな「不信感」だった。

１９８０（昭和55）年、春——。

野球のことなど何もわからなかったけれど、ふとした偶然からヤクルトスワローズファンクラブ（ＦＣ）に入会した。当時、僕は9歳。もうすぐ10歳になる小学校４年生だった。

初めて家族で神宮球場に行ったのは、この年の4月26日のことだ。

今から44年も前の出来事なのに、日付までハッキリと覚えているのは、この日の試合がとても面白すぎたこと。その結果、自分の人生が大きく決定づけられたこと。さらに試合終了後は、千葉県千葉市の自宅に戻らずに、家族みんなで東京・新宿の京王プラザに宿泊

するというスペシャルな一日だったということ……。

さまざまな要因が重なって、その後、何度も何度もこの日のことを思い出すことになることで、自然と「4・26（ヨンテンニーロク）」が頭にインプットされたのだ。

この日、ヤクルトは阪神タイガースと戦い、同点で迎えた9回裏、角富士夫のサヨナラホームランで勝利する。人生初観戦で体験した劇的すぎるサヨナラ劇に、僕は我を忘れるほど興奮した。

当時、自宅にビデオはまだなかったから、映像記録が残っているわけではないけれど、どんなことにも興味を持ち、なんでもかんでも吸収できる育ち盛りの子供にとって、ビデオテープなど必要なかった。翌日の『日刊スポーツ』の小さな記事を繰り返し読み、脳内で何度も何度も試合内容を反芻させるだけでよかった。

この日以来、僕は野球に夢中になった。近所の仁戸名ファミリーズに入って、実際にプレーもしたけど、それよりもテレビで見る野球中継に釘付けになっていた。

それ以来、毎年、毎年、ヤクルトＦＣに入会し続けた。中学時代も、高校時代もずっと、何も考えることなく、何も迷うことなく、ＦＣ会員であり続けた。

浪人時代には千葉の自宅から東京・代々木の代々木ゼミナールに通っていたため、授業が終わるとすぐに、隣駅の千駄ケ谷駅まで歩いて神宮球場に駆けつけた。それは消費税が

導入された年のことだった。もちろん、このときもＦＣ会員だった。

「イケトラ」と呼ばれる池山隆寛、広沢克己（広澤克実）が三振ばかりを繰り返し、ラリー・パリッシュも豪快なスイングで、「三振か、ホームランか？」という大味な野球を展開していたけれど、日々の勉強に疲れていた19歳の青年にとって、関根潤三監督時代のヤクルトは、実に開放的で気持ちのいいチームだった。

幸いにして、１年間の浪人生活を経て、僕は大学生となった。東京・中野で一人暮らしを始め、大学に通いつつ、神宮球場に足を運ぶ生活が始まった。92（平成４）年、ヤクルトは、実に14年ぶりのリーグ制覇を果たした。優勝決定の瞬間を見届けるために、アルバイト代をはたいて阪神甲子園球場まで駆けつけた。日本シリーズでは、当時黄金時代の真っただ中にあった西武ライオンズに敗れてしまったけれど、その息詰まる戦いは実にスリリングだった。翌93年も同じカードとなり、今度はヤクルトがリベンジする。

２年連続で第７戦までもつれ込む『詰むや、詰まざるや』の激闘は、長く記憶にとどまることとなった。

やがて、大学を卒業し、出版社に就職して雑誌編集者となった。仕事は多忙だったけれど、幸いにも職場は神田駿河台だったため、神宮球場は目と鼻の先だった。もはや説明するまでもないとは思うが、もちろんこのときもＦＣ会員だった。特典チケットはフル活用

した。令和の現在とは違って、空き時間を見つけてふらっと駆けつけても、空席ならいくらでもあった。

野村克也監督が提唱する「ＩＤ野球」の下、ヤクルトは黄金時代を迎えていた。なかなか勝てなかった80年代を経験していただけに、「こんなに強くていいのだろうか?」と思いながら、幸せな90年代を過ごしていたのだ。

やがて、30歳を過ぎた頃から、会社を辞めることを考え始めた。仕事は楽しく、人間関係にも恵まれ、何も不安はなかったけれど、「何かを書きたい」という思いがとても強くなっていた。神宮球場の片隅で目の前の試合を眺めながら、「このまま会社にとどまるか、それとも思い切ってフリーランスになるか?」、そんな自問自答を繰り返した。

気がつけば、野村監督は阪神タイガースのユニフォームを着て三塁ベンチにいて、僕にとっての子供の頃からの大ヒーロー・若松勉がヤクルトの監督になっていた。

そんな思いを抱きつつ、僕は２００３年8月末日をもって勤めていた出版社を退職する。33歳になっていた。何かを始めるには十分、時間も体力もあるいい時期だった。

会社を辞めたことで膨大な時間を手にすることができた。当然、それまでよりも野球観戦に割く時間が増える。来年もＦＣに入会して特典チケットをフル活用して神宮球場に通おう。そんな思いで、04年の入会手続きをした。年会費５０００円を払えば5試合は無料

観戦ができる。それだけで十分、元が取れるお手軽な娯楽だった。

04年春、自宅にＦＣ特典が届く。開梱してみて驚いた。そこにあったのは……。

・ヤクルトキャップ
・２００４年ファンブック
・必勝お守り
・缶バッジ
・あだち充のポストカード

（……あれ？　こんなに貧相な特典だったのか）

33歳の成人男性にとって、お守りや缶バッジ、ポストカードはなんの魅力も感じられないものだった。子供の頃、あんなにワクワクしていたＦＣだったのに、なんの感動も興奮もない自分に驚いていた。「特典チケットだけもらえればいいや」と割り切ってしまえば、特にたいした問題ではなかったけれど、このときふと、僕の頭の中をよぎったのはこんな思いだ。

（ひょっとしたらオレ……、５０００円を無駄にしているのかな？）

このとき初めて、ＦＣに対して不信感を抱いた。子供の頃から、ＦＣに入会することは習慣であり、年会費を納めることは惰性となっていたけれど、初めて「わざわざＦＣに入会しなくてもいいのかな？」と、我に返ったのである。

球界再編騒動の渦中にて……

そしてこの頃、球界を騒然とさせる大騒動が起こる。

後にそれは「球界再編騒動」と呼ばれることになるのだが、球団経営に苦しむパ・リーグ球団を中心に、現行の「2リーグ12球団制」を改めて、「1リーグ10球団制」に移行しようと画策する動きが表面化したのである。

騒動の発端となった近鉄バファローズが消滅するかもしれない。

子供の頃からのヤクルトファンで、セ・リーグばかりを見ていたけれど、それでも「これは大問題だ」ということはすぐに理解できた。球団合併によるリーグ再編をもくろむ経営陣と、それを阻止しようとする選手会との溝はなかなか埋まらない。史上初のストライキも辞さない。そんな事態にまで事は進んでしまっていた。

（これは、えらいことになったぞ……）

一野球ファンとして、「なんとかしなければ」と思いつつ、何をすればいいのかよくわ

からない。「それならばせめて……」の思いで、神宮球場外周で行われていた署名活動に参加した。無力な自分がもどかしかった。

フリーランスとなったばかりの自分にとって、野球界の行く末に胸を痛めている場合ではないことはよくわかっていた。ライターとして生きていく決意をしたものの、仕事に恵まれていたわけでもなかった。「人間を描きたい」という漠然とした思いを抱きつつ、「ならば、どんなテーマを書けばいいのか？」と常に自問自答していた。この頃はまだ、自分が野球を描くライターとなるとは夢にも思っていなかった。

一方、この頃マスコミでは連日のように再編騒動の動向が伝えられると同時に、「真のファンサービスとは何か？」ということが議論されるようになっていた。

経営陣にしても、選手会にしても、それぞれが自分の立場を主張しているだけで、ファンは置き去りにされているのではないか？　本当にファンのことを考えるのであれば、改めて「ファンサービス」を見つめ直す時期に来ているのではないか？

そんな論調を、テレビ、新聞、雑誌で頻繁に目にするようになった。

――真のファンサービスとは何か？

それまで、ただ漠然と球場に通い、スタンドの片隅でビールを呑みながら、大好きなヤクルトの選手たちの姿を眺めているだけで幸せだった僕が、初めて「球界」という、より広い視点に立ったのは、この頃が初めてだったのかもしれない。

新宿ゴールデン街の片隅での「悪だくみ」

あれはその年の夏のことだったと思う。今となっては記憶が曖昧だけれど、まだTシャツ姿だったように記憶している。

その日、僕は酔っていた。神宮球場での一人観戦から、そのまま新宿になだれ込み、何軒かのはしごの末になじみの店のカウンターで一人で呑んでいた。時刻は2時過ぎぐらいだっただろうか？　これも、今となっては何も覚えていないけれど、このとき僕の頭にあったのは、今日の試合のことではなく、いよいよ大詰めを迎えていた再編騒動の行方だった。日々刻々と事態が目まぐるしく変化していく中で、相変わらず「本当のファンサービスとは何か？」という議論が続けられている。

そんなことをつらつらと考えていると、ふと「あだち充のポストカード」が頭に浮かんだ。おそらく、「ファンサービス」から、「ファンクラブ」が連想されたのだろう。その瞬

間、急に開幕前に覚えた、「不信感」が頭をもたげ始めた。

（いったい、他球団のファンクラブはどんな特典なのだろう？）

今から思えば、この瞬間こそ、僕にとっての運命の扉が開いた瞬間だったのかもしれない。そんな疑問が芽生えてから、「だったら、全球団のＦＣに入会して比較してみればいいんじゃないか？」と考えるまでには、ものの数分もかかっていなかったはずだ。

僕は自分の思いつきに、ひそかに興奮していた。

（オレは、なんてすばらしいアイデアを思いついたのだろう！）

そこからはとんとん拍子に思考が整理されていく。まずは、このままきちんと帰宅すること。明日目覚めたら、インターネットで各球団のＦＣ事情を調べること。そして、翌05年の募集要項をきちんと確認すること……。酩酊しつつも、翌日自分がやるべきことを頭の中でリスト化していた。完全に酔っていた。けれども、それと同じくらい興奮していた。当初、思い描いていた「本当のファンサービスとは何か？」という大命題は置き去りにされ、「全球団のＦＣに入ったら、面白いだろうな」と、ワクワクしていたのだ。

完全にイタズラを思いついた子供の感覚だった。33歳になって、僕は自分で考えた悪だくみに酔いしれていたのだ。

（これは絶対に面白くなるぞ……）

それはライターとしての予感ではなかった。野球専門のライターであれば、それをテーマにコラムを書いたり、あるいは関係者への取材を通じて、「ファンサービスとは何か？」を世に問う作品を仕上げたりすることだろう。

しかし、この頃の僕はまだ「自分は何を書けばいいのか？」を自問自答している時期にあった。だから、この「悪だくみ」は原稿に書くための「仕事」としてのものではなく、一野球ファンの悪乗りに似た「遊び」のようなものだった。

いい気分で店を出て帰宅する。外はすでに明るくなっていた。この日の試合内容は何も覚えていないのに、朝日を浴びながら帰宅する自分の姿はなんとなく記憶にある。

もしも明日（実際は今日）、二日酔いでなければ、先ほど考えたリストに沿って、すぐに行動を起こせばいい。しかし、もしも重度の二日酔いで「今日はもう、何もしたくない」となれば、この話は酒の席での戯言だということになる。

運命の分かれ道だった——。

この日の昼過ぎに目が覚めた。やはり、激しい頭痛に見舞われていた。それでも僕はなんとかベッドから這い上がり、重い頭を抱えながらパソコンを立ち上げる。

そう、この瞬間からすべてが始まったのだ——。

幻の球団「ライブドアフェニックス」グッズ

２００４（平成16）年、球界再編騒動――。

プロ野球ファンのみならず、多くの人々を震撼させ、騒然とさせたこの大騒動をきっかけとして、「本当のファンサービスとは何か？」を探るべく、翌05年から全球団のＦＣに入会を決めたということはすでに何度も述べた。

この頃の僕は、10年近く勤めていた出版社を前年夏に辞めてフリーランスとして独立したばかりで、まだ野球関連の仕事はほとんどしていなかった。いや、そもそも「野球を書くライターになりたい」とすら考えていなかったというのが実際のところだった。

ちょうどそんな頃に巻き起こった一大事に、一プロ野球ファンとして胸を痛めていた頃のこと。当時、時代の寵児として世間をにぎわせていた堀江貴文氏が突然、「近鉄バファローズを引き受ける」と発言したことで、現行通りの「2リーグ12球団制」がそのまま維持されるのか、それとも「1リーグ10球団制」となるのか大きな節目を迎えることになった。

この頃はまだ「来年から全球団のＦＣに入会しよう！」と考えていたわけではなかったけれど、「間違いなく、今は時代の分岐点にいるのだ」ということはすぐに理解できた。それまでは、一スワローズファンとして、セ・リーグの動向ばかり気にしていたけれど、このとき初めて、一球団の勝敗に一喜一憂するだけではなく、「球界」という広い視野を持つこととなったと、後になって思う次第である。

著者がネットを駆使して購入した、ライブドアフェニックスグッズ。ホリエモンDVDが異彩を放つ

球界参入に名乗りを上げてからのホリエモンの動向は日本中の注目の的となった。大阪ドーム（当時）に観戦に訪れ、ライトスタンドからの声援を受けている彼の姿をテレビで見たとき、「バファローズファンも好意的に受け止めているのだな」と感じたことはハッキリと覚えている。そして、ホリエモンが打ち出したのが「新球団の本拠地を仙台とすること」、そして「チーム名をライブドアフェニックスとすること」だった。

すぐに球団名が決まり、ロゴマークも作られた。

「フェニックス」、つまり「不死鳥」である。よく見ると、天に昇る不死鳥の姿は、仙台の「仙」の形になっている。「なかなかカッコいいではないか」と、当時34歳の僕は思った。全身を真っ赤に燃やしながら、不死鳥が「仙」の姿で天高く舞い上がっているのである。カッコいい。

やがて、楽天グループを率いる三木谷浩史氏も球界参入に名乗りを上げたことで「ライブドア対楽天」、そして「堀江対三木谷」の構図が鮮明となり、その結果、三木谷氏が勝利して東北楽天ゴールデンイーグルスが誕生したのは周知の通りである。

両者の争いが激化していた頃、世間へのアピールのために、ライブドアがさまざまな「フェニックスグッズ」を生み出していた。スポーツ新聞でそれを知ったとき、僕は無性に「欲しい〜！」と思った。しかし、どこで売っているのかがよくわからなかった。

調べてみると、それはクレーンゲームの景品として制作されたものらしく、それからはいろいろゲームセンターをのぞいてみても、結局発見できぬまま終わってしまった。

そして05年からは楽天の正式参入が決まり、現在に至るまで「2リーグ12球団制」は存続されることとなった。あの大混乱も昔の出来事となりつつある。

あれから20年の月日が経過した——。

あの頃、手に入れることのできなかった「フェニックスグッズ」が無性に手に入れたくなった。もちろん、そんなときにはヤフオク、メルカリに頼るに限る。

「ライブドアフェニックス」で検索すると、出てきたのは「Tシャツ」「リストバンド」「携帯ストラップ」であった。金に糸目をつけずに即購入。といっても、そんなに高額ではな

PHOENIX

不死鳥の姿が仙台の「仙」の字になっていて、カッコいいデザインだったライブドアフェニックスのロゴマーク

い。「Tシャツ3枚セット（赤、白、黒）」２０００円、「タオル&リストバンド」１２００円、「ストラップ」４００円で購入する。

到着する。開封、開梱する。20年前の動乱の日々が一瞬でよみがえる。

あのとき、もしも楽天ではなくてライブドアが球界に参入していたら、日本野球界の歴史はどうなっていたのだろうか？　２０１３年の「楽天日本一」は、「ライブドア日本一」となっていたのだろうか？　マー君はフェニックスからアメリカに旅立っていたのだろうか？　野村克也や星野仙一とホリエモンはうまくやっていけたのだろうか？

さまざまな「ｉｆ」が頭をよぎる。そもそも、僕自身が「12球団ＦＣに入会しよう」と考えただろうか？　仮に実行に移したとして、それを20年間も続けただろうか？

その後、「球界再編　始動・展望・改革」と題された堀江氏のＤＶＤ3枚セットも、メルカリで購入した。定価１本・３８００円が3枚セットで１６００円という価格だった。映像では、当時32歳頃のホリエモンが躍動している。強気の発言を連発し、旧態依然とした球界に挑発を繰り返している。そんな姿を見ながら、感慨無量となる。

（あぁ、すでに20年という時間が経過したのだな……）

野球人気低迷が叫ばれつつも、今もこうしてプロ野球が見られる日々を過ごしていることに改めて感謝しながら、静かにデッキからＤＶＤを取り出した。

COLUMN PART.02

コロナに翻弄されるも、決して屈しなかったFC業界

世界中を大混乱に陥れた新型コロナウイルス――。

緊急事態宣言が発出されると、外出することも制限され、人々は不安な面持ちのまま、自宅待機を余儀なくされた。そして、街は一瞬にしてゴーストタウン化した。あれだけにぎわっていた都内の繁華街に人の姿が消えたニュースを見るたびに軽いめまいを覚えた。

（まさか、こんな映画のような事態が訪れるなんて……）

目に見えぬウイルス、パンデミックの怖さを実感しながら、人々は不安に打ちひしがれていた。「不要不急」が叫ばれ、最低限の経済活動だけが優先されることで、当然のごとくプロ野球にも、その影響は及んだ。

２０２０（令和２）年、プロ野球もまた大混乱に陥った。

３月20日に予定されていた開幕戦は、早々に延期が決まった。当初は４月24日を目指し

ていたものの、結果的には6月19日に開幕し、年間試合数は１２０に削減され、交流戦、さらにはオールスターゲームの中止も決まった。クライマックスシリーズは、セ・リーグは全面中止に、パ・リーグはファイナルのみ開催された。

この間、観戦スタイルも大きく変わった。

試合は、無観客、あるいは入場制限を設けた上での開催となり、応援団によるトランペット、声出し応援、さらにはジェット風船も自粛された。ほとんど物音のしない異様な状況で、選手が発する雄叫び、うなり声、そして打球音、捕球音が響き渡る中で試合が行われることになった。個人的には、球場でのアルコール販売が禁止されたことも印象深い。

そうなるともちろん、ＦＣ業界もまた多大な影響を受けるのは当然のことである。目に見える形で影響が出たのが、翌21年シーズンのことである。各球団のＦＣ担当者は、相当頭を悩ませたに違いない。詳しくは本書３３２ページ以降の「２０２１年」「２０２２年」の項を確認してほしいが、各球団の努力にも頭が下がる思いだ。

何しろ、ＦＣを構成する重要な要素である「観戦特典」「来場特典」「選手とのふれあい特典」の実施が事実上不可能となってしまった

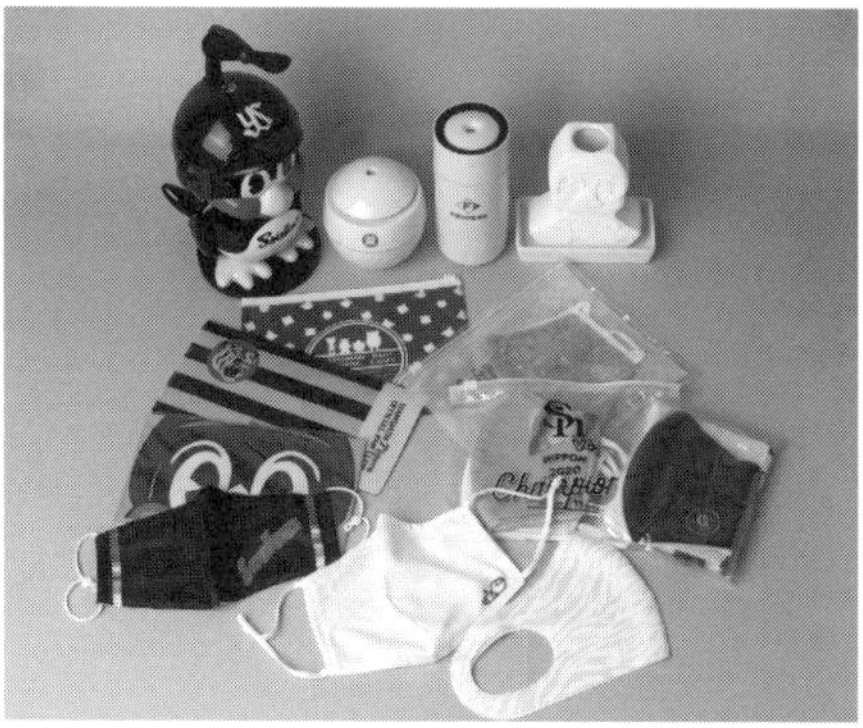

コロナ禍ではマスクや卓上加湿器の特典が一気に増えた。各球団FC担当者の方々の奮闘は忘れません

からである。その結果、どのように進化、発展をしたかといえば、21年は「マスク」「マスクケース」が特典となり、22年は「卓上加湿器」を特典として採用する球団が激増したのである。

みなさんもご記憶しているだろう、店頭から不織布マスクの姿が消え、誰もがマスクを欲し、政府は急遽、「アベノマスク」を全国民に配布したほどだった。そんなときに、ヤクルト、阪神、ＤｅＮＡ、ソフトバンクなどがマスクを特典としたのである。

卓上加湿器も同様である。空気感染対策として、各球団が特典として採択。折からのＵＳＢ接続による電子機器特典ブームとも相まって、僕の自宅にはいくつもの卓上加湿器が並ぶことになった。

この間の出来事で、忘れられないのが「２０２０年ＤｅＮＡ」である。

早くも、20年６月18日の段階で、球団公式ホームページにおいて、「２０２０年　ファンクラブ年会費返金に関する重要なお知らせ」をリリースしたのである。すでに述べたように、この日は開幕戦前日のことである。なかなか開幕日が決定せず、二転三転していた中で、ＦＣ担当者たちは、「当初計画していたサービスを提供できない現状では、年会費を返金すべきではないか?」と検討を重ねていたのである。

その結果、「年会費の一部である４３００円返金」、あるいは、選手の肉声が入った「べイスターズ目覚まし時計」への代替など、ファン自身が選択できるようにしたのである。

一連の対応は、実に迅速であり、実に見事であった。僕は「目覚まし時計」をもらうこととした。数週間後に届いた目覚まし時計はなかなかの優れモノだった。収録されているのは山﨑康晃、今永昇太、Ｊ・ロペス、佐野恵太、宮﨑敏郎。

たどたどしい日本語で、「オハヨ、ゴザイマス。キョウモ、イチニチ、ガンバリマショウ。バモス！」と叫ぶロペスの温かい肉声を聞いていると、あの頃のことがよみがえる。

この頃、全球団のＦＣ担当者に緊急アンケートを行った。各球団の「コロナ対応」を調べるためだ。ほぼ全球団が自宅で参加できるオンラインイベント、ライブ配信に力を入れていた。「思うようなサービスを提供できない」という苦悩を抱えつつ、それでも「何か、この状況でできることはないか？」と、新たなサービスを模索する姿はカッコよかった。「新型コロナウイルス」という不測の事態に襲われようとも、それでも黙々と前を向く、その姿に、僕は勇気をもらった。まだまだ予断を許さない状況であるのは間違いない。今後、ウイルスが変異し、新たな猛威を振るう可能性もある。それでも、２０２０年のコロナ危機を、人々の知恵と努力で乗り切った経緯を知るからこそ、「オレたちは負けない」という勇気が湧いてくる。「たかがＦＣ」と侮るなかれ、「されどＦＣ」なのである。大げさな物言いで恐縮だけれど、割と本気で、僕はそう考えているのである。

COLUMN PART.03

ソフトバンクの「本革路線」と「ヘルシー路線」

20年間も全球団のＦＣに入会していると、「時代によるトレンド」、あるいは「球団によるトレンド」が存在することに気がつく。ひょっとしたら、それは担当者の趣味嗜好であったり、取引先との兼ね合いであったり、予算上の都合であったり、さまざまな要因が絡み合っているのだろうけれど、確かに「ある特徴や傾向」があるのも事実なのだ。

ここ最近のＦＣトレンドで、活況を呈しているのがソフトバンクＦＣである。その筆頭が、他球団の追随を許さない「本革路線」である。

２０１９年……本革トートバッグ
２０２０年……レザーリュック
２０２１年……レザーショルダーバッグ

2022年……レザーボストンバッグ

実に4年連続で「本革グッズ」が、ハイグレード会員の特典となったのである。21年は、別のアイテムを選択してしまったのだけれど、後にタカポイント（タカポ）2万5000ポイントと引き換えに「レザーショルダーバッグ」をゲット。

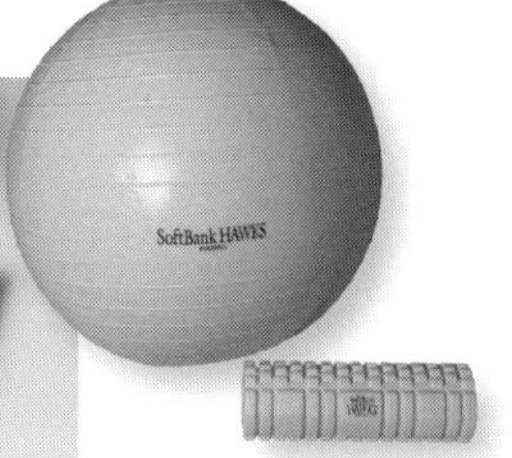

ソフトバンクの本革グッズは並べるだけで壮観。バランスボール、ヨガローラーの健康路線も期待大

こうして、晴れてフルコンプリートを実現した。

そして、これらのアイテムはいずれも高品質、高性能の優れモノなのだ。いずれも黒を基調として、「ソフトバンクホークス」の頭文字である「Sh」が型押しされているのがいい。球団ロゴを全面に押し出しているわけではないので、日常使いに最適である。僕のイニシャルもまた、「S（ショウイチ）・H（ハセガワ）」なので、「Shロゴ」はまるで、特注で名前を入れてもらったような個人的満足感もある。

19年「トートバッグ」は、持ち手が細くて、「すぐにちぎれてしまいそうだな……」と、若干の不安を抱いていたのだが、すでに5年以上もスポーツジムに行く際に使い続けているにもかかわらず、まったく劣化することなく、きれいに原形を保ったまま現在に至っている。ジム通いを続ける限り、このトートを使い続けることだろう。

20年の「レザーリュック」は、近所のスーパーに行く際に活用している。大容量ではないのでエコバッグのような使い方はできないけれど、ちょっと遠くにあるスーパーに買い物に行く際にペットボトルやタオルなどを入れて活用している。

そして、21年の「レザーショルダーバッグ」、これがこの中でもいちばんのお気に入りだ。タカポ申し込み時には気づかなかったけれど、本体とは別に、「12・5インチのPCケース」が付属しているのもいい。まだゲットしたばかりだけど、今後は普段の取材活動の際にも活躍してくれることとなるだろう。

22年の「レザーボストンバッグ」は1~2泊程度の小旅行に最適だ。実際に1泊2日の近場の旅の際に使ってみたけれど、他のアイテム同様に使い勝手はよかった。

こうして、一連の「本革路線」に大満足だったのだが、残念なことに23年特典では姿を消した。僕としては、「革財布」や「革ベルト」などなど、本格レザーによる特典を期待していただけに、とても残念な思いを抱いた。しかし、一度は消滅したように思わせておいて、翌24年に「本革路線」は突然復活することになる。

2024年……本革クッション

「ハイグレード会員」特典として、スエード製の高級ポーチに入った折り畳み式の本革クッションが採用されたのである。もちろん、僕はこれをチョイス。届いてみると、従来の特典とまったく同じ革を使って「Ｓｈ」ロゴが型押しされている。これまでのアイテムと並べてみても、統一感があり、ほれぼれとするような美しさがある。

さて、同時期にソフトバンクＦＣは「健康路線」もスタートさせている。健康グッズを特典としたものである。

２０２１年……ホークスバランスボール
２０２２年……ホークスヨガローラー

どちらも選択しなかったので、こちらはともにメルカリで入手した。「バランスボール」には空気入れが付属していたので、簡単に膨らませることができた。これを使いながら原稿を書こうと思ったけれど、僕のデスクとは高さが合わずに断念。しばらくの間はリビングに置いて、テレビを見る際に利用していた。一方の「ヨガローラー」は凝り固まった筋膜をほぐすために、現在もフル活用中。ぜひ、「健康路線」の復活を期待したい。

ＤｅＮＡが切り拓いた「ガチ野球路線」

ソフトバンクＦＣが「本革路線」「健康路線」を開拓していた頃、ＤｅＮＡＦＣは「ガチ野球路線」を推し進めていた。

２０１８年……キャッチャーマスク
２０１９年……キャッチャーミット
２０２０年……ファーストミット
２０２１年……外野手用グラブ

これらのアイテムはいずれも本格的なモノばかりで、キャッチャーマスクには「この商品は、軟式野球でご使用いただけます」と明記されているではないか！

僕は左利きなので、20年「ファーストミット」、21年「外野手用グラブ」がともに左利

き用が選択できたことも嬉しかった。19年の「キャッチャーミット」も左利き用があれば最高だけれど、さすがにそこまでの無理難題を吹っ掛けはしない。

誤解を恐れずに言えば、ここに至るまでの数年間、ＤｅＮＡＦＣは迷走していた。15年に改革を断行し、驚くべきことに「特典グッズ廃止」を打ち出したのである。横浜スタジアムへの来場促進を第一目標とし、球場改修や来場ポイントを拡充させ続ける一方で、ＦＣ運営については「チケット先行販売特典」を打ち出すことで、効率的な運営を目指したのである。本書「２０１７年」の項をご覧いただきたい。このとき、僕はこんな一文を残している。

〈ＤｅＮＡ球団と僕との価値観の相違はなかなか埋まりそうにない。〉

これは、このときの偽らざる気持ちだった。正直言えば、「今後、このトレンドを他球団も追随することになれば、全球団ＦＣ入会も断念しようか……」と考えたほどだった。

しかし、その翌年から始まる「ガチ野球路線」に度肝を抜かれてしまった。そこで僕はあっさりと前言を撤回。「２０１８年」の項では、「14

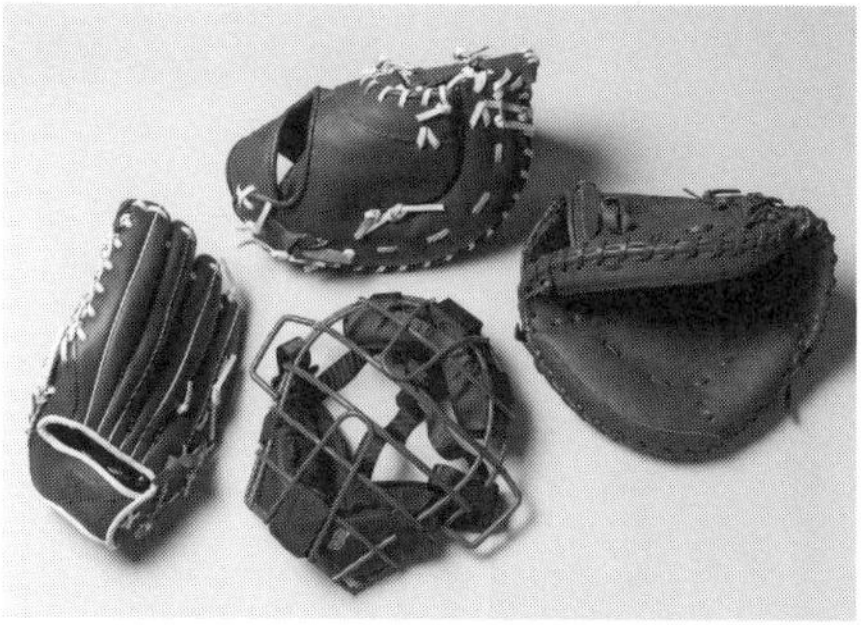

DeNAが開拓したガチ野球路線。外野手用グラブ（左）のみ残念な出来だったが、試合で使える品質だ

年間で最大の衝撃アイテム」と記した上で、こんな一文を書いている。

〈昨年僕は「球団と僕との価値観の相違は埋まりそうもない」と書いた。しかし、完全に脱帽だ。文句なくＧＯＹ（グッズ・オブ・ザ・イヤー）だ！〉

それぐらい、衝撃を受けたのがこの「キャッチャーマスク」だったのである。しかも、それが単年に終わらずに19年、20年、さらには21年と続いたのだからさらに驚いた。それまでも、ロッテや楽天、ヤクルトなど、「グラブ」が特典となったことは何度かあった。それらはいずれも「キッズ用」と銘打たれていたり、ポリエステル製のチープなものであったり、ＤｅＮＡのような「ガチ路線」ではなかった。

野球人気低迷といわれている中で、「見るファン」に対して、「やるファン」も増やそうという心意気が感じられたのもすごくよかった。最近はグラウンドに出ることもなくなったけれど、30代の頃は時間を見つけては草野球に興じていた。先ほども述べたように、僕は左利きなので、マイファーストミットを持って一塁を守ることが多かった。

だから、ＦＣで手にしたファーストミットの感触はとてもよかったし、これを手にしたことで「久々に試合をしたくなったな」と感じたものだった。結局、試合で使うことはなかったけれど、友人とのキャッチボールでは大いに活躍してくれた。まさに、ＦＣ担当者の狙い通りの効果をもたらしたのである。

さて、ここまでは大絶賛を続けてきたけれど、あえて苦言を呈するとすれば、21年の「外野手用グラブ」は、それまでの３年間のものと比べると、かなりチープな作りとなっており、実際に試合で使うのは少々、心もとない作りとなっていた。

それまでの３年間は常に「大満足だ」と思っていただけに、このグラブを手にしたときには「あれ？」と、翌年からの展開について少々不安を覚えたものだった。

その予感は的中し、翌年から「ガチ野球路線」は姿を消すこととなった。「外野手用」が登場したのだから、せめて「内野手用」までは続けてほしかった。

僕としては「バット」「ひじ当て」、さらには「フェイスガード付きヘルメット」の登場を期待していた。あるいは、毎年１アイテムずつ特典とし、「ディアゴスティーニ方式」で数年かけて完成する「キャッチャー防具セット」まで、果てしなく夢が広がっていただけに、返す返すも残念で仕方がない。とはいえ、ＦＣ担当者の心意気が感じられ、同時に他球団にはない独自の個性を生み出したという点において、ＤｅＮＡによる「ガチ野球路線」はＦＣ史に残る金字塔として記憶にとどめておきたい。ぜひぜひ復活を願う！

17年分のユニを徹底比較！
コイに恋焦がれユニを着る！

カープユニフォーム史

詳しくは２７０ページからの「唯一無二の『CQ（カープ・クオリティ）』」の項を読んでほしいのだが、広島FCには他球団にはない独自の個性がたくさんある。

その象徴ともいえるのが、ここで紹介するメイン特典「オリジナルジャージ」「メッシュジャージ」だ。２００７年に、いわゆる「一般コース」となる「カープファン倶楽部」が誕生して以来、現在に至るまで一貫して、メイン特典が変わっていないのである。

一歩間違えば「マンネリだ」「企業努力が感じられない」など、否定的な意見や感想が出てくるところだが、広島FCに関しては、その心配は必要ない。むしろ「これからもずっと、そのスタンスを貫いてほしい」と心からのエールを送りたくなるほどなのだ。

07年の発足当初は年会費３５００円だった。その後、リーマンショックがあり、東日本大震災があり、現在に続く低賃金、高物価、未曽有の円安進行があったにもかかわらず、

メッシュ素材にとどまらず、さまざまな素材や形でオリジナリティを追求する姿勢はまさにカープ・クオリティ

24年の年会費は３８００円。

17年が経過して、わずか３００円しか値上げしていないのである。どことは言わないが、毎年のように数百円ずつ値上げを繰り返し、結果的にこの20年間で１０００円、２０００円も値上げした球団がいくつもある中で、広島ＦＣはたったの３００円しか値上げをしていないのだ。頭が下がる思いである。

繰り返しとなるけれど、その象徴が「オリジナルジャージ」なのだ。僕の手元には、そのすべてがそろっている。普段は押入れの奥深くに眠っているのだけど、今回、この本の執筆のために改めて引っ張り出すことにした。

数年ぶりの「再会」——。配布年順に並べてみる。並べたからにはきちんと記録に残したい。そんな思いで撮影したのが次のページである。ぜひ、読者のみなさんにも、そのすごさ、壮観さを味わっていただきたい。……まだめくってはダメだよ。あと2行、我慢してください。ホントにすごいから。

早く見たいでしょ？　あと2秒だけ我慢して……。

さぁ、ページをめくれ！

2010年
会員の出身地、または居住地の都道府県があしらわれ、球場へ行きたくなるデザインに。

2011年
前面はカープレッドが中央を斜めに横切り、背面は丸に「証」の文字入り。

2012年
赤から白のグラデーションが特徴的なユニ。例年と比較するとおとなしい。

2015年
奇抜かつオシャレなデザインは健在。胸ロゴもプリントから刺繍に昇格。

2016年
真骨頂が見えたパイル地ユニフォーム。肌触りが絶妙。

2017年
どう見てもパーカなのにユニフォームと言い切るCQ。

2019年
「ヴィンテージスタイル」と称してコットン100%。

2020年
スタジャン風。ユニフォームと言い張る強気。

2021年
カジュアルなストライプが特徴的な「ヒッコリーシャツ」。

2023年
左右2つのポケット付きで紺と赤の2色があり、赤が届いた。

2024年
近年にはない淡い色のユニフォーム。2色展開はこの年も継続。

カープファンクラブのユニフォームを一挙解説！

2008年
唐突なノースリーブ型に驚いたのを今でもはっきりと思い出す。

2009年
トゥエルバー界伝説の『Caoshima』ユニ。カープ・クオリティ（CQ）はここから始まった。

2013年
ひとつとして同じデザインが存在しない、1万5000通りのユニフォームが誕生。

2014年
大きな『Carp』の文字の中に選手の躍動する写真が所狭しと並んでいる。

2018年
『Fun Club』のスペルミスでお詫びのシャツが届く。

2022年
リサイクルポリエステルのSDGsユニフォーム。赤と青の2種類あるが、「5名限定で赤でも青でもない」ものが届くという。謎。

ねっ、すごいでしょ？

……あれ？

カープファン倶楽部初年度となる07年のユニフォームがない！　フルコンプリートしていたつもりだったのに、最も貴重な初年度版を紛失していたなんて……。

いや、絶対に捨ててはいないので、どこかにあるはずだ。なんとか見つけ出そうと必死に探したけれど、本書の締め切りまでに見つけられず。

残念無念だけれど、07年版は本書１３９ページを見てほしい。あのとき、きちんと写真を撮っていてよかった。

もちろん、他球団も毎年、毎年、趣向を凝らしたユニフォームを作っているのだけれど、やっぱり広島ＦＣだけは群を抜いている。

カープFCユニフォームの海を
バタフライで泳ぎきるゾ！

ファンクラブ界隈ではしばしば起きるスペルミス問題。「Fun」でも「楽しみ」という意味で押し切ることもできたが、お詫びのシャツが届くのもCQ！

並べてみると、さまざまな思い出がよみがえってくる。08年、ノースリーブで、どこからどう見ても「タンクトップ」が届いたときの衝撃。そして、09年は今もなおメルカリにおいて高値で取引きされている「カオシマ」ユニ。右肩に、僕の居住地である「東京」と書かれた10年版……。

デザインだけではない。

16年のパイル生地もあれば、ワークウェア風のヒッコリー生地を使用した21年版もある。22年版の「リサイクルポリエステル」などは、環境に配慮したエコすぎる生地を採用している。ＦＣグッズもまた、時代を映す鏡なのである。

以前、ＦＣ担当者にインタビューした際に「毎年、新機軸の《オリジナルユニフォーム》を考えるのは大変だけど、楽しい」と語っていた。タンクトップでも、スタジャンでも、「これはれっきとしたユニフォームです！」と言い切る強さがカッコいい。「来年はどんなアイテムが届くのか？」という楽しみに満ちたＦＣ。それが広島なのである。

COLUMN　PART.05

セ・リーグ「Bluetoothスピーカー戦争」勃発！

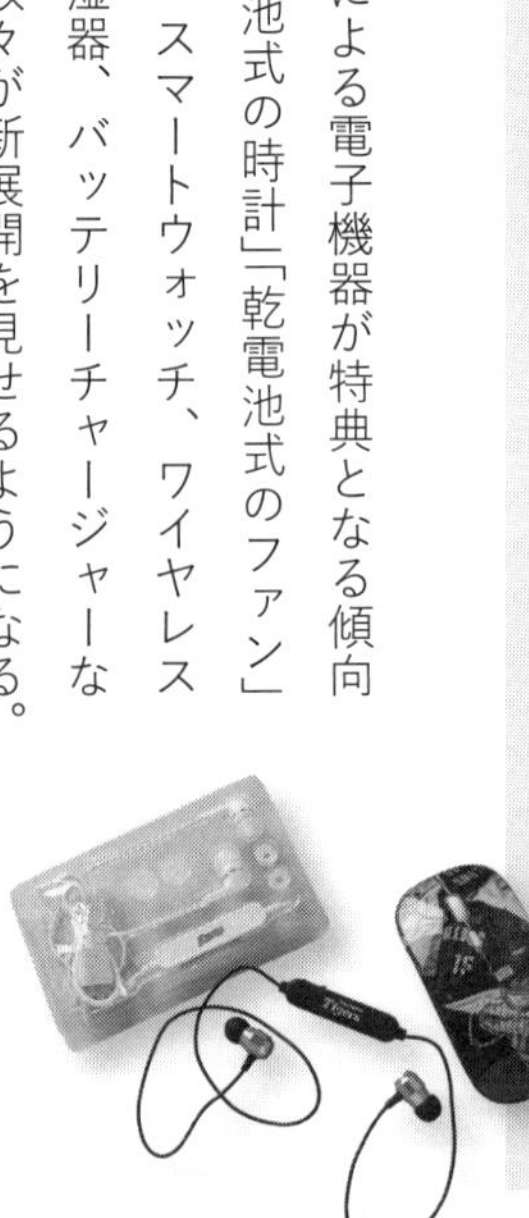

２０２０年頃から、ＵＳＢ充電による電子機器が特典となる傾向が見られ始めた。それまでは「乾電池式の時計」「乾電池式のファン」ぐらいだったものが、この頃から、スマートウォッチ、ワイヤレスイヤホン、ワイヤレスマウス、加湿器、バッテリーチャージャーなどなど、電子の力を借りた特典の数々が新展開を見せるようになる。

驚いたのは22年のことだ。ヤクルト、ＤｅＮＡがともに「スマートウォッチ」を特典としたのである。ヤクルトのものは、腕時計＋体温、心拍数、睡眠測定、酸素飽和度がチェックでき、スマホとＢｌｕｅｔｏｏｔｈ接続をすればメールも受信できる。

一方のＤｅＮＡ版は、「２０２２年」の項で詳述するように、「①心拍数の記録　②着信通知　③睡眠モニター　④運動の記録　⑤消費カロリー　⑥バッテリー長持ち　⑦各種アプリ通知機能　⑧ＩＰ67防水　⑨遠隔撮影　⑩目覚まし・アラーム　⑪運動記録モード

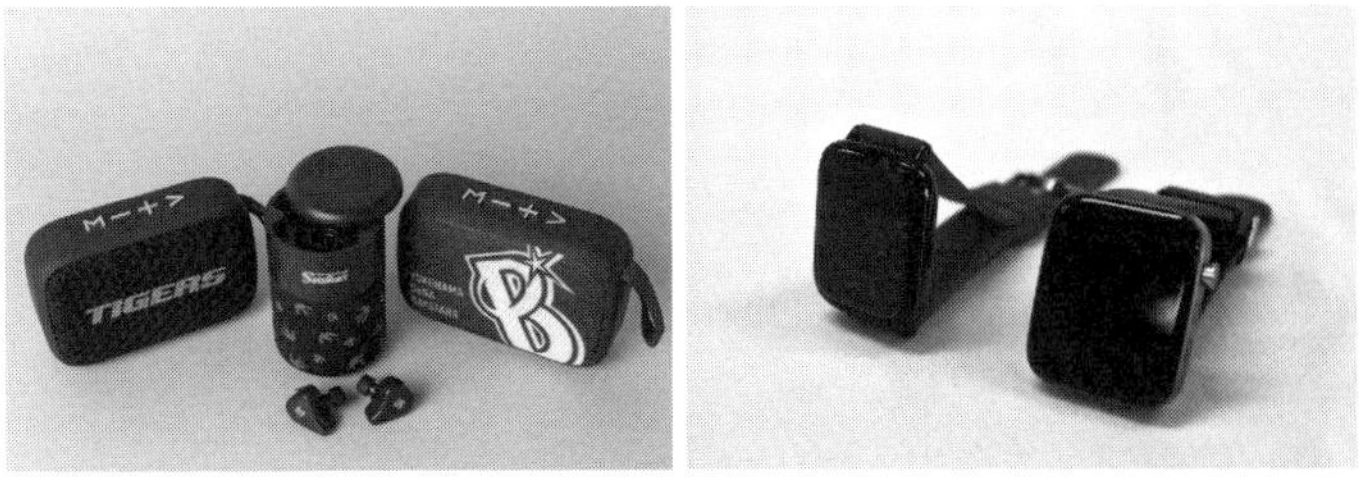

まさかのスマートウォッチかぶりから「Bluetoothスピーカー戦争」へ。電子機器特典も活況だ

⑫血圧測定　⑬血中酸素測定」と大充実機能がウリではあったのだが、「技術基準適合証明の認証が取れておらず、日本国内で使用する無線機器に必要な表示がなされていないことが判明した」というまさかの理由で、前代未聞の回収騒動にまで発展してしまったのである。

それ以降、他球団でスマートウォッチを特典にするＦＣはなく、「２０２２年のスマートウォッチ対決」はこの年限りで終止符が打たれることとなった。

その前年となる21年、ソフトバンクＦＣの「ホークスオリジナルワイヤレスチャージャー」はなかなかよかった。現在ではなじみがあるけれど、当時は「本器の上に置くだけで携帯の充電ができる」という機能性だけでも驚いたのだが、親会社の主力サービスである通信事業との親和性もあるし、何よりもすごく便利だったので、「こんなアイテムが、ＦＣ特典になる時代が訪れたのだなぁ」と感慨深かったことを記憶している。

本来であれば、間違いなくＧＯＹ（グッズ・オブ・ザ・イヤー）を進呈差し上げたかったところだが、この年は有力特典が多く、惜しくも受賞はならなかった。

さらに、スマートウォッチに代わって、新たに勃発したのがセ・リーグを中心とした「Ｂｌｕｅｔｏｏｔｈスピーカー戦争」である。

・Ｂｌｕｅｔｏｏｔｈスピーカー（ＤｅＮＡＦＣ）
・ポータブルＢｌｕｅｔｏｏｔｈスピーカー（阪神ＦＣ）
・２０２３　ＣＲＥＷ　イヤホン＆スピーカー（ヤクルトＦＣ）

いずれも、23年のことである。阪神は「友達・家族紹介キャンペーン」の特典で、紹介した本人も、紹介された側も手にすることができるのがウリだった。同じタイミングで、しかもセ・リーグ3球団で「Ｂｌｕｅｔｏｏｔｈスピーカー」が特典となったのである。

普段、一日中音楽をかけながら仕事をしているので、スピーカーやヘッドホン、イヤホンにはこだわりを持っていて、いずれも「ＢＯＳＥ」製品を愛用している。やはり、音響専門メーカーの音に対するこだわりはすごく、「これを経験したら、安いスピーカーは使えなくなるよな」と思っていた。だから、各球団がこぞってスピーカーを特典とした際にも、「どうせ使わないのだから、これは必要ないな」と初めから除外したものだった。

実際、22年の阪神FC特典「ワイヤレスイヤホン」を実際に使用してみたところ、その音質に絶望感を覚えていたため、「Ｂｌｕｅｔｏｏｔｈスピーカー」についても、まったく食指が伸びなかったというのが実際のところだ。

しかし今回、本書の刊行に当たって、改めて「聴き比べてみよう」と思い立ち、メルカリをフル活用して、これらのスピーカーを入手してみた。実物を見ればわかるけれど、ＤｅＮＡと阪神のものは同一タイプで、前者はブルー一色に彩色されたポップなデザインで、後者は黒字に白く「ＴＩＧＥＲＳ」と染め抜かれた重厚感あるものだった。

すぐに充電して使ってみると、意外にも音質は悪くない。また、とにかく軽いのもいい。本体重量約１４０ｇ。体感としてはメガネケースぐらいの重さだ。そして、2時間の充電で１００分から4時間使用できるという。なかなか使い勝手がいいではないか。

ということで、地方取材の際にはカバンの中にコイツを放り込み、ホテルの部屋で原稿を書く際に愛用している。軽くて丈夫でかさばらないのに音はいい。最高ではないか。

ヤクルトＦＣのものはさらに趣向が凝らされており、スピーカー本体上部にイヤホンが格納されているのだ。イヤホン、スピーカー、それぞれ単体では特典となっていたけれど、ダブルで特典としたのはヤクルトが初めてだ。こちらはイヤホン格納時で１４５ｇ。約60分の充電で、イヤホンが約5時間、スピーカーが約2時間再生できる。

ちなみに、24年楽天ＦＣもＤｅＮＡ、阪神と同様のタイプで「コンパクトスピーカー」を特典としている。科学の進歩と電子機器の普及によって、今後もＦＣ特典はさらなる進化を遂げることだろう。「すごい時代になったものだ」、そんな感慨を抱きつつ、同時に「いい時代になったものだ」という喜びも味わっている今日この頃である。

COLUMN PART.06

特許庁商標登録で世界唯一の「12球団FC評論家®」に

２０１４年、全球団のＦＣに入会して10年目となる節目の年に、前作の『プロ野球12球団ファンクラブ全部に10年間入会してみた！』という、実に長いタイトルの本を出版した。企画を通してくれた出版社、編集者には本当に頭が上がらない。

これを記念して、「よし、こうなったら《12球団ファンクラブ評論家》を名乗ろう」と決めた。さらに、「どうせならば《自称》ではなく、きちんとお墨付きが欲しい」と思い立ち、「この肩書で商標登録をしよう」と決めた。

さて、いきなり話は飛ぶけれど、僕がまだ20代の頃、ギャグマンガの大家である赤塚不二夫先生にかわいがってもらっていた。酒に酔った赤塚先生はいつも「バカをやるなら本気でやれ」と口にしていた。このとき、ふとこの言葉を思い出し、「やるなら、とことんやってやろう。オレは絶対に商標登録するぞ！」と強く決意したのである。

もちろん、誰もこんなモノ好きな肩書きを名乗ろうとはしないこともよく理解している。

仮に誰かが「12球団ＦＣ評論家」と名乗ったとしても、別に気にならない（笑）。けれども、ここはきちんと「この肩書はオレのものなんだ」ということを明確にし、誰にも名乗らせないためにも、正式に商標登録するべきであろう。僕はそう考えたのである。

ちょうど、そんなことを考えていた頃、書店で一冊の本と出合った。タイトルは『副業革命！スキマ評論家入門』（唯野奈津実／リットーミュージック）とあり、副題として「世界で一人だけの評論家になって稼ぐ方法」と銘打たれていた。

（おぉ、これこそオレが求めていた本だ！）

すぐに購入し、むさぼるように読んだ。第1章には「評論家になればあなたの人生が変わる！」と題され、こんな見出しが並んでいる。

・評論家になるならスキマを狙え！
・評論家の肩書きはガラ空き状態
・評論家を名乗ることがすべての始まり
・時代はスキマ評論家を求めている
・評論家活動とは社会貢献である

商標登録証
(CERTIFICATE OF TRADEMARK REGISTRATION)

登録第５６９５５９４号
(REGISTRATION NUMBER)

商標 (THE MARK)　（標準文字）
１２球団ファンクラブ評論家

指定商品又は指定役務並びに商品及び役務の区分
(LIST OF GOODS AND SERVICES)
第４１類　技芸・スポーツ又は知識の教授，セミナー又は講演会の企画・運営又は開催，受託による文章の執筆（広告文を除く。），書籍の制作，ニュースレポーターによる取材・報告，電子出版物の提供，オンラインによる電子書籍・電子雑誌の提供

商標権者 (OWNER OF THE TRADEMARK RIGHT)

長谷川　晶一

出願番号 (APPLICATION NUMBER)　商願２０１４－０１９８４２
出願日 (FILING DATE)　平成２６年　３月　４日 (March 4,2014)
登録日 (REGISTRATION DATE)　平成２６年　８月２２日 (August 22,2014)
この商標は、登録するものと確定し、商標原簿に登録されたことを証する。
(THIS IS TO CERTIFY THAT THE TRADEMARK IS REGISTERED ON THE REGISTER OF THE JAPAN PATENT OFFICE.)
平成２６年　８月２２日 (August 22,2014)
特許庁長官
(COMMISSIONER, JAPAN PATENT OFFICE)
伊藤　仁

著者に届いた商標登録証。更新手続きにより、あと10年は「12球団ファンクラブ評論家®」を名乗れるページをめくるたびに、僕はウットリとしてしまっていた。この本には、すでに活動を開始している「ふんどし評論家」「パンダ評論家」「トイレ評論家」「アイス評論家」の方々が実例として紹介されていた。

とても面白い本で、めちゃくちゃ興奮しながら読了したのだけれど、そこには商標登録出願についてのページはなく、自分で調べるしかなかった。しかし、いったいどうやって申請すればいいのかまったく見当もつかない。いろいろ調べてみると、出願先は特許庁であることがわかった。特許庁のホームページを確認しながら、必要書類をそろえ、準備をしようと思うものの、どうにも煩雑で面倒くさい。本音を言えば、その程度の情熱でしかなかったのである（笑）。しかし、ここで救世主が現れた。

大学時代の友人が弁理士となっていることを思い出したのである。正直言えば「弁理士」という職業が、どのような仕事をしているのかまったく理解していなかった。言葉の響きから「便利屋」のような、見当違いのイメージすら抱いていたほどである。

しかし、商標登録出願について調べているうちに、「弁理士に依頼するのもアリ」という記述を目にしていたため、ふと彼の存在を思い出したのである。さっそく相談してみると、「じゃあ、書類を作成してあげるよ」と二つ返事で引き受けてくれた。お礼は「酒をおごってくれればいい」とのこと。持つべきものは弁理士の友人である。

数日後、彼がすべての書類を整えてくれた。

「じゃ、これで種類を提出してもいいかな？」

そう問われたのだが、何から何まで世話になりっ放しなのも心苦しかったし、最後の最後ぐらいは自分の手でフィニッシュを迎えたかったので、郵送ではなく、直接特許庁に出向いて自分の手で書類を提出することに決めた。意味もなくスーツを着て、霞が関へ向かう。

出願料は「３４００円＋（８６００円×区分数）」となっている。「区分数」とは説明が難しいのだが、要は自分が活動したい分野のことであり、第1類から第45類まであるという。僕の場合は友人のアドバイスに従い、第41類とした。これは「技芸・スポーツ又は知識の教授、セミナー又は講演会の企画・運営、又は開催、受託による文章の執筆、書籍の制作」などと説明されている。出願後、商標審査官による審査が行われ、それをクリアしたものが晴れて商標登録されることになる。そして、登録料として「3万２９００円×区分数」を納入すれば10年間の権利が保障されるのである。こうして、無事に審査が通った。

あれから10年が経過した。２０２４年夏に、10年間の期限を迎える。更新手続きをしなければ失効となってしまう。（さて、どうしたものか……？）と、まったく迷うことなく、更新を決めた。今回もまた弁理士の友人に頼むことにした。これを口実に久しぶりに彼と呑もう。やはり、持つべきものは弁理士の友人である。

謎の覆面男——各種メディア出演、登場ラッシュ

別に素顔をさらしても何も問題はないのだけれど、前作『プロ野球12球団ファンクラブ全部に10年間入会してみた！』を出版した際に、楽天FC特典の「カラスコマスク」をかぶって登場してしまったことで、「12球団FC評論家®」として活動するときには、このマスク姿で登場することを求められるようになってしまった。

おかげさまで、前作発売後すぐに、「いったい、この男は何者なのだ？」ということで、多くの取材依頼をいただくことになった。最初に反響があったのがラジオである。元フジテレビアナウンサーの福井謙二氏がキャスターを務める『福井謙二　グッモニ』（文化放送）が最初の出演だったと記憶している。カラスコマスク姿でスタジオに入った僕を見て、明らかに警戒していた様子の福井さんの表情が今でも記憶に残っている。

さらに、『峰竜太のミネスタ』（ラジオ日本）にも呼ばれた。中日ドラゴンズファンの峰さんに敬意を表して、ガブリのぬいぐるみを持参した。それにしても、ラジオ日本があま

りにも小さくて驚いた。それまで何度かラジオ出演の経験はあったのだけれど、僕が知っている「ラジオ局」のイメージとはあまりにもかけ離れていて、「こんなにコンパクトな局もあるんだなぁ」とビックリしたことを覚えている。峰さんは実に気さくでいい人だった。

　後にスキャンダルで注目されることになるアンジャッシュ渡部建さんがナビゲーターを務めていた『GOLD RUSH』(J-WAVE)にも出演した。この番組では阪神タイガースファンの渡部さんに合わせてタイガースユニフォームを着用した。印象に残っているのは、六本木ヒルズ森タワーに入居しているJ-WAVEの威圧感だ。前述したラジオ日本は聴力検査の小部屋のようなスタジオだったのに対して、J-WAVEのそれはガラス張りの教室のようなスタジオで、多くの「業界人」に囲まれ、衆人環視の下で、若干の緊張を覚えながらしゃべり続けたことを覚えている。

　他にも、吉田照美さん、荻上チキさん、テリー伊藤さん、ダイノジ大谷ノブ彦さんの番組にも呼ばれた。文化放送、TBSラジオ、ニッポン放送、それぞれのラジオ局のカラーの違いを体感できたのは、個人的にもいい経験であり、いい思い出ともなった。何度も繰り返して恐縮だけれど、いちばんインパクトに残っているのは、やはりラジオ日本である。

東スポの裏1面をジャックした著者。エンタメの殿堂といっていい同紙に認められた価値は高い

雑誌からの取材依頼も殺到した。いちばん大きく扱ってくれたのが、『ＦＣ本』の版元である集英社が発行している『週刊プレイボーイ』で、断続的に数回にわたって紹介してもらった。他にも、何誌か登場したはずなのだが、何も手元に残っておらず、あまり記憶に残っていない（スミマセン）。

個人的に最も印象に残っていて、最も嬉しかったのが『東京スポーツ』に取り上げられたことだ。しかも、裏1面のすべてをカラスコマスク男が占拠したのである。

大見出しには「プロ野球ファンクラブ　知られざる実態」とあり、２００９年広島ＦＣ特典「カオシマユニフォーム」の上にジャケットを羽織ったカラスコマスク男の写真が大々的に掲載されているのである。その脇にはこんな言葉が躍っている。

「独占直撃　12球団のＦＣすべてに10年間入会した男が教えます」

う〜ん、「独占直撃」である。あの東スポに「独占直撃」されたのである。なんと光栄なことであろうか。この記事はもちろん『大阪スポーツ』『九州スポーツ』にも掲載された。これまで、数多くのメディアから取材を受けたけれど、これが最も印象深い。何しろ、岩谷テンホー先生の「みこすり半劇場」と同じページに掲載されたのである。

テレビからの出演依頼もいくつかあったけれど、それは一つも実現していない。その理由となったのが、最初にオファーがあった番組のスタッフがあまりにも横柄で失礼で、ナメた態度を取ってきたことがきっかけである。僕に関心を持ってくれた若い担当者は、とても熱心で、きちんと拙著を読んだ上で、「こんなこともしたい、あんなことも紹介したい」と熱心だったので、僕としても前向きに考えていた。しかし、その上司であるディレクターだか、プロデューサーだか忘れてしまったけれど、その人物があからさまに敵意と侮蔑をむき出しにしながら、馴れ馴れしい態度で接してくる。

「うちの番組に出られるのは、すごく大変なことなのよ。うちは《ホンモノ》しか出ることができない。《ニセモノ》だと困るのよ」

こちらから頼んだわけでもないのに、人を「ニセモノ」扱いすることに腹が立つ。さらに、何も下調べをしていないから、まったく話も噛み合わない。その理由が、「先入観を持たずに判断するために、事前の情報はシャットアウトしている」とのこと。

(無駄にストレスを溜めてしまいそうだから、これは関わらないほうが賢明だろう……)

それにしても、偉そうな態度だったなぁ。ちなみに、その番組は今でも続いている。武士の情けで番組名は記さないけれど、あのときの企画書はまだ残っているはずだ。確か「知らない世界」とかいったような気がするな。考えてみれば僕はそもそも武士ではないのだ。

COLUMN PART.08

12球団FC担当者「お詫び行脚」奮闘記

前作『プロ野球12球団ファンクラブ全部に10年間入会してみた！』を出版した際に、読者からの反響以上に、各球団のＦＣ担当者がどんな反応を示すかについて、実は内心ではビクビクしていた。もともとは、かつて白夜書房が発行していた『野球小僧』で、年に1回の企画としてスタートし、今では『野球太郎』（竹書房）に引き継がれて、現在でも毎年6月頃に発売される号で、その年のＦＣ内容について論評している。

本書をご覧になっていただければわかるように、基本的に「主観のオンパレード」である。「これは好き、これは嫌い」と、とにかく個人的な思いで自由にキーボードを叩き続けている。当然、日々ＦＣ業務に心血を注いでいる各球団の担当者にとっては「人の苦労も知らないで好き勝手に言いやがって……」と忸怩たる思いを抱いていることだろう。いや、ハッキリいえば「長谷川憎し」の炎がメラメラと燃え盛っているのではないか？

そんな思いを抱いていたところ、旧知の編集者から、「だったら、実際に各球団に出向いて、担当者と直接ひざを突き合わせてみたらどうですか？」と提案された。最初は「コイツはなんと恐ろしいことを言い出すのだろう……」と震えたものだが、熱心に説得されているうちに、「確かに彼の言うことにも一理あるな」と考えが改まってきた。

いつまでも、ビクビク震えているよりも、腹を決めて「何か不満はございますでしょうか？」「何か誤解や間違いはございますでしょうか？」と直接意見交換をして、先方の意図を知り、

『がっつり！プロ野球』（日本文芸社）の企画で12球団のFC担当者に取材し、その苦労を痛感した

僕の思いを伝え、両者の意見交換が進むことで、ひょっとしたらそれがFCのさらなる発展につながるかもしれない。だんだんと、そんな気がしてきたのである。やり手編集者は説得術にも長けているのである。

ということで、『がっつり！プロ野球』（日本文芸社）での連載が決まった。連載タイトルは「全球団のファンクラブに入会する12球団ファンクラブ評論家®長谷川晶一が球団を直撃してきました！」というドストレートなものに決まった。メイン写真は、相も変わらずカラスコマスク姿で、各球団事務所、もしくは本拠地球場の前で、おちゃらけたポーズを取っている僕の姿である。一応は「お詫び行脚」のつもりではあったけれど、この写真を見ている限りは、火に油を注ぐようなものである。当初の思惑とは大きく異なり、完全に逆効果ではないか。

連載は２０１４年の巨人から始まり、その後は楽天、ＤｅＮＡ、日本ハム、西武、広島、ソフトバンク、ヤクルト、ロッテ、阪神、中日と断続的に続き、そして最後は２０２０年オリックスで最終回を迎えた。当初の不安とは大きく異なり、各球団のＦＣ担当者は一様に快く出迎えてくれた。そこには、立場は違えども、ともにＦＣを愛し、ＦＣの進化発展を目指す「同志」のような心の連帯があった。……と、僕自身は勝手に思っている（笑）。

連載中、心に残る言葉はいくつもあった。

「私たちよりもずっと昔から巨人を応援してくれている方がたくさんいらっしゃるので、〝ファンをコントロールしよう〟と思ってはいけないと考えています。ファンの方がジャイアンツを応援しやすい環境作りをバックアップすることが私たちＦＣの役割。これからも、ファンの方の意見を参考に、みなさんに喜ばれるＦＣを目指します」（巨人ＦＣ担当）

「一方的にファンの方に〝来させよう〟〝買わせよう〟〝入らせよう〟というＦＣではなく、〝私たちはひとつのきっかけです〟という立ち位置であること。そして、ただモノをプレゼントするだけじゃなくて、自発的に球場に来ていただいて、応援していただいて、〝自分たちがこのユニフォームを着ていたから勝てたんだ〟と、ファンの方と球団のバランス

感覚が保たれているのがいいＦＣなのかなと思います」（楽天ＦＣ担当）

「他業種で参考にしているものは？」という質問に対して、西武ＦＣ担当者は言った。

「ディズニーランドさん、ハウステンボスさんは参考にしています。11年の震災の年に、子供たちを西武ドームに無料招待したのですが、そのベースになったのはディズニーさんの取り組みです。ポイント制度は各コンビニエンスストアさんを参考にしています」

現在の課題について尋ねると、オリックスＦＣ担当はこんな言葉を口にした。

「課題としてはグッズの原材料、人件費、輸送費がいずれも上昇していることですね。消費税も上がりましたが、うちは会費を据え置きにしています。この点は今後も企業努力が求められる点ですね」

連載を通じて、それぞれの担当者が奮闘していることが肌で実感できた。誰もが、「いいＦＣ」を求めて頑張っている姿は美しかった。この連載ができて本当によかった。

すべての始まりはここから——「朝日小学生新聞」への感謝と凱旋

「はじめに・余はいかにして十二球団応援會信徒となりしか」でも述べたように、僕が人生で最初に入会したＦＣは１９８０（昭和55）年のヤクルトだ。このとき僕は小学４年生になる直前、５月生まれなのでもうすぐ10歳になる頃のことだった。

それ以来、44年が経過した。……そう書いていて、自分でも驚いた。９歳の頃と同じことをしているのか、オレは今でも？　いや、決して「同じこと」ではないな。９歳の少年は、決して12球団のＦＣに入ったりはしない（笑）。

さて、そのきっかけとなったのが、80年2月23日の『朝日小学生新聞』だ。どうして、ここまで詳細に覚えているかというと、別件の資料集めのために国会図書館に行った際に、ふと懐かしくなって、この記事を探してコピーを取ったからである。

この年の「ヤクルトＦＣ」については、次のように記されている。

著者がFCに入会するきっかけになった朝日小学生新聞に、38年の時を経て一面デビューを果たした

ヤクルトスワローズファンクラブ
■入会資格　中学生以下の方
■年会費　二、〇〇〇円
■特典　東京会員（東京、神奈川、埼玉、千葉県に住んでいる方）①会員証つき手帳②帽子③入会時豪華記念品④ヤクルト主催の全試合（神宮球場の公式戦）の内野席に入場（巨人戦は外野席）⑤観戦回数によって記念品など

うわぁ、書いていて涙が出そうになる。

何から何まで、ハッキリと覚えている。そして、「①会員証つき手帳」は、本書１０４ページで書いたものだ。「②帽子」はウール製のもので、友達がかぶっているメッシュ製のものと違って高級感があり、ひそかに優越感を抱いていたことまで思い出した。「③入会時豪華記念品」は、紺のウインドブレーカーだった。左胸にはおなじみの「YSマーク」が染め抜かれていて、いつも学校に着ていったものだ。

たった一枚の新聞記事から、こんなにさまざまな記憶がよみがえるだけでなく、生々しい感情まで思い出せるとは思わなかった。

そういう意味では、改めて『朝日小学生新聞』には感謝の思いが芽生えてくる。

そんなことを知り合いに話したところ、どういう経路をたどったのか忘れてしまったけれど、ある日、『朝日小学生新聞』のスタッフから連絡をもらった。

「もしよかったら、紙面にご登場願えませんか？」

まさか、そんなことが起こるなんて！　感謝の思いしかなかった僕は、「もちろん、ご協力させてください！」と即答。

そして、２０１８（平成30）年3月、僕は東京・築地の朝日新聞社に出向くことになった。編集部に到着すると、そこで待っていたのは7人の少年、少女たち。

子供たちはそれぞれ各球団のレプリカユニフォームを着たり、帽子をかぶったり、応援グッズを手にしたりしている。この日、編集部に集まってくれたのは「朝小リポーター」と呼ばれる子ども記者のみなさんだったのだ。ノートと鉛筆を持って、みんなからインタビューされるという、非常に貴重な経験をすることになった。

事前に、「子供たちにはライターとはどんなお仕事なのかお話ししてください」と言われていたので、僕は取材ノートを持参して、なるべくわかりやすく説明をした。

みんなから、さまざまな質問を受け、その一つ一つに丁寧に答える。2時間ほどの濃密な時間を過ごし、みんなで記念撮影をして解散した。幸せな時間だった。

後日、この日の取材をまとめた見本紙が届いた。驚いたことに一面のトップ記事だった。オレはついに朝日の一面を飾ったのだ！　「小学生新聞」だけど（笑）。

そこには、こう書かれていた。

元読者「FC評論家」の観戦術

そうか、確かに僕は「元読者」だ。なんだか嬉しいな。「元読者」が一面を飾っているのだ。まるで凱旋帰国ではないか！　そこには僕が持参したノートを食い入るように見つめている子供たちの写真も掲載されている。

しかし、そのキャプションを読んで、僕は赤面してしまった。

見せてくれたノートには、長谷川さん（右はし）が球場で食べた弁当の値段や中身がくわしく書きこまれていて、リポーターたちも興味しんしん

カッコ悪すぎる（苦笑）。ライターのイメージが悪くなるよ。しかし、僕は「弁当の値段や中身」を記録するライターなのだから仕方ない。そう、自分を納得させたのである。

グッズは応援するだけのものではない！

脱コロナ アウトドアグッズに囲まれて

新型コロナウイルスによって、世界中の人々の価値観は一変した。

ＦＣも当然、従来のスタイルではいられず、新たな運営方針を求められることとなった。コロナ禍が訪れていた２０２１年以降は「オリジナルマスク」や「加湿器」「アルコールディスペンサー」など、「コロナ対策」グッズが相次いだ。緊急事態宣言によって、巣ごもりを余儀なくされていてもなお、野球ファンはひいきチームのグッズを身近に置くことで、日々の癒しを得ていたのである。プロ野球が持つ影響力は絶大なのだ。

医療従事者たちの奮闘があり、ライフラインを支える人たちの努力があり、未曾有の緊急事態にありながらも、さまざまな制約の中で僕たちは僕たちなりに生き抜いた。同様に、各球団のＦＣ担当者たちは、「この状況下で、どのようなサービスが提供できるのか？」と懸命に考え抜いた。あの頃、各球団にアンケートを取ったところ、誰もが「巣ごもりを少しでも楽しめるように」と頭を悩ませていた。

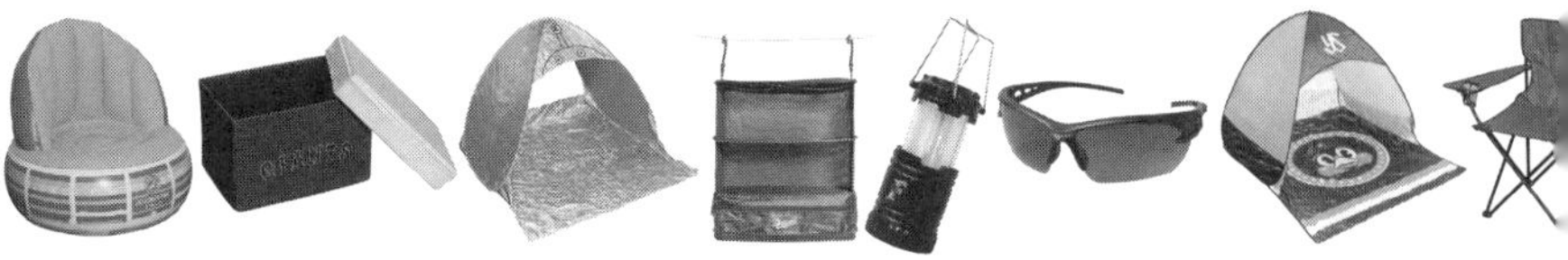

人間は強いよ。どんなに大変な状況下にあっても、その中で少しでも希望の光を見つけ出そうとする姿は、本当に偉大だよ。キーボードを叩きながら、パソコンのモニターがぼやけてきた。なぜだか、とても感傷的になっている自分に驚いた。……間違いなく、昨晩の酒が残っているのだろう（笑）。21年、22年のFC界は、誰もが困惑の中での「ベスト」を模索していたのだ。詳しくは、ぜひ本書の該当ページを読んでほしい。各担当者の努力の結晶が記録されている。

　繰り返しとなるけれど、僕たちはあの異常な時代をサバイブしたのだ。同志よ！

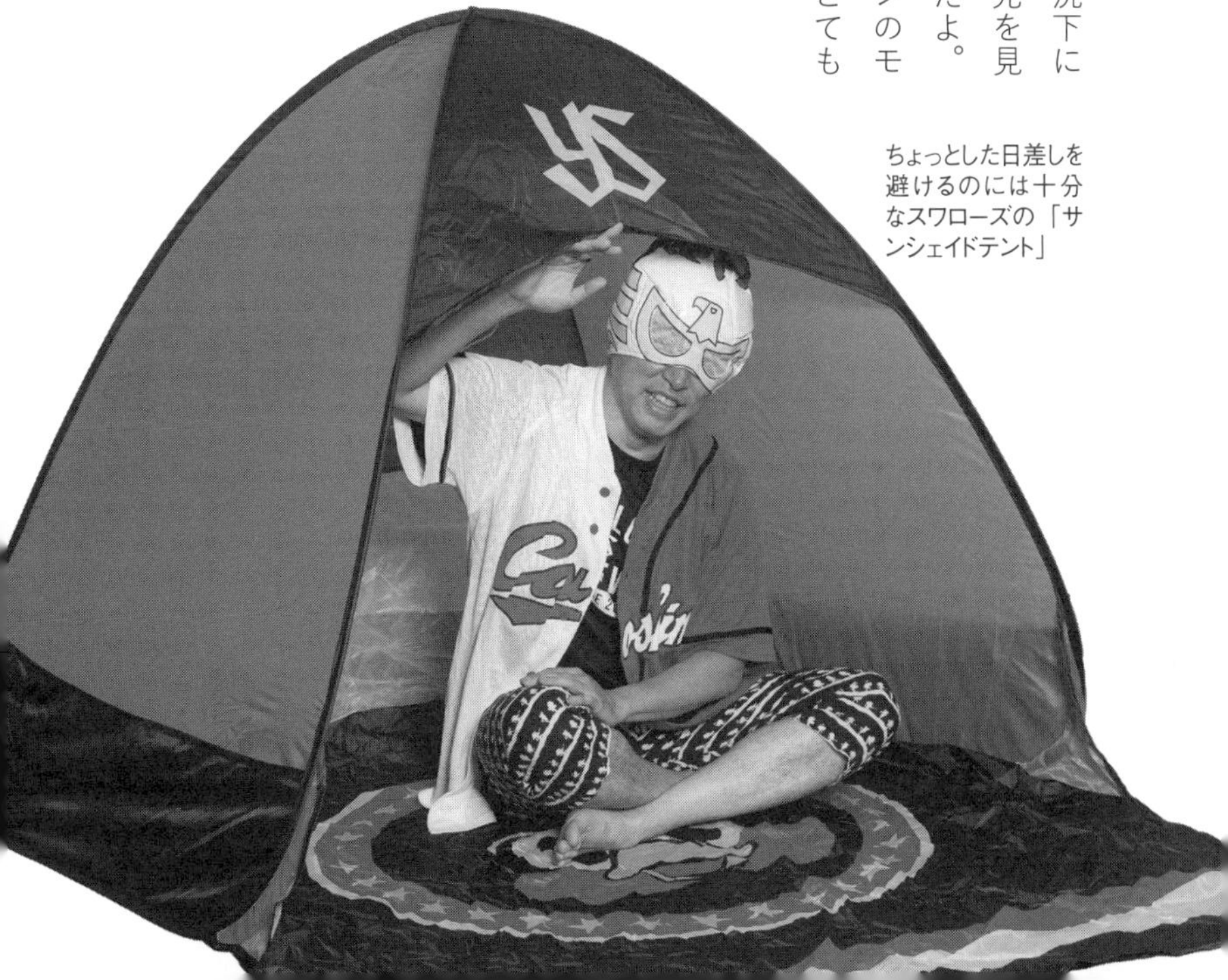

ちょっとした日差しを避けるのには十分なスワローズの「サンシェイドテント」

ドラゴンズ2024年の特典グッズ「吊るせるトラベル収納ケース」。アウトドアだけでなく、旅行時の収納としても活用できそうだ。

ファイターズ2020年の特典グッズ「2WAYランタン」。コロナ禍真っ盛りの孤独を癒してくれた、優しい光が涙を誘う。

タイガース2021年の特典グッズ「スマートサングラス」。ハードケースも付いた実用性も兼ね備えるサングラス。年々強くなる日差しもへっちゃら。

マリーンズ2020年の特典グッズ「ZOZOマリンスタジアムエアソファー」。空気入れが付いているものの、膨らませるのに若干時間がかかる。しかし、大変な分、座り心地はバツグン。

ベイスターズ2023年の特典グッズ「アウトドアチェア」。折り畳んで持ち運べるのはもちろんのこと、ドリンクホルダーも付いた本格派。

ジャイアンツの特典グッズ「アウトドアチェア」。こちらも小型で携帯性を重視したタイプ。

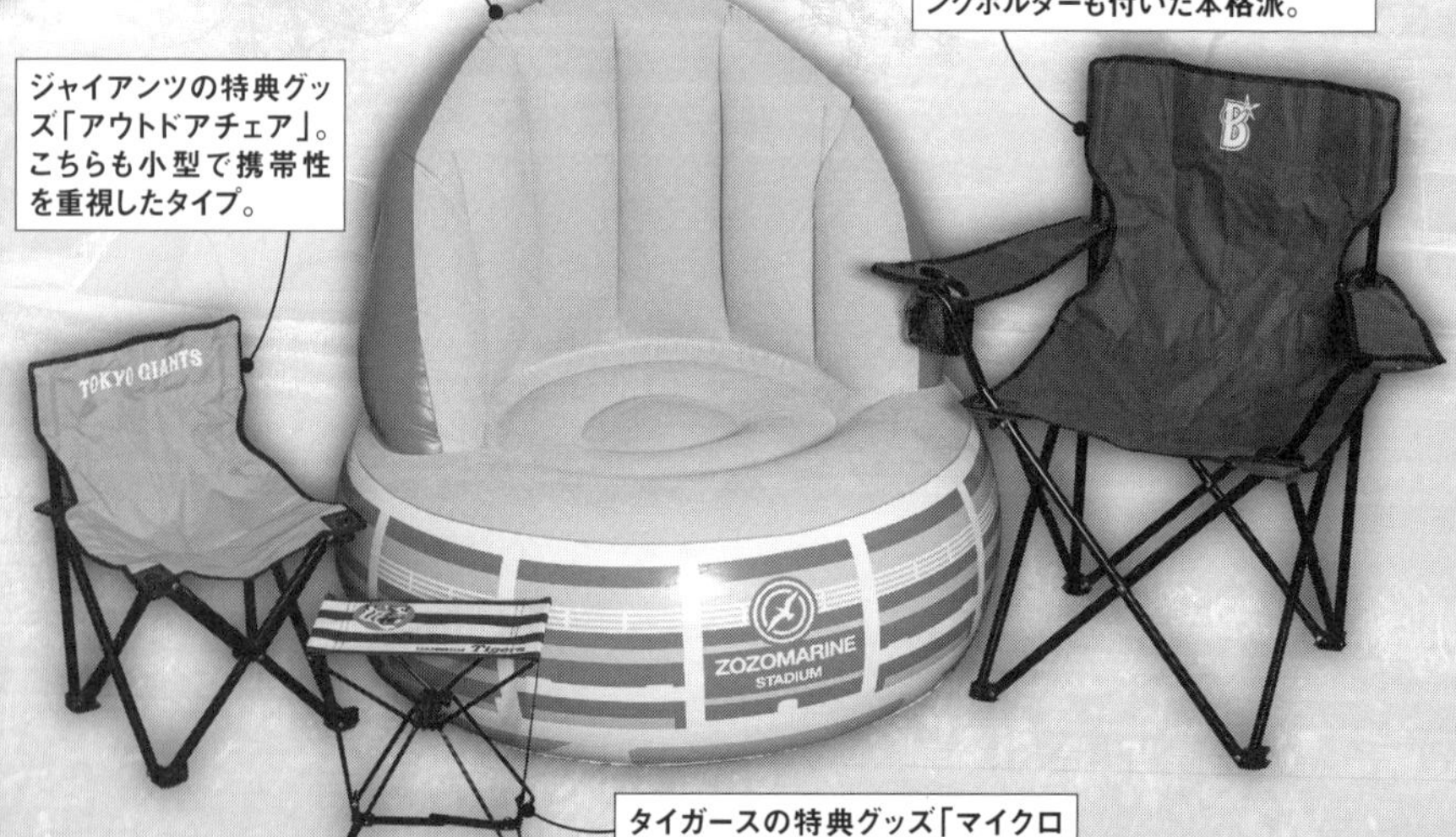

タイガースの特典グッズ「マイクロチェア」。こちらは携帯性を極限までアップさせたとても小さな椅子。

ひとりぼっちでもへっちゃら！
テント、チェア、ランタン……
なんでも揃う？

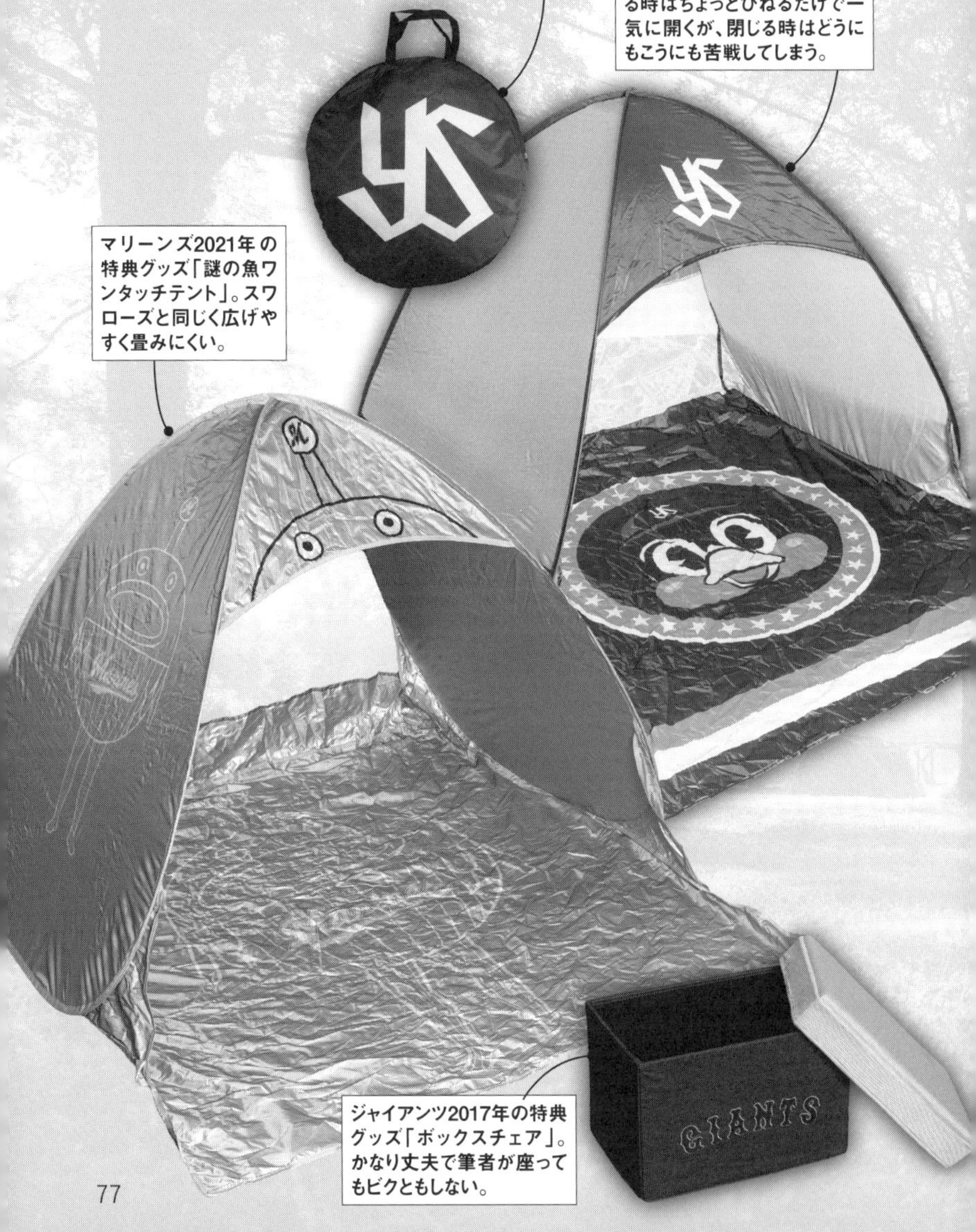

畳まれた状態がコチラ。

スワローズ2023年の特典グッズ「サンシェイドテント」。開ける時はちょっとひねるだけで一気に開くが、閉じる時はどうにもこうにも苦戦してしまう。

マリーンズ2021年の特典グッズ「謎の魚ワンタッチテント」。スワローズと同じく広げやすく畳みにくい。

ジャイアンツ2017年の特典グッズ「ボックスチェア」。かなり丈夫で筆者が座ってもビクともしない。

緊急事態宣言の中、自宅でも癒しを与えてくれたアウトドアグッズたち

緊急事態宣言発出中、自宅のベランダや、自宅マンション屋上で「エアアウトドア」を体験している人が増えたというニュースがあった。「少しでも開放感を得たい」という、人々のささやかな願望だった。これを受けて、21年ロッテＦＣは「謎の魚ワンタッチテント」を特典とした。

僕もさっそく、自室にこのテントを設営し、意味もなくこの中で本を読んだり、昼寝をしたりした。冷静に考えれば「いい大人が何をやっているのだろう？」と嘲笑したくなるけれど、それがあのときの切実な、自宅でできるエンターテインメントだったのだということは忘れたくない。

やがて、23年頃になると、少しずつ希望の光が見え始めてきた。油断はできないと思いつつ、人々は「ウィズコロナ」の生き方を見い出し始めたのである。すると、ＦＣ界には突然の「アウトドアブーム」が訪れる。ヤクルトＦＣは、つば九郎をモチーフとした「サンシェイドテント」、ＤｅＮＡＦＣは「アウトドアチェア」を特典とした。

そこで、ふと気づいた。「脱・巣ごもり化」が進んだ23年以前から、ＦＣ界には「アウトドアグッズ」がたくさんあったことに。久しぶりに自宅の物置を探索、捜索してみると、ＤｅＮＡＦＣだけではなく、かつて巨人ＦＣも、阪神ＦＣも「アウトドアチェア」「マイクロチェア」を特典としていたことを思い出した。

あるいは、20年のＧＯＹに輝いた日本ハムＦＣ「２ＷＡＹランタン」は、まるで暖炉のような、炎が燃えているランタンが特典となっていた。本文でも書いたけれど、関東地方に台風が直撃して長時間の停電を強いられたとき、このランタンの灯りに、僕は救われた。暗闇の中、ファイターズを意味する「Ｆ」のロゴを見つめながら、なぜだか「助かった……」とつぶやいていた自分が、そこにいた。

普段の僕は「アウトドア野郎」ではなく、部屋にこもって本を読んだり、映画を鑑賞したりする、完全な「インドア野郎」だけど、部屋中に広げたアウトドアグッズを見ていると、「たまにはキャンプに行ってみるのもいいかもしれないな……」という思いが芽生えてくる。実際には、ただ「芽生えた」だけで、実際にアクションを起こすことはないけれど、一瞬でもそんな気持ちにさせてくれたのが、ここで紹介した数々の特典グッズである。

トゥエルバー（詳しくは１１０ページを！）として生きてきたこの20年間の中でも、あの数年間は決して忘れることのできない不思議な時間だった——。

グッズでおしゃれに外出すればココロもスッキリ!

ＦＣ特典フルコーディネート

あれはいったい、いつ頃のことだったのか?

ある時期からずっと、「ＦＣ特典だけで生活することは可能なのだろうか?」と考えるようになった。「生活する」ということは、「衣食住」のすべてがそろっていなければならない。持続可能な永続的な「生活」は無理でも、期間限定であれば可能なのではないか?

改めて冷静に考えてみると、ユニフォームはもちろん、パーカーやスウェット、ジャンパーなどの「衣」は当然のこととして、かつてのロッテＦＣ特典である「ロッテリア試食券」やオリックスＦＣの「宮崎牛」など、「食」もある。そして「住」に関しても、74ページからの「アウトドアグッズ」でご紹介したようにテントもあれば、チェアもある。

つまり、「衣食住」がフルコンプリートされているのである。

ならば、「ＦＣ特典だけで生活することは可能だ!」と、僕は結論づけた。すると、さらなる思いがムクムクと頭をもたげ始めることになる。

ライオンズ2019年の特典グッズ「ステテコ」。上着はてんこ盛りの特典グッズだが、ズボンなどはなかった。そんな中現れた救世主的なグッズ。

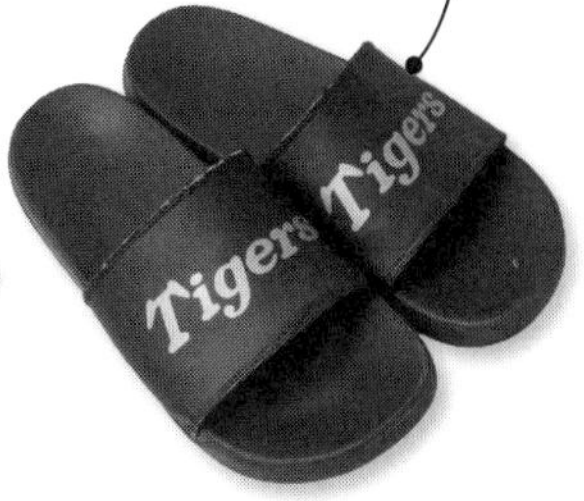

タイガース2020年の特典グッズ「サンダル」。ありそうでなかったという球団キャッチコピーの通り、球界初のサンダルとなった。履き心地もバツグン！

（……FC特典だけで頭からつま先まで、フルコーディネートすることは可能だろうか？）

うーん、これはなかなか難しい。というのも、「靴」がないのだ。また、前述したように、「上着」ならば、女性誌定番の人気企画「30日間コーディネート」が実現できるほど、いくらでもバリエーションがあるのだけれど、「下着」「ボトムス」もないのだ。

（さすがにこれは難しいか……）

そんな諦念を抱いていたところ、朗報が届いた。2019年西武FCが「ステテコ」を特典としたのである。前年秋に届いた入会案内書を見た時点で、「ついに、時代の扉が開いた！」と、僕は山手線車内で絶叫し、見ず知らずの乗客たちとハイタッチを交わした（虚偽表現）。

あの時の感動は、今でも忘れられない。さすが、生活必需品ばかりを特典とする、「おはようからおやすみまで、暮らしを見つめるライオン（ズ）」だ！

Buffaloes
Bs CLUB
2018 CARP FAN CLUB

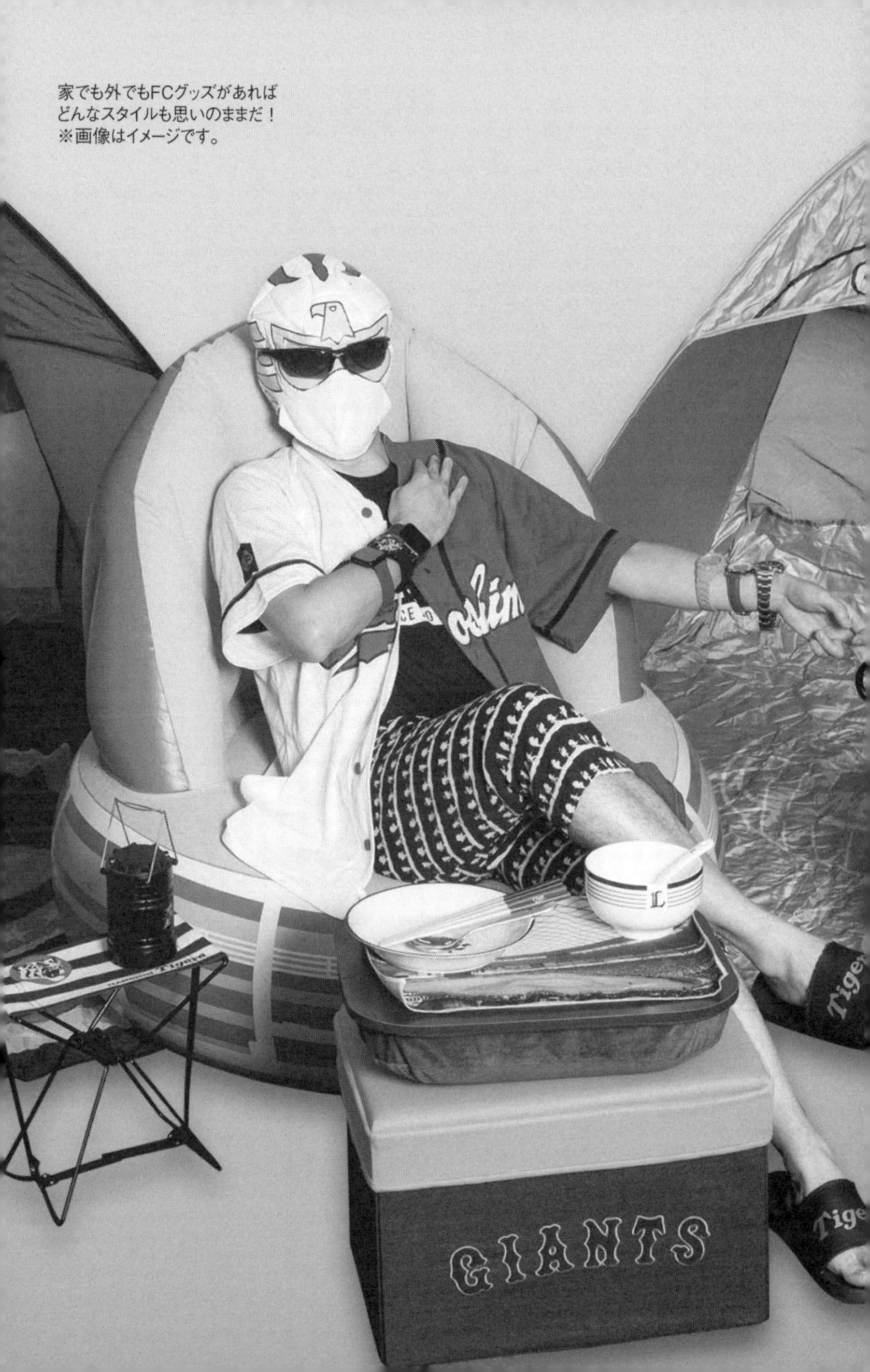

家でも外でもFCグッズがあれば
どんなスタイルも思いのままだ！
※画像はイメージです。

さぁ、そうなると、あとは「靴」だけだ。靴さえそろえば、フルコーディネートが可能となる。勢いというのは恐ろしいものだ。僕の野望は、その翌年にあっさりと実現する。20年西武FCが「スリッパ」を特典としたのである。もちろん、僕はそれを選択する。

さらに、それだけではない。同年の阪神FCは「タイガースサンダル」をメイン特典としたのだ。……………（嗚咽）。

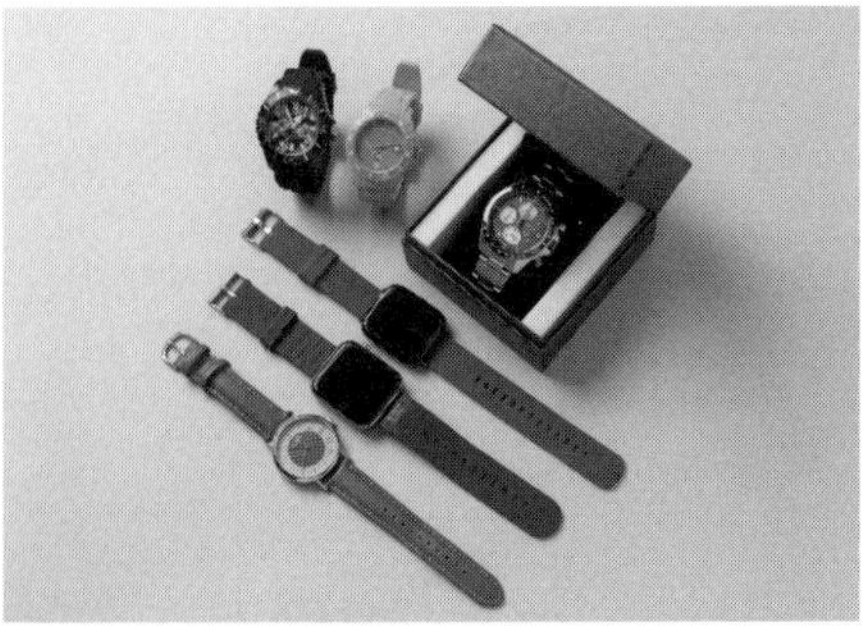

時計を特典グッズにしている球団は多く、近年はスマートウォッチも出てきた

かくして、僕の長年の願望である「FC特典だけで頭からつま先まで、フルコーディネートする」が実現した。ファッションにこだわりのある僕は、これまでに取りそろえた色とりどりの特典ウォッチを、左手のみならず、両手につけることにした。50代男のこだわりである。もちろん、クールでダンディで、ゴージャスな「スマートサングラス」を装着することも忘れない。これは21年阪神FCのメイン特典だ。つい、鏡に映った自分にウットリする。

あっ、靴下とパンツがない！　靴下はいいや、素足でいこう。パンツもいいや、ノーパンでいこう。ということで、ステテコの下はノーパンなのだ。これでいいのだ！

時計だって、これだけ揃えば立派な蒐集家として友達にも自慢できるぞ！　しないけど（笑）

COLUMN PART.10

科学の進歩はＦＣの進歩――
電子機器の発達が特典グッズを変える！

さすがに20年間も全球団のＦＣに入会していると、特典グッズに関して、ワクワクしたり、ドキドキしたりすることは、ほぼない。悪い意味での「慣れ」である。

王道となる「レプリカユニフォーム」がトップに君臨し、そこからウインドブレーカー、パーカー、スウェットなどの「アパレルアイテム」と、トートバッグ、バックパック、メッセンジャーバッグなどの「バッグアイテム」がツートップで並ぶ。

その上で、「観戦チケット特典」や「その他アイテム」が加わってくるのだが、基本的にはどの球団も、そのすべてを網羅しており、「複数選択制」を採用することで、幅広いファンのニーズに応えようとしているのである。そして、それが満遍なく、高いレベルで維持されているのが令和期のＦＣ界だと言えよう。

ところが、近年は以前と比べると、ワクワク、ドキドキする機会が増えてきた。

なぜなら、こちらの予想をいい意味で裏切るような特典グッズが増えてきているからで

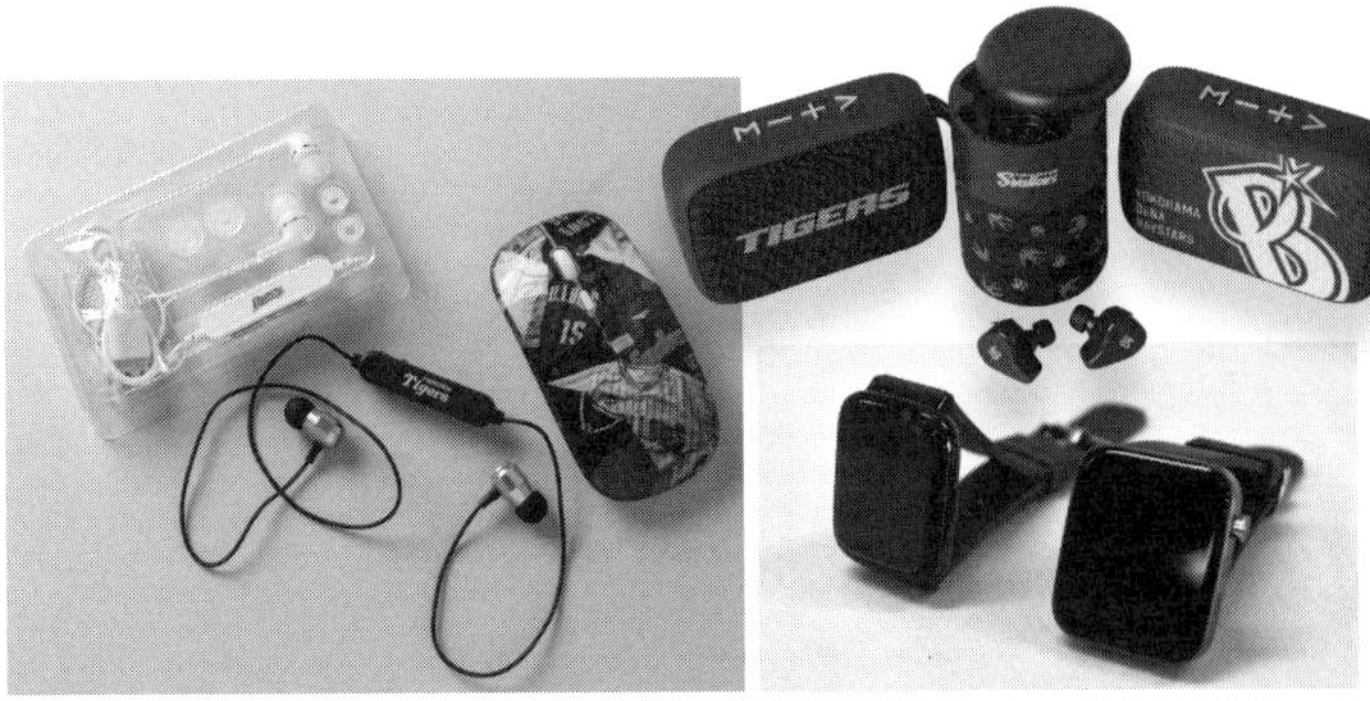

20年前では考えられなかった、電子機器特典の充実ぶり。その一方で「原点回帰」への欲求もふくらむ

ある。パッと思いつくものを列挙してみよう。

・オリジナル電気ケトル（19年・ソフトバンク）
・こふうさん卓上扇風機（20年・ソフトバンク）
・ホークスオリジナルワイヤレスチャージャー（21年・ソフトバンク）
・ＣＲＥＷワイヤレスヘッドフォン（マイク付）（21年・ヤクルト）
・スマートウォッチ（22年・ＤｅＮＡ）
・スマートウォッチ（22年・ヤクルト）
・ワイヤレスマウス（22年・ヤクルト）
・ワイヤレスイヤホン（22年・阪神）
・加湿器（22年・阪神）
・ポータブルコーヒーメーカー（23年・ロッテ）
・サーモジャグ（23年・ロッテ）
・Ｂｌｕｅｔｏｏｔｈスピーカー（23年・ＤｅＮＡ）
・ワイヤレスチャージャー（23年・阪神）

ここで紹介したのはほんの一例であるが、すでにお気づきだろう。

いずれも、ここ数年に集中しているのである。そして、いずれも、「電源はＵＳＢ接続で充電」という共通点があるのだ。そこにＢｌｕｅｔｏｏｔｈ機能が加わることで、特典グッズの可能性が大きく広がった。その結果、今まで考えることすらできなかった「電子機器」が特典となる時代が訪れたのである。

この潮流は、今後ますます発展していくことだろう。技術革新によって、これまでだったら考えられないようなものが特典となる時代がやってくるに違いない。各球団、どんどん未知なる分野に足を踏み入れ、僕らをまだ見ぬ世界に連れて行ってほしい。

そして、この精密機器ブームは、さらなる可能性ももたらしてくれるはずだ。

これからさらに機械化が進み、最新機器が特典グッズに採用されればされるほど、温故知新の精神で、昔懐かしいもの、今では失われつつあるもの、あるいはすでに失われてしまったものの価値が高まるだろう。何事にも反動はあり、原点回帰が求められるのである。

そのヒントとなるのが、本書において僕が何度も激推ししている、20年オリックスＦＣの「野球盤」であり、古くは12年巨人ＦＣの「黒ひげ危機一発」などの老舗玩具メーカーによるレトロゲームとのコラボアイテムだ。

オリックスＦＣの担当者が口にしていたように、各球団のＦＣデータを見ると、そのすべてが「会員の高齢化」という現実を抱えている。日本社会全体で少子高齢化が進んでいるように、ＦＣもまた同様の傾向を見せているのである。ならば、40代、50代、いやそれ以上の世代を見据えた特典を採用することの意義は大きい。選手の顔写真、もしくはイラストが入った「ドンジャラ」とか特典にならないかなぁ。

ここからは、個人的な希望を述べる。

80年代初頭に大ブームを巻き起こし、任天堂が花札&トランプメーカーからゲーム会社となるきっかけとなった「ゲーム&ウオッチ」こそ、現代の電子機器ブームで復刻できないだろうか？　つば九郎やドアラなどの球団マスコットをモチーフに「ＯＣＴＯＰＵＳ」や「ＣＨＥＦ」「ＦＩＲＥ」「ＭＡＮＨＯＬＥ」「ＨＥＬＭＥＴ」、あるいはエポック社の「モンスターパニック」などなど、あの頃のゲームを復活させられないだろうか？　荒唐無稽な願望であり、「そんなの欲しがってるのは、おまえだけだよ」と言われてしまえばそれまでだけど、最新の多機能スマートウォッチよりは、ゲームウォッチの方が僕は嬉しい。

電子機器の発展で、どんどん最先端特典が増えている現状だからこそ、その技術を生かしつつ、過去を掘り起こす特典があってもいいのではないか？

実現の可能性が低いことは承知しつつ、ついついそんなことを考えてしまうのである。

COLUMN　PART.11

20個のGOYとともに歩んだ20年――評価基準は、「どれだけ心が動かされたか？」

毎年、「GOY」を決めよう――。

我ながら、これはすごくよいアイデアだったと思う。本書ではこの他にも何度も、この「GOY」という単語が頻出するけれど、もういちいち説明はしないので読者のみなさんも早くなじんでほしい。改めてもう一度だけ解説すると、「GOY」とは「グッズ・オブ・ザ・イヤー」の略であり、読み方は「ゴイ」である。決して、「ジー・オー・ワイ」とは読まないように。また、類語は「FOY」で、こちらは「ファンクラブ・オブ・ザ・イヤー」の略称で、もちろん読み方は「フォイ」である。当然、「エフ・オー・ワイ」ではない。

毎年、『野球太郎』における「プロ野球12球団ファンクラブ全部に入会してみた！」の執筆を開始する前に、その年に届けられた各球団からの段ボールをずらりと並べ、「今年はどんなアイテムがそろったのかな？」と個人的品評会をするのが恒例となっている。

このとき、僕の胸の内には「はたして、今年のFOYはどこだろう？　GOYはどれになるのだろう?」という思いでいっぱいだ。勝手に決めて、勝手に表彰するだけだし、権威など微塵もないのに、勝手にドキドキしているのである。

こうした経緯を経て誕生したのが、20個のGOYたちである。

一つ一つの詳細については、本書2~7ページのカラーページを見てほしい。改めて、そのラインナップを列記したい。

２００５年……オリジナルイエローメッシュジャージ(阪神)
２００６年……ガブリぬいぐるみ(中日)
２００７年……鉄平ボブルヘッド(楽天)
２００８年……オリジナルバスタオル(日本ハム)
２００９年……メッシュジャージ(広島)
２０１０年……つば九郎プレミアムフィギュア(ヤクルト)
２０１１年……オリジナルスウェットジャケット(西武)
２０１２年……黒ひげ危機一発(ジャイアンツバージョン)(巨人)
２０１３年……オリジナルパーカー(ロッテ)
２０１４年……ダイヤモンドプラスプレミアムバット(阪神)

毎年「充実度」の評価は低いものの、GOYは3回も受賞している日本ハム。著者の心を動かしてきた証拠だ

２０１５年……全選手サイン入りカード（楽天）
２０１６年……リュック（オリックス）
２０１７年……Ｇボックスチェア（巨人）
２０１８年……キャッチャーマスク（ＤｅＮＡ）
２０１９年……ステテコ（西武）
２０２０年……ランタン（日本ハム）
２０２１年……レオシルエット掛け時計（西武）
２０２２年……宮崎牛モモスライス５００グラム（オリックス）
２０２３年……醤油皿２枚セット（広島）
２０２４年……しゃけまるネックピロー（日本ハム）

正直なことを言えば、すっかりその存在を忘れてしまっているものもあれば、今でも僕の目につくところに飾っているものもあり、その後の扱いは千差万別だ。

そして、重大なことに気づいた。先ほど偉そうに「我ながら、これはすごくよいアイデアだったと思う」と書いたけれど、よく考えたら、僕が「ＧＯＹ」という言葉を使い始めたのは、14年に前作の本を執筆したときのことだった（ような気がする）。それを受けて、

その後の『野球太郎』での連載時にも、この言葉を使い始めるようになったのだ。

人間の記憶とは、実にいい加減なもので、まるで05年の開始当時から「ゴチャゴチャ言わんと、どれがその年いちばん素敵なアイテムなのか、ガチンコ対決で決めればええねん！」と考えていたつもりだったけど、よく考えたら、「せっかく本を出すなら、その年のベストでも決めてみようか」と、実に軽い動機で始めたのだった（たぶん）。したがって、05〜14年までは14年時点の評価基準でGOYを選び、14年に前作が発売されて以降となる15〜24年までがリアルタイムでGOYを選考していたということになる。

先に述べたように、僕が勝手に選んで、勝手に顕彰しているだけだけど、一応、僕なりの「採点基準」のようなものはある。それもまた、実にシンプルなものである。

どれだけ心が動かされたか？

「品質」だけで選んでしまえば、広島FCは圧倒的に不利だ。残念ながら、一つ一つのクオリティはそれほど高くはない。また、「アイテムの目新しさ」だけを基準にしてしまうと、毎年「オリジナルユニフォーム」をメイン特典としている広島FCは、やはり分が

COLUMN　PART.11

悪くなる。この球団が誇る「ＣＱ」と「目新しさ」は両立しない。その一方で、「アイデア」を重視すれば、広島ＦＣはかなり有利になる。ここでは「ＣＱ」が強みとなるからだ。

　こうしたことを考慮に入れるならば、「品質」「アイテムの目新しさ」「アイデア」に加え、「豪華さ」や「耐久性」や「時代性」など、いくつもの評価基準を作って、厳正な審査を行うべきなのだろう。しかし、それはとても面倒くさい（笑）。あくまでも、「長谷川による、長谷川のためのＧＯＹ」なのだ。ということであれば、評価基準は、「どれだけ、僕の心が動かされたか？」でいいのではないだろうか。勝手にそう判断したのである。

　その結果、僕以外の第三者が審査員だとしたら、絶対にＧＯＹには選ばれないであろうアイテムがＧＯＹとなるケースが生まれてくる。なぜなら、そのアイテムに僕が心を動かされたのならば、それだけで「合格」なのだから。

　面白いことに、その恩恵を受けたのが日本ハムＦＣである。08年「オリジナルバスタオル」、20年「ランタン」は、いずれも日本ハムＦＣのものだ。

　バスタオルはＦＣ特典の定番で、これまでにもオリックス、ソフトバンク、ヤクルトなど、多くの球団が何度も特典としている。日本ハムだってこの08年以外にも、選手のイラストが描かれたバスタオルを14年の特典としている。

けれども、08年日本ハムFCのバスタオルが選ばれたのは、14年の時点で「今でも使い続けているから」であり、２０２４年現在の今でも僕の身体を包み込んでくれている。この事実だけで、僕の心が動いたのである。前作が発売されて以降の評価基準である「リアルタイムでGOYを決める」ならば、08年バスタオルは絶対に選ばれていない。僕の手元に来てから何年もの時を経て、その価値に気づくことができたのだ。

一方、20年のランタンは「２０２０年」の項でも書いたように、信じられない豪雨の中、いつ停電するかもわからない状況下で、マッチもローソクもない中で、このランタンの存在がどれだけ心の支えとなったことか。不安な時間をともに過ごした「同志」だからこそ、愛着がわいてきたのである。まさに、ストックホルム症候群である。違うか？

他のアイテムも同様だ。18年「キャッチャーマスク」は、「スゲェ～」という「驚愕」であり、22年「宮崎牛」は「ウメェ～」という「感嘆」であり、23年「醤油皿」は、箱に書かれたダジャレが「くだらないよ～」という「苦笑」が決め手となった。

いずれにしても、この判断基準は今後も大切にしたい。

１００人のトゥエルバーがいれば、１００通りのGOYがあってもいいではないか。

……そもそも、１００人もいないと思うけど（笑）。モノには一つ一つに物語がある。思い入れが加味されることで、そこで初めてGOYは誕生するのである。

COLUMN PART.12

ヤフオクから、メルカリ、ラクマのフル活用

２００５年に初めて全球団ＦＣに入会した頃は、今とは比べものにならないほど貧弱な特典が多かった。詳しくは本書１１６ページ「２００５年」の項を参照にしてほしいが、わずか20年前は、これが普通だったのである。

さらに、この頃はまだ「複数選択制」など夢のまた夢であり、四の五の言わず、有無をも言わせぬまま、ただただ球団が指定する特典をありがたく頂戴するしかなかったのだ。

しかし、時代は変わった。

各球団が趣向を凝らして魅力的な特典グッズをラインナップにそろえるようになると、「これも欲しい、あれも欲しい」という悩みが生まれてきた。一応、「12球団ファンクラブ評論家®」を名乗っている以上、研究対象として現物を見ておく必要性も生まれてきた。

２０１０年代になると、ロッテやヤクルトなど、「追加料金を支払えば、欲しいアイテムを追加することも可能」というシステムが浸透し始めるのだが、それ以前は「複数アイ

テムを手に入れる」というのは至難の業だった。

そこで、当時の僕ができるアクションは次の2つしかなかった。

1　特典グッズ目当てに複数口入会する

2　誰かに譲ってもらう

基本的には「1」を採用し、家族名義で入会し、目的の特典をゲットしていたのだけれど、どうにもコスパが悪すぎる。

けれども、「2」は現実的な方法ではなく、目的のアイテムを持っている知人がそもそもいないし、たとえそれを持っていたとしても、それを快く譲ってくれるとも限らない。

こんなときに、第三の選択肢が登場する。

3　ヤフオクでゲットする！

かつて僕は、『ベースボール・マガジン』（ベースボール・マガジン社）

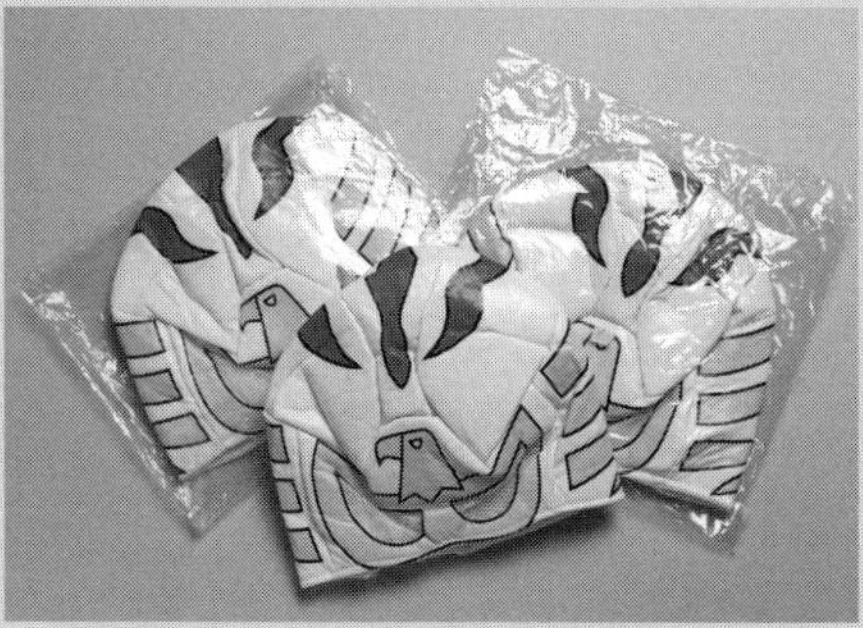

ヤフオクを駆使して「カラスコマスク」を収集。今や本場メキシコのマスクマン並みのストックを誇る

誌上において「ヤフオクゲッター」という連載をしていた。

これは、２０００年代初頭からヤフオクをフル活用して、野球に関する懐かしグッズを買い漁っていた個人的経験を生かして始めたもので、僕が手に入れた珍品、名品、激レア品の数々を毎号紹介していくというものだった。

ＦＣに魅了される以前から、そもそも慣れ親しんでいたため、ＦＣ特典入手においても、ヤフオクには本当にお世話になった。

特に役立ったのが、僕がかぶっている「カラスコマスク」である。

04年に最初の「ＦＣ本」を出すことが決まったとき、「このマスクをかぶって紙面に登場しよう」と決めた。その際に最初のマスクを手に入れた。今では記録が残っていないけれど、当時３０００円程度で落札したような気がする。ここでやめておけばよかったものの、生来の収集癖が頭をもたげてくる。よせばいいのに、こんなことを考えたのだ。

（もしも、このマスクをなくしてしまったら……）

（もしも、このマスクが汚れたり、穴が開いてしまったりしたら……）

そんなことを考え始めるとキリがない。「よし、不測の事態に備えてヤフオクで手当たり次第にゲットしよう」と考えるや否や、すぐに入札。当然、落札におけるライバルも存在せず、出品価格でそのまま落札。合計３つのマスクを手に入れることになったのである。

結局、そう頻繁に着用するものでもなく、最初に入手したマスクを10年間使うことになり、まだまだ使えそうではあるけれど、せっかく「未使用新品」のデッドストックがあるということで、24年春、２つ目のマスクを新たに開封して使い始めている。

また、１０４ページで紹介する「１９８０年ヤクルト・ファンクラブ会員手帳」を入手したのもヤフオクである。当時10歳になったばかりの僕は、この手帳に試合結果を克明に記録し、友達の住所や電話番号も記載していた。残念ながら紛失してしまい、「もう二度と、手に入らないのだろう……」とあきらめていたところヤフオクで発見。熾烈な入札競争の末にゲットしたときには、涙で何も見えなくなったほどである（誇張表現）。

その後、時代は移り変わり、ヤフオクに加えてメルカリが登場する。同様のサービスでありながら、微妙に客層、利用層が違い、出品アイテム、料金が異なっているのが面白い。ということで、現在では、楽天のラクマともどもフル活用している。それぞれ送料込みであるのもいいし、ライバルとの入札争いに疲弊することがないのもいい。22年くらいからは、何も苦労することなく、気になる特典グッズはほぼ手に入れることが可能となった。これにより、さらに研究活動が充実し、深化することとなった次第である（自画自賛）。

COLUMN PART.13

伝説の近鉄バファローズFC

僕が全球団のFCに入会したのは2005年のことである。

この年、新たに東北楽天ゴールデンイーグルスが誕生し、福岡ダイエーホークスは福岡ソフトバンクホークスとして生まれ変わった。期せずして、この年はプロ野球史においても、FC史においても、重要な1年であるのだが、「わずか1年」の差で入会できなかったFCがある。

そう、この前年に消滅した大阪近鉄バファローズFCである。

楽天、そしてソフトバンクのFC初年度に入会することはできたものの、近鉄FCには一度も入会することなく、球団はなくなってしまったのである。インターネットで検索してみると、「近鉄の思い出」がつづられているサイトがたくさん出てくる。そのほとんどが愛情あふれるものばかりで、失われたものの大きさを痛感する次第である。

これらの記事を読んでいると、改めて「近鉄FCに入会してみたかったな」という思い

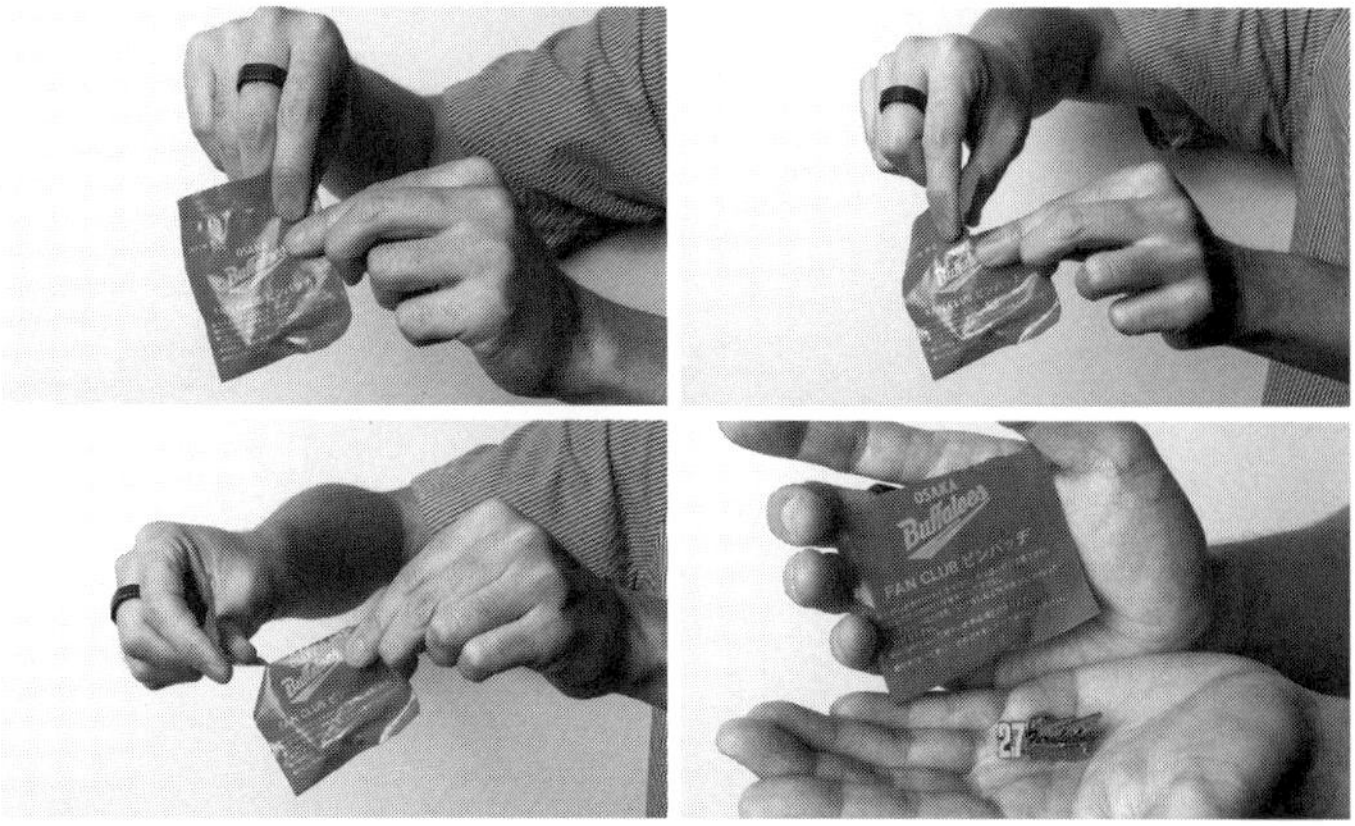

未開封だった2001年近鉄のピンバッジ。23年の時を経て開封の儀の如くビニールを開け、ベテラン捕手・古久保健二をゲットした

が強くなってくる。そんなときには、いつものようにヤフオク、メルカリをフル活用するに限る。まず目についたのがコレだ。

「近鉄バファローズ　１９９５年ファンクラブカード」

つまり、会員証である。価格は送料込みで５９０円。何も迷うことなく、すぐに購入した。続いて見つけたのはコレだ。

「大阪近鉄バファローズ　ファンクラブピンバッジ」

価格は、同じく送料込みで３３３円。商品説明を読むと「２００１年限定　ファンクラブピンバッジ」とある。写真を見ると、中が見えない真っ赤なビニール袋にピンバッジが入っているようだ。未開封である。おそらく、「誰のバッジが出るのかわからない」シークレット仕様なのだろう。もちろん、すぐに購入した。

さらに、こんなものも見つけた。

「近鉄バッファローズ　ファンクラブ会員証１９７９年」

１９７９年といえば、あの「江夏の21球」の年ではないか！　「バッファローズ」と、ありがちな誤表記が気になるけれども、こちらも購入した。２５００円だった。

他にも、やはりチーム名を誤表記している「近鉄バッファローズ　ナイロンバッグ　ボストンバッグ（４３３３円）」や、90年の「こどもの会」の「近鉄バファローズ　ファンクラブ会員証（６０００円）」など、気になるアイテムはいくつかあったのだけれど、残念ながら予算の都合上、購入を断念した。

購入から数日後、続々と拙宅に「近鉄ＦＣグッズ」が届く。

95年の会員証の裏面には、来場確認のためのスタンプが押されている。この持ち主はこのシーズン、３回ほど球場を訪れたようだ。さらにその下には「パルケエスパーニャ」の広告も。近鉄資本で華々しくスタートしたスペイン村である。

個人的な話で恐縮だけれど、大学を卒業して就職した出版社で、僕は婦人誌に配属された。そして「レジャー担当」を命じられ、読者モデル家族とともに、全国各地のテーマパークを訪れて特集記事を組んでいた。まさに、95年にパルケエスパーニャにも行っている。

それから、およそ30年が経過した。久々にパルケエスパーニャに行きたい。

そして、01年のピンバッジだ。この年の日本シリーズはヤクルトと近鉄が激突した。ということは、日本シリーズ観戦のために大阪ドームにも行っている。あの頃の選手たちのピンバッジだ。やはり、未開封である。透かして見れば中身も判別できそうではあったけれど、ここはやはりドキドキ感を味わうべく「開封の儀」を執り行うことにした。

若干の緊張感を覚えつつビニールを引きちぎる。「27」という数字が目に飛び込んでくる。頭の中で、当時の選手たちの背番号を思い出そうとするのだが、誰だかわからない。

「27　Furukubo　CATCHER」

ああっ、古久保健二か！　後にヤクルトでコーチも務めていたな。岩隈久志でもなく、中村紀洋でもなく、古久保というのがなかなかよかった。

続いて79年の会員証だ。今から45年も前の貴重な一品だ。この年、西本幸雄監督の下、近鉄は球団創設初となるリーグ優勝に輝いた。その後も含めて、近鉄は4回優勝した。しかし、一度も日本一になることなく、その歴史に幕を閉じるのである。

古ぼけた会員証を手にしながら、僕はしみじみと歴史の重みを噛み締めていた――。

COLUMN PART.14

ついにゲット!! すべての始まり
「１９８０年ヤクルトＦＣ会員手帳」

僕が初めてＦＣに入会したのは、もうすぐ10歳の誕生日を迎える１９８０年春のことだと、22ページですでに述べた。

初めて家族で観戦した80年4月26日、角富士夫のサヨナラホームランに魅了され、そこから45年に及ぶスワローズファン生活、そしてＦＣライフが始まることとなったわけだが、野球の試合の面白さもさることながら、この年のヤクルトＦＣグッズに魅了されたのも事実である。

特にお気に入りだったのが「ファンクラブ会員手帳」と銘打たれたビニール製カバーの手帳だった。そこには、当時の大エース・松岡弘が歌う球団公式歌『とびだせヤクルトスワローズ』の歌詞が楽譜付きで掲載され、80年公式戦日程表、選手名鑑も載っている。

10歳になったばかりの僕は、この手帳をいつもランドセルに忍ばせ、選手名鑑を隅から隅まで読み込んだ。まだ小学4年生だったにもかかわらず、入団3年目でまったく一軍出場のなかった野村克晃の「座間高→キャルポリ大」という経歴まで暗記したほどだ。

野球通の方はもちろんご存じ、後の団野村の若かりし頃の姿である。ちなみに、Ｗｉｋｉｐｅｄｉａを見ると、彼の経歴は「カリフォルニアポリー大学」と書かれている。文字数の関係とはいえ、「キャルポリ大」とは思い切った略称である（笑）。

さて、まだいたいけな子供だった僕にとって、この手帳の最大の魅力はヤクルトスワローズ球団30年史」と題された、年度ごとの球団史である。

昭和25年の球団創設から54年までの30年間が、かわいいイラストとともにコンパクトにまとめられているのである。初めて読んだときの感想は、今でもハッキリと覚えている。

（どうやら、このチームはとてつもなく弱かったようだぞ……）

球団名はコロコロ変わるし、監督もシーズン途中で交代しているケースがいくつもあった。それまでテレビで見ていたジャイアンツやONのイメージとは程遠いということが、子供ながらにすぐに理解できたのは、間違いなくこの手帳のおかげである。

1980年ヤクルトの『ファンクラブ会員手帳』。野球ファンなら誰しも「原点の一冊」があるのでは？

この手帳を手にして以来、学校はもちろん、夏休みの家族旅行のときにも持っていった。「キミもスワローズの名スコアラー」と書かれた「観戦メモ」には、神宮球場で実際に見た試合結果を克明に書き記し、「お友達の住所録」にはページが足りなくなるほど、多くのクラスメイトの情報を書き込んだ。

しかし、それだけ大切にしていたにもかかわらず、翌年また新たな手帳が届くと同時に、僕の関心は次の手帳に移ってしまい、気がつけばどこかにいってしまっていた……。

それから30年以上の時が経過して、本当にたまたまヤフオクでこの手帳を見つけたときには飛び上がるほど驚くと同時に、「なんとしてでも手に入れてやる!」と決意したものだった。このときの顛末は、拙著『いつも、気づけば神宮に　東京ヤクルトスワローズ「9つの系譜」』(集英社)という本にも書いた。少しだけ抜粋したい。

〈ここで出品されている手帳を、僕も当時使っていたが、あれから35年以上が経過し、毎日学校に持っていくほど愛用していた手帳もとっくの昔に紛失してしまっていた。

そうなれば、「どうしてもゲットしたい!」と思うのが人情というもの。出品価格はまさかの100円。

(こんな古いモノ、他にほしがる人もいないだろう……)

入札終了まで残り5日、僕は軽い気持ちで入札した。しかし、落札当日。まさかのライバルが登場し、どんどん価格を釣り上げていく。間の悪いことに、このとき僕は海外取材の真っ只中で香港滞在中だった。たまたまスタッフたちと酒場で飲んでいたところで、僕はトイレに行く振りをして、スマホ片手に姿の見えぬライバルとの入札合戦を繰り広げた。

そして、何度かの息詰まる攻防の末に「ヤツ」が折れた。

落札価格は３４００円。金に糸目はつけないつもりだったので、僕にとっては大満足の価格だった。入札件数は53件。僕と「ヤツ」との間で、繰り返された入札応酬史だった。

（勝った、勝った。ついに、オレはやったのだ……）

不惑も半ばを過ぎた男の感慨にしては、実にチープな勝利宣言かもしれない。しかし、このときの僕は明らかに勝利の美酒に酔っていた。

香港のバーの薄暗いトイレで、僕は完全に浮かれていたのだった――。〉

香港から帰国して、現物を手にしたときには心躍る思いだった。当時記憶していた「座間高→キャルポリ大」の文字を見たときには思わず、「おぉ……」とウルウルしてしまった。

……さて、思いのほか長くなってしまったが、もう少し思い出話にお付き合いいただきたい。再び、前掲書から引用する。

〈昭和25年の「球団誕生」から、昭和27年に佐藤孝夫が球団初の新人王に輝いたこと、昭和30年に町田行彦が球団初のホームラン王に輝いたことなど、自分が生まれる前の「歴史的出来事」に胸を躍らせた。

70年生まれで当時10歳の少年にとって、１５６０年の「桶狭間の戦い」も、１９６５年の「サンケイスワローズ発足」も、「昔の出来事」という意味では同義だった。まるで戦国武将たちの武勇伝を読むように、金田正一、武上四郎、若松勉、大杉勝男、松岡弘、大矢明彦、広岡達朗らの活躍ぶりに夢中になった。

これらの記事を繰り返し読んだことで、いつしか僕は「ヤクルト博士」になっていく。とは言え、クラスメイトの中に誰もヤクルトファンはいなかったので、この知識が役に立つことは一度もなかった。〉

自分で書いた文章ながら、思わず「そう、そう、その通り！」と何度も、何度もうなずいてしまうほど、懐かしい思い出だ。この手帳は、僕にとっては歴史書でもあったのだ。40代半ばを迎え、その間もずっとスワローズを「応燕」し、ＦＣに入会し、神宮球場に通い続けていた僕は、ある日驚愕の事実に気がついた。三たび引用する。

〈この「30年史」には若松や大杉、松岡は登場するものの、荒木大輔も、池山隆寛も、ボブ・ホーナーも、黒歴史のホアン・アイケルバーガーも、栄光の古田敦也も、岡林洋一も、伊藤智仁も、宮本慎也も、青木宣親も、山田哲人も登場しないのである。

当然、90年代の「黄金時代」の立役者である野村克也についての言及は一行もない。

50年の球団誕生から79年の最下位までの「30年史」は完全に網羅されているのに、80年から現在にいたるまでの歴史はまったく掲載されていない。もちろん、平安時代の古文書に関ヶ原の戦いが載っているはずがない。頭では理解している。「予言の書」ではないのだからそれも当然のことなのに、僕にはとても物足りなく感じられた。〉

このような経緯から、僕は『いつも、気づけば神宮に』を書くことを決め、結果的にこの本を出したことによって、その後「スワローズライター」としての仕事が増えていくことになる。思えば、80年にヤクルトＦＣに入会したこと。そこで、スワローズに魅了されたこと。さらに、それから35年近く経ってヤフオクで、この手帳に再会したこと……。

すべてのことがＦＣから始まったのである。ＦＣが人生を変えることもある。少なくとも、この僕がそうだ。確実に、いい方向に変わった。ＦＣに感謝、感謝、感謝である。

COLUMN PART.15

「トゥエルバー」という生き方

　全球団のＦＣに入会するようになり、「12球団ファンクラブ評論家®」と名乗るようになってしばらくした頃、ふと疑問が生じた。

（僕のような人間は、全国にどのくらいいるのだろう？）

　あまりにも酔狂な試みではあるけれど、決して僕だけが取り組んでいることではないだろう。そんな予感があった。僕が始めるはるか以前から、それこそ、近鉄バファローズＦＣが存在していた頃から、「全球団ＦＣ入会者」は存在するのではないだろうか？

　仮に、すでに辞めてしまってはいても、かつて全球団ＦＣに入会していた人もいるのではないだろうか？　あるいは、僕のアクションに影響されて同様の試みを始めた人もいるのではないだろうか？

　ふと、そんな疑問に支配されてしまったのである。こういうときに便利なのがＳＮＳである。現在は「Ｘ」となっている当時の「Ｔｗｉｔｔｅｒ」でそんなつぶやきをする。

「全国の12球団FC入会者のみなさん、ぜひ連帯しましょう!」

そうすると、何人かの方から「私も入会しています」という反応があった。やはり、僕だけではなかったのである。さらに、ものすごく身近なところにも「同志」がいた。

それが、前作、そしてこの本の装丁やデザインをお願いしている「コイグラフィー・鈴木ユキタカ氏である。ちなみに、彼はイラストレーターとしても活躍しており、本書の表紙イラストも、鈴木氏の手になるものである。

神田「リリーズ」で開催されたトゥエルバー親睦会。新たなメンバーの出現をお待ちしております

コロナ禍真っただ中の２０２０年５月、僕は『プロ野球語辞典 令和の怪物現る!編』(誠文堂新光社)という本を出版した。これはタイトルそのままで、古今東西の「野球語」を僕がチョイスし、佐野文二郎画伯の絶妙なイラストとともに役に立たないウンチクや豆知識で解説していくスタイルの本である。第1弾が好評だったので、第2弾が発売される運びとなったのだが、このときSNSを通じてプロ野球を愛する読者のみなさんに向けて、「オリジナルの野球語を作って」とお題を出した。

こうして、マニアックな言葉や、「なるほど」とうなってしまう新ワードがたくさん届いたのだが、入選作品の一つにこんな言葉があった。

トゥエルバー

そこにはこんな「解説文」が添えられている。

12球団ファンクラブ全部に入会しているコアなファンの方々。

この言葉を初めて見たとき、「なるほど、これはいい言葉だ」と思うと同時に「助かった」と感じた。何が「助かった」のか？　実はちょうどこの頃、自分のことを原稿に書くときに、いちいち「12球団すべてのＦＣに入会している」と説明するのが面倒になっていたのだ。だから、「トゥエルバー」という言葉が一般化し、定着すれば、毎回毎回「12球団すべてのＦＣに入会している」と書く必要はなくなり、シンプルに「僕は05年からトゥエルバーなんです」と手短に説明できるようになると考えたのである。

この言葉を投稿してくれた「ヒゲ編」さんは、なかなかセンスがいい。僕は迷わず「世の中にはもの好きがいるで賞」を差し上げるとともに、紙面で紹介することを決めた。

さて、この「ヒゲ編」さんだが、実はこの人、先に紹介したこの本のデザイナーの鈴木ユキタカ氏のペンネームである。で、これは「トゥエルバーあるある」なのだが、「せっかくもらったチケット特典を行使したい」という思いがあるため、時間を見つけては、チケット代以上の交通費、宿泊費を費やして、全国の本拠地球場に足を運ぶ習性がある。

つい先日も、楽天生命スタジアムで来場特典をもらう列に並んでいたら、そこに鈴木さんの姿を見つけた。で、その日の試合後に仙台駅近くの居酒屋でともに酒を呑んだ。お互いトゥエルバー同士なので、「今年のこの特典はどうだった」とか、「あの球団のサービスは年々悪くなっている」などと、ＦＣ談議で盛り上がることになる。

ちなみに、この場には僕と鈴木さんの他にも、面識のある大の野球ファンが同席していたのだが、そのうちの一人もトゥエルバーである。野球ファンにはおなじみの東京・神田の野球居酒屋「リリーズ神田スタジアム」のマスター・高橋雅光さんはトゥエルバーである。

鈴木さん同様、高橋店長も、しばしば地方球場で一緒になる。以前、松山の坊っちゃんスタジアムでその姿を見つけたときには、思わず「あんたも好きねぇ」とつぶやいてしまった。

現在、僕が確認できているだけで6名のトゥエルバーがいる。数年前には4名の同志がリリーズで親睦会を開催したこともある。今回、本書をきっかけにしてさらなる同志が増えることを期待している。いや、まずは「トゥエルバー」という言葉がなんの説明もいらぬほど一般化することを目指すべきだろう。トゥエルバー、ぜひ定着させたい（笑）。

ファンクラブ
あるある①

特典グッズあるある

「長谷川に褒められるために作ったの?」と思うほど奇抜すぎる特典がある。

各球団のFC担当者は、著者の長谷川が毎年『野球太郎』で特典についてレビューしていることを知っている。担当者のドヤ顔が浮かぶ奇抜すぎる特典も珍しくない。自意識過剰かな(笑)?

ファンクラブ 2005〜2014 クロニクル

※このクロニクルは雑誌『野球小僧』（2013年より『野球太郎』）に掲載された記事を再編集したものです。記事が書かれた時代背景、著者の気分・テンションを考慮し、原則として原文のまま再録しております。

すべてのファンクラブに入会した男が見た「サービス」の神髄

2005

不信から始まった「FC入会」

いま、野球界では「ファンサービス」の見直しが迫られている。そんなときにプロ野球をこよなく愛するライターが12球団のファンクラブすべてに入会するという行動に出た！　本当に「ファンサービス」は変わったのだろうか？

「ファンサービス」って何だ？

きっかけは「不信感」だった。

途中、数年のブランクはあったものの小学生のころから25年、そのほとんどをヤクルトファンクラブ会員として過ごした僕は、04年のファンクラブ特典のショボさに愕然とした。好きな試合「5試合分の無料観戦」招待と「04年ファンブック」はうれしかったけれど、あとは「キャップ・必勝お守り・缶バッジ・あだち充のポストカード」と、わけのわからないものばかりだった。これで5000円。

毎年、何の考えもなく払い続けていたけれど、年々貧相になっていくその特典に、僕は初めて疑問を抱いた。

「他球団は、どうなんだろう？」

インターネットで検索してみると、チームごとにそれぞれの特色があるのだなと改めて知る。

そうこうしている間に、例の球界再編騒動である。お題目のごとく繰り返される「ファンサービス」の大合唱。そのチームが自チームのファンをどのくらい大切にしているのか？　ファンクラブにこそ、その姿勢が如実に表れるのでは？　ならば12球団すべてに入って比較しよう！　僕の鼻息は荒かった。

12球団分、4万円超ナリ

04年夏。すでに翌05年の会員を募集していた阪神を皮切りに、各チームの募集要項が出揃うのを待って、次から次へと、ファンクラブに入会。ただ、中日と広島については、「キッズコース」や「レディースコース」など、「34歳・男性」の僕が入会資格を満たすコースがなかったため、親と甥に入会してもらった。悪用しないのでご勘弁を。どうもスイマセン。

さて、年が明けるとともに次々と届く特典グッズの数々。キャンプが終わり、オープン戦が始まるころには、部屋は各チームのグッズでいっぱいになった。

これは自分でも意外だったけれど、気がつくとファンブックを手に取ってページを繰っていたり、意味もなくレプリカユニフォームを着てみたり、オリジナルキャップをかぶって鏡の前に立っていたり、ひと足早い球春到来にワクワクしている自分がいた。

チームごとの特典内容や入会金などの詳細は後述するとして、合計4万円を超える出費だったけれど、この高揚感も含めて、それは十分楽しめるものだった。

そして、シーズン開幕。

無料観戦特典があるチーム、前述のヤクルトに加え、ロッテ、西武を中心に、気がつくと開幕3週間で、15試合観戦していた。

各チームのキャップをかぶり、レプリカユニフォームを着て呑むビールは格別で、春先の適度な気温と相まって、毎晩、心地よい酔いに包まれた。仕事しろよ、オレ。

悪くないぞ、今年のプロ野球！

この間に足を運んだのは、神宮球場、千葉マリンスタジアム、インボイスSEIBUドーム、横浜スタジアム、東京ドームの5つのスタジアム。さすが「改革元年」と言われる05年プロ野球界。各チーム、各球場、趣向を凝らした「ファンサービス」の数々。確かに、例年とは違うぞ、という心意気がビシビシと感じられる。

何度かヤンキースタジアムやドジャースタジアムでメジャーの試合を見たことがあるけれど、あのときに覚えた高揚感と似た、内な

2005年筆者が入会したファンクラブの充実度

FOY	チーム	おもな特典	充実度	コメント
	西武	オリジナルオーバーシャツ／内野指定席、自由席各2枚／ファンブックほか	松	3000円で4試合の招待券はお得。オーバーシャツのジッパーが壊れやすいのが難点も、すぐに交換してくれた係員の対応のよさも◎
	福岡ソフトバンク	レプリカユニフォーム／リストバンド／限定ピンバッジ／優先入場ほか	竹	3700円というのはコストパフォーマンス的には悪くないが、球団参入の遅れからか、グッズ到着が7月というのはいかがなものか？
	北海道日本ハム	ウインドブレーカー／来場ピンバッジ／来場ポイントによるプレゼントほか	竹	球場に足を運ばせるための来場ピンバッジ、会場限定ガチャポン、来場回数に応じたプレゼントが充実。3000円(＋送料800円)
	ロッテ	子ども用ミズノ製グローブ／内野自由席招待券2枚／ロッテリア試食券ほか	松	ユニフォームシャツ、マスコットのマーくん特大ぬいぐるみ、グローブから1点を選べる。4試合の観戦込みで3500円は安い！
	オリックス	オリジナルキャップ／オリジナル待ち受け画面つき携帯電話(希望者)ほか	梅	2100円(＋送料800円)と12球団一安いが、あまりヤル気も感じられない。系列ホテルやレンタカー、ゴルフ場割引ってうれしいか？
	東北楽天	ファーストシーズン特製トートバッグ／イヤーブック／ステッカーほか	竹	IT長者のイメージがあるも、選手補強費用に見られるように、わりと渋チン。この特典で3000円(＋送料500円)は及第点か？
	中日	オリジナルキャップ／ファンブック／カレンダー／パノラマB招待券ほか	竹	20歳まで、年齢によって3つのコースがある。他球団の「子供は全試合無料」と比べると少し割高感も。3000円(＋送料700円)
◎	ヤクルト	オリジナルTシャツ／オリジナルキャップ／外野自由席5試合招待ほか	松	5000円と12球団一の高額。ただ、交流戦も含めて5試合招待はうれしい。オリジナルのユニフォームTシャツはサイズが異常にでかい
	巨人	オリジナルエナメルバッグ／オリジナルキャップ／メディアガイドほか	松	左記特典に加え、オリジナル液晶クリーナー2個、カレンダーなど、物欲大満足の特典の数々。これもチームカラーか？　4800円
	阪神	ミズノ製イエローメッシュジャージ／オリジナルグッズ付きの応援デーほか	竹	募集早々に定員に達し、追加募集もすぐに締め切られた人気ファンクラブ。他球団と違ってミズノ社製のジャージは高品質。3500円
	広島	イヤーブック／外野自由席20試合無料招待／2軍公式戦全試合無料ほか	松	女性と子どもとシニア(65歳～)のみの募集。女、子供を呼び寄せれば大人がついてくる。これマーケティングの常道なり。3000円
	横浜	オリジナルトートバッグ／キャップ／年賀状／2軍戦1試合招待ほか	梅	主婦の買い物袋のようなトートバックはセンスレス。好きな選手とツーショットの会員証は意外とうれしい。4000円(＋送料500円)

※「充実度」は筆者の独断と偏見によるものです。

る興奮に包まれている感じは悪くない。まさに今は「球場」から「ボールパーク」への過渡期なのだ。

ファンクラブ入会以来、毎日のようにメールや郵便で各チームの情報が送られてくる。「チケット優先発売情報」や「ファン交流イベントのお知らせ」など懸命に失地回復に努めている。

全チームのファンクラブに入って、それぞれの「ファンサービス」を調べてみると、大きく分けて、「プレゼント系」「ふれあい系」の2種類があることがわかった。前者は、限定グッズや先着順の入場者プレゼントであり、後者は、少年野球教室や、握手会、サイン会の類だ。各チームの本気ぶりが、そこからは見て取れる。

あとは選手がしっかりとプレイし、僕らはそれを見守るだけだ。

本当に楽しいから、僕は今日も球場へ足を運ぶ。

プロ野球、最高！

さぁ、スタジアムへ行こう！

L 西武ライオンズ

観客動員が増えないのはなぜ？

西武線沿線に住んでいると、否応なくライオンズ情報が目に飛び込んでくる。前節の結果、次節の見所、松坂の笑顔やカブレラの力強いスイング写真。なのに、あまり地域密着の感じがしないのはどうしてだろう？　水曜日は学割の日、金曜はレディースデーで500円なのに、あまりにも寂しいスタンドなのはなぜ？　毎試合、全国の名産プレゼントも、中継局・文化放送によるプレゼントもある。

昨年の日本一チーム。華のある選手も多い。足りないものは何？

3000円は安すぎます！

3000円で会員になると、中学生以下なら、ホーム、ビジターともに無料観戦できるという超リーズナブルなファンクラブ。大人に関してもコストパフォーマンスは極めて高い。ファンブックもついているし、僕的には大満足。今年に入ってインボイス西武ドームまで3回通った。

オススメは、球場脇にある「西武ライオンズのあゆみ」。ここでは黄金時代の優勝ペナント、歴代名選手たちのユニフォームなどが無料で閲覧できる。近くにはカブレラ地蔵もあるよ。

昨季王者のファンクラブ入会記念グッズ。ファンブックはなかなかの充実ぶりだ

入会コースと主な特典

- **一般**（3,000円）
  オーバーシャツ、ウエストポーチから1つ選択／内野指定席引換券2枚／内野自由席招待券2枚／入場チケット割引券／ポイントアップサービス（入場回数に合わせて内野自由席招待券と選手ピンバッジをプレゼント）／ファンクラブニュース（年3回）／グッズ割引販売ほか

H 福岡ソフトバンクホークス

バナザードの名前も出てくる！

親会社が代わると、前身の歴史を否定したがるもの。でも、ホークスに関しては、公式ホームページで、広瀬、鶴岡、杉浦、門田と偉大なOBを紹介している。さすが「世界一」を目指すチームだ。歴史を尊重する姿勢がいい。それがひいては、ファンからの敬意を集めることにもなるのだ。

NPO法人「ホークスジュニアアカデミー」設立に向けて活動し、地元・九州へ、知識や経験の還元を図ってもいる。地味だけど、地に足が着いている活動ぶり。

いまだグッズが届きません……

「世界一」を目指すチームのファンクラブは「会員数100万人」を目指しているのだという。ヤフオクで入会金額を決めた「ダイヤモンド会員」（落札額は30万1000円と30万2007円）から、プラチナ、ゴールド、スタンダード、ジュニア、フリーと全6種類。

で、僕は「スタンダード」に入会。ただ、概要が発表されたのが3月に入ってから。すぐに申し込んだけど、4月後半の時点で、いまだ仮会員証1枚が手元にあるだけ。ちょっと寂しくない？

入会記念品の発送（4月中旬予定）が間に合わず、仮会員カードのみの掲載

入会コースと主な特典

- **スタンダード会員**（3,700円）
  ユニフォーム／リストバンド／ピンバッジほか
- **ジュニア会員**（1,500円）
  キャップ／フォトフレーム／防犯ベル／リストバンドほか
- **ゴールド会員**（3万円）
  バブルヘッド人形10体ほか
- **プラチナ会員**（15万円）
- **フリー会員**（無料）**ほか**

F 北海道日本ハムファイターズ

着々と進む地域密着への道

　選手は道内の小学校を訪問し、地元局に連日出演。フロントは地元企業と協力体制を築き、さらなる地元との一体化を図る日本ハム。

　東京ドームでの主催試合には、旧キャラのファイティーが復活。イニングの合間には、歴代OBたちの偉業をたたえる記録を紹介するなど、開拓者と温故知新の精神を併せ持つ。2年連続優勝のファームも、千葉・鎌ヶ谷との地域密着に成功。SHINJO、小笠原と華のある選手を前面に押し出し、さらなる躍進を目指せ！

とにかく球場へ足を運ばせる

　主だった特典は、会員証とウインドブレーカーのみ。あとは球場に行くともらえるピンバッジや来場ポイントによるプレゼント、会場限定ガチャポンなど、とにかく球場へ足を運ばせようと躍起。

　東京在住の僕は、ファンクラブ優先販売で、東京ドームのエキサイトシートチケットを購入。大迫力の野球観戦に加え、チームマスコットB・Bと握手して感激。

　余談だが、公式HPの「B・Bコラム」は、キャラクターの悩みが赤裸々に語られていて出色の出来。

入会プレゼントがウインドブレーカーなのは本拠地が北海道ならではの気配り?

入会コースと主な特典

- **ルーターズクラブ**（3,000円）
  ウインドブレーカー／公式戦入場チケット割引／来場プレゼント（ピンバッジ）、ガチャポン／会報誌（年3回）／応募抽選（始球式登板、ダッグアウト招待、試合前ベースランニング）／ポイントサービスほか
- **キッズクラブ**（2,000円）
  野球教室参加ほか

M 千葉ロッテマリーンズ

すごく熱心で、ヤル気満々！

　あの手この手で、12球団一の「ファンサービス」を誇るチームではないだろうか。球場で無料配布の「マッチカードプログラム」は、3連戦ごとに新刊が発行され、対戦相手の名鑑、選手ごとの対戦データがしっかりと解説されている。

　開幕戦は金田正一、第2戦は村田兆治に始球式を任せる姿勢もいい。ビールつきのチケット割引販売や、花火や、「花見」と称して桜吹雪が舞い散ったり、至れり尽くせり。客の入りもまずまずで、開幕スタートダッシュも納得の結果。

3つのうちから選べる特典

　メインの特典グッズはユニフォームシャツと子供用グローブと、チームキャラクター・マーくんの特大ぬいぐるみの3点から好きなものを。で、グローブを選ぶ。

　僕はサウスポーだが、もちろん、ちゃんと左利き用もある。そこには、「タノシミマショウ」とバレンタインの直筆メッセージ。球場に行くたびにもらえるピンバッジも、選手個人のものがあり多彩。

　ちなみに、もうひとつの特典「ロッテリア試食券」は、てりやきバーガーとポテトのSだった。

子供用グローブにはバレンタイン監督のメッセージが入っている

入会コースと主な特典

- **マリーンズクラブ**（3,500円）
  ユニフォームシャツ、子供用グローブ、マーくんぬいぐるみの中から1つ選択／入場チケット割引／内野自由席招待券2枚／情報誌（年3回）／球団主催行事参加への優遇／来場プレゼント（ピンバッジ）／野球体育博物館入場割引券
- **レディスマリーンズ**（3,500円）
- **ジュニアマリーンズ**（3,000円）

Bu オリックス・バファローズ

タイアップで手堅くサービス

チームキャラであるネッピーとリプシーが大阪や神戸のデパート、幼稚園に現れ、地域密着を図る一方、球場でのファンサービスは「すかいらーく」、「マクドナルド」、「ニューバランス」などのスポンサーを手堅く獲得し、タイアップ形式のファンサービスを展開。

また、親子で二人三脚をしたり、キャッチボールをしたり、グラウンドレベルでのサービスも多い。

ホークスとは違い、公式HPでは「近鉄ヒストリー」はあるものの、「阪急」時代は黙殺されている。

2100円は高いか安いか？

エナメルのショルダーバッグかオリジナルキャップのどちらかを選べるファンクラブ入会特典。グッズは以上。年会費2100円は12球団で最も安いが、特典、サービスも最安値の感は否めない。

ジュニア会員が全試合無料招待なのが救いだが、一般会員は、入場料半額以外は、あまり恩恵はないなぁ。「バファローズフォン」はいらないし、オリックスグループや提携施設の優待利用も、僕にはまったく縁がない。それよりも、会報を創刊してほしいなぁ。

筆者はキャップを選んだが、ショルダーバッグとどちらか選ぶことができる

入会コースと主な特典

- **バファローズクラブ**(2,100円)
  ショルダーバッグ(ネイビー・ホワイト)、キャップの中から1つ選択／公式戦入場チケット割引／イベント情報案内(年3回)／グッズ割引販売／バファローズフォンプレゼントほか
- **ジュニア**(1,050円)
  ゲームソフトプレゼント／野球教室参加ほか

E 東北楽天ゴールデンイーグルス

体制が整うまで、もう少しの辛抱？

IT企業が親会社だけあって、毎日のように送られてくるメルマガや動画配信「楽天イーグルスTV」など新機軸サービスが充実。

球団創設早々に背番号「10」をファンのために永久欠番にしたように、ファンサービスに対する意識は既存の球団よりも強いはず。

公開練習で「サイン会がない」とか、地元民から「地域密着の意識が薄い」とか文句も言われているが、フロントシステムの不整備によるものも多いように思う。まずは長い目で見守りたい。

僕は「創立会員」なのだ！

10万円の「ブースタークラブ」、1万円の「ゴールド会員」、「キッズ会員」、3000円の「一般会員」があり、「一般」に入会。トートバッグか外野自由席1枚のどちらかから、バッグを選ぶ。厚手の生地にしっかりとした縫製。クリムゾンレッドのバッグはなかなかだ。

そして、イヤーブックに「創立会員」として自分の名前が記載されるサービスも。小さい字で、ランダムに並んでいるので、自分の名前を探すのにひと苦労。でも、見つけたときは実にうれしかった。

写真は一般会員がもらえるグッズ。年会費10万円の会員は豪華特典つきだ

入会コースと主な特典

- **一般**(3,000円)
  トートバッグ、外野自由席チケット1枚の中から1つ選択／イヤーブック／缶バッジほか
- **キッズクラブ**(500円)
  キッズイベント参加ほか
- **ゴールド会員**(1万円)
  応援ユニフォームほか
- **ブースタークラブ**(10万円)
  全選手・コーチ直筆サインほか

D 中日ドラゴンズ

子どもへのケアが大充実

　メジャー並みに「プレゼントデー」が多いドラゴンズ。主催ゲームのほとんどで、卓上カレンダー、ベースボールカード、応援フラッグを先着順でプレゼント。

　また、選手とのキャッチボール、写真撮影会、試合前のベンチツアー、グローブ作り体験と、子どもに優しいイベント多数。HPでも「キッズドラゴンズ」を展開中。

　川相や井端などは、少年野球チームや小中学生を招待しているし、次世代をにらんだファンサービスが他球団を圧倒している。

未成年のみ入会可能

　この流れを受けてファンクラブも20歳までに「キッズ」、「ジュニア」、「ユース」と3つのコースが。と言っても特典はほとんど変わらず、未就学児はそもそも入場無料だから、同伴者用のおとな券が1枚つくかつかないかの差。

　でも、この招待引換券。招待日があらかじめ指定されているのが難点。都合がつかない場合はちょっと寂しい。もうひとつの特典「スケジュールカレンダー」は勝敗によってシールを貼っていくもの。当然、勝ちシールが断然多い。

筆者が友人にあげたため写真にはないが、さらにキャップとカレンダーがつく

入会コースと主な特典

- **ユース**(3,000円)
  キャップ／ファンブック／カレンダー／ウエスタン入場無料(ナゴヤ球場開催のみ)／スピードボールコンテスト抽選招待／球団主催イベント参加ほか
- **ジュニア**(3,000円)
  親子ペアチケット2枚ほか
- **キッズ**(3,000円)
  おとなペアチケット1枚ほか

S ヤクルトスワローズ

テーマは「BEAT PARK」

　今年の神宮球場のテーマは「BEAT PARK」。ヒップホップアーティストのジブラが選手入場時のテーマを作曲。センタービジョンでもことあるごとに選手とジブラが映し出される。ジブラのファン層がほとんどいない神宮では、いまだ効果がでていないというのが正直なところ。成果はともかく、その試みは評価したい。

　新マスコットも登場し、改革への意気込みは伝わる。小学生による始球式を長年にわたって続けてきたヤクルトの今後に期待する。

さまざまな新機軸で中身充実！

「不信感」から全球団に入会するきっかけとなった、ヤクルトファンクラブ。全部に入会してみての感想を言えば、「僕の誤解でした。スミマセン」というもの。実に、中身充実であった。交流戦を含む5試合の招待、オリジナルのユニフォームとキャップ。ファンブックに毎試合配られる「スワローズ通信」。そして、今年限定で配られる「セ・パ交流戦ピンバッジ」。オレは絶対にコンプリートする！

　不信感を抱いた僕をお許しください。これからも応援し続けます。

レプリカユニフォームに傘のマークがついているのはファン心をくすぐられる

入会コースと主な特典

- **大人会員**(5,000円)
  オリジナルTシャツ／キャップ／ポストカード／ファンブック／外野自由席招待券5枚／入場チケット割引／会報誌(年4回)／イースタン入場無料／球団主催イベント参加ほか
- **子供会員**(3,500円)
  神宮球場外野自由席全試合入場無料／始球式抽選登板ほか

G 読売ジャイアンツ

ファンサービス部長・吉田孝司

今年1月1日付で設立された「ファンサービス部」。この流れで生まれたネットのない「エキサイトシート」。日曜の午後5時試合開始。サイン会、サインカードの配布、野球教室の実施……。

「球界の盟主」を自任するジャイアンツ。まさに率先垂範だ。

ちなみに「ファンサービス部長」は吉田孝司。山倉入団前の正捕手だ。編成部長だった昨年、一場問題で頭を下げる姿は痛々しかった。「宴会部長」のような名称だけど、新たな役職で頑張ってほしい！

もうお腹いっぱいです……

4800円で、これでもかとグッズをくれるファンクラブ。オリジナルキャップに、ショルダー式のエナメルバッグ。

さらに、オリジナル液晶クリーナー（しかも2個！）にデータ満載のメディアガイドに4月から始まる壁掛け式のカレンダー。会報誌『GFAN』は隔月6回発行。観戦特典はないものの大充実。

公式HPでは、子ども向けの「野球ルール教室」、「バッティング教室」がわかりやすく解説されている。さすが「盟主」だ。

筆者が巨人ファンの友人にあげたため写真にはないが、さらにキャップがつく充実ぶり

入会コースと主な特典

- **一般**（4,800円）
エナメルバッグ／キャップ／携帯液晶クリーナー／カレンダー／メディアガイド／東京ドームD席引換券（抽選）／指定席チケット先行販売／会報誌（年6回）／よみうりランド優待割引／地方開催公式戦自由席チケット抽選プレゼント／球団主催イベント優先招待ほか
- **キッズ**（3,200円）

T 阪神タイガース

選手主導のファンサービス

常に大観衆に包まれ、12球団有数の人気球団タイガース。具体的なファンサービスとしては、赤星の、盗塁数に応じた養護施設への車椅子寄贈や、金本による、ホームラン数に応じた自身御用達の温泉旅館への招待（交通費つき！）など、選手名主導のものばかり。

でも、生え抜きを大切にしないと言われていたタイガースだが、意外にも江夏、野田らによるOB野球教室も積極的に展開中。個人的には、交流戦の間だけ復活する、復刻版ユニフォームが楽しみ。

OBカードプレゼント！

昨年夏の時点で早々に05年会員を募集していたタイガースファンクラブ。3500円で、ミズノ社製のイエローメッシュレプリカジャージと好きな選手の背番号が入った会員証がもらえる。あとは、月に数回の「応援デー」で先着順に、キーホルダー、モバイルクリーナーなどがもらえる。

個人的にほしいのが、現役とOB全40枚のベースボールカード。掛布、バース、江夏のカードなんかがあるのだろう。ほしいなぁ、ラインバックもあるのかな？

前年秋に応募締切の阪神ファンクラブ。ユニフォームは黄色基調のオリジナル品

入会コースと主な特典

- **大人会員**（3,500円）
オリジナルイエローメッシュジャージ／会員証／始球式への参加／月間MVP表彰式への参加／公式戦入場券プレゼント／ウエスタンリーグ半額優待／全26回のファンクラブ応援デーでの先着順プレゼント／月間MVP直筆サイン入りグッズプレゼントほか
- **キッズ**（2,500円）

C 広島東洋カープ

観戦セットの充実ぶりを見よ！

日本初のベースボール犬・ミッキーくんを採用した今年のカープ。このチームの最大の特色は、実に豊富な「観戦チケットセット」。

基本的にチケットに弁当、ビールがついて、加えてイヤーブックや直筆サインボールがつく。ビール飲み放題セットまである。

出色は、ミュージシャン・奥田民夫とのコラボ「Rock Seat 2005」。民夫フィギュアと民夫弁当がついて4700円。行きてぇ〜！　でも、なぜか7月の横浜戦のみの限定イベントなのだ。

女・子どもに優しいカープ

カープファンクラブは「ジュニア」「レディース」「シニア」の3種類。ジュニアは全試合、レディースとシニアは20試合無料観戦できる。

これで、親や彼氏や孫や老人会を芋ヅル式に球場に引っ張り込む。正しいビジネスプランとも言えよう。特にジュニアにはことのほか優しく、バッグ、キャップ、メンバーズ手帳がついて、5試合観戦するごとに選手のサイン入り写真付表彰状がもらえる。広島県外の会員の場合、「2試合観戦ごと」というのも非常に優しい心づかい。

断っておくが、シニア(65歳以上)会員用。取材用なので勘弁してもらいたい

入会コースと主な特典

- **ジュニアカープ**(2,300円)
  カープ主催試合外野自由席入場無料／バッグ／キャップ／メンバーズ手帳／イヤーブック／ウエスタン入場無料／ファン感謝デー招待ほか
- **レディースカープ**(3,600円)
  広島市民球場外野自由席20試合入場無料ほか
- **シニアカープ**(3,000円)

YB 横浜ベイスターズ

プロデューサーは石橋貴明

TBS系列で牛島監督と共演していた影響か、今年のベイスターズは、石橋貴明が「エグゼクティブ・アドバイザー（EA）」に就任。

彼の打ち出した企画は、ネットが撤去された横浜スタジアムに「グローブを持ってハマスタへ行こう！」や「週間MVP」の制定。

石橋プロデュース以外にも、球場内でのみ視聴できる「FMハマスタ」、「ハマスタ・ダンス・コンテスト」、Tシャツやカラーボールのバズーカ砲による打ち込みなど、ユニークなサービスも多い。

ちょっと寂しい会員特典

好きな選手と自分の顔写真入りの会員証はうれしかったけれど、4000円の会費を払って、手にしたのは、本当に安っぽいトートバッグと折りたたみミラー。観戦特典ナシ。いや、正確に言う。イースタン1試合の観戦特典のみ。コレってどうよ？　と思っていたら、突然オリジナルキャップが送られてきた。募集要項にはどこにもそんなことは書いていない。

さすがに申し訳なくなって、急遽キャップを付け加えたのかと、ついうがった見方をしてしまう。

名物は選手顔写真入りの会員カード。上のグッズの他に黒のトートバッグがつく

入会コースと主な特典

- **一般**(4,000円)
  トートバッグ／バースデーカード／年賀状／チケット優先予約／イースタン入場チケット1試合(横須賀スタジアム)／イースタン入場割引(横須賀スタジアム)／好きな選手と自分の顔写真入り会員証発行／カレンダー、ファンブック割引販売ほか
- **中学生以下**(2,500円)

大好評企画・今年もやります！

ＦＯＹの栄冠に輝くチームはどこだ？

昨年、大反響を呼んだ「12球団ファンクラブ全部に入会してみた！」のライター・長谷川晶一さんが、今年も全球団のファンクラブに入会。今年一番内容が充実していたチームはどこか？　また、昨年特典が少しショボかったあのチームは？　ちょっと違う角度から、日本プロ球界のファンサービスに迫ります。

今年も全球団に入会してみた！

２００５年、僕はほんの軽い気持ちで12球団すべてのファンクラブに入会してみた。シーズン開幕前にさまざまなグッズが届いたのを皮切りに、毎日のように各球団から会報やメールが届いたり、イベント情報や最新グッズカタログが送られてくるようになった。

そうして過ぎた、僕にとっての05年プロ野球シーズン。

――さて……。

年が明け、気がつけば各球団キャンプインする季節になった。

「……今年は、どうしよう？」

12球団すべてのファンクラブに入会するには、それなりにお金もかかる。何よりも、そんなバカげたことは一度限りで十分ではないか。僕は、そう考えた。

……ウソです！

あんなに楽しい05年シーズンを過ごした今となっては、もうこの魅力からは逃れられません。僕は迷うことなく、すべてのファンクラブに「継続申し込み」の手続きをした。そして、グッズの到着を待つばかりの日々が過ぎて、3月。

来るわ来るわ、続々と小包がやってくる毎日。届いたレプリカユニフォームに身を包み、ファンブックに目を通す。

昨年に比べ、各チーム、それぞれ趣向を凝らしつつも、特典数が減少しているチームも多い。

その特徴をご紹介しよう。

05年との大きな違いは？

06年の最大のニュースは、前年まで、20歳まで入会可のコースしかなかった中日に「一般コース」が誕生したこと。しかも、7大特典という超大盤振る舞い。これで、広島だけが「ジュニア」「レディース」「シニア」のみで「一般」会員の募集が行われていないことになる（ということで、今年も母の名義で加入しました……スイマセン）。また、横浜はこれまでの「随時入会可能」システムから、シーズンごとの一斉募集へと制度を変更。

そして、ロッテはファンクラブ名を「ＴＥＡＭ26」として会員情報（観戦日、チケット、グッズ購入履歴…）を明確に把握するシステムを作り上げたのが大きな特徴。他のチームはおおむね、入会金や特典には前年と変化はなかったものの、昨年、本誌で「ナンバー1」と推した東京ヤクルトでは「ファンブック」が特典から外れたのが、ちょっと残念。

全球団から届いたファンクラブの会報やグッズの山は壮観

カテゴリーの多様化

また、昨年のソフトバンク、楽天のように、会費によって「会員ランク」をわけるチームが増えたのも今年の特徴。ロッテ、オリックスとパ・リーグ4チームがカテゴリー別になっている。楽天の「ブースタークラブ」（10万５００円）ではブレザー、またはグランドコートなどがもらえる。オリックスの「プレジデント会員」はＯＢの生解説付きでの観戦特典が。

さらに、ソフトバンクにいたっ

※ファンクラブ・オブ・ザ・イヤー（FOY）とは…12球団ファンクラブ研究家の長谷川晶一さんが、その年一番サービスと特典が充実していたファンクラブの栄誉を讃え、「FOY」に認定する。昨年の受賞はヤクルト。ちなみに賞品・特典はない

2006年筆者が入会したファンクラブの充実度

FOY	チーム	おもな特典	充実度	コメント
	千葉ロッテ	内野自由・指定各1枚／レプリカユニフォーム(またはぬいぐるみ)ほか	松→	オリオンズ時代のユニフォームに惹かれて10000円のゴールド会員に。でもそれ以外は、3500円のコースと特典に大差はなく残念
	福岡ソフトバンク	会報誌(年4回)／ステッカー／ピンバッジ／レプリカユニフォームほか	竹→	スタンダード会員(3700円)。昨年ホーム用ユニフォームを選択したので今年はビジター用に。他にTシャツ、キャップも選択可
◎	西武	応援ジャージ(またはショルダーバッグ)／内野指定席、自由席各2枚ほか	松↑	4試合招待にグッズもついて、大人も子どもも3000円。割引券も大量についているので、かなりお得。子どもは全試合無料！
	オリックス	会員証／手帳／ユニフォームジャージ／内外野自由席各半額ほか	竹↑	レギュラー会員は2100円と12球団一安価。会員手帳は選手のエピソードやデータ満載で、楽しく読めてちょっとうれしい
	北海道日本ハム	ウインドブレーカー(またはブランケットなど)／公式戦2試合招待ほか	竹→	ルーターズクラブ(3000円)に入会。2005年にウインドブレーカーをゲットしたため今年はブランケット。防寒対策系グッズ多し
	東北楽天	トートバッグ／リストバンド／ファンブック／ポイントカードなど	竹↑	レギュラークラブ(3500円)。昨年に引き続き、作りのしっかりしたトートバッグが特典に。2005年の初代会員の名簿はうれしい
	阪神	イエローメッシュジャージ／会員証／会報(年3回)／優勝記念コインほか	竹↑	会員数15万人を誇るタイガースはすでに募集締め切り。どこにも明記されていないのに「追加特典」のコインももらえた！　3500円
	中日	特製ぬいぐるみ／メッシュジャージ／カードホルダー／ピンバッジほか	松↑	今年新設されたドラゴンズは、ジブリの宮崎駿デザインのぬいぐるみなど物量豊富。観戦特典はないものの3800円はお得かも
	横浜	選手からのメッセージカード／Tシャツ／応援グッズ／FCニュースほか	竹↑	2005年に引き続き選手の写真と自分の顔写真が並ぶ会員証が特徴。開幕直前には種田選手からの直筆メッセージも届いた！ 4000円
	東京ヤクルト	キャップ／ジップジャンパー／ポストカード／外野自由5試合招待ほか	松↓	昨年までの「ファンブック」が今年からはなくなったが、5試合招待特典はうれしい。あだち充のポストカードつきで5000円
	巨人	トートバッグ／キャップ／キーホルダー／メディアガイド／会員証ほか	松→	左の特典に加え、カレンダー、会報誌、来場記念ピンバッジに抽選でD席プレゼントと豪華グッズを誇る大盤振る舞い。4800円
	広島	会員証／イヤーブック／外野自由席20試合／2軍全試合招待ほか	松→	ジュニアカープ(2300円)、レディースカープ(3600円)はすでに締め切り。65歳以上対象のシニアカープ(3000円)に入会

※1「◎」は「ファンクラブ・オブ・ザ・イヤー」
※2「充実度」は編集部と筆者の独断と偏見によるもの。矢印は2005年の充実度との比較を示す

ては、募集資格が「会からの通知が来た人のみ」という「プレミアム会員」なるものが！　僕には知らせが来なかった……、残念！

　各チームの詳細は次ページからを参考にしてもらうとして、今年もまた続々と届くグッズの数々に胸躍る日々を送ることができた。

　そして、開幕を迎え「観戦特典」を存分に活用し、球場通いを続ける日々が始まった。

　あぁ、やっぱり楽しい！

　各球団の「ファンサービスへの奮闘」に感謝しつつ、今日も球場でうまいビールを呑もう！

　さぁ、スタジアムへ行こう！

いろんな仕掛け満載の球場へ行こう!(写真は「YMCA」の振り付けを子どもに教える楽天マスコット・クラッチーナ)

M 千葉ロッテマリーンズ

12球団一のファンサービス！

ファンサービスでは独壇場といった感のあるロッテ。今年もその手をゆるめることなく、本拠地・マリンスタジアムの「指定管理者」として、フィールドテラススイートなど球場改修を積極的に敢行。

05年同様、連日のごとく「○○デー」と銘打たれたイベントがいっぱいで、京成バス、ちば興銀など、地元企業との提携も順調。「野球以外でも楽しい」球場作りにますます拍車が。担当者いわく「すべての食事メニューも見直し中」とのこと。さらに期待できそう！

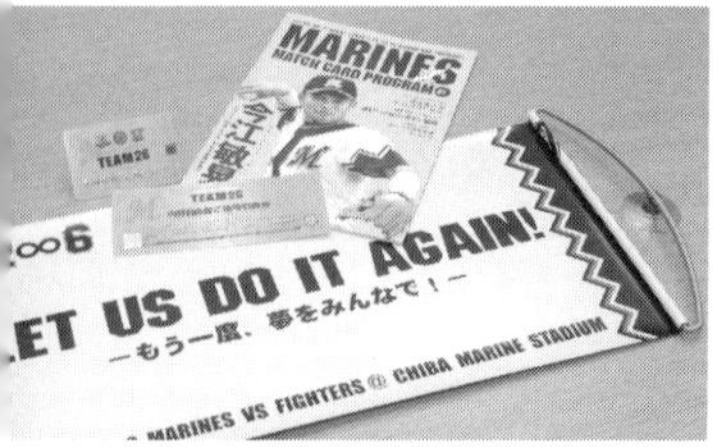

編集作業中の4月下旬までにグッズが届かず…。しかたないので、ホーム開幕戦でもらったグッズを掲載

往年のレプリカが特典に！

新登場の「TEAM26」は、入会金無料の「一般」から1万円の「ゴールド」まで細分化。「ゴールド」会員は、オリオンズ時代かマリーンズ初代のピンクのレプリカユニフォームが特典として選べるが、それ以外の特典は「レギュラー」会員と大差なくて寂しい。

また、05年にあった、ロッテリア試食券（てりやきバーガー！）もなくなり、何気に緊縮財政気味。

チームは開幕ダッシュに失敗したものの、それでもファンを大切にする姿勢は12球団ナンバー1！

入会コースと主な特典

- **レギュラー**（3,500円）
  ユニフォームシャツ、チームキャップから1つ選択／公式戦チケット割引／内野自由席引換券1枚／ポイントを貯めるとANAマイルに交換他
- **プラチナ**（1万円）
- **ゴールド**（1万円）
- **ジュニアマリーンズ**（3,000円）
- **一般**（無料）

H 福岡ソフトバンクホークス

今年はロッテに「倍返し」！

ホークスジュニアアカデミーというNPO法人を作って九州各地を巡回する野球教室を開催するなど、地域密着、少年ファン獲得に力を入れるソフトバンク。

今年はヤフードームに「コカ・コーラフィールドシート」も増設し、潤沢な資金ぶりをますます発揮。さらに今年はロッテ戦に限って「倍返し」をコンセプトに、新キャラクター「スーパーハリー」を登場させたり、勝利したら2倍の花火を打ち上げたり、やたらと遺恨ムードをあおっているのもいい。

「世界一のファンクラブ」を目指す球団の特典。昨年はあったプラチナ会員（15万円）はどうしたのだろう

ナゾの「プレミアム」会員とは？

球団設立時に「世界一を目指す」と高らかに謳ったソフトバンクは「ファンクラブでも世界一を」と宣言。ヤフオクで入会金額が決まった昨年までの「ダイヤモンド」「プラチナ」会員が消え、新たに「プレミアム」プランが登場。その中身は当該者への通知のみという秘密主義。うーん、気になる。

ひとまず僕は「スタンダード」に入会。継続年数ピンバッジ「2」をもらい、少し誇らしい気分に。

女性には、コンパクトミラーもついて女性ファン獲得に積極的。

入会コースと主な特典

- **スタンダード会員**（3,700円）
  レプリカユニフォーム／ピンバッジ／オリジナルステッカー／会報誌（年4回）／メルマガ配信／オリジナルコンパクトミラー（女性限定）他
- **ジュニア会員**（2,500円）
  内野指定席ペア招待他
- **プレミアム会員**（募集なし）
- **メルマガ会員**（無料）

L 西武ライオンズ

いいものはすぐに取り入れる

球場入口に特設ステージを作り、カードごとにマッチカードプログラムを販売。さらにチアリーダーグループ「Blue Winds」結成など、昨年ロッテがやって好評だったことをすぐに取り入れる、機を見るに敏な姿勢は評価できる。

週末、GWには「こども夢の王国」と題して、子ども向けイベントを打ったり、ボールパーク化計画は着々と、そして順調に進行中。

球場で食べた、和田一浩カードつきの「和田べん」も、牛肉たっぷりでおいしかったよ（笑）。

12球団一のファンクラブ！

僭越ながら、今年の「ファンクラブ・オブ・ザ・イヤー（略してFOY）」は西武に与えたい！

会費3000円にして、ユニフォーム（カッコイイ！）にファンブックに4試合招待などなど。ポイントアップデーを使えば、さらに数試合無料観戦が可能。12球団一のコストパフォーマンスです。

会員限定のサイン会や撮影会も頻繁に行われ、夏休みには練習見学会も予定されている。ニュースター・炭谷銀仁朗とともにチームも好調で、今年の西武はいい感じ。

充実した内容で見事今年のFOY（ファンクラブ・オブ・ザ・イヤー）を獲得。あとは観客席を埋めるだけ

入会コースと主な特典

- **一般**（3,000円）
  ジャージ、ショルダーバッグから1つ選択／内野指定席引換券2枚／内野自由席招待券2枚／入場チケット割引券／ファンブック／ファンクラブニュース（年3回）／中学生以下内野自由席、外野自由席入場無料／ポイントサービス（ピンバッジか内野自由席招待券プレゼント）他

Bu オリックス・バファローズ

清原、中村の2大スター加入

清原、中村という2大「顔役」の入団で、華やかさがグッと増した今年のオリックス。さっそく、出身地・泉州食材の「清原弁当」、ノリ巻きの入った「NORI弁当」を販売するなど2大スターを前面的に推し出す構えを見せている。

昨年に引き続き「すかいらーく」などの企業と組んだタイアップイベントが多く、連日「○○デー」と称したイベントを開催。「スカイマークのフィールドシートから見る花火は絶景」（広報）とのこと。ぜひ球場で堪能したい。

今年は「手帳」がオススメ！

昨年に引き続き、12球団最安値のレギュラー会員（2100円）に加えて、ステップアップ会員（4200円）、プレジデント会員（26万2500円）を今年から新設。

昨年、「サービス面も最安値」と書いたが、今年は、会員証も入れられる「ファンクラブ手帳」が特典に追加。手帳に憧れた幼い日を思い出し、とてもうれしかった。

ただ、他のチームが「来場ごと」にピンバッジをもらえるのに対して「3試合ごと」のピンバッジプレゼントはちょっと見劣りする。

今年は質が向上し、金額だけが最安値（?）。お金に余裕のあるファンの方はプレジデントをどうぞ

入会コースと主な特典

- **レギュラー会員**（2,100円）
  ユニフォームジャージ／ファンクラブ手帳／ウエスタン入場無料／ピンバッジプレゼント他
- **ジュニア会員**（1,050円）
- **ステップアップ会員**（4,200円）
  来場回数が多ければ多いほど特典あり他
- **プレジデント会員**（26万2500円）
  OB説者と特別席で観戦他

F 北海道日本ハムファイターズ

地域密着化計画、成功！

SHINJOの孤軍奮闘のみが目立った日本ハムも今年は「43000プロジェクト」と題して、札幌ドームの満員化計画を実施。今年のフロントの方針を「ファン・サービス・ファースト」として活動に乗り出し、開幕戦からさっそく、その効果が表れる幸先のいいスタート。定期的に開かれている地元野球教室など移転3年目にして地域密着化も着々と進行中。

球団マスコットの内面がよくわかる、公式HP内の「B・Bコラム」は今年も秀逸の出来、必読！

来場特典は今年も充実！

入会特典は新規の場合「ウインドブレーカー」、継続の場合「ブランケット」「ティッシュボックスカバー」「デイバッグ」から選べる。バッグはともかく、風邪をひいたときのティッシュも含めて、防寒、風邪対策グッズが多いような気がするのは、北海道ならでは？

さらに、来場ごとのピンバッジや来場ポイントによるプレゼントも充実。球場に足を運ばせるプランは今年もブレがなく、札幌Dと東京Dで使える（日にち指定は不可）2試合の観戦特典もうれしい。

SHINJOの引退宣言は寂しいけど、防寒グッズが必要ないくらい最後まで球場を熱くしてほしい

入会コースと主な特典

- **ルーターズクラブ**(3,000円)
  ウインドブレーカー(新規会員)／デイバッグ、ブランケット、ティッシュボックスカバーから1つ選択(継続会員)／クラブ年数ピンバッジ／公式戦2試合招待／チケット割引／会員誌(年3回)／ポイントサービス他
- **キッズクラブ**(2,000円)
  内外野自由席入場無料他

E 東北楽天ゴールデンイーグルス

全試合のイベント化を目指す

真価が問われる球団創設2年目、06年の楽天ファンサービスは、チーム・アドバイザーであるマーティ・キーナート氏による講演会「マーティ塾」や定期的な野球教室など地域密着化を推進中。

さらに、「全試合のイベント化を目指す」（広報）とのことで、野球以外の楽しさを提供する努力をより図るという。「勝利」だけが唯一のサービスだという考え方は、楽天には確かに当てはまらない。

無料のネット中継や選手自身によるブログはさすがに充実。

ファンクラブは「有形の力」！

昨年楽天が打ち出した「入会費による会員の差別化」が各球団に浸透。本家の「ブースタークラブ」はオンワード樫山製のブレザーかミズノ製の「グランドコート」という超本格的グッズで対抗。ほかにもポロシャツ、名刺入れなど。

グラウンド上は「無形の力」、ファンクラブは「有形の力」で勝負。「レギュラークラブ」の場合、特典が昨年と同じトートバッグ（デザインは異なる）なのは「?」だが、他球団に比べて品質は◎なので、ぜひ他のグッズ開発を！

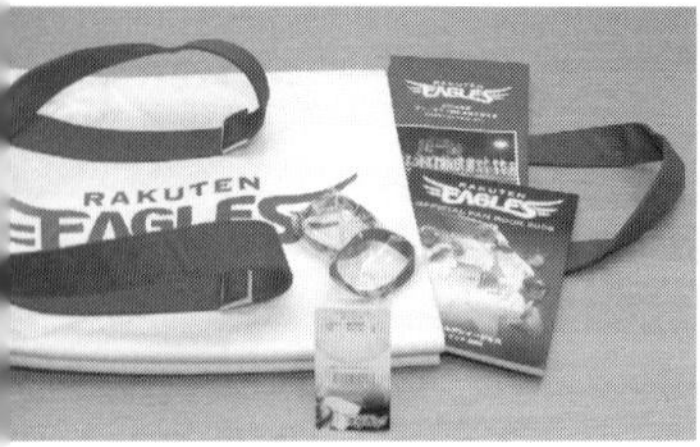

入会コース差別化を図った先駆け的存在の楽天。でも、2年連続トートバッグはいささか芸がないか

入会コースと主な特典

- **レギュラークラブ**(3,500円)
  トートバッグ／ファンブック他
- **キッズクラブ**(1,000円)
  外野自由席引換券2枚他
- **Mr.カラスコクラブ**(1万500円)
  デイバッグ／マスク他
- **ゴールドクラブ**(1万500円)
  レプリカユニフォーム他
- **ブースタークラブ**(10万500円)
  全選手直筆サイン入りカード他

T 阪神タイガース

ファンもトラも大切にする!

昨年同様、ホームラン数、盗塁数に応じた、金本の温泉旅行プレゼント、赤星の車椅子寄付、さらに矢野シート、桧山シートといった選手主導のファンサービスが多い阪神だが、交流戦でのフィギュアプレゼントなど、球団主導のサービスも着実に増加傾向にある。

出色は岡田監督発案の「トラ保護活動」。絶滅寸前のトラを保護するレンジャーたちのために保護キットを勝利数に応じてプレゼントするのだという。ファンとトラを大切にする阪神、さすがだ!

会員数15万人の大所帯!

会員数15万人は12球団ダントツ。今年も早々に応募が締め切られた。５００組１０００名の試合招待プレゼントはあるものの、人気球団だけあって無料観戦特典はない。

それでも、月に数回の応援デーには会員限定のグッズプレゼントがあったり、公式HPでは、会員限定のベストシーン映像が見られたり、会員限定特典は充実。

入会3年目の来年は、継続3年目のゴールド会員になれて「ファンクラブの心得バンダナ」がもらえるので、今からちょっと楽しみ。

グッズが送られてくるのが早すぎて、筆者が家のどこにしまったか忘れてしまったため会報のみ掲載

入会コースと主な特典

- **大人会員**(3,500円)
  イエローメッシュジャージ/公式戦招待(抽選)/公式戦チケット抽選販売/メルマガ配信/会報(年3回)/月間MVP表彰式に参加(抽選)他
- **キッズ**(2,500円)
  ペアチケットプレゼント(抽選)/野球教室&握手会参加(抽選)/キャラクター商品1割引他

D 中日ドラゴンズ

物心両面、ともに充実!

阪神、巨人に次ぐ第3位の観客動員を誇る中日は、さらなるファン獲得に向けて、球団フロント主導の「ファンサービス委員会」を発足。すぐにナゴヤドームでの主催ゲーム67試合中、実に59試合を「プレゼントデー」に設定した。

さらに、グッズ類はもちろん、土日を中心にサイン会、撮影会、キャッチボール体験会など選手とのふれあい企画も充実。

また、今年も1試合につき2チーム40名を招待する「川相ボックス」招待企画が予定されている。

ついに発足したファンクラブ!

昨年までは「キッズ」「ジュニア」「ユース」と20歳までの募集だった中日に、待望の「一般」登場。

で、いきなりの大盤振る舞い!スタジオジブリの宮崎駿監督デザインのマスコットぬいぐるみに始まり、ミズノ製ジャージ、カードホルダー、会員証、ピンバッジ、応援グッズなど7大特典。さらに、入会先着２５０００人までにはパノラマ席ペア招待もある。

募集パンフの井上選手のぎこちない笑顔もいいし、３８００円は十分にリーズナブルでしょう!

今年から新設された影響か、グッズが6月中旬発送のため、残念ながら豪華特典の数々をお見せできず

入会コースと主な特典

- **一般**(3,800円)
  ぬいぐるみ(宮崎駿デザイン)/ブルーメッシュジャージ/カードホルダー/ピンバッジ/ウエスタン入場無料他
- **ジュニア**(3,000円)
  幼児(0~5歳)コース
  ペア指定席券2枚他
  小中学生(6~15歳)コース
  ペア指定席券3枚他

YB 横浜ベイスターズ

今年も石橋貴明がEA就任!

05年に引き続き、タレントの石橋貴明がEA（エグゼクティブ・アドバイザー）に就任。昨年同様、石橋EAが「週間MVP」を選定し、系列局TBSの『アッコにおまかせ!』内で発表するという。

開幕直後から始まった、ファンも審査に参加できる専属ダンスチームオーディションや、他チームに先がけて12回目を数える学生モニターによるリサーチ。ソフトバンク同様、NPO法人での野球教室も積極的に展開するなど、地道にファン獲得活動を実施中。

ファンクラブと友の会の違いは?

横浜の場合、12球団唯一「ファンクラブ」と「友の会」の2つが存在する。「友の会」には観戦特典があり、「ファンクラブ」にはオープン戦招待のみ。なぜ2つあるのか、その違いは何なのか? ナゾの残るままファンクラブに入会。

昨年同様、入会時に希望した種田選手からの直筆メッセージや種田の横に自分の写真が並ぶ会員証など、横浜独自のサービスも多い。

不定期に届く会報には、選手の遠征時に乗車する新幹線の時刻や宿泊ホテルまで明記されている。

好きな選手からのメッセージカードはうれしい。ファンクラブと「友の会」に両方入るファンが多いようだ

入会コースと主な特典

- **一般**（4,000円）
  オリジナルTシャツ／応援用カンフーバット／顔写真入り会員証／指定選手のサイン入りメッセージカード／オープン戦招待／ファンクラブニュース（不定期）／イースタン公式戦1試合招待／チケット優先予約／通販利用時に送料無料他
- **中学生以下**（2,500円）

S 東京ヤクルトスワローズ

F-PROJECT、発進!

古田兼任監督誕生とともにスタートした「F-PROJECT」。監督自ら、神宮球場長や地元・青山商店会にあいさつに出向くなど積極的な活動によって、球場改修が可能になったり、選手の特大ポスターが球場周辺に飾られたりと目に見えて改革が進行中。

ユニフォームはビームス。今後は、ビームス製作のグッズが発売されるとの話もある。石井一久の復帰ニュースをどこよりも速く、メルマガで発信したり選手ブログも充実。さぁ、後は勝つだけ!

特典減も、中身は充実!

05年の僕的「ファンクラブ・オブ・ザ・イヤー（略してFOY）」だったヤクルトだが、今年はファンブックがなくなったことで、その座は西武に。でも、キャップとジップジャンパーに加え、交流戦を含む5試合の無料観戦特典は、他チームを圧倒する魅力がある。

毎試合発行される、「ファンクラブ通信」やピンバッジプレゼントは他チームに先駆けていたし、係員の対応もいい。さすが、12球団最高額（5000円）の価値はある。さぁ、後は勝つだけ!

ファンブックがなくなったのは残念だが、依然充実した内容には変わりなし。子供会員の特典も白眉

入会コースと主な特典

- **大人会員**（5,000円）
  キャップ／ジップジャンパー／ポストカード／外野自由席招待券5枚／外野自由席全試合割引／イースタン入場無料／情報誌（年数回）／球団主催イベント優先参加他
- **子供会員**（3,500円）
  神宮球場外野自由席全試合無料／始球式登板（抽選）他

G 読売ジャイアンツ

2年目のファンサービス部

05年にファンサービス部を立ち上げ、着々と野球振興に力を入れる「盟主」巨人。担当者いわく、「ファンの求めるものはサインであり写真撮影である」との力強い言葉通り、毎試合前に、写真撮影会実施というサービスに打って出た。

さらに3連戦の初戦には「ブルペントークショー」と題した、OBたちによるトークショーを三塁側ブルペンで開催。「プロジェクトヴィーナス」では、女性ファン獲得に努め、女子野球の後援をしたり、さまざまなことを試みている。

良質で大量、それが巨人！

05年版で「物欲大満足の特典の数々」と書いたが、今年もやはり大満足の4800円。今年から巨人のオフィシャルサプライヤーとしてユニフォーム製作に当たっているアディダス製のトートバッグとオリジナルキャップ。

さらに、キーホルダーにメディアガイドに4月から始まる壁掛けカレンダー。会報誌『G FAN』は隔月発行の年6回。抽選で20試合まで主催ゲームのD席プレゼント……。書いていてもお腹いっぱいです。さすが、天下の巨人軍！

トートバッグとキャップの品質の高さはさすがアディダス製。メディアガイドは分厚くて中身も抜群!

入会コースと主な特典

- **一般コース**(4,800円)
  トートバッグ／キャップ／キーホルダー／メディアガイド／カレンダー／指定席チケット先行販売／東京ドームD席引換券(抽選)／会員限定集会に参加(抽選)／会報誌(年6回)／よみうりランド優待割引／地方球場公式戦自由席券(抽選)他
- **ジュニアコース**(3,200円)

C 広島東洋カープ

観戦セット数は12球団一！

とにかく「観戦セット」が多いのが広島の特徴。応援グッズつきの「ホームランセット」、タンブラーのついた「ストライクセット」に始まり、「チョロQセット」、「お好み焼きセット」「生ビール飲み放題セット」「修学旅行セット」「新入社員歓迎セット」……。「座席チケット＋飲食＋グッズ＝観客動員」という方程式が広島には成立しているかのように、とにかくセットが多い。

また、毎試合前には抽選で、開門前のスタンドで選手とのふれあいが図れるようにもなっている。

今年もシニアに入会しました…

広島だけ、ジュニア（中3まで）、レディース（高校生以上の女性）、シニア（65歳以上）の3コースのみの限定募集。今年も母の名義で入会しました。……スミマセン。

ところで、「ジュニアカープ」は12球団一といってもいい超優良ファンクラブだ。全試合無料観戦特典はもちろん、さまざまなグッズの数々、選手のサイン入り写真も5試合観戦ごとにもらえる。

12球団唯一の女性専用の「レディースカープ」も特典は◎。来年こそは、一般コースの新設を！

こちらは筆者の母が会員になっているシニア用の特典。イヤーブックの充実度には目を見張るものあり

入会コースと主な特典

- **シニアカープ**(3,000円)
  外野自由席20試合入場無料／ウエスタン入場無料／ファン感謝デー招待／イヤーブック
- **ジュニアカープ**(2,300円)
  外野自由席1年間入場無料／バッグ／キャップ／メンバーズ手帳／5試合観戦ごとに選手サイン入り写真付きカード他
- **レディースカープ**(3,600円)

第3回FOY発表！

みなさん、毎年大反響を巻き起こす好評企画が帰ってきました！　12球団ファンクラブ研究家・長谷川晶一さんによるファンクラブ分析。今年も各球団の特典を徹底的にリサーチします！　球界全体でファンサービスを見直す機運が高まる中、ファン魂のスイッチを入れてくれるチームはどこだ!?

広島にも「一般コース」が！

2度あることは3度ある――。

ということで、僕は今年も12球団すべてのファンクラブに入会した。これで3年連続ということになる。さすがに昨年までのような、無邪気な興奮は薄れつつあるものの、それでもやはり3月になり、次々と特典グッズ類が届くのは嬉しいものだ。

初めはほんの遊び心で始めたけれど、3年続けてやってみて少しずつ見えてきたことがあるのも、また事実。まずは、昨年までと比べた今年の特徴をご紹介しよう！

昨年の『野球小僧』6月号のこの企画内、広島カープのページで僕は「来年こそは一般コースの新設を！」と書いた。その願いが通じたのかどうかはわからないけれど、今年ついに球団公式の「カープファン倶楽部」が新設された。

一昨年のソフトバンク、楽天、昨年の中日に引き続いて、ついに12球団すべてに「一般コース」が作られたことになる。これまで広島は「ジュニア」「レディース」「シニア」とターゲティングの行き届いたコース展開をし、これらのコースが今年もそのまま存在するだけに、一気に12球団で唯一、すべての属性をフォローできるファンクラブを持つ球団となった。

また、ファンクラブの価格破壊とでも言うべき「革命」が、西武ライオンズの「ジュニア会員」で断行されたのも大きな特徴。

いわゆる「松坂マネー」のファンへの還元として、約５０００万円を球団が負担することで、会費２０００円引き、特典倍増という大胆なサービスを実現した。この動きに他球団が追随するのかどうか、興味深く見守りたい。

年々、質量ともに向上中！

また２００６年の流れとして、昨年触れた「カテゴリーの多様化」は今年もさらに進み、ヤクルトに限定２０００名の「プレミアム会員」という新カテゴリーが登場。

会費1万円で、背中に自分の名前が入ったレプリカユニフォームがもらえるとなっては、ヤクルトファンの僕としては、入らないわけにはいかないだろう！　オープン戦のころには、すでに定員に達していたので、早めに入会して本当によかった！

最初に述べたように、今年で3年連続12球団のファンクラブに入会したけれど、率直な感想としては「年々、質量ともに向上しているな」というものがある。

実際に、06シーズン中に配布された会報誌の中に「ファンサービスアンケート」が同封されていたり、球場でアンケートを実施していたり、各球団ともファンのニーズを必死で吸い上げようとしてい

※ファンクラブ・オブ・ザ・イヤー(FOY)とは…12球団ファンクラブ研究家の長谷川晶一さんが、その年一番サービスと特典が充実していたファンクラブを讃え「FOY」に認定する。過去にヤクルト、西武が受賞。賞品・特典はなく、栄誉のみを贈る。

2007年筆者が入会したファンクラブの充実度

FOY	チーム	おもな特典	充実度	コメント
	北海道日本ハム	ビーズクッション／成績入りドッグタグ／ピンバッジ／会報誌（年3回）ほか	竹→	これまで「防寒、風邪対策グッズ」が多かった日本ハムにビーズクッション登場。独特の肌触りが◎。ドッグタグも他球団にない特典
◎	西武	メッシュユニフォーム（またはエナメルバッグ）／ブルーユニフォームほか	松↑	3000円で、内野指定、内野自由席各2枚ずつに、チケット割引券が大幅増量されて、さらにこれだけのグッズ類。脱帽です
	福岡ソフトバンク	オリジナルTシャツ（またはレプリカユニフォームなど）／ピンバッジほか	竹↑	好みに合わせて選べる豊富なグッズ類。会報誌の内容は濃く、インタビュー記事は読み応えアリ。3700円は妥当な金額か？
	千葉ロッテ	レプリカシャツ（またはキャップなど）／オリジナル選手カード（年6枚）ほか	松→	昨年ロッテが口火を切ったファンクラブ改革が今年は各球団にも広がった。先駆者として今後の新しい取り組みにさらに期待したい！
	オリックス	ユニフォームジャージ（またはエナメルトートバッグかショルダーバッグ）ほか	竹→	まず特典引換券が届いてから、「郵送希望」手続き。このやり取りが毎年面倒。最初から「郵送希望」で手続きできないものか？
	東北楽天	鉄平フィギュア／特製クッションシート／ファンブック／メンバーズカードほか	竹↑	ファンが選んだ「06チームMVP」の鉄平フィギュアの完成度高し。今後も他球団にないオリジナルグッズの展開を期待したい！
	中日	ミズノ製オリジナルジャンパー／マスコットキーホルダー／ピンバッジほか	松→	親会社の中日新聞が運営しているだけあって、潤沢な資金を背景に続々と物量作戦を展開。優勝記念写真などのアフターケアも万全
	阪神	ベースボールシャツ（またはイエローメッシュジャージ）／会員証ほか	竹→	15万人という圧倒的人気ファンクラブ。主な特典は例年ひとつだけだが、いずれも品質はよく「一点豪華主義」という感じが伝わる
	東京ヤクルト	名前入りユニフォーム／ニューエラ製オリジナルキャップ／ファンブックほか	松→	名前入りユニフォームに惹かれてプレミアム会員（1万円）に。好きな背番号が選べるのも嬉しい。キャップはニューエラ製
	巨人	オリジナルユニフォームTee／オリジナルカレンダー／メディアガイドほか	松→	オリジナルカレンダーにメディアガイドは実用的で嬉しい。ヴィーナスネットを展開しているだけに今後は女性用特典の開発も期待
	広島	オリジナルジャージ／会員証／ファン倶楽部サイト利用／限定グッズ販売ほか	竹↓	今季から新登場。3500円で、グッズはオリジナルジャージと会員証というのは他球団と比べると若干の見劣りが。今後に期待したい
	横浜	リストバンド／クッション型ブランケット／サイン入りメッセージカードほか	竹→	05年のトートバッグ、06年のTシャツと同様、今年の特典も品質的には他球団のレベル以下。「おしゃれな横浜」ならではのグッズの開発を

※1西武を「2007ファンクラブ・オブ・ザ・イヤー」に認定
※2「充実度」は編集部と筆者の独断と偏見によるものです。

る姿勢が伝わってくる。

特典グッズの質もよくなっているし、バリエーションも年々豊富になっていて、僕は、毎年毎年、新しい楽しみと喜びを感じている。今年の年会費総額5万2000円（送料、手数料は除く）。でも、それがちっとも高いと思えない。

今年も各チームのグッズを片手に、僕はせっせと球場に通いビールを呑むのであります。

さあ、スタジアムへ行こう！

しばらく球場から遠ざかっている人も、各球団がどんなファンサービスをしているのか見に、久しぶりに球場へ足を運んでみては？

F 北海道日本ハムファイターズ

日本一を機に、新アイテム登場！

06年、念願の日本一に輝いた日本ハムは、前年までのブランケット、ティッシュカバーに続いて、新アイテム・ビーズクッションが新登場。この三つの中から僕は、ビーズクッションをセレクト。

さらに継続会員には今年から、前年のチーム成績が刻まれたドッグタグが特典に追加され、今後も毎年特典に加わるという。06年は日本一に輝いたからいいものの、これが下位低迷ばかりだと、身につけるのもイヤになるだろう。毎年の奮起を期待したい！

来場ポイント制度が充実！

日本ハムの場合、入会継続年数によってカードデザインが変わる。3年目の僕は、今年から「ブロンズカード」に格上げ。Fポイントと呼ばれる会員向けサービスも50ポイント優遇されることに。

ポイントを貯めると、ポイント200のレターセットから1450ポイントのオリジナルスニーカーまで幅広いラインナップの特典が。でも、10年目の「プラチナカード」まではまだ道は遠い。

ひとまずは入会5年目の「シルバーカード」を目指したい！

ドッグタグ（左）には昨年の成績「1st PLACE」が記されている。ビーズクッションは手触りが最高！

入会コースと主な特典

- **ルーターズクラブ**（3,000円）
  クッション、ブランケット、ティッシュカバーから1つ選択／ドッグタグ（継続会員）／ピンバッジ（継続年数入り）／チケット割引／来場ピンバッジプレゼント／会報誌（年3回）／ポイントサービス他
- **キッズクラブ**（3000円）
  内外野自由席入場無料他

L 西武ライオンズ

これはもはや、「革命」である！

ジュニア会員の年会費を3000円から1000円に値下げして、グラブを新たに特典に追加するという「革命」を断行した西武。

昨年、私的FOY（ファンクラブ・オブ・ザ・イヤー）に輝いたチームにここまでやられたら、もう他球団は太刀打ちできません。一般会員の場合も3000円で指定席引換券、自由席招待券が2枚ずつついて、メッシュユニフォーム（またはエナメルバック）に、ブルーユニフォーム、ファンブックまで……、もう好きにして！

来場ポイントの見直しも

西武は来場ポイントごとの記念品の改善も断行。毎試合オリジナルカード配布、ポイントごとにピンバッジセットやカードホルダーなどがもらえるように。ただ、昨年まで行われていた5、10、20ポイントでの内野自由招待券2枚プレゼントは今年からなくなった。

今季からは某大学院の協力を得て、ファンのニーズを調査、分析し、ファンサービスに反映させる方針も決まったという。騒動続きの西武だが、こうした地道な活動もきちんと評価したいものだ。

筆者が球場でグッズを引き換えていないためブルーユニフォームのみ掲載。松坂効果で2年連続FOY！

入会コースと主な特典

- **一般**（3,000円）
  メッシュユニフォーム、エナメルバッグから1つ選択／ブルーユニフォーム／内野指定席引換券2枚／内野自由席招待券2枚／チケット割引／ファンブック／会報誌（年3回）他
- **ジュニア**（1,000円）
  ブルーグラブ／内外野自由席入場無料他

H 福岡ソフトバンクホークス

「選べる」特典が充実!

ソフトバンクの特徴は入会記念グッズの選択肢の豊富さだ。継続会員の場合は、レプリカユニフォーム(ホームかビジター)、Tシャツ、テディベア、ロングリストバンドセットの5種類から選べる。

また、06年はオリジナルキャップ、球団創設1年目の05年にはリストバンドがあったり、毎年、グッズの見直しがなされている点も大きな特徴だ。これらは前年の会報誌内で、ファンへのアンケートを行っている賜物といえるだろう。来年も、実に楽しみだ!

目指すは会員数100万人!

パ・リーグ各球団は、総じて来場ポイント制の導入に熱心なのだが、ソフトバンクもまた、「クラブホークス」でのポイントサービスを分析し、来場日時、回数、グッズ類の購入履歴など、ユーザー分析に熱心に励んでいる。

05年のファンクラブ設立時に「会員数100万人を目指します」と高らかにぶち上げたソフトバンクだが、現在はメルマガ会員などの「非有料会員」を含めると約28万人。さらなる拡大を目指して、改革は進むことだろう。

世界一を目指すファンクラブの特典。選択肢豊富なグッズから筆者はTシャツをセレクトした

入会コースと主な特典

- **スタンダード会員**(3,700円)
  レプリカユニフォーム(新規会員)／レプリカユニフォーム、Tシャツ、テディベア、リストバンドから1つ選択(継続会員)／ピンバッジ／ポイントサービス／会報誌(年4回)他
- **ジュニア会員**(2,500円)
- **プレミアム会員**(募集なし)
- **無料会員**(メルマガなど)

M 千葉ロッテマリーンズ

懐かしのレプリカは魅力的!

昨年「ＴＥＡＭ26」というコンセプトで、本格的な顧客管理に乗り出し、さまざまな施策に乗り出したロッテ。インフラの整った今年は大きな改善点もなく、昨年までの流れを踏襲する模様。

昨年に引き続きロッテだけが12球団唯一、過去のユニフォームレプリカを特典としている点が大きな特徴。会費1万円のゴールド会員になると、今年はオリオンズ時代のビジタータイプが選べる。昨年のホームタイプも懐かしくて、すごくよかったよ。

顧客データを有効活用

昨年、公式ホームページ内の「ＴＥＡＭ26」で、顧客管理を徹底したロッテ。そこでは来場履歴やチケット購入、ポイント獲得履歴がひと目でわかるようになっている。ちなみに僕のマリンスタジアムでの観戦履歴は全9試合でロッテの8勝1敗。勝率・889。なかなかの勝率でしょ?

さらに頻繁にこのHP内ではアンケートも行われていたり、主婦を招いてのリサーチを行ったり、相変わらず緻密な戦略の一端が垣間見える。今年も期待したい。

写真はレギュラー会員の特典。ユニフォームシャツ、チームフラッグタオル、キャップの中から選択できる

入会コースと主な特典

- **レギュラー**(3,500円)
  ユニフォームシャツ、チームフラッグタオル、キャップから1つ選択／ピンバッジ／内野自由席招待券1枚／ベースボールカード(年6回)他
- **プラチナ**(1万円)
- **ゴールド**(1万円)
- **ジュニア**(3,000円)
- **マリーンズ**(無料)

Bu オリックス・バファローズ

先着順の来場特典が充実！

コリンズ監督を前面に、「Bs CLUB」として生まれ変わったオリックスファンクラブ。

新生球団として誕生して、05年の3万人から昨年は5万人に会員数も増加し、この勢いで人気上昇につなげたいところ。今年は、昨年までの「豪華カテゴリー」であるプレジデント会員を廃止。シンプルに「レギュラー」と「ジュニア」の2種類に。加入特典よりも、ブランケットやワッペン、キャップなどがもらえる来場特典が充実しているのが他球団にはない特徴。

「内外野自由席招待」は中止に

ジュニア会員のメイン特典である「内外野自由席招待」が今年から廃止された。これまでは、年会費1000円という安さを誇っていたオリックスだったけれど、西武が同額で「革命」を起こした今、明らかに見劣りする感は否めない。

来場プレゼントも球場でのオリジナル弁当も、選手の愛用品の展示も、すごく充実しているのだから、ダブルフランチャイズ制による在庫管理や商品搬入などのロスをなくして、ぜひジュニアたちに還元してあげてほしい。

今年から「Bs Club」として生まれ変わったファンクラブ。筆者はエナメルトートバッグを選択した

入会コースと主な特典

- **レギュラー**（3,000円）
  ユニフォームジャージ、エナメルショルダーバッグ、エナメルトートバッグから1つ選択／チケット全席割引／来場会員限定プレゼント／来場ピンバッジプレゼント／ポイントサービス／当日券先行発売／ウエスタンリーグ入場無料他
- **ジュニア**（1,000円）

E 東北楽天ゴールデンイーグルス

特典は、なんとラジコン！

有料会員だけで5つのカテゴリーが存在するのが楽天の最大の特徴。年会費も1000円から10万500円まで幅広い。

特に目を引くのが、球団非公認キャラクターの「Mr・カラスコクラブ」。3000名限定で年会費は1万500円なのだが、特典はカラスコが乗ったバイク型のラジコン。これは新しい！

さすがに5つのカテゴリーがあるからこそ、こんな遊び心を発揮できるのだろう。今後も、ぜひこの方針を貫いていただきたい。

12球団唯一の豪華カテゴリー

05年ソフトバンクの「ダイヤモンド会員（30万1000円）」や06年オリックスの「プレジデント会員（26万2500円）」のような「豪華カテゴリー」が続々と誕生しては消滅している中、楽天だけはチーム創設時から年会費10万500円の「ブースタークラブ」を維持している。特典も、全選手、コーチのサイン（05年）や特製ブレザーやグラウンドコート（06年）と毎年変わり、今年は特製グラブにプロモデルユニフォーム。12球団唯一の存在として頑張って！

鉄平フィギュアは首振り機能付き。シートクッションは折り畳みができて気軽に球場に持っていけそう

入会コースと主な特典

- **レギュラークラブ**（3,500円）
  鉄平選手フィギュア／シートクッション／ファンブック他
- **キッズクラブ**（1,000円）
  外野自由エリア引換券2枚他
- **Mr.カラスコクラブ**（1万500円）
  カラスコバイク型ラジコン他
- **ゴールドクラブ**（1万500円）
- **ブースタークラブ**（10万500円）
  特製グラブ他

D 中日ドラゴンズ

相変わらずの充実ぶり！

公式ファンクラブができて2年目の中日。前年の7大特典の大充実ぶりは今年も健在。継続会員の場合は、ともにミズノ社製の「ブルーメッシュジャージ」か「オリジナルジャンパー」のいずれかがもらえる。さらにスタジオジブリデザインの新キャラ「ガブリ」のマスコットぬいぐるみやピンバッジなど、相変わらずの充実ぶり。

ということで、昨年11月末にはすでに募集締め切り。入会できなかった人は、来年を期待してこまめにホームページのチェックを！

実に嬉しい「臨時特典」！

昨年11月、我が家に中日ファンクラブから封書が届いた。「何かな?」と思って開封すると、そこには優勝ペナントの前に全選手がそろった記念フォトシートが入っていた。額に入れてもいいし、マウスパッドとしても使えるA4サイズの立派な写真だった。

チームが優勝した年に、会員特典には入っていない「臨時サービス」をしてくれたのは、ここ3年では中日だけだった。こういうサービスは実に嬉しいものだ。モノと心の両立。12球団の白眉だ。

オリジナルジャンパーは裏地つきで暖かい。唯一の懸念は会員証がチープな素材ということか

入会コースと主な特典

- **大人**（3,800円）
  ・新規会員…宮崎駿デザインぬいぐるみ／メッシュジャージ／ピンバッジ／バンダナ／カードホルダー／チケット先行販売他
  ・継続会員…ジャンパー、メッシュジャージから1つ選択他
- **ジュニア**（3,000円）
  パノラマ席ペア招待2試合（継続会員は3試合）／グラブ他

T 阪神タイガース

阪神ファンクラブの1年は早い

阪神ファンクラブの1年は早い。05年は8月、06年は継続会員の場合は7月に、すでに翌年の会員募集を開始。そして、秋口にはすでに定員に達し、募集打ち切りに。その後、翌年の開幕ごろに追加募集を開始しておよそ15万人の会員数を誇る。これが大まかな流れなのだが、甲子園球場のみならず、各球場で会員特典のイエローメッシュジャージを身につけたファンが増殖しているのが実感できる。

ちなみに年4回発行される会報は12球団一豪華で内容も充実！

3年目にして、ゴールド会員に！

今年の継続会員のメイン特典は「ベースボールシャツ」。阪神のグッズは例年、デザイン、品質ともに◎なのでオススメ。さらに、甲子園球場での全主催試合（巨人戦は除く）に500組1000名を抽選で招待というのも高確率！

さて、今年は3年連続入会者がなれるという「ゴールド会員」になった。「会員心得」の入ったバンダナをもらい、各試合5組10名が「ゴールドメンバーズシート」に招待されるという。さっそく応募してみようかしらん。

3年連続入会者のみが手にできるバンダナ。「会員心得」にはマナーについての金言がしたためられている

入会コースと主な特典

- **大人**（3,500円）
  イエローメッシュジャージ／主催試合招待（抽選）／主催試合抽選販売／会報誌（年4回）／メルマガ配信／ファンクラブ応援デーでグッズプレゼント他
- **キッズ**（2,500円）
  ペアチケットプレゼント（抽選）／甲子園球場でのスピードガンチャレンジ参加（抽選）他

S 東京ヤクルトスワローズ

新登場、「プレミアム会員」！

77年に「友の会」としてスタートしたファンクラブも今年で30周年。節目に当たる今年は「プレミアム会員」という新種別が登場した。年会費1万円を払うと、レプリカユニフォームに「好きな名前」を入れてもらえるという嬉しいサービスがメインの特典。

神宮球場には、選手名や（おそらくは）自分の名前を入れている人の姿が多く見られる。ユニフォームはBEAMS社デザイン、キャップはNEW ERA製とデザイン性も品質も◎！

ファンブックか5試合招待か？

長年、「レギュラー会員」に外野自由席招待券を5試合分も提供してきたヤクルトだが、今年からはファンブックか5試合招待かを選べるようになった。なかなか神宮球場に足を運べない地方会員には朗報でも、800円のファンブックと1500円の外野自由席5枚とを同列に並べるのにはコストパフォーマンス的にも疑問符が。

キッズの神宮全試合無料招待や女性には先着2000名にハンドタオルプレゼントなど、細かい心配りは例年通りで、さすが！

第1回FOYに輝いたヤクルトは外野自由席招待券の多さが白眉。今年はプレミアム会員を新設した

入会コースと主な特典

- **レギュラー**（5,000円）
  シャツ／キャップ／外野自由席招待券5試合、ファンブックから1つ選択／外野自由席割引／情報誌（年数回）他
- **キッズ**（3,500円）
  キャップ／傘／神宮球場外野自由席全席入場無料他
- **プレミアム**（1万円）
  名前入りユニフォーム他

G 読売ジャイアンツ

今年もアディダス製グッズ

06年に引き続き、オフィシャルサプライヤーであるアディダス社製の強烈なオレンジユニフォームTeeがメイン特典。

さらに、データ類が豊富で観戦時にかなり役に立つメディアガイド、オリジナルカレンダーなど、相変わらず物量豊富な内容に。

観戦特典はないものの、主催全試合を抽選で200組400名を招待するというサービスも。ちなみに、昨年、試しに応募してみたら対オリックス戦のチケットが見事に当たった。嬉しかった！

新ポイントシステム「G-Po」

これはファンクラブ会員限定ではないけど今年からジャイアンツは「G-Po」という新サービスを開始。球場来場ごとにポイントが加算されるシステムだが、試合の勝敗、選手の成績によって加算ポイントが変動する点が新しい。

また、9選手によるブログ「adidas×GIANTS」が今シーズンから始まった。山口鉄也や坂本勇人などあまり報道されることの少ない選手の生の声はファンにとっては嬉しいものの、更新頻度が少ないのが難点。

視聴率と同じく、東京ドームの空席も気になるところ。オレンジユニフォームで染めることができるか？

入会コースと主な特典

- **一般コース**（4,500円）
  オリジナルユニフォーム／メディアガイド／カレンダー／会報誌（年4回）／主催公式戦招待（抽選）／チケット抽選販売／甲子園球場ビジター応援席抽選販売／選手直筆サイングッズプレゼント（抽選）／選手表彰式にプレゼンターで参加（抽選）
- **ジュニアコース**（3,200円）

C 広島東洋カープ

ついに「一般会員」募集開始！

ついに「一般会員」カテゴリーが誕生した広島。設立発表が昨年12月だったため、僕はすでに母の名義で「シニア会員」を申し込み済みだったものの、あわてて「一般会員」にも入ることにした。

会員証やオリジナルメッシュジャージなどは各球団と大差ないものの、出色なのは会員限定のホームページ。会員名簿、会員の運営するブログ一覧に会員限定グッズの販売などなど。特に、ファンの手による連作小説は他球団にはないユニークなものとなっている。

カープメルマガは出色の出来！

カープのファンクラブは、「メルマガ」も、選手の声が豊富に盛り込まれ他球団よりも内容が充実。

第1回メルマガテーマは「ここだけには負けたくないチームは？」というお題で、選手の意外なこだわりが垣間見える。ちなみに、東出、梵の回答はともに中日。理由は「荒木、井端の二遊間には負けたくないから」とのこと。

他球団のメルマガが単なる「イベント案内」に終始している中、広島の頑張りは評価したい。できれば、もう少し頻繁に配信を！

カテゴリーに合わせたサービスが充実。見た目より中身にこだわるのは野球もファンクラブも広島の伝統？

入会コースと主な特典

- **カープファン倶楽部**（3,500円）
  メッシュジャージ／会員限定グッズ販売／リレー小説参加／メルマガ配信／全国のカープファン検索（希望者のみ掲載）他
- **ジュニアカープ**（2,300円）
  バッグ／キャップ／会員手帳／主催試合外野自由席入場無料他
- **レディースカープ**（3,600円）
- **シニアカープ**（3,000円）

YB 横浜ベイスターズ

「友の会」との一本化は？

横浜には「ファンクラブ」と「友の会」がそれぞれ存在し、運営団体がそれぞれ異なる。「友の会」は球場招待特典に特化していて、会費８０００円で12試合招待なので、頻繁に横浜スタジアムに通う人なら、ぜひ入会したい。

一方の「ファンクラブ」は、会員証や直筆メッセージ入りの生写真など自分の好きな選手の特典グッズが特徴となっている。しかし、どうにもこれがわかりにくく、ファンクラブと友の会を一本化することはできないのだろうか？

特典はすでに品切れなのに…

主な会員特典はクッション型ブランケットとリストバンドの2つ。

ブランケットは折りたたんで付属の袋に入れると座布団にもなり球場観戦には役立つ優れモノ。

ところが――。このブランケットすでに品切れとのこと。でも、会費は変わらず４０００円のまま。幸いにして僕はブランケットを手に入れたけど、もし今から加入するとしたら、かなりためらってしまうことだろう。特典は減っているのに同じ値段。それでも納得して加入するファンっているのか？

写真は「ファンクラブ」の特典。「友の会」との2本立てで新たなファンを混乱させなければいいけど…

入会コースと主な特典

- **一般**（4,000円）
  クッション型ブランケット／リストバンド／選手写真入り会員証／指定選手のサイン入りメッセージカード／会報誌（不定期）／チケット割引／主催試合招待（抽選）／イースタン公式戦1試合招待／ホテル横浜ガーデン宿泊割引他
- **中学生以下**（2,500円）

4年目を迎える恒例の人気企画

2008年FOY発表

みなさん、お待ちどおさまです！　毎年爆発的な人気を博するプロ野球ファンクラブ分析企画が帰ってきました。今年も12球団ファンクラブ研究家・長谷川晶一氏が自腹で全球団のファンクラブに入会。各球団の特典やサービスを徹底的にリサーチします！

「義務感」ではなく、「習慣」に！

毎年、シーズンオフになると各球団から発表される、翌年のファンクラブ情報が気になってしまって仕方ない。それはもはや「義務感」ではなく「習慣」なのだ――。

……ずいぶん大仰に書いてしまったけれど、今年もまた僕は何のためらいもなく、全球団のファンクラブに入会することにした。今年で4年目。1年目の05年には楽天が、そして2年目の06年には中日、3年目の昨年は広島と、毎年1チームずつ「一般ファンクラブ」が創設され、昨年で12球団すべてがそろったため、今年は新規に作られたファンクラブはない。

けれども、各球団、ますます趣向を凝らすようになっているのは昨年から続く、いい流れだと思う。

大枠は昨年までと一緒だが、細部で各チームがそれぞれの特色を見せている。今年の傾向として言えるのは、前年に引き続き今年も入会する「継続会員」に対するもてなしの厚さがこれまでと比べて充実してきていること。

東京ヤクルトが、05年に特典としては撤廃された「ファンブック」を継続特典として復活させたのを皮切りに、千葉ロッテが「ヘルメットキーホルダー」、楽天、オリックスが「ピンバッジ」、北海道日本ハムが「ドッグタグ」を継続特典にしている。この流れは来年以降も続くものと思われる。

今年の総額、4万9300円

12球団すべてのファンクラブに入っていれば、例年、何かしら不満点や改善すべき点のようなものが目についたのだけれど、今年はそうしたものがほとんどなかった。各球団、それぞれに年々改善に努めているのがよくわかる。この4年間で大きく変わったのが、

・募集告知が早くなった
・特典グッズのバリエーションが多くなり、選択肢が増えた
・ウェブや携帯から、簡単に申し込み手続きが可能になった
・「会員限定」サービスや商品が、かなり充実するようになった

ざっと思いつくだけでもこれぐらいのことが改良されている。

04年の球界再編騒動以来、各球団が本腰を入れてファンサービスに取り組んでいる姿勢が、ファンクラブの特典やサービスに、如実に表れていると言えよう。

だから今年は、まるで小姑のように多少の「問題点」を指摘しつつも、それでも、各球団が懸命に

2008年筆者が入会したファンクラブの充実度

FOY	チーム	充実度					コメント
		総合	観戦特典	グッズ特典	HP	メルマガ	
	巨人	A	△	◎	◎	◎	球界の盟主はファンクラブもまた質量ともに豪華。昨年開始の「G―Po」とファンクラブが合体し、本格的改革がスタートした
	中日	A	△	◎	○	◎	創設3年目ながら、巨人と並ぶグッズ類の豪華さ、物量を誇る。特典のガブリ人形は、もはや毎年の恒例となった感がある
	阪神	B	△	○	○	○	12球団一の応募告知時期、グッズ発送時期を誇る圧倒的な組織力。毎年、すぐに募集締め切りに達するのでこまめなチェックが必要
	横浜	B	×	○	○	○	前年までと比べて、今年は特典グッズが1点増えた。他に湘南シーレックスの公式戦1試合招待やファンブック200円引きなど
	広島	B	×	△	○	△	今年から、試合中の選手コメントを配信するサービスが始まった。試合途中に刻々と送られてくる選手たちのコメントには臨場感が
	東京ヤクルト	A	◎	○	○	○	今年も、漫画家のあだち充氏が募集ポスターのイラストを担当。公式HPもシンプルで見やすくなり、チケットも購入しやすくなった
	北海道日本ハム	B	×	△	○	△	昨年までは3アイテムから1つ選べたのに、今年はバスタオル1点のみ。07年から始まった継続特典ドッグタグは今年も健在
◎	千葉ロッテ	A	○	◎	◎	◎	常に球界のトップを行くロッテは、ついに「記念品なし」という逆転の発想の新カテゴリーを新設。今後もますます期待できる
	福岡ソフトバンク	B	×	○	○	○	毎年新商品が加わり、5アイテムの中から好きなものを選べるソフトバンクならではのサービスは、今後もぜひ続けてほしい
	東北楽天	B	×	○	○	○	12球団一個性的な「Mr.カラスコクラブ」。毎年、奇抜な特典グッズは見ているだけで楽しく、来年への期待が早くも膨らむ
	埼玉西武	A	○	○	◎	○	今年から、ロッテと同様の個人用HP「マイページ」がスタート。お気に入り選手の壁紙がダウンロードできるのも嬉しい
	オリックス	B	×	○	○	○	今年から加わった「ゲーマージャケット」はカッコよくて、個人的に嬉しかった。継続年数ピンバッジプレゼントも今年から

※1 ロッテを「ファンクラブ・オブ・ザ・イヤー」に認定　※2「充実度」は編集部と筆者の独断と偏見によるものです。

趣向を凝らした「長所」をきちんと紹介できれば、と思う。

今年の入会費総額は、12球団でしめて4万9300円（送料、手数料は除く）。今年もまた、例年通りそれがちっとも高いと思えない。充実の出費だった。

今シーズンも開幕以来、ファンクラブ特典をフル活用して球場に行きまくる日々が続いている。

各球団とも、ファンサービスに対する意識は明らかに向上してきている！

※ファンクラブ・オブ・ザ・イヤー（FOY）とは…12球団ファンクラブ研究家の長谷川晶一氏が、その年一番サービスと特典が充実していたファンクラブを讃え「FOY」に認定する。過去に西武（2度）、ヤクルトが受賞。賞品・特典はなく、名誉のみを贈る。

G 読売ジャイアンツ

「CLUB G-Po」誕生!

今年、大きくシステムを変更したジャイアンツ。昨年から始めたポイントチャレンジシステム「G-Po」とそれまでのファンクラブが一体化することとなった。これによって、チケット購入時、来場時の選手の活躍やチーム勝利などで、どんどんポイントが貯まり、ポイント数に応じて、さまざまな特典を受けることが可能になる。でも、いわゆる会員証である「ステイタスカード」と「メンバーカード」の2枚が存在し、どう違うのかよくわからないなぁ……。

高級感溢れるグッズに大満足

毎年のことながら、ジャイアンツの特典は本当に「これでもか」の物量的満足度が高い。今季、僕が選んだオリジナルユニフォームは、07年優勝エンブレムが刺繍された高級感溢れるものだし、この他に、カレンダー、メディアガイドが特典としてつく。

また東京ドームの試合では毎試合２００組４００名の招待もある（要事前応募）。アンケート結果を基にポイント商品を改善するなど、ファンの声を積極的に取り入れる姿勢も目立ち、ますます充実している。

ユニフォームは相変わらず高品質だし、分厚いメディアガイドやカレンダーもうれしい。大満足の内容だ

入会コースと主な特典

- **プライム・メンバー**(4,800円)
オリジナルユニフォーム／メディアガイド／カレンダー／内野席チケット割引／チケット優先販売／主催公式戦招待(抽選)／グラウンド体験ツアー(事前応募)／試合終了直後グラウンドに降りるイベント(抽選)他
- **ジュニア・メンバー**(3,500円)
- **エンジョイ・メンバー**(無料)

D 中日ドラゴンズ

日本一チームの贅沢なクラブ

06年に創設されてからまだ3年目ながら、すでに12球団有数のサービスを誇るドラゴンズファンクラブ。毎年恒例となった、スタジオジブリ・宮崎駿監督デザインのガブリ人形は今年も健在。

個人的には、ぬいぐるみを飾って喜ぶ年齢ではないので替わりのグッズを選択できればなぁ、とは思うが、それは贅沢な悩みだろう。そして何よりも嬉しかったのが、神宮球場でのヤクルト対中日戦のペアチケットが2試合分も抽選で当たったこと。嬉しい～!

強いて不満を挙げるとすれば……

特典グッズは、06年のブルーメッシュジャージ、07年のオリジナルジャンパーがそのまま残り、08年新作として、エナメル製バッグの中からひとつを選択することに。いずれも、ミズノ製の高品質グッズばかり。強いて不満点を挙げるとすれば、昨年同様、会員証が紙製で耐久性に欠けること、会報、メルマガの類がないことかな。

……ホント、それぐらい瑣末な不満しかない。これで３８００円は十分、お得感あり。コストパフォーマンスは12球団一かも。

今年のガブリはパペット型。ちなみに当選したペアチケットは筆者がすでに使ってしまったので撮影できず

入会コースと主な特典

- **大人**(3,800円)
・新規会員…宮崎駿デザインパペット人形／メッシュジャージ／ピンバッジ／カードホルダー／チケット先行販売他
・継続会員…バッグ、ジャンパー、メッシュジャージ&カードホルダーから1つ選択他
- **ジュニア**(3,000円)
オリジナル双眼鏡他

T 阪神タイガース

12球団一の組織力を誇る！

08年度の「継続案内書」は07年7月30日に届き、8月1日から募集スタートと書かれていた。前年シーズン中から募集を始める球団は阪神以外にはない。ということで、僕もその日に継続手続きを済ます。そして、グッズが届いたのが12月15日。これもまた12球団中、ダントツ1位の早さ。

募集もグッズ到着も前年中にすべて終わらせ、翌年2月からは、さらに新規のみの追加募集をかける。さすが、会員数15万5０００人を誇る大ファンクラブの組織力。

いよいよ、来年はプラチナ会員に

今年で入会4年目の僕は、昨年に引き続きゴールド会員。そして、来年は5年目からのプラチナ会員になれる。

さて、08年のメイン特典は、新しくなったイエローメッシュジャージか、3種類のエナメルバックから1点を選ぶというもの。05年にジャージをもらっていたのだけれど、今年はニューヴァージョンとのことで、イエローメッシュジャージを選択。

毎年、阪神のグッズは品質がいいので今年も大満足。会員限定商品のラインナップも年々充実中。

グッズはメッシュジャージかエナメルバッグのみと寂しいが、品質がいい上に発送が早いのはありがたい

入会コースと主な特典

- **一般**(3,500円)
  イエローメッシュジャージ／主催試合招待(抽選)／主催試合先行販売／会報誌(年4回)／ファンクラブ応援デーでグッズプレゼント／メルマガ配信／継続会員限定特典他
- **キッズ**(3,500円)
  ペアチケットプレゼント(抽選)／イベント参加(抽選)

YB 横浜ベイスターズ

特典グッズが3点に増量！

今年、目に見えて改善されたのがベイスターズかもしれない。これまで毎年、「グッズ類のセンスが……」とか「素材が悪い」とか、厳しいことばかり書いてきたけれど、今年の特典はアイテム数が、タオルマフラー、ネックストラップ、ストラップと3つに増えた。例年通りの、選手との2ショット会員証、選手からの直筆サイン入り写真など、他球団にない特徴は今年も健在。種田仁選手が移籍したため、今年は同い年の石井琢朗選手を指名。やっぱり嬉しいなぁ。

地味ながら充実の会報

これまであまりきちんと触れてこなかったけれど、ベイスターズの会報「FAN CLUB NEWS」は、A4用紙1枚というシンプルなものだけれど、ほぼ毎月発行されていて、会員限定イベントや会員のためのプレゼントが充実している。そして、移動時に選手が乗車する新幹線の時刻、宿泊ホテル名まで克明に記されている。

カラーでページ数も多い他球団の豪華な会報と比べると、一見見劣りするものの、その内容では決してひけをとらない。

今年は例年よりもグッズの品数がアップ。観戦特典を求めたい方は別組織「友の会」への入会がオススメ

入会コースと主な特典

- **一般**(4,000円)
  タオルマフラー／ネックストラップ／ストラップ／選手写真入り会員証／指定選手のサイン&メッセージ入りカード／会報誌(年10回程度)／内野指定席500円割引(一部)／イースタン公式戦1試合招待／ベイブルーシート招待(抽選)他
- **中学生以下**(2,500円)

C 広島東洋カープ

継続手続きが意外と面倒……

昨年、ようやく「レギュラー会員」を新設した広島。以前からあった「ジュニアカープ」「レディースカープ」などはそのまま存続し、相変わらずすぐに定員締め切りとなる人気ぶりを誇る。

しかし、せっかく「ホームページ受付」があるのに、なぜか受付のみで、会費は郵便振替のみというのが面倒で残念。住所などもいちいち入力せねばならず、他チームのように会員番号の入力のみで、すぐに継続手続きができるようになればいいのに……。

大充実の会員限定HPに注目！

広島のオリジナリティーは、会員限定のHPが大充実しているところ。今年もまた各選手の幼少期をレポートする「この町が僕を育てた」や今年がラストイヤーとなる市民球場内の各スポットを紹介する「市民球場探検」はかなり面白い。

一塁側ブルペンに、故津田恒美投手のプレートがあるなんて……。昨年のオリジナルメッシュジャージはあまり品質がよくなく数回着用しただけで、ヨレヨレになってしまった。今年のノースリーブのジャージはいかに？

免許証タイプの会員証はひねりが利いていてユニーク。ホームページやメルマガ等も充実している

入会コースと主な特典

- **ファン倶楽部**(3,500円)
  メッシュジャージ／ランドリーバッグ／会員限定サイト／メルマガ／会報(月1回)
- **ジュニア**(2,300円)
  バッグ／キャップ／イヤーブック／主催試合外野自由席入場無料／会員手帳他
- **レディース**(3,600円)
- **シニア**(3,000円)

S 東京ヤクルトスワローズ

プレミアム感が少ないかな……

昨年からスタートした年会費1万円の「プレミアム」会員に今年も入会。ただ、5000円の「レギュラー」会員と比べると、「ジップジャンパー」と「Vネックジャケット」という違いはあるけれど、その他特典はまったく一緒。ともに観戦チケット5試合分なのはどうかな？ でも、今年から継続特典として、ファンブックが付いたのは嬉しいところ。

神宮で観戦するたびに発行される「スワローズ通信」も球場観戦時のひそかな楽しみ。

来場ポイントが、本格始動

神宮球場が大幅にリニューアルして、監督もメンバーも大幅に変わった今年のヤクルト。

今年の注目すべきファンクラブ特典は、来場ポイントサービスを充実させたこと。5回来場ごとに特製ピンバッジ、そしてオリジナルグッズ、外野自由席招待券などがもらえる。秋田やいわき、ひたちなかなどの地方主催試合でも記念グッズがもらえるという。個人的に、毎年いちばん多く訪れる球場なので、今年は頑張って、ピンバッジコレクションに励みたい。

今年から継続会員にはファンブックがつくように。来年はプレミアム会員のプレミアム度アップに期待

入会コースと主な特典

- **レギュラー**(5,000円)
  Vネックジャケット／ペンライト／ファンブック(継続会員のみ)／外野自由席招待券5枚／情報誌(年数回)他
- **キッズ**(3,500円)
  キャップ、リュック、神宮球場外野自由席全試合入場無料
- **プレミアム**(1万円)
  ジップジャンパー他

F 北海道日本ハムファイターズ

なぜかアイテム数が減少……

多くのファンクラブが、複数アイテムの中からファンが好きなものを選択できる風潮の昨今。なぜか、08年の日本ハムは、昨年までの3アイテム制からオリジナルバスタオル、1アイテムだけとなった。昨年までは、ティッシュカバーやビーズ・クッションなど、毎年新しいアイテムが登場し、僕もいつも期待していたのに……。

昨年から始まった継続特典、前年の成績が刻印された「ドッグタグ」が秀逸なだけに、ちょっと残念な気がする。

サプライズプレゼントが！

……と苦言を呈しつつ、昨年の特典についてもきちんと触れておきたい。昨年の秋口に突然届いたのが、「田中幸雄選手２０００本安打達成記念ハットピン」。もちろん、事前の特典には加えられていなかったもので、チームの顔の大記録達成を機に急遽つけ加えられたのだろうけれど、これはとても嬉しい。ファイターズの歴代ユニフォームに身を包んだ田中幸雄の雄姿がカッコよかった。こういうサプライズプレゼントは06年の中日の優勝記念フォトシート以来、かな。

複数のグッズの中から選択できなくなってしまったのは残念。ピンバッジ類の充実度は出色だ

入会コースと主な特典

- **ルーターズ**（3,000円）
  オリジナルバスタオル／ピンバッジ（継続年数入り）／来場ピンバッジプレゼント／会員のみ利用できるガチャポン（有料）／チケット割引／会報誌（年3回）／ポイントサービス他
- **キッズ**（3,000円）
  主催公式戦の内外野自由席入場無料他

M 千葉ロッテマリーンズ

改革はいつも、千葉ロッテから

06年に「TEAM26」というコンセプトで入会金無料の「一般」から、入会金1万円の「ゴールド」、さらに選ばれた会員のみがなれる「プラチナ」会員とセグメントを明確にしたロッテが今年新たな改革を断行。なんと「レギュラー」会員を、記念品あり（３５００円）と記念品なし（２５００円）の2種類に分けたのだ。これは記念グッズはいらないけれど、チケットは安く買いたい、そして来場ピンバッジはほしいという客のニーズに応えたもの。うーん、さすがだ。

特典の品揃え、品質ともに大充実

入会記念グッズで特質すべきは、ゴールド会員の特典で、「毎日オリオンズ」の復刻ユニフォームが登場したこと。昨年までもオリオンズ時代の復刻ユニフォームがあったけれど、ついにここまで来たか！　さらに、今季からは「継続入会特典」として特製ヘルメットキーホルダーがつき、さらにさらに、05年まであった「ロッテリア試食券」が、えびバーガー、てりやきバーガー、ポテトSと大幅にパワーアップして復活したのにも驚いた（笑）。うーん、さすがだ。

今年の栄えあるFOYはロッテ。ちなみに内野自由席招待券は筆者がすでに使ってしまったので撮影できず

入会コースと主な特典

- **レギュラー**（記念品有3,500円）
  マフラー、キャップ、トートバッグから1つ選択／ピンバッジプレゼント／内野自由席招待券1枚／ロッテリア試食券他
- **レギュラー**（記念品無2,500円）
- **ジュニア**（3,000円）
- **ゴールド**（1万円）
- **プラチナ**（1万円）
- **マリーンズ**（無料）

H 福岡ソフトバンクホークス

今年はバスタオルが新たに登場!

定番のレプリカユニフォーム2種類（ホーム、ビジター）に加え、毎年新たな特典グッズを展開するソフトバンク。

今年は、08年版Tシャツに、昨年大好評ですぐに品切れになったというオリジナルテディベア、さらに今年初登場のバスタオルと今年も5つのアイテムから好きなものを選べるようになっている。継続会員しか手に入れられないグッズも、シーズン終了間際には、安価に販売するのも嬉しいし、充実のグッズ類を見ているだけでも楽しい。

会報誌の連載読み物が楽しい

今年から復活したのが来場記念のピンバッジ。一方で、ソフトバンクのみ、会員証は前年のカードを流用し「08」シールを貼るだけと変更に。これって、エコ?

個人的に楽しみにしているのが、会報誌『Fan!×Fun!HAWKS』内に連載されている、九州移転20周年企画「鷹が舞い降りた日から」。ホークスの20年を振り返る3回連載は、懐かしい面々が登場する。各選手のバットやグラブを紹介する『鷹戦士の武器』も読んでいるだけで楽しい。

継続会員の筆者は5つのグッズの中からTシャツを選択。ピンバッジ、会報誌も充実した内容になっている

入会コースと主な特典

- **スタンダード会員**（3,700円）
  レプリカユニフォーム（新規会員）／レプリカユニフォーム（ホーム、ビジター）、Tシャツ、テディベア、バスタオルから1つ選択（継続会員）／年度ピンバッジ／会報誌（年4回）／イベント参加権他
- **ジュニア会員**（2,500円）
- **プレミアム会員**（10万円）

E 東北楽天ゴールデンイーグルス

高須選手のメッセージが◎

楽天からの継続案内書には、高須洋介選手の直筆メッセージで「継続は力なり」と大きく書かれていた（笑）。確かに、その通り、ということで迷わず手続き。キッズ会員を含む5カテゴリーは、今年も楽天の大きな特徴。

今年もやはり注目は、球団非公認キャラの『Mr・カラスコクラブ』。大阪プロレスに出場し、バトルロイヤルで見事優勝した偉業を記念したファイティングキットがメイン特典。「野球、関係ないじゃん」と思いつつ、ほしくなってしまった。

特色ある記念グッズの数々

僕が入会した「レギュラークラブ」のメイン特典は、ピンバッジコレクションホルダー。

球場に観戦に行くともらえるピンバッジは確かに嬉しいのだけれど、数が多くなってくると、つける場所がなくて困っていた。でも、首からぶら下げられるこのホルダー。意外と便利そうで、嬉しかった。05、06年と2年続けてトートバックだったころと比べると、07年の鉄平フィギュアといい、カラスコクラブといい、各球団にはない特典グッズのオリジナリティーが光る。

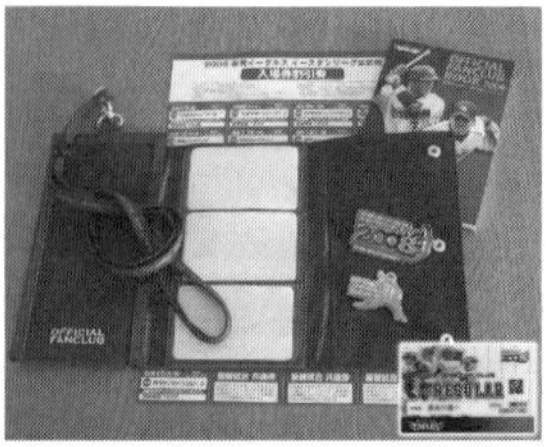

近年、他球団にはない個性的なグッズを提供している楽天。チームもファンクラブも着々と成長中?

入会コースと主な特典

- **レギュラークラブ**（3,500円）
  ピンバッジコレクションホルダー／田中将大選手ピンバッジ他
- **キッズクラブ**（1,000円）
  オリジナルグラブ他
- **Mr.カラスコクラブ**（1万500円）
  ファイティングキット他
- **ゴールドクラブ**（1万500円）
- **ブースタークラブ**（10万500円）
  全選手直筆サイン入りカード他

L 埼玉西武ライオンズ

改革、2年目に突入！

81年以来のBクラスという屈辱を経験した西武は昨年に続いて、ファンクラブ革命を断行。HP内にロッテと同形式の会員限定「マイページ」を導入し、来場履歴や、ピンバッジの配布履歴が一目でわかるようになった。

思えば、昨年までも対戦ごとのマッチカードプログラムの作成やスタジアム正面でのステージ開設、そして今年のHPの改善など、西武はファンサービスで先行するロッテのいい面を貪欲に取り入れているのがよくわかる。

「プラチナメンバー」を創設！

今季の西武は、年会費3万5000円の「プラチナメンバー」という高級カテゴリーを新設。レプリカオールドユニフォーム、毎試合来場時にもらえるカードを入れるカードストッカー、オリジナルバッグに加え、本人の顔写真入りの入場券で内野自由席がフリーパスになるという。熱狂的西武ファンなら、本当にお得な特典だろう。

限定500名のためすでに募集は締め切られているものの、来季も募集するようなら、熱心なファンには、ぜひオススメ！

筆者はなつかしのレプリカオールドユニフォームを選択。昨年に引き続き、今年もファンクラブ革命に期待

入会コースと主な特典

- **レギュラー**(3,000円)
  レプリカオールドユニフォーム、トートバッグから1つ選択／内野席観戦引換券2枚(指定・自由選択)／オフィシャルハンドブック／ポイントサービス他
- **ジュニア**(1,000円)
  内野自由席入場無料他
- **プラチナ**(3万5,000円)
  カードストッカー他

Bu オリックス・バファローズ

近鉄ピンバッジ、ほしい〜！

06年までは、レギュラー会員2100円という激安を誇っていたが、07年からは3000円に。メイン特典の記念グッズは、昨年までのユニフォーム、エナメルバッグ（2種類）に加えて、今年から試合前のアップ時に選手が着用するゲーマージャケットが追加。

さらに、継続特典として継続年数が入った「ピンバッジ」も加わった。特に注目したいのが、来場ポイントを集めるともらえるピンバッジ。そこには、近鉄やブルーウェーブ時代のユニフォームバッジも。

見よ、この来場グッズの豪華さ！

昨年に引き続き、球場来場プレゼントが特に多いのもオリックスの特色。

ピンバッジや、プレイヤーズカードは、各チーム実施していることだけれど、オリックスの場合は、それらに加えて、今年もブランケットや応援用ハンドクラッカー、北川博敏選手のフィギュアなど、それだけで、ファンクラブ特典にしてもいいほどの豪華グッズがずらりと並ぶ。ちなみに、今季からは従来の会員証を廃止し、会員手帳と一体化させた。これは12球団唯一の試みである。

筆者はゲーマージャケットを選択した。12球団で唯一、会員手帳が会員の証になっている

入会コースと主な特典

- **レギュラー**(3,000円)
  ユニフォームジャージ、エナメルショルダーバッグ、エナメルトートバッグ、ゲーマージャケットから1つ選択／チケット全席割引／ピンバッジ(継続年数入り)／ポイントサービス／ウエスタンリーグ入場無料／会員限定イベント／Bs CLUB手帳他
- **ジュニア**(1,000円)

いよいよ5年目を迎えた人気企画

FOYの行方はあのチームに！

12球団のファンクラブ全部に入会するという、前代未聞の試みからはや5年。今年もファンクラブ研究家・長谷川晶一さんが各チームのファンクラブを大マジメにぶったぎります！　今年のファンクラブ・オブ・ザ・イヤーはどこだ？

「暴挙」か、それとも……？

「そうだ、12球団すべてのファンクラブに入会しよう！」

　２００４年のある日の単なる思いつきから5年が経った――。

　まさか5年も続けて12球団すべてのファンクラブに入ることになろうとは、自分でも想像もしなかった。しかし、「継続は力なり」だ。今回、『野球小僧』編集部より「今年は5年目ということで、例年より2ページ増やして10ページ分の原稿を」という依頼がやってきた。

　そう、僕は毎年本誌で「12球団ファンクラブ全部に入会してみた！」という原稿を書かせてもらっている。とは言っても、最初から「原稿を書かせてもらおう」という計算があって、全球団のファンクラブに入会したわけじゃない。

　04年の球界再編騒動の頃だった。子どもの頃からヤクルトのファンクラブに入会してきた僕は、この年初めて、年々、チープになりつつあるファンクラブ特典に疑問を覚え、「他のチームはどうなっているのだろう？」と素朴な疑問を抱いた。

　それから、各球団のファンクラブ事情を調べてみると、さまざまな特色があることがわかり、「各チームのファンサービスを知るには、ファンクラブに入ればいい」という、あまりにも単純すぎる結論を導き出して、この「暴挙」、いや、「愚挙」に出たのだ。

　しかし、5年を経て、僕は言いたい。それは、「暴挙」でも「愚挙」でもなく、ひょっとしたら「快挙」なのではないか？　と。

　自信を持っては言えない、けれども、誰も褒めてくれないから自分だけは「意外と快挙かもよ」と言ってあげたいのだ。

5年間の総額24万１００円！

　この5年間で要した入会金の額を計算してみた（送料や手数料は除く）。自分でもいくらぐらいになるのか見当もつかなかった。当時の入会資料を片手に電卓を叩く。

　その額、24万１００円。1年につき5万円弱の計算になる。

　そして、去年までの4年間で「観戦特典チケット」、あるいは「会員割引特典」で購入したチケットで、実際に球場で何試合を観戦したのかもカウントしてみた。取材で球場に行って観戦した数は除外してある。

　その数、4年間で実に１２１試合。年間にして30試合余り。

　つまり、5年間で24万円ほどの金額を費やし、さまざまなグッズを手に入れた。さらに、無料観戦特典で何十試合かを観戦し、別料金を払って何十試合かを観戦して僕の5年間は過ぎていったということだ。

　基本的には、球場に行き、ホー

ムチームのレプリカユニフォームを着ながらビールを呑み続けるという日々だったけれど、僕だってバカじゃない。5年も続けていれば、さまざまなことが見えてくる。この5年間で、ファンクラブ界は、そして、プロ野球界はどう変わっていったのだろうか？

おそらくは、日本で唯一の「ファンクラブ研究家」の僕の見解は、次の通りだ――。

「5年間」の著しい進化、発展

全球団入会の初年度である2005年――。

前年の球界再編騒動を経て、東北楽天ゴールデンイーグルスという新球団が発足したこの年は、この楽天とソフトバンクが新たにファンクラブを立ち上げた。

続く2年目の06年――。

この年は、中日に新生ファンクラブが誕生。さらに、前年、アジアチャンピオンに輝き、後のファンクラブ界を常にリードし続けるロッテが「TEAM26」を発足。顧客の趣味嗜好、来場頻度、球場での消費動向など、すべてのデータを一元化する方策を実現した。

全球団ファンクラブ入会3年目となる07年――。

この年は、広島に「一般コース」が新設され、これで12球団すべてのファンクラブが「レギュラーコース」を持つこととなった。

さらにこの年は、ファンクラブ界に衝撃を与えた「松坂革命」が起こった。この年、海を越えメジャーに渡った松坂大輔のポスティングによって莫大な移籍金が球団にもたらされた。そして、西武は5000万円をファンクラブに投入。その結果、他球団には真似のできないほどの贅沢なファンクラブ運営が可能となったのだった。

そして、4年目の08年――。

西武はさらなる改革を進め、先行者ロッテの長所を巧みに取り入れつつ顧客管理などのさらなる改革に臨んだ。そして、チームは日本一に輝く。球場いっぱいにはためくビクトリーフラッグは、西武のファンクラブ革命のひとつの結実を見る思いだった――。

昨年までの4年間を通じ、各ファンクラブは本当に充実した。特典グッズの品質向上は目覚ましく、球場での来場特典、ファン参加イベントは質量ともに良化した。

各球団の本気度は、年々アップしているし、12球団それぞれの個性があふれるファンクラブは、全球団入会している僕にとって、本当に楽しむことのできる娯楽となった。

09年の新たな特徴とは？

この5年間での「ファンクラブ界の変化」を列挙してみよう。

・会員専用サイトの充実
・ポイント制度の充実
・早期入会&継続特典の充実
・カテゴリーの多様化
・入会手続きの簡素化
・募集告知の早期化

こうした流れは、09年のファンクラブ界ではすでに当たり前のものとなりつつある。

「会員専用サイト」は、ヤクルトと楽天以外の10球団ですでに採用され、西武とロッテの「マイページ」は、過去の球場観戦履歴、観戦時のチームの勝敗、ポイント獲得履歴がひと目でわかるようになっているし、中日が今季から始めた会員専用SNSは本当によくできている。

また「ポイント制度」に関しても、巨人の「CLUB G-Po」のように、来場ポイントはもちろん、試合内容に応じたポイント制が充実し、交換特典も豪華で、ファンは「ポイント獲得の楽しさ」を存分に味わっていることと思う。

さらに今年は「早期入会&継続特典」がますます充実したのも大きな特徴だ。09年の例で言えば、「早期入会特典」については、ロッテ、ソフトバンク、楽天、西武、巨人、広島が採用し、「継続特典」は、ロッテ、日本ハム、オリック

「松坂革命」以来、意欲的なファンサービスが光る西武。チームOBからノックを受けられる「サラリーマンナイト」も大好評だ

ス、阪神、横浜などが採用。

特にソフトバンクの「若鷹の変革」と名づけられた継続特典DVDは秀逸。前年シーズンの激闘をコンパクトにまとめ、王監督退任までのドキュメントなどその内容も充実。ぜひ、毎年の恒例特典にしてほしいほど。

その他の特徴としても、各ファンクラブいずれも、年々、組織化され、効率化されており、ファンとしては実に利用しやすくなってきている。

しかし――。

この流れに逆行するかのようなチームが登場した。それが、09年の横浜のファンクラブ。通称「B☆SPIRIT」である――。

本気か、ベイスターズ？

今年、横浜はファンクラブの大革命を行った。チケット購入、来場、チームの勝利によって獲得できるポイント（BP）制度を立ち上げた。

こうしたポイント制度については、すでに多くの球団が採用しているので、特別、目新しい動きではない。オリックスのように「球場に来れば来るほど、得をする」というコンセプトで、観客動員を増やし、球場内での消費活動を推進したいという狙いもよくわかる。

けれども、今年の横浜のファンクラブの「特典」は、このポイント制だけなのだ。これ以外の「観戦特典」、そして「入会記念グッズ」などは何もない。細かく言えば、「チケット割引販売」や「会員限定グッズ販売」などの特典はある。しかし、それは他球団のほとんどが取り入れている「その他の特典」だ。

09年3月――。あるニュースが報じられた。見出しはこうだ。

《横浜ベイがファンクラブ一新　会員1万人を目指す》

記事によれば、横浜は「現在の会員3500人を21年度中に1万人に増やしたいとしている」とある。

――本気か？

思わず目を疑った。昨年までの横浜ファンクラブには、選手と2ショットの会員証や、選手の直筆メッセージ入りの生写真全員プレゼントなど、球団独自の特典があった。今年はそうした「横浜らしさ」を一切、排して「改革」を行った。

しかし、どうしてもそれは「改

ファンクラブ歴30年！

子供の頃からヤクルトのファンクラブに入っていた。最初に入会したのが1980年で、当時の僕は10歳だった。胸に球団ロゴが入ったウインドブレーカーと帽子、青いビニール製の手帳が特典についていて、神宮での観戦は全試合無料だった。特典のぎっしりつまった小包が届いたときの感動は今でも忘れられない。特典の手帳には球団の歴史や選手名鑑、観戦した試合のスコアをつける欄などがあり、毎日学校にも持っていっていた。

それから毎年のように入会し続けた。特典グッズは毎年変わった。スプーンやトランプ、石鹸やコースター……。毎年、毎年シーズンの到来とファンクラブ入会が楽しみで仕方がなかった。

気がつけば、僕のファンクラブ歴も来年で30周年になる。まさか大人になって、全球団のファンクラブに入会するようになろうとは想像もしなかったが、ぜひ今後とも気力、体力、そして財力の続く限りファンクラブ道を歩んでいきたい。

2009年筆者が入会したファンクラブの充実度

FOY	チーム	充実度					コメント
		総合	観戦特典	グッズ特典	HP	メルマガ	
	埼玉西武	A	◎	◎	◎	○	個人用HP「マイページ」内で「試合予想ゲーム」がスタート。先発投手や片岡の盗塁数を予想してポイントをゲット。意外と楽しい（笑）
	オリックス	B	×	○	○	△	今季から発足した「ゴールド会員」も好評につきすでに締め切り。来場ポイントによる特典、来場プレゼントは他球団にない豪華さを誇る
	北海道日本ハム	B	×	△	○	△	今季の「スタジアムバッグ&クッション」は思いのほか使いづらかった。07年までのように複数のアイテムから選べるといいんだけどなぁ
	千葉ロッテ	A	○	◎	◎	○	ゴールド会員の特典「オリオンズバッティングジャージ」はかなり魅力的で入会を真剣に検討したほど。来年以降も「復刻グッズ」に期待だ
	東北楽天	B	×	○	○	○	毎試合ピンバッジプレゼントを実施するなど「来場特典」の充実が特徴。「カラスコクラブ」の特典は毎年秀逸。継続手続きが不便になり残念
	福岡ソフトバンク	B	△	◎	○	○	毎年新商品が加わり、アイテム数豊富なソフトバンク。さらに継続特典のDVDは、08年の激闘史や王監督引退ドキュメントなど内容充実
◎	巨人	A	◎	◎	◎	○	グッズの質と量、毎試合の観戦プレゼント、来場プレゼント、顧客把握と、球界の盟主はファンクラブでもまた他球団をリードする存在に
	阪神	B	△	○	○	△	入会5年目の今年、ついに「プラチナ会員」に。記念としてミズノ製の革製パスケースを頂戴する。よし、次は「10年継続」を目指すぞ!
	中日	A	△	◎	◎	×	創設4年目にして、入会者数も12万人を突破。その内容と規模から、すでに球界を代表するファンクラブに。今季から「家族会員」も新設
	広島	B	×	△	○	◎	正直なところ、特典グッズの品質はあまりよくない。けれども、それを補う独創性や緻密なサービスで独自色を打ち出している
	東京ヤクルト	A	◎	◎	○	○	会員限定サイトがないのはヤクルトと楽天だけ。せっかくシンプルで見やすい公式HPなのだから、ぜひ「会員サイト」の新設を期待したい
	横浜	C	△	×	○	△	「B☆SPIRIT」を旗印に「改革元年」の今年、残念ながら他球団と比べてかなり見劣りする感は否めない。来季の巻き返しを期待したい

※1巨人を「ファンクラブ・オブ・ザ・イヤー」に認定　※2「充実度」は編集部と筆者の独断と偏見によるものです。

悪」にしか思えない。これで「1万人を目指す」という、その自信はどこから生まれてくるのだろう？

来年以降もこのままであるはずがないと信じたい。今は改革途中の迷走期にあると思いたい。正直言って、他の11球団と比べたとき、このままでは横浜ファンがあまりにも忍びない。地方在住で、なかなか球場に足を運べないファンにとって「球場に来れば来るほど、得をする」という特典だけでは、あまりにも魅力に乏しすぎるから――。

◇　◇　◇

この5年間のおかげで、「ファンクラブ会員目線でプロ野球を見る」という新しい楽しみを発見した。

今年も時間を見つけては「取材」ではなく、「趣味」で、観戦を続けている。さぁ、原稿ももうすぐ終わりだ。いい風が吹いているし、神宮に行ってビールでも呑もうか。

さぁ、スタジアムに行こう！

L 埼玉西武ライオンズ

転換期は、07年「松坂革命」

ここ5年間における西武ファンクラブの転換点は、何と言っても07年の「松坂革命」に他ならない。松坂の移籍金のうち約5000万円をファンに還元するという英断により、西武は間違いなくファンクラブ界に革命をもたらした。

08年には高級カテゴリー「プラチナメンバー」を発足。さらにポイント制の本格導入により12球団有数のシステム構築に成功。

大規模な球場改修を含めて、飲食でのポイント付与など「松坂革命」の炎は今年も燃え盛っている。

09年、Lポイント制度の拡充！

今年の目玉は「Lポイント」サービスの拡充だろう。昨年までも、ロッテが始めた「ポイント管理制度」をいち早く導入していたが、今年の西武は、ロッテ同様チケット購入だけでなく球場内での弁当やグッズ購入でもポイントが貯まるように。

さらにレギュラー会員も会費別にA、B両コースに分かれ、好みに応じた加入形態が可能に。僕はAコースに入会。特典のメッセンジャーバッグはカッコよく、何気に普段使いしている。内野指定席招待券2枚もうれしい。

筆者はメッセンジャーバッグを選択。デザイン・品質ともに大満足だった。内野指定席引換券もうれしい

入会コースと主な特典

- **レギュラーA**（5,000円）
  ダブルジップパーカー、メッセンジャーバッグから1つ選択他
- **レギュラーB**（3,000円）
  マフラータオル、ホルダーから1つ選択他
- **ジュニア**（2,000円）
  内外野自由席入場無料他
- **プラチナ**（3万5,000円）
  エアラージショルダーバッグ他

Bu オリックス・バファローズ

来場特典が大充実！

07年、テリー・コリンズ監督の誕生と歩を合わせるかのように生まれ変わったファンクラブ「Bs CLUB」も今年で3年目。

チケットは会員限定で割引販売し、入会記念品以上のクオリティを誇る来場グッズは12球団有数の充実ぶりで「球場に来れば来るほど、得をする」というコンセプトが明確。

08年からは、それまでもあった「手帳」に、会員証の機能も持たせて、そこに来場ポイントを押せるようにするなど、運営コンセプトをより鮮明にさせているのも特徴。

ゴールド会員新設！

今シーズンの新機軸は、年会費1万円の「ゴールド会員」の新設だろう。オリジナルのグローブとユニフォームに加え、指定席引換券が1枚。募集早々に定員に達する人気ぶりのため、今年の西武のように、来年はさらに定員を増やして募集することになるだろう。そして、地味だけど、毎年「面倒くさいなぁ」と思っていた「引換券」を郵送してのグッズ到着という手間が、今年から「送料込年会費」を事前設定してくれたので、わずらわしさが大幅に軽減されたのも個人的にはありがたい。

グッズはオリジナルユニフォームとピンバッジのみだが、来場特典の充実が売り。価格の安さにも注目

入会コースと主な特典

- **レギュラー**（3,000円）
  オリジナルユニフォーム、エナメルトートバッグから1つ選択／チケット全席割引／ピンバッジプレゼント（継続年数入り）／ポイントサービス／ウエスタンリーグ入場無料／会員限定イベント他
- **ジュニア**（1,000円）
- **ゴールド**（1万円）
  オリジナルグローブ他

F 北海道日本ハムファイターズ

来年こそ複数アイテム化を！

07年までは複数のアイテムから特典グッズを選択できるシステムだったが、08年、そして今年とアイテムは指定の1アイテムのみ。

一方、チケットやグッズの購入などによるポイント制はかなり早い段階から取り組んでおり、ファンの間では定着した模様。さらに、現在のファンクラブ界の潮流である「継続特典」についても、継続年数入りのピンバッジの他に日本ハムは早くから独自色を打ち出し、07年から前年の成績を刻印した「ドッグタグ」を特典として、好評を博している。

5年目は「シルバーカード」！

継続年数に応じて、そのランクが変わる日本ハム。5年目の僕は、昨年までの「ブロンズ」を経て、今年から「シルバーカード」をゲット。ということで、今季からさらに充実した「ＦＡＮＳポイント」は70ポイント付与された。ポイントを貯めると内・外野自由席との引き換えやグッズ購入、さらに球場でのイベント参加などが３００ポイントから交換可能に。会員限定のサイトには、今年からオリジナルキャラが作れる「ファイターズアバター」が登場。これは12球団で唯一のサービス。

グッズの目玉はクッション付きのスタジアムバッグ。しかし、その使い心地は正直言って微妙……

入会コースと主な特典

- **ルーターズ**(3,000円)
  スタジアムバッグ(クッション付き)／ピンバッジ(継続年数入り)／来場ピンバッジプレゼント／会員のみ利用できるガチャポン(有料)／チケット割引／会報誌(年5回)／ポイントサービス他
- **キッズ**(3,000円)
  スクール巾着セット／給食ナプキン他

M 千葉ロッテマリーンズ

常に球界の「改革者」！

思えば、この5年間の12球団のファンクラブ界を常に引っ張ってきたのは、間違いなくロッテだった。アジアチャンピオンに輝いた翌年の06年に、「ＴＥＡＭ26」を発足させてからは、来場ポイント制度を本格化させ、観客の一人一人が、球場で「何に金を使うのか」を完全に把握。西武をはじめとする他球団の手本であり続けた。08年には、「入会記念品」をなくす代わりに、会費を安くし、来場特典を充実させる独創的なカテゴリーを作った。これからも「改革者」としての手本を！

充実の「マイページ」

毎秋、ロッテのファンクラブの概要が発表されるのを楽しみにしている。それぐらい、このチームはいつも斬新な特典、新機軸のサービスを展開してくれるからだ。今年は迷った末に「箱付きタオル」を選択。今年の秋もぜひ楽しみに待ちたい。

12球団に先駆けて本格化した公式ＨＰ内の「マイページ」もすごい。06年から今年にかけての僕の「来場履歴」と「その勝敗」などがひと目でわかるようになっている。08年は1試合しか行かなくて、スミマセン。今年はもっと行きます！

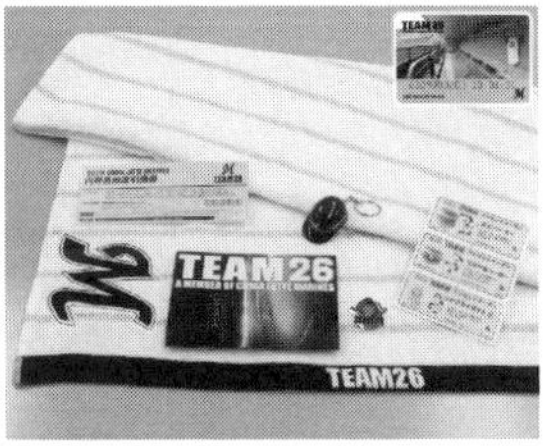

筆者はタオルを選択したが、様々なグッズから選ぶことができる。毎年新たな試みを見せる先鋭さが光る

入会コースと主な特典

- **レギュラー**(記念品有3,500円)
  マフラー、キャップ、タオル、公式練習球から1つ選択／ピンバッジプレゼント／内野自由席招待券1枚／ロッテリア試食券他
- **カジュアルレギュラー**(2,500円)
- **ジュニア**(3,000円)
- **ゴールド**(1万円)
- **プラチナ**(1万円)
- **マリーンズ**(無料)

E 東北楽天ゴールデンイーグルス

2年連続同じ特典……

チーム結成5年目の今年、もちろんファンクラブも5年目に突入。05、06年と特典が「トートバッグ」が連続で続き、「このままトートバッグが増え続けたらどうしよう?」と心配していたのだが、07年は、「鉄平フィギュア」など趣向の変わったグッズになってひと安心(笑)。……と思っていたら、08、09年と2年続けて「ピンバッジホルダー」が特典。さすがに3年続けて同じものだとちょっとイヤなので、来年は、ソフトバンクのように複数アイテムの中から「選択可」としてほしいなぁ。

継続入会を断念……

「レギュラー会員」の特典は2年連続「ピンバッジホルダー」。来年も同じアイテムだったら、来年こそ異色アイテム満載の「Mr・カラスコ」に入ろう。ちなみに今年の「カラスコクラブ」の特典は、ラジコン!

この斬新さ、すばらしい。さて、今年の「改悪点」がひとつ。今季から「継続手続き」は七十七銀行かゆうちょ銀行からの口座引き落とし、もしくは楽天カードでの自動継続のみ。両銀行に口座がなく、楽天カードも持っていなかったため、僕は継続入会を断念した。残念だなぁ……。

目玉グッズが2年連続でピンバッジホルダーというのは残念。でも、毎試合ピンバッジが球場でもらえる

入会コースと主な特典

- **レギュラー**(3,500円)
  ピンバッジホルダー他
- **キッズ**(1,000円)
  オリジナルデザイングローブ他
- **Mr.カラスコ**(1万500円)
  ラジコンヘリコプター他
- **ゴールドA**(1万500円)
- **ゴールドB**(1万500円)
- **ブースター**(10万500円)
  全選手直筆サイン入りカード他

H 福岡ソフトバンクホークス

豊富な特典アイテム

ソフトバンクのファンクラブは、毎年、「特典グッズ」が豊富な点が最大の特色。さらに毎年、新製品が登場するのもうれしい限り。設立2年目の06年には4アイテム、07年には5アイテム、そして今年は実に7アイテムの中から、好きなものを1点選べるまでに充実。他チームと比べて群を抜いているこの傾向は、ぜひぜひこれからも続けてほしい。

僕は今年、メッセンジャーバックを選択。球場に行くときには、対戦カードに応じて、西武のものと使い分けるつもり。

特典DVDの川﨑が最高!

今年から新たに「ファミリー会員」が新設されたソフトバンク。家族構成によって年会費が変わる仕組みで、今年の中日同様、家族全員を一網打尽にする狙いか? 今年の出色は「継続特典DVD」。08年シーズンを振り返る内容が中心で、特に「試合前の円陣」にカメラが潜入した特集は最高。川﨑宗則のリーダーシップに惚れ惚れした。このDVDだけでも、十分、年会費のもとを取ったような、得した気分になった。ぜひ、来年以降も「名物特典」として続けてほしい。お願いします!

グッズの選択肢の多さは球界屈指のボリューム感。また、継続特典のDVDは出色の内容になっている

入会コースと主な特典

- **スタンダード**(3,700円)
  レプリカユニフォーム(ホーム、ビジター)、キャップ、メッセンジャーバッグなど7種類から1つ選択/年度ピンバッジ/会報誌(年4回)/イベント参加権他
- **ジュニア**(2,500円)
- **ファミリー**(家族構成による)
  家族全員分の公式戦入場券他
- **プレミアム**(10万円)

G 読売ジャイアンツ

12球団一の豪華さ！

初めて巨人のファンクラブに入った05年。特典数の多さ、豪華さに驚かされた。以来、5年。相変わらず12球団1、2を争う贅沢な特典が続いている。やっぱり球界の盟主を自任するだけのことはある。

また07年にポイント制度「G－Po」を導入すると、08年にはファンクラブと一体化した「CLUB G－Po」が発足し、2年目となる09年はさらに進化しつつある。

球団によればファンの特徴に沿った情報を個別に発信する予定もあるという。今後の動きに注目したい。

「お気に入り選手登録」開始！

09年の特典は「ジャビットの目覚まし時計」など、全4点の中からひとつ選べるのだが、僕は「09年版ユニフォーム」を選択。

今年から始まった、お気に入り選手登録制「My HERO」では、大道典嘉、越智大祐、大田泰示の3選手を指名。我ながら地味な人選だけど、彼らが活躍してくれれば僕のポイントも貯まる。頑張れ、「3人のO」！　女子野球のサポートをしたり、韓国語版のHPを作ってみたり、巨人のファンサービスは「球界の先駆者」として素直に絶賛したい。

栄えある第5回FOYは盟主・巨人。グッズ、観戦特典ともに白眉の内容で、強い意気込みが感じられる

入会コースと主な特典

- **プライム**(4,800円)
  オリジナルユニフォーム(08年バージョンも選択可)、トートバッグ、ジャビット目覚まし時計から1つ選択／メディアガイド／カレンダー／内野席チケット割引／チケット優先販売／主催公式戦招待(抽選)／ポイントサービス他
- **ジュニア**(3,500円)
- **エンジョイ**(無料)

T 阪神タイガース

ついにプラチナ会員に！

05年の入会以来、ついに今年、「5年継続記念」として、僕は念願の「プラチナ会員」となった。特別特典は、革の質感が最高のミズノ製の「オリジナルパスケース」。うーん、「継続は力なり」を実感する至福の瞬間。次は10年継続の「ダイヤモンド会員」を目指すしかない！　あと5年か(笑)。

阪神のファンクラブの最大の特徴は「リピート率90％」という驚異の継続率だろう。実際、募集告知、応募手続き、商品発送、いずれも12球団一の迅速さを誇り、実に使い勝手のいいファンクラブだ。

もう来年の準備も？

上にも書いたように、阪神のファンクラブは実にシステマティック。09年度の例で言えば、08年7月末にすでに「09年募集告知」が届き、8月1日から募集開始。そして、12月5日に特典到着。いずれも、12球団一の迅速さ。これはここ5年変わらぬ阪神の特徴。実際のところ、今頃はもう2010年度の詳細も決定されているのだろう。さすが会員数16万人に迫る勢いの人気チーム。熱狂的ファンのニーズに応えるきめ細やかな対応。継続率90％も納得。恐るべし、阪神タイガース！

オリジナルパスケースは5年継続記念品。熱狂的なファンたちに後押しされ、リピート率も驚異的だ

入会コースと主な特典

- **一般**(3,500円)
  イエローメッシュジャージ(継続入会の場合はVネックジャケットも選択可)／主催試合招待(抽選)／主催試合先行販売／会報誌(年4回)／ファンクラブ応援デーでグッズプレゼント他
- **キッズ**(2,500円)
  ペアチケットプレゼント(抽選)／イベント参加(抽選)

D 中日ドラゴンズ

「家族会員」コース新設！

06年に「一般コース」が誕生して4年目。中日ファンクラブはすでに球界を代表する存在となった。08年には会員数11万人を突破。さらに今年はすでに12万人を超え、今もなお増え続けている。

さらに今年からは、ソフトバンク同様、新カテゴリー「家族会員」を新設。人数分の観戦チケットを特典にし、関東在住者には神宮球場の中日戦チケットをプレゼントするなど緻密なサービスがウリ。特典アイテムも質量ともに豪華で豊富。今後もますます発展していくことだろう。

ファンサイトの大充実！

ここ数年「文句のつけようがない」と書き続けた中日ファンクラブ。仕方がないので、他球団のプラスチック製の会員証と比べて、「紙製の会員証が残念」と書いてきたが、今年も「紙製」は健在（笑）。

恒例のスタジオジブリグッズは、ボールの縫い目が刺繍されたエコバッグ。もちろんオリジナルキャラ「ガブリ」の刺繍入り。

さて、今年の最大の目玉は、12球団唯一の会員のみ限定参加できるＳＮＳの新設。掲示板、日記など、連日熱心なファンの書き込みが目立つ。

毎年コストパフォーマンスの高い中日。エコバッグは品質は別として、デザイン的には賛否両論かも

入会コースと主な特典

- **シニア**(3,800円)
  マフラータオル／キャップ／ガブリエコバッグ／ピンバッジ／主催試合先行販売／家族会員特典(ナゴヤドームパノラマ席か神宮球場外野自由席招待券)他
- **ジュニア**(3,400円)
  ユニフォーム型リュック他
- **ゴールド**(3,800円)
- **リトル名誉**(無料)

C 広島東洋カープ

07年、「一般」コース誕生

僕が入会を始めた05年当時は、「ジュニア」「シニア」「レディース」カテゴリーしか存在していなくて、仕方なく、母に「シニア」会員になってもらって原稿を書いていた。

しかし、07年に待望の「一般」コースが誕生し、現在では4つのカテゴリーを持つ大所帯となった。

「カープファン倶楽部」の特色は、チームカラーを反映してか、グッズ類は貧相なものの（失礼）、その分、知恵と手間をかけている点。会員限定ＨＰや選手コメント充実のメルマガなど他球団との差別化に成功。

斬新過ぎるデザイン……

新球場が誕生し、意気上がる今年の広島。会員特典は、ホームとビジター用のユニフォームを一枚にしたオリジナルメッシュジャージ！

……うーん、斬新過ぎる。だって、胸のロゴが「Ｃａｏｓｈｉｍａ」だよ。「カオシマ」って、何？

もう一つの特典、オリジナルロールフラッグも独特。以前、アマチュア野球の大会で同じものを無料配布していたけれど、そんなことは気にしない。ぜひ、このフラッグを持って、新球場の外野席でビールを呑みたい！

ホームとビジターを融合させた衝撃的なデザインのメッシュジャージ。新球場を「カオシマ」で染める?

入会コースと主な特典

- **ファン倶楽部**(3,500円)
  メッシュジャージ／ロールフラッグ／会員限定サイト／メルマガ／会報(月1回)他
- **ジュニア**(3,000円)
  バッグ／キャップ／イヤーブック／主催試合内野自由席入場無料／会員手帳他
- **レディース**(3,800円)
- **シニア**(3200円)

S 東京ヤクルトスワローズ

地方在住者を大切に

07年に、年会費1万円の「プレミアム会員」が発足。以来、僕は毎年、プレミアム会員となっている。年会費5000円の「レギュラー会員」と比べると、観戦特典がともに5試合ずつと、格別なプレミアム感はないものの、それでも特典グッズは上質の物ばかりで大満足。

今年の注目点は「観戦特典」か「アイテム」か、どちらかを自由に選べるようになった点。以前にも同様の試みをしていたけれど、今回は前回よりも、地方在住者の待遇を大切にしている姿勢が伝わってくる。

なぜ、右利き用のみ？

今年の「プレミアム会員」の特典は豪華だ。「5試合の観戦特典」、ナイキ製のジャンパーのほかに「グローブ」「キャップ」「タオルマフラー」の中から、1アイテムが選べる。僕は、「グローブ」を選んだ。

だが、難点がひとつ。僕は左利きなのに、用意されているのは右利き用のみ。これまで、ロッテも、楽天もグローブを特典につけたことがあったが、いずれも左利き用は準備されていた。せっかく、グローブが届いたけれど、仕方ないので、友人にあげることにしよう……。

充実した観戦特典の恩恵にあずかれない地方在住者には、グッズをもう一つ選べるサービスがある

入会コースと主な特典

- **レギュラー**(5,000円)
  パーカー／外野自由席招待券5枚(希望者のみ。希望しない場合はグローブ、キャップ、タオルマフラーから1つ選択)他
- **キッズ**(3,500円)
  グローブ、神宮球場外野自由席全試合無料招待券他
- **プレミアム**(1万円)
  ジャンパー他

YB 横浜ベイスターズ

大革命、大断行も……

05年の入会以来、「グッズのセンスがない」「素材が悪い」と厳しいことばかりを書いてきた反省を含めて、08年の当企画では、地味ながらも充実した内容の「会報」や、「メッセージ入りの生写真プレゼント」や「選手との2ショット会員証」など横浜独自のサービスについて、賞賛すべき点は賞賛してきた。しかし今年、これらの「横浜らしさ」は失われた。ついに横浜はファンクラブ大革命を断行した。その名も「B☆SPIRIT」。しかし、その実態はかなり寂しいものだった……（下段に続く）。

4000円で会員証1枚……

「レギュラー会員」としては12球団最高値の5000円ながら、率直に言って、そのコストパフォーマンスは悪い。僕は継続会員だったから入会金1000円は免除され、早期入会ということで、内野指定席の招待券ももらった。それでも、4000円払って、手元に会員証1枚というのはかなり寂しい。

ポイント制を拡充させて、他球団のように「球場に行けば行くほど特典が増える」方式に移行したいのはよくわかる。それでも、まだまだ改善の余地大アリ。来年に期待したい。

ポイント制によって、来場すればするほど特典が増える方式に移行。でも写真を見ての通り、寂しい……

入会コースと主な特典

- **レギュラー**(5,000円)
  内野指定席500円割引／ポイントサービス／限定メルマガ配信／会員限定イベント参加権／イースタンチケット割引
- **モバイル**(4,000円)
  携帯電話を会員証として使用
- **ジュニア**(2,500円)
  ポイントサービス(スピードガンコンテスト、親子キャッチボール)

6年目に突入した球界唯一の企画

今年も選ぶよFOY！

12球団すべてのファンクラブに入会し、そのサービスを比較・評価する名物企画が、今年も帰ってきました！ ひいきチームのファンクラブは充実しているだろうか。そして今年、ファンクラブ研究家・長谷川氏が選ぶファンクラブ・オブ・ザ・イヤー（FOY）はどこだ？

2010

今年でついに6年目！

今年もついにこの季節がやってきた！ 毎年、毎年、僕はこの原稿を書くのが楽しくてたまらない。

12球団すべてのファンクラブに入会するようになって、今年で6年目。「毎年、毎年、よく飽きないね」と嘲笑を受けたことも一度や二度ではない。でも、僕は逆に問いたい。「どうやったら、こんな楽しいことを飽きることができるの？」と。

それほど、この愚挙は楽しい。人にはあまりお勧めできないけれど、それでも、各チームのファンサービスの実態が手に取るようにわかるし、毎年、毎年、各球団が趣向を凝らす様子を体感できるのだから。

6年目を迎えていれば、毎年、その年のトレンドのようなものも見えてくる。今年はヤクルトが「ファミリー会員」、楽天が「レディースクラブ」を新設したが、今年のトレンドは、「女性ファン獲得」にあると言えるだろう。

10年、今年のトレンドは？

前述した楽天の「レディースクラブ」の他に、広島は90年から「レディースカープ」を作っていたし、今年から巨人は「ガールズジャイアンツ」というコンセプトを打ち出した。そして、中日は「レディースユニフォーム」を特典に加えた。

他にも、日本ハム、西武、ロッテ、オリックスなどなど、各球団が女性ファン獲得に向けて、あの手この手で策を講じ始めている。これが今年のファンクラブ界の大きなトレンドだと言えるだろう。

さらに、地味ながら決して見逃してはいけないのが、「メッセンジャーバッグの流行」である。

09年、西武とソフトバンクが特典としてつけたメッセンジャーバッグが、何と今年は、巨人、ヤクルト、オリックスが特典に採用した。これで12球団中5球団がメッセンジャーバッグを特典としたことになる。「レプリカユニフォーム」以外では、これだけ引っ張りだこのアイテムは他にはない。来年以降、残りの7球団が、メッセンジャーバッグを特典として採用するのか、ぜひ注目してほしい！

他には、昨年のトレンドだった「ファミリー会員」カテゴリーが今年も増え、現在、中日、ヤクルト、ソフトバンクの3球団で採用されており、この流れは、来年以降も続くものと思われる。

不思議な因果関係……？

ここ数年、ファンクラブが充実しているチームがペナントレースでもいい成績を残しているような気がしてならない。

05年はロッテファンクラブが圧倒的な充実度を誇っていた。その後、日本ハム、そして西武がともにファンクラブの整備を行い、チームも上位進出が続いていた。セ・リーグでは、巨人のファンクラブが質量ともに他球団を圧倒していた。チームが強くなれば客が入り、客が増えればその分をファンクラブに投資できるのか？ それとも、ファンクラブに力を入れ

2010年筆者が入会したファンクラブの充実度

FOY	チーム	充実度					コメント
		総合	観戦特典	グッズ特典	HP	メルマガ	
	巨人	A↓	○	◎	◎	○	個人用HP「My G-Po」がリニューアルしてさらに使いやすく。昨年までの「メディアガイド」が特典から外れて残念。ぜひ復活を!
	中日	A→	△	○	○	×	これまでどこも成し得なかった「Tシャツ2枚」という特典が、今年の最大のポイント。創設5年目にしてすでに会員数は10万人を超えた
	東京ヤクルト	A↓	◎	◎	○	○	今季より「プレミアム会員」の会費を5000円値上げ。値上げ分に見合ったサービス向上かというと少し疑問。ぜひ、プレミアム感の創出を
	阪神	B→	○	○	○	○	ここ数年、ミズノ社製のユニフォームやウエアが特典として続いていたが、そろそろ他球団のような意外性のあるグッズを期待したいところ
	広島	B↑	○	○	◎	◎	アイディアを駆使したグッズや会員用HP、試合詳細を伝える選手のコメント付きメルマガなど、広島ならではのサービスが多いのが特徴的
	横浜	B↑	△	△	○	○	2年目を迎えた「B☆SPIRIT」。ポイントによる交換アイテムは他球団をしのぐ充実ぶりで、独自色の打ち出しに成功しつつある
	北海道日本ハム	B→	×	◎	○	○	他球団と決してかぶらない、独自のグッズで毎年ファンの期待を裏切らない。「次は何をやってくれるのか?」、もっとも楽しみなチームかも
	東北楽天	B↑	×	○	○	○	「レディースクラブ」を創設し女性ファン獲得に本腰を。「キッズクラブ」のグラブ特典など子どもにも優しい。ぜひグッズを郵送可にして
◎	福岡ソフトバンク	A↑	△	◎	◎	○	年々、増え続ける豊富なアイテム数は他球団の追随を許さない。加えて、継続特典のDVD「若鷹の変革」のクオリティの高さには脱帽!
	埼玉西武	A→	◎	◎	◎	○	高品質のグッズが特徴。球場来場時のプレゼントや試合終了後のグラウンドでのイベントも充実し、球場のベースボールパーク化に成功した
	千葉ロッテ	A→	○	◎	◎	○	これまで「ファンクラブ界の先行者」だったが、ここ数年は西武に追い上げを食らっている。来年以降の「革命」に期待したいところ
	オリックス	B↑	×	○	◎	○	球場来場時の特典の豪華さは12球団随一かも。2年目を迎えた、先着2000名の「ゴールド会員」も定員に達し、ファンの間ではすでに定着

※1ソフトバンクを「ファンクラブ・オブ・ザ・イヤー」に認定　※2「充実度」は筆者の独断と偏見によるものです。

たから客が増え、チームも強くなっていくのか？

その因果関係については、これから研究を続けていくつもりだが、いずれにしても「ファンクラブの充実度とペナントレースの成績」には何らかの関係があるように思えて仕方がない。今年は、この「仮説」を提示するだけにとどめておくけれど、今後の重要課題としておこう。

今年の合計入会金額は6万6300円（送料、手数料は除く）。これが高いのか、安いのかはともかく、今年もいい季節がやってきた。さぁ、スタジアムに行こう！

巨人、ヤクルト、オリックスの3球団が特典にしたメッセンジャーバッグが最近の特典トレンドだ!

G 読売ジャイアンツ

My HEROでポイント稼ぎ!

07年に始まったポイント制度「GーPo」は、08年にファンクラブと一体化。3年目の今年は、よりシステム化され使い勝手もよくなった。昨年から始まった「My HERO」では、自分のお気に入りの選手3人を登録し、彼らがヒーローインタビューに登場するたびにポイントが貯まる仕組み。

去年は、大道典嘉、越智大祐、大田泰示の「3人のO」を登録したものの、全然ポイントが貯まらなかったので、今年は小笠原道大、内海哲也、長野久義と無難な3人でポイント狙いに徹することにした。

女性ファン獲得に積極的!

今年は、今までついていた「メディアガイド」が特典から外れた。資料的にも価値があり、使い勝手もよかっただけに残念。来年、特典として復活することを切に願う。

今季の巨人は「ガールズジャイアンツ」と題して、女性ファン獲得に本腰を入れ始めた。女子学生を対象に、ブルペンやベンチの見学、G戦士との2ショット撮影など盛り沢山。さらに「ジャイアンツシート」として、ピンクのシートカバーやひざかけが利用できたり特製観戦ガイドを作成したりするなど、新たな試みにも積極的。

毎年、質・量ともに充実している巨人の特典。筆者が選択したメッセンジャーバッグはアディダス製で高品質

入会コースと主な特典

- **プライム**(4,800円)
  オリジナルユニホーム(08、09年バージョンも選択可)、メッセンジャーバッグ、タオルマフラー&チケットホルダーなど6種類から1つ選択/カレンダー/ウェルカムチケット(抽選)/チケット優先販売/ポイントサービス他
- **ジュニア**(3,500円)
- **エンジョイ**(無料)

D 中日ドラゴンズ

ターゲットは、女性!

今年の注目点は、継続特典に「レディースユニフォーム」が加わったこと。巨人同様、やはり女性ファンの獲得が、今年のファンクラブ界のトレンドになっているようだ。さらに、ファンサービスの一環として、ファンクラブ会員のみが有料で参加できる「婚活観戦ツアー」が実施されたり、特定の試合日に限定して、女性専用の「プリンセスシート」が新設された。

婚活観戦ツアーは、第一弾、第二弾ともすぐに完売。もし、カップルになりゴールインすれば、選手からの寄せ書きが贈られる。

今や球界を代表する存在に

さて、継続入会の今年、僕はTシャツを特典に選んだ。普通、Tシャツといえば1種類だけなのに、今年の中日は何と、半袖と長袖の2枚1組という太っ腹。06年に誕生以来、5年目にしてすでに球界を代表するファンクラブとなったのは間違いない。ガブリという「ファンクラブ公式マスコット」を持つのは、12球団で唯一、中日だけ。

それでも、ファンクラブ担当者は「ファンサービス業務などがまだ不安定」と、まだまだサービス強化に努める姿勢を表明している。さらなる発展に期待できそうだ!

継続会員が選択できる「Tシャツ」は半袖と長袖の2枚1組! ハンドタオルに描かれたキャラクターがガブリだ

入会コースと主な特典

- **シニア**(3,800円)
  ユニホーム(継続会員は4種類から1つ選択)/ハンドタオル/ピンバッジ/主催試合先行販売/家族会員特典(ナゴヤドームパノラマ席か神宮球場外野自由席招待券他)/会報誌(年2回)/イベント参加(抽選)他
- **ジュニア**(3,400円)
- **リトル名誉**(無料)

と思いつつ、事務局に電話。電話口に出てくれた女性はとても丁寧で「大変失礼いたしました。すぐに交換いたします」と優しく対応してくれた。翌日、足の部分を厳重に梱包して新品が届いた。というわけで、僕の家には2体のフィギュアがある。

S 東京ヤクルトスワローズ

うーん「プレミアム」かなぁ？

07年からスタートした「プレミアム会員」が今年から5000円値上げして1万5000円に。確かに、キャラクターフィギュアの完成度は高いし、オリジナルユニフォームは嬉しいけど、観戦チケット特典は「レギュラー会員（5000円）」と同じ5枚というのは、あまりプレミアム感が少ない。

また、神宮で観戦するたびに発行されていた「スワローズ通信」は今年から発行されず残念。その代わり、3連戦ごとに試合の見所を解説した「ユア・スワローズ」が100円で発売されることに。

「ファミリー会員」新設！

今年のヤクルトの特徴は「ファミリー会員」カテゴリーが新設されたこと。大人・子ども合わせて10名まで申し込むことができ、1家族に1個、実際にヤクルトが練習で使っている公式練習球がプレゼントされる。僕は「プレミアム」に加入したのに、この練習球が欲しかったので、さらに「レギュラー会員」に大人2人分、追加加入。

これでさらに1万円の出費。難点は、「プレミアム会員」は「ファミリー会員」にカウントされないために、練習球がほしい人は、さらにお金を払う必要がある点か。

筆者が入会したプレミアム会員の特典。チケットホルダーの手触りはスライムのような感触で賛否両論ありそう

入会コースと主な特典

- **レギュラー**（5,000円）
  メッセンジャーバッグ／チケットホルダー／外野自由席招待券5枚／チケット割引／ファンブック他
- **キッズ**（3500円）
  キャップ／外野自由席全試合無料招待券／始球式の権利（抽選）他
- **ファミリー**（家族構成による）
- **プレミアム**（1万5,000円）
  キャラクターフィギュア他

T 阪神タイガース

相変わらずの初動の早さ！

相変わらず阪神は初動が早い。継続会員の場合、2010年度の募集を昨年の7月27日にスタートさせ、12月3日にはすでにグッズが到着。募集時期、グッズ到着時期、いずれもナンバーワン！

また、年に4回発行される会報の完成度も12球団トップクラス。開幕直前に発行される第2号は例年、上質の紙を用いて選手名鑑が掲載されており、ここまできちんとした作りのものは他球団にはない。蛇足：鳥谷インタビューを読んで、すでに子どもが2人いることを知ってとても驚いた（笑）。

PCでのプレゼント応募も可に

阪神の場合、3年継続で「ゴールド会員」、5年継続で「プラチナ会員」となる。6年目の僕は「プラチナ会員」ということに。ゴールド、プラチナ、それぞれ会員限定のメンバーズシートがあって、各試合5組10名の招待なので、かなりの高倍率だと思われる。

これまで応募したことはなかったけれど、今年からはパソコンでの応募も可能になったので、トライしてみた。はたして結果やいかに？

阪神では、10年継続すると「ダイヤモンド会員」になれる。あと4年か、道はまだまだ長いなぁ〜。

筆者は継続会員のためジップアップウェアを選択。年4回発行される会報「T-magazine」は出色の出来だ

入会コースと主な特典

- **一般**（3,500円）
  イエローメッシュジャージ（継続入会の場合はジップアップウェアも選択可）／主催試合招待（抽選）／主催試合先行販売／会報誌（年4回）／ファンクラブ応援デーでグッズプレゼント他
- **キッズ**（2,500円）
  ペアチケットプレゼント（抽選）／イベント参加（抽選）他

【ファンクラブエピソード①】
今年のヤクルトの「プレミアム会員」特典「キャラクターフィギュア」は重量感あふれる本格的なもの。しかし、到着してみたら、ツバミちゃんの足の部分が折れていた。ヤクルトファンの僕としては「いきなり、縁起が悪いなぁ〜」

C 広島東洋カープ

今年もカープはやってくれた！

毎年、毎年、ユニークな切り口でファンを楽しませてくれる「カープファン倶楽部」。昨年は、ホームとビジターのユニフォームを一枚にしたオリジナルメッシュジャージが特典で、その胸のロゴは「Caoshima（カオシマ）」。そう、「カープ」と「ヒロシマ」が交じったデザインだった。その広島は今年もやってくれた！ 今年はオリジナルメッシュジャージの左袖口に、出身地や在住地の都道府県の地図がプリントされているのだ。僕の場合は、東京都の地図！ 球場に着て行きたい気分になった（笑）。

尾形、比嘉両氏がインタビュアー

もうひとつ、「カープファン倶楽部」の最大の特徴が、会員専用ホームページの充実ぶり。その白眉は、選手インタビュー企画。今春のキャンプでのインタビュアーは、何と今年からスカウトに転身した尾形佳紀氏と、同じく球団広報に転身した比嘉寿光氏が務めている。

昨年まで現役だった両氏の選手目線でのインタビューはとても新鮮で読み応えも◎。比嘉氏が行ったルーキー・今村猛へのインタビューは、ラストを「じゃあ、今日のところは休んでいいよ」と、豪快に結んでいる（笑）。実に斬新だ！

毎年アイデアに唸らされるカープの特典。地域名入りメッシュジャージは背中にも自分の在住地が入っている

入会コースと主な特典

- **ファン倶楽部**(3,500円)
  地域名入りメッシュジャージ／ブランケット／イヤーブック／会員限定サイト／メルマガ他
- **ジュニア**(3,000円)
  バッグ／キャップ／主催試合自由席入場無料／会員手帳他
- **レディース**(3,800円)
  ズムスタ自由席20試合入場無料他
- **シニア**(3,200円)

YB 横浜ベイスターズ

ようやく、改善の兆しが！

昨年、「B☆SPIRIT」を発足し、ファンクラブ改革を断行した横浜。去年、僕はこの特集企画において「コストパフォーマンスは悪い」と書き、「改善の余地大アリ」と書いた。そして、注目の今年、その状況はやや改善された。

昨年は特典グッズが一つもなかったけれど、今年はマフラータオルがついた。これが大きな改善点。さらに、08年までの横浜の長所だった手作り感あふれる会報が「B☆SPIRIT」として復活。A4用紙1枚ながら、コンパクトに情報がまとめられている。

ポイントサービスが大充実！

さて、横浜の最大のウリが「BP」こと、B☆POINT。これは、ファンクラブ加入、チケットやグッズ購入で、さらに、球場来場時やチームが勝利したときに付与されるポイントサービス。

ポイントを貯めると交換できるグッズ類は「プロコレクションユニフォーム」や「ウインドブレーカー」など、12球団一と言ってもいいほどの豪華さ。かねてより推し進めている「球場に来れば来るほど得をする」というコンセプトがより鮮明になった。交換特典も充実中。来年も期待したい。

昨年は特典グッズゼロも、今年はマフラータオルが付いた。球場に行けば行くほど得するポイントサービスが充実

入会コースと主な特典

- **レギュラー**(5,000円)
  マフラータオル／内野指定席500円割引／ポイントサービス／チケット先行抽選販売／会員限定メルマガ／会員限定ネットショップ／会員限定イベント参加権／シーレックス公式戦1試合招待他
- **モバイル**(4,000円)
  携帯電話を会員証として使用
- **ジュニア**(2,500円)

07年からブランケットに加えて「ビーズクッション」が登場すると、「防寒色」が薄れ始め、ついに今年は「レジャーシート」と「サンシェード」！ 地球温暖化の影響なのか「日よけ」が特典につくなんて、時代は変われば変わるものだ。

F 北海道日本ハムファイターズ

独創性は12球団一！

某球団のファンクラブ担当者が「日本ハムの入会特典のロジスティクスに注目している」と語るように、毎年、他球団にない独自特典が特徴。今年は、折りたたみ式のレジャーシートと車のサンシェードとしても使える手作り応援シェードがついた。これは、油性マジックを使って、思い思いの応援メッセージを書き、それを広げて応援に使うというもの。

両特典とも、これまでどの球団でも採用されたことのないオリジナル。さらに「キッズ会員」には、文房具セットがオマケにつくのもすごい！

女性に優しい日本ハム

日本ハムもまた女性ファン獲得に熱心な球団。昨年話題になった「婚活シート」に続いて、今年は「シンデレラシート」を創設。ブランケットのついた高級シートに座り、荷物が置けるように1人で2席使用できたり、美容アイテムをお土産でもらえたり、至れり尽くせりのサービスを展開。他にも、毎週水曜日は「レディースデー」として定期的にチケットの割引サービスを行っているし、ハンドマッサージやストレッチサービス付きのチケットを販売したりもしている。この試みが、実を結ぶ日も近い。

オリジナリティーあふれる日本ハム、今年の目玉は応援シェード。面に油性ペンで文字を書き込むことができる

入会コースと主な特典

- **ルーターズ**（3,000円）
  レジャーシート／応援シェード／ピンバッジ（継続年数入り）／継続ドッグタグ（継続会員のみ）／来場ピンバッジプレゼント／会員のみ利用できるガチャポン（有料）／チケット割引／会報誌（年5回）／ポイントサービス他
- **キッズ**（3,000円）
  文房具セット他

E 東北楽天ゴールデンイーグルス

さらば「Mr・カラスコクラブ」！

楽天の最大の注目点は、唯一無二の存在だった「Mr・カラスコクラブ」がなくなったこと！特典にラジコンヘリコプターがついたり、なぜかプロレスのフィギュアセットがついたり、毎年「斬新過ぎる！」と驚かされていただけにとても残念。ちなみに、去年の当企画で僕は「来年こそ入ろう」と書いていただけに無念は募る。「来年でいいや」と思っているとチャンスを逃すのだ。やはり「今は今しかないのだ」と、少し哲学的な思いになった。来年からでもいいので、ぜひ復活してほしい！

「レディースクラブ」新設！

そんな楽天に新カテゴリーが創設された。それが「レディースクラブ」。やはりここにも女性ファン獲得の潮流が押し寄せている。入会金２０００円でレプリカのピンクユニフォームが特典につくというのは、コストパフォーマンス的にもかなり◎。

難点は、「レギュラークラブ」の特典「レプリカユニフォーム」と同様、Kスタ宮城などでの「球場引換」であること。

なかなか球場に行けない地方在住者にとって、それは殺生だ。送料を徴収してもいいから、ぜひ来年こそ、「郵送可」にしてほしい。

レプリカユニフォームはKスタ宮城での引換に。筆者は東京在住のため、いまだ引換できず。郵送してほしい…

入会コースと主な特典

- **レギュラー**（3,500円）
  レプリカユニフォーム他
- **キッズ**（1,000円）
  ユニフォーム上下セット、オリジナルグローブから1つ選択他
- **レディース**（2,000円）
  レプリカピンクユニフォーム他
- **ゴールド**（1万500円）
- **ブースター**（10万500円）
  全選手直筆サイン入りカード他

【ファンクラブエピソード②】
今年の日本ハムの特典は「レジャーシート」と車のサンシェードにもなる「応援シェード」。思えば日本ハムの特典は、05年は「ウインドブレーカー」、06年「ブランケット」と北海道ならではの（?）「防寒グッズ」が多かった。けれども、

H 福岡ソフトバンクホークス

今年は何と8アイテムから！

毎年書いていることだが、ソフトバンクファンクラブの最大の特徴は「特典グッズ」の品数の多さ。自分の好きなものを一点選ぶのだけれど、06年の4アイテムから始まり、07年は5種類、そして昨年は7アイテムになり、ついに今年は8アイテムになった。毎年、毎年新アイテムも登場し、品質、デザインとも優れていてとても楽しめるようになっている。

ちなみに、今年から加わった「ワンショルダーバッグ」「オリジナルトートバッグ」ともに、すぐに品薄になったほどの人気ぶり。

今年もDVDが継続特典に！

昨年、初めて「継続特典」として作成された継続会員限定のDVD「若鷹の変革」は今年も健在。去年「ぜひ、来年以降も続けて」と書いたけれど、願いがかなった。

さて、その内容。09年シーズンダイジェストやヤフードームで勝利したときにしか見られない「勝利の花火」映像集、さらに今年も特別映像「キャプテン小久保裕紀の雄姿」は出色の出来。オリジナルコンテンツばかりで合計1時間41分のDVDは、これだけで年会費3700円の価値があるほど。ぜひ他球団にも追随してほしい。

8種類から筆者が選択したのはトートバッグ。ご覧の通りデザイン的に普段使いも十分できる。DVDは最高!

入会コースと主な特典

- **スタンダード**(3,700円)
  レプリカユニフォーム(ホーム、ビジター)、キャップ、トートバッグ、メッセンジャーバッグなど8種類から1つ選択／ピンバッジ／会報誌(年4回)他
- **ジュニア**(2,500円)
- **ファミリー**(家族構成による)
  家族全員分の公式戦入場券他
- **プレミアム**(10万円)

L 埼玉西武ライオンズ

「Lポイント」サービスが拡充！

09年の「メッセンジャーバッグ」といい、今年の「フルジップパーカー」といい、西武のファンクラブ特典グッズは、高品質、高デザインが最大の特徴。

また08年から始まったポイントサービス「Lポイント」は、今年からはチケットだけでなくグッズ交換やお立ち台に上がった選手のサインボール交換もできるように。

さらに会員限定イベントも充実。個人的には昨年、抽選に当たり、7回裏にグラウンドに立ち、応援フラッグを振ったこともいい思い出となっている。

実に楽しい試合後のイベント！

さて、当然西武も女性ファン獲得に余念がない。女性ファン限定の「やきゅウーマン応援隊」と題して、女性に限りマウンドから投球をしたり、ノックを受けたり、セカンドへの盗塁体験ができたりと盛り沢山。さらに女性用にオリジナルスイーツを販売するなど、実に熱心な活動を展開中。

一方、僕を含めた成人男性には「サラリーマンナイト」がメチャクチャ楽しい。昨年は4回参加したが、OBの小関竜也氏にノックをしてもらい「ナイスキャッチ！」と褒められた(ささやかな自慢)！

「松坂革命」以来、ファンクラブ界を熱くする西武。フルジップパーカーは古着を思わせるデザインが魅力的

入会コースと主な特典

- **レギュラーA**(5,000円)
  フルジップパーカー、ショルダーバッグから1つ選択／内野指定席引換券／チケット割引他
- **レギュラーB**(3,000円)
  ニットマフラー他
- **ジュニア**(2,000円)
  内外野自由席入場無料他
- **プラチナ**(3万5,000円)
  記念品、内野自由席フリーパス他

さか、自分のチーム名のスペルを間違えるなんて……。この年、開幕前から、バレンタイン監督のシーズン終了後の降板が決定するなど騒動続きだったけれど、いくらなんでもスペルミスなんて……。これにはとっても驚いた(笑)。

M 千葉ロッテマリーンズ

スペシャルカードに注目！

「新機軸は、常にロッテから」。これが、ファンクラブ界の常識。顧客管理をシステム化したことで実現したスムーズなオペレーションにはいつも感心させられる。

　今年の注目点は「プラチナ」「ゴールド」カテゴリーの特典「スペシャルジャージカード」だろう。09年のユニフォームが挟み込まれたカードは独創的でかなり魅力的。

　来年からは「プラチナ会員」制度がなくなるという。一体何が飛び出すのか？　ファンクラブ界の先行者として球界をリードしてきたロッテの次なる一手に注目だ。

明確なイベントコンセプト

　今年のロッテはチームスローガン「和」と絡めて球場イベントのラインナップが完全にでき上がった。

火曜・地元千葉の和
水曜・女性の和
木曜・サラリーマンの和
金曜・友だちの和
土曜・子どもの和
日曜・家族の和

　これだけコンセプトがハッキリしていれば、今後もさらに充実していくはず。今年は、屋外球場ならではの花火の打ち上げ日も増え、恒例のピンバッジ配布デーも昨年までの30試合から40試合に増えた。

筆者が選択したのはオリジナルTシャツ。恒例のピンバッジプレゼントなど、来場サービスが充実している

入会コースと主な特典

- **レギュラー**(3,500円)
  ユニフォームシャツ、オリジナルTシャツ、エナメルバッグから1つ選択／ピンバッジプレゼント／内野自由席招待券1枚他
- **カジュアルレギュラー**(2,500円)
- **ジュニア**(3,000円)
- **ゴールド**(1万円)
- **プラチナ**(1万円)
- **マリーンズ**(無料)

Bu オリックス・バファローズ

来れば来るほど、得をする！

　今年もオリックスは「球場に来れば来るほど得をする」というコンセプトが明確。「ファンクラブデー」や「来場プレゼントデー」では、キャップ、タオル、Tシャツなど、入会特典以上のグッズがずらり。「関西在住だったら、何度も通うのになぁ」と、関東在住の僕はため息。

　昨年好評を博した「レディースデー」は今年も7月に開催予定。女性向けのイベントや売店メニューが計画されているという。今年から「アヴァンスシート」と呼ばれるフィールドレベルの席もできたし、ぜひ球場に行きたい！

幼稚園の先生になりたい？

　オリックスの「会員専用サイト」で読むことのできる会報「Bs TIME」が実に面白い。出色なのは「選手への１００の質問」。第1号は金子千尋投手で、第2号は坂口智隆選手が登場。１００問も質問があるので、普段聞けないような内容も多く読み応えはバッチリ。「コンプレックスは？」という質問に対して、金子は「顔の形」と答え、「もし野球選手になっていなかったら？」という質問に坂口は「幼稚園の先生」と答えている。

　坂口が幼稚園の先生なんて、想像ができない（笑）。

メッセンジャーバッグは他球団の品質と比べると若干劣るか…。「球場に来れば来るほど得をする」特典が豊富

入会コースと主な特典

- **レギュラー**(3,000円)
  メッセンジャーバッグ(大・小)、オリジナルユニフォームから1つ選択／チケット全席割引／ピンバッジプレゼント(継続年数入り)／ポイントサービス／ウエスタンリーグ入場無料他
- **ジュニア**(1,000円)
- **ゴールド**(1万円)
  オリジナル遠征バッグ他

【ファンクラブエピソード③】
2005年から全球団のファンクラブに入り続けているが、「ファンクラブ史上最大のミステイク」は、09年のロッテ以外に考えられない。何と、この年の会員証、カード表面をよく見ると「LOTTE」ならぬ「LOTE」と書かれている。ま

空前絶後!! 7年目に突入した〝物好き〟企画

2011年のFOY獲得チームはどこだ

「プロ野球12球団の中で一番すごいファンクラブはどこだろう?」という思いつきから始まったこの企画も、今年でなんと7年目! 相変わらずテンションが衰えないファンクラブ研究家・長谷川氏が選んだ今年のファンクラブ・オブ・ザ・イヤー(FOY)はここだ!

7年目の感謝の言葉!

さぁ、今年もやってきました! 一年に一度の超極私的お楽しみ企画「12球団ファンクラブ全部に入会してみた!」。毎年、毎年、全ファンクラブに入り続けて、気がつけば今年で7年目に突入!

初めは単なる思いつきで始めた酔狂な試みも、読者のみなさんのご支持と編集部の寛大な御心のおかげで、今年もこうしてこの原稿を書くことができる喜び。

例年のように、前年オフから、せっせ、せっせと「継続申し込み」手続きをし、翌年3月までには、毎日のように自宅に届けられる段ボールの山々。興奮を隠しきれずに開梱する。すると、球団マークがあしらわれたオリジナルグッズが出てくる、出てくる。毎年繰り返されるこの瞬間に、僕は春の訪れを、球春の到来を強く、強く感じるのだ。

この7年間で、特典グッズのバリエーションは充実し、クオリティは信じられないほど高くなった。詳しくは球団別の各論ページで述べたいが、巨人、西武、ロッテなどは、球場だけではなく、「普段使い」できる上質なデザインのグッズばかりだ。当初は「各チームのファンサービスへの取り組みを探りたい」と、もっともらしい理屈を並べていたものの、今では「今年のグッズは何だろう?」と純粋な楽しみに変わった。

個人的には幼い頃からのヤクルトファンであるにもかかわらず、すべてのファンクラブに入会したことで、他の11チームの情報も多く入ってくるようになった。「特典チケット」を活用して、多くの球場に足を運ぶようになると、自然と12球団すべてに愛着を感じるようになるから不思議だ。

プロ野球に関して言えば、今の僕は博愛主義者だ。この7年間で、僕の心は少しだけマザー・テレサに近づいたような気がする。

さて、昨年の本稿で僕は「ファンクラブが充実しているチームがペナントレースでもいい成績を残すのでは?」と仮説を提示した。今年は今後の研究のために、「今年の各球団別グッズ到着順ランキング」を別表として掲載する。この順位と今年のチーム成績との間に、何らかの因果関係を見出せるのか? この結果と考察は、来年の当企画内で改めて検証したい。

見せましょう、野球の底力を

2011年3月11日——。

多くの日本人が、これまで誰も経験したことのない試練に見舞われた。プロ野球開幕は予定よりも大幅に遅れ、人々の胸の奥には、何とも言えぬ重苦しい思いが今もなお居座り続けている。

それでも今年もプロ野球は開幕し、選手たちは全力プレーを見せてくれている。被災地となった東北を本拠地にする東北楽天の嶋基宏は4月2日のチャリティーマッチで力強く宣言した。

「今、スポーツの域を超えた野球の真価が問われています。見せましょう、野球の底力を。見せまし

2011年筆者が入会したファンクラブの充実度

FOY	チーム	充実度 総合	観戦特典	グッズ特典	HP	メルマガ	コメント
	福岡ソフトバンク	A→	×	◎	○	○	継続特典に珠玉のオリジナルDVDに加えて、今年はCMでおなじみの「勝利のお父さんストラップ」が。ランダムにしゃべるのがカワイイ
	埼玉西武	A↑	○	◎	○	○	毎年、特典グッズの高品質、高デザインぶりは他の追随を許さない。2試合分の観戦特典も嬉しい。来場ピンバッジプレゼントも充実している
	千葉ロッテ	B↓	○	◎	○	○	今年のメインアイテム「オリジナルミニバッグ」は個人的にお気に入り。球場ではピンバッジやベースボールカードの配布も頻繁に行っている
	北海道日本ハム	B→	×	△	○	○	スーパースター・斎藤佑樹が入団し、常に話題の中心に。個人的希望を言えば、来季は「佑ちゃんグッズ」がほしい。複数選択制の復活を!
	オリックス	B→	×	○	○	○	球場来場特典に力を入れる方針は間違っておらず成功を収めている。あとは「地方在住者」へのケアができれば、まさに完璧なのだが……
	東北楽天	B↑	×	○	○	○	今季よりの新サービス「ボーナスプラス」。ポイント制度は後発ながら、他球団をしのぐ大充実ぶり。今後、楽天ファンクラブの主力となりそう
	中日	B↑	○	○	○	×	メイン特典はペアチケットかグッズを選択。チケットの場合、試合日は選べないので注意が必要。設立6年目にして11万人超の会員数を誇る
	阪神	B→	△	△	○	○	表立った観戦特典はないものの「チケットプレゼント」は毎試合行っている。2軍戦でも「ファンクラブデー」を実施しているのは阪神だけ
◎	巨人	A→	△	◎	◎	○	こちらも表立った観戦特典はないもののHPから全試合応募可能。一昨年までの特典「メディアガイド」は、昨年、今年と特典につかず残念
	東京ヤクルト	B↓	◎	△	○	○	5試合分の観戦特典は12球団一の太っ腹。プレミアム感がもっと感じられるようであれば、来年こそは「プレミアム会員」に復帰したい!
	広島	B↑	○	◎	○	◎	独創的過ぎるアイディア特典の数々は、もはや誰も真似のできない領域に。ジュニア、レディース、シニア会員にはそれぞれ充実した観戦特典が
	横浜	B↓	△	△	○	○	3年目を迎えた「B☆SPIRIT」。少しずつ定着した感はあるものの、観戦特典や魅力的グッズなどのプラスアルファを期待したい!

※1 巨人を「ファンクラブ・オブ・ザ・イヤー」に認定　※2「充実度」は編集部と筆者の独断と偏見によるものです。

特典グッズ到着順位

《セ・リーグ》			《パ・リーグ》		
順	チーム名	到着日	順	チーム名	到着日
1	阪神	10.12.04	1	日本ハム	10.12.22
2	ヤクルト	10.12.22	2	ソフトバンク	11.01.22
3	中日	11.02.02	3	楽天	11.02.05
4	巨人	11.02.16	4	西武	11.02.07
5	横浜	11.03.08午前	5	ロッテ	11.02.15
6	広島	11.03.08午後	6	オリックス	11.03.04

※到着日は西暦年、月、日の順番

よう、野球選手の底力を。見せましょう、野球ファンの底力を。ともに頑張ろう東北！　支え合おう日本！」

見せてやろうじゃないか、野球ファンの底力を。こうして野球を見られる喜びをかみしめ、全力プレーを続ける選手に、そして野球そのものに感謝をし、自粛ムードや沈滞ムードを吹き飛ばすべく、今年もスタジアムに行こうじゃないか！

H 福岡ソフトバンクホークス

今年はアオダモ募金特典を選択

例年、「選べる特典グッズ」が豊富なソフトバンク。今年はレプリカユニフォームなど全8種類。その中から僕が選んだのは、「アオダモ募金ピンバッジ」。これは、年会費の一部をバット材であるアオダモの育成に寄付できるというもの。ホントは「SHモノグラムのオリジナルハット」が欲しかった。「SH」は僕のイニシャルと同じだし、「カッコよさそうだな」と興味もあった。それでも「アオダモ」を選んだのは、昨年、僕はアオダモに関する本を出版したので「これは裏切れねぇや」との思いから(笑)。以上、私的な話。

森本学のハジケっぷり!

今年は年会費1万円の「ハイグレード会員」が新設され、選手が実際に使用している「遠征バッグ」が特典に。さらに「タカマル」と題された来場ポイントサービスが誕生したのも今季の特徴。09年から始まった「継続特典DVD」は今年も健在。例年、大絶賛しているように、今季も111分の大ボリュームで、その内容の充実ぶりに驚かされる。秀逸なのが「THE円陣」。試合前の円陣の様子を収めたもので、森本学のハジケっぷりとペタジーニのクールっぷりが、実に好対照でおかしい。来年も期待しています。

8種類の中からグッズを選べるのは何とも贅沢。継続会員特典のDVDは毎年充実した出来だ

入会コースと主な特典

- **スタンダード**(3,700円)
  レプリカユニフォーム(ホーム、ビジター)、ビーチタオル、キャップ、トートバック、バットリュック(キッズ)など8種類から1つ選択他
- **ジュニア**(2,500円)
- **ファミリー**(家族構成による)
- **ハイグレード**(1万円)
  ミズノ製チーム仕様遠征バッグ他
- **プレミアム**(10万円)

L 埼玉西武ライオンズ

歴代最高アイテムの誕生!

例年、そのセンスの良さとクオリティの高さが群を抜いている西武。今年の「オリジナルスウェットジャケット」は、全球団の歴代アイテム中最高傑作だと断言したい! 黄金に輝く球団ペットマークのジップチャームといい、ウエストのしまったシルエットといい最高。

僕は選択しなかったけれど、帆布素材を使用した「オリジナルトートバッグ」も、きっとクオリティの高い見事なアイテムなのだろう。ファンクラブ担当の方に、この場を借りて心からお礼を言いたい。来年も、楽しみにしています!

Lポイント、ますます充実!

08年から始まったポイントサービス「Lポイント」は、他のチームと比べても、使い勝手がよく、交換できるアイテム数も多いので、今後にも期待できる。今年はどんなアイテムが登場するのか楽しみ。

今年、僕が最も期待している西武のファンサービスが「埼玉県&西武沿線感謝デー」だ。僕が住む東京・中野区も西武線沿線ということで、対象地域に入っている。これは内野指定B(3000円)が1200円になるサービス。中野区は5月29日のヤクルト戦が対象日。万難を排して駆けつけたい。

デザイン性抜群のスウェットジャケットに加え、内野指定席引換券2枚にオフィシャルブックなどが付きお得感◎

入会コースと主な特典

- **レギュラーA**(5,000円)
  スウェットジャケット、トートバッグから1つ選択/内野指定席引換券2枚/チケット割引/来場サービス他
- **レギュラーB**(3,000円)
  ブランケット、内野指定席引換券他
- **ジュニア**(2,000円)
  キャップ/内外野自由席入場無料他
- **プラチナ**(4万円)
  記念品3点/内野自由席フリーパス他

いを心がけている。ということで、風呂上がりには08年日本ハム、09年ロッテのバスタオルで身体を拭き、寝るときは10年中日のTシャツをパジャマに。部屋には西武と巨人のカレンダーがあり、椅子には07年楽天のクッション。オレは一体、どこファンなんだよ?

M 千葉ロッテマリーンズ

千葉に移って、早20年！

早いものでロッテが千葉に移転して今年で20周年。ということで、特典として千葉県をあしらったピンバッジがおまけについていた。

今年僕が入ったのは「レギュラー会員」で、特典グッズはオリジナルミニバッグを選択した。20㎝×36㎝というとてもコンパクトなかわいいバッグ。西武同様、ロッテも毎年趣向を凝らした特典が多く、概要が発表されるのが待ち遠しい球団。すぐに品切れとなった「ゴールド会員」の「オリジナルジップパーカー」も、きっと高品質なのだろう。こちらも企業努力に敬意を表したい。

プレミアム・ゴールド会員新設

今年は昨年までの「プラチナ会員」がなくなった代わりに、「プレミアム・ゴールド会員」が誕生した以外は、大きな変更点はナシ。

今季、僕が最も期待しているのが「オールドユニフォームシリーズ」。千葉の日の出をイメージした「サンライズピンク」と呼ばれる、あの伝説のピンクのユニフォームを着用して全5試合が行われる。ぜひ、QVCマリンに駆けつけるつもり。

また、球団HPは韓国語対応。金泰均を中心に構成されている。韓国語版は李承燁、朴賛浩のいるオリックスとロッテの2球団のみ。

筆者はミニバッグを選択。ガイドブックにピンバッジももらえる。ピンバッジは継続年数の数だけ☆マークが付く

入会コースと主な特典

- **レギュラー**（3,500円）
  マフラータオル、ミニバッグ、キャップから1つ選択／ピンバッジ／内野自由席券1枚／ロッテリア試食券他
- **カジュアルレギュラー**（2,500円）
- **ジュニア**（3,000円）
- **ゴールド**（1万円）
  無料招待券4枚他
- **プレミアム・ゴールド**（1万円）
- **マリーンズ**（無料）

F 北海道日本ハムファイターズ

特典グッズは来年に期待！

05年「ウインドブレーカー」、06年「ブランケット」と北海道ならではの防寒グッズが特徴だった日本ハム。しかし、昨年はなぜか、日よけのための「サンシェード」が特典につき、個人的には「なぜ？の嵐」に包まれた。しかし、今年はようやく本道（？）の「ブランケット」が特典に。しかし、人の欲とは不思議なもので、あまりにも正統すぎると、何か物足りない気がする。今や、時代は「複数選択制」が主流。来年こそは、正統と邪道が入り混じったファンの期待を裏切るような意外すぎるグッズを期待したい。

ドッグタグ、屈辱の刻印

07年からの「継続特典」のドッグタグ。ここには前年度の順位が刻印されているのだが、開始5年目にして、ついに「4th PLACE（4位）」の文字が。これまで1位が3度、3位が1度だっただけに、「屈辱の刻印」と言えるだろう。

年5回発行の「ファイターズマガジン」は12球団有数の充実度。写真もカッコよく、インタビュー記事も読み応え抜群。開幕直前の4月号では、歴代ユニフォームの変遷をまとめた「Fの温故知新」ページが面白かった。来場ピンバッジプレゼントは今年も大充実。

北海道ならではの防寒グッズが会員特典。継続会員にはピンバッジに継続年数が入り、ドッグタグももらえる

入会コースと主な特典

- **ルーターズ**（3,000円）
  ブランケット／ピンバッヂ（継続年数入り）／継続ドッグタグ（継続会員のみ）／来場ピンバッジプレゼント／会員のみ利用できるガチャポン（有料）／チケット先行予約／チケット割引／会報誌（年5回）／ポイントサービス／会員イベント（抽選）他
- **キッズ**（3,000円）
  キャップ&リュックサックセット他

【ファンクラブエピソード①】
12球団すべてのファンクラブに入っていると、毎年、毎年、特典グッズが溜まる一方。数年前までは倉庫にまとめて置いていたが、それではせっかくの記念グッズもデッドストック化してしまうので、最近では積極的に日常使

Bu オリックス・バファローズ

大充実のファンクラブデー！

今年の「レギュラー会員」の特典グッズはトートバッグとショルダーバッグのどちらか。僕はトートバッグを選択。他球団と比較すると品質は劣るがデザインは◎。

毎年、述べているように「球場に来れば来るほど得をする」というコンセプトが明確なオリックス。関西在住者ならぜひ活用したいもの。昨年、念願かなって初めて「ファンクラブデー」に球場へ。すると、帽子はもらえるわ、携帯クリーナーはもらえるわ、至れり尽くせり。東京在住ではあるけれど、今年もぜひ京セラドームに駆けつけたい。

トートバッグ以外は少し寂しく見えるが、来場特典が充実しているだけに、関西在住のファンは有効活用したい

蘇る、近鉄、阪急時代！

今季の白眉は「ゴールド会員」特典のカシオ製オリジナルウォッチ。他球団にはないオリジナルアイテムとして注目に値する。

さて、05年の当企画で僕はオリックスのファンサービスについて、憤りを込めて「公式HPに『近鉄ヒストリー』はあるものの『阪急』時代は黙殺されている」と書いた。しかし、今年のオリックスは違う。「蘇る黄金の70's」と題して、近鉄、阪急時代をリスペクトするイベント開催を決定。復刻ユニフォームに身を包んだT－岡田や坂口、朴賛浩、李承燁を僕は心から見たい。

入会コースと主な特典

- **レギュラー**(3,000円)
  トートバッグ、ショルダーバッグから1つ選択／チケット全席割引／ピンバッジ(継続特典)／ポイントサービス／会員のみ利用できるガチャガチャ(有料)／来場プレゼント他
- **ジュニア**(1,000円)
- **ゴールド**(1万円)
  オリジナルウオッチ／2010タイトル獲得記念ピンバッジセット他

E 東北楽天ゴールデンイーグルス

謎のオムライスストラップ！

今年の楽天の最大のニュースは「1001CLUB」が発足したこと。これは、星野仙一新監督就任を記念して設立された新カテゴリー。個人の、しかも監督単独のカテゴリーは史上初の出来事。星野監督に対する期待の高さがうかがえる。特典は、星野監督が大好きな「グランドプリンスホテル赤坂」、通称「赤プリ」のオムライス携帯ストラップなど、不思議なものばかり。興味本位で入会を考えたものの、グッズ到着が4月や6月だということなので断念。このカテゴリーは、来年も存続するのか、興味津々。

特典のユニフォーム引換券がむなしく残る…。今年も声を大にして叫びたい。「"郵送可"にしてください！」

来年こそ「郵送可に改善を！

楽天の新機軸は、ポイント制度「ボーナスプラスB＋」が発足したこと。選手使用バットやKスタ宮城の芝や砂、さらにグラウンドコートなどアイテムが豊富。ポイント制度としては後発ながら、その充実ぶりは他球団をしのぐ。

去年も書いたけれど、楽天の特典グッズはKスタ宮城での「球場引換」しか受け付けない。結局、去年は引換しないまま終わってしまった。今年も「球場引換」のみなので、現在、僕の手元には「引換券」があるのみ。来年こそは、地方在住者のために「郵送可」にしてほしい。

入会コースと主な特典

- **レギュラー**(3,500円)
  ユニフォーム／ポイントサービス他
- **キッズ**(1,000円)
  ユニフォーム、オリジナルグローブ、オリジナルリュックから1つ選択他
- **レディース**(2,000円)
- **ゴールド**(1万500円)
- **1001CLUB**(1万1,001円)
  夢に向かって闘うユニフォーム他
- **ブースター**(10万500円)

指人形4体セット、そして09年はラジコンヘリコプター！　ずっと関心を持ちながら、「1万500円」という値段にひるみ、僕は一度も加入しなかった。もしも、もしも、復活することがあったら、そのときは絶対に入ります！　おぉ、神よ、カラスコクラブの復活を！

D 中日ドラゴンズ

佐賀県の会員数わずか4人!

06年に誕生した中日ファンクラブ。開幕前に発行された会報によれば今季の会員数はこの時点ですでに11万人。さらに継続率は80・1パーセントだという。潤沢な特典グッズもあって、もはや日本を代表するファンクラブといっていいだろう。このデータで面白かったのは、都道府県別会員構成。1位・愛知の約8万5千人は当然の結果として、最下位は佐賀の4人。佐賀県内にはたったの4人しかファンクラブ会員がいないのか。余計な御世話だと重々承知だけれど、その4人の方は、絶対に辞めないでいただきたい。

大満足の「会員手帳」!

今年の特典MVPは「オリジナル会員手帳」だ。実用的な手帳の機能を備えつつ、さらに「ドラゴンズの歴史」、「タイトルホルダー」、昨年の「主力選手成績」、ナゴヤドーム前矢田駅の「時刻表」などなど、大充実の出来となっている。一瞬、「この手帳だけで今年は中日をFOYにしようかな?」と思ったほど。

しかし、メイン特典「ワンショルダーバッグ」が、安全性を考慮して反射材をつけるなど努力は買えるものの、他球団と比べると品質、デザインともに見劣りするのでFOY獲得はならず。あと一歩だ。

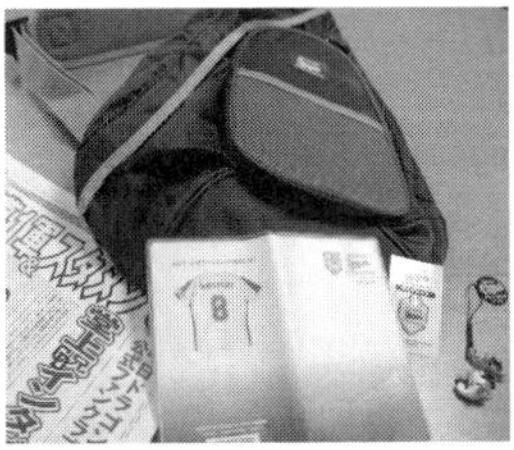

会員手帳は筆者が今年の特典MVPに選ぶ優れモノ。裏表紙のユニフォームには自分の名前が入る

入会コースと主な特典

- **シニア**(3,800円)
  水色ユニホーム、レディースユニホーム、Tシャツセット、ペアチケットから1つ選択(継続会員はワンショルダーバッグも選択可)/ペアチケット/記念ピンバッジ(6年目継続会員限定)/会員限定チケット先行抽選販売/会報(年2回)他
- **ジュニア**(3,400円)
- **リトル名誉**(無料)

T 阪神タイガース

そろそろ違うアイテムも!

今年も例年通り、昨年7月に受付を開始すると12月には特典グッズが届くという12球団一の早さを誇る。すでに第一次募集は締め切り、4月現在は追加募集中。

完璧なオペレーティングに敬意を表しつつ、今年は苦言をひとつ。毎年、特典はミズノ社製のウェアばかりというのはいかがなものか? 他球団があの手この手で趣向を凝らしたグッズを発表しているだけに、この点だけが残念に思われる。多少、運営が煩雑になったとしても来年こそ数種類の中から好きなものを選べる複数選択制の採用を。

全国各地で「ファンクラブデー」

さすが、全国区の人気チームだけに、「ファンクラブデー」を本拠地だけではなく、札幌ドームや福岡ヤフードームなど、他の11球団すべての主催試合でも開催するのはこのチームだけ。昨年、神宮での「ファンクラブデー」に観戦に行き、キーホルダーをゲットした。今年も関東での試合には駆けつけるつもり。

巷で話題のソーシャルメディア「Facebook」。阪神は、ヤクルト、楽天、日本ハムと並んでいち早く導入。毎試合、さまざまな情報を発信し続けている。世界を視野に入れた「英語版」も充実。

毎年、グッズの到着が12球団最速なのは素晴らしいが、品が代わり映えしないのは残念…。来年は奮起に期待!

入会コースと主な特典

- **一般**(3,500円)
  イエローメッシュジャージ/主催試合招待(抽選)/主催試合先行販売/会報誌(年4回)/ファンクラブ応援デーでグッズプレゼント/練習見学会&写真撮影会(3年以上の継続会員限定の抽選)他
- **キッズ**(2,500円)
  ペアチケットプレゼント(抽選)/オープン戦、ウエスタン公式戦招待他

【ファンクラブエピソード②】
楽天ファンクラブと言えば、06年に誕生し、09年限りで消滅した「Mr.カラスコクラブ」が忘れられない。06年は覆面レスラーのような「特製カラスコマスク」、07年はバイク型ラジコン、08年はなぜか、プロレスのリングと

S 読売ジャイアンツ

グッズ界のひとつの到達点か？

昨年「ガールズ・ジャイアンツ」と銘打って、女性ファンのためのさまざまな方策を打ち出した巨人。スペシャルシートにオリジナルチョコやスイーツ、さらには入門ガイドまで至れり尽くせりだった。その流れを受けて、今季のファンクラブ特典に、本格的な女性向けグッズ、アディダス社製の「オリジナル・バッグ・イン・バッグ」がついた。僕はこれを選択。実物を手にして、その完成度の高さに驚いた。これは、ファンクラブ界の一つの到達点ではないか？　好評だったようで早々に既定数量に達して受付終了。

誠意ある対応に大感動！

会員特典の一つ「全主催試合を抽選でペア招待」。これが意外と当選確率が高いのだが、僕は今年3月25日の開幕戦チケットが当たったものの、ご承知の通り、開幕は延期。せっかくのチケットは無効になった。しかし、驚いたのはこの後だ。開幕延期決定後、しばらくして巨人から封書が届いた。中を見ると、バット型のボールペンが。「試合中止のご案内」と書かれた書面には「無効になりましたので記念品を送ります」という内容。タダでもらったチケット、不可抗力の延期、なのにお詫び。今年のFOYは巨人だ！

開幕延期に際しては批判にさらされた巨人だが、球団内部の人は誠意を持ち一生懸命働いていることがうかがえる

入会コースと主な特典

- **プライム**(4,800円)
オリジナルユニフォーム、メッセンジャーバッグ、タオルマフラー&リストバンド、バッグインバッグ、ビーズクッションから1つ選択／カレンダー／ウェルカムチケット(抽選)／チケット優先販売／ポイントサービス／グラウンド体験ツアー(抽選)他
- **ジュニア**(3,500円)
- **エンジョイ**(無料)

S 東京ヤクルトスワローズ

「プレミアム」感はどこに？

子どもの頃からヤクルトファンで、ファンクラブに入り続けて30年。ファンとしてはできるだけ「球団にお金を落としたい」と思っている。だから、07年の「プレミアム会員」新設以来、毎年、同カテゴリーに入会し続けた。しかし、08、09、10年と、3年続けて「プレミアム感が少ないなぁ」と僕は書き続けてきた。「レギュラー会員」の3倍の値段ながら、観戦特典は5試合と同数。ならば同じ値段で「レギュラー」に3口入会して15試合見たほうがいい。だから今年は「プレミアム」には入らない。愛ゆえの鞭。

太っ腹すぎる「5試合無料」

いきなりの苦言から始まってしまったけれど、10年から始まった「ファミリー会員」カテゴリー。今年の特典はつば九郎クッションが1家族にひとつ。この特典は子どものいる家庭には好評のようだ。ただ座りづらいのが難点（笑）。

さらに他球団にはない「5試合の観戦特典」は、僕のような東京在住のヤクルトファンにとって本当にありがたい。このような太っ腹の特典はヤクルトを置いて他にはない。空席が目立つ神宮ゆえと理解しつつ、それでもこの特典だけは今後も継続してほしいものである。

毎年プレミアムに入会していた筆者だが、今年はファミリーに。つば九郎クッションは1家族につきひとつ付く

入会コースと主な特典

- **レギュラー**(5,000円)
ミズノ社製デイバッグ／選手似顔絵入り応援傘／外野自由席招待券5枚／チケット割引／ファンブック他
- **キッズ**(3,500円)
キャップ／外野自由席全試合無料招待券／始球式の権利(抽選)他
- **ファミリー**(家族構成による)
- **プレミアム**(1万5,000円)
クリスタルつば九郎フィギュア他

ていて拭きにくい。材質的にも水を吸収しづらそう。やはり、これは着用するしか使い道がないのか？　名案が浮かばないので、ひとまずかぶってみた。何だかテンションが上がってくる(笑)。ということで、この文章、タオルポンチョかぶって書いてます！

Ｃ　広島東洋カープ

今年もカープはやってくれた！

07年に新設された「カープファン倶楽部」も、今年で5周年。過去、ノースリーブジャージ、ホームの「Ｃａｒｐ」とビジターの「Ｈｉｒｏｓｈｉｍａ」を絶妙に組み合わせた、斬新過ぎる「Ｃａｏｓｈｉｍａ」ジャージなど、いつも僕の予想を大きく上回る特典を提供してくれている。そんな広島は、今年もやってくれた！　今年は「タオルポンチョ」。頭からスッポリかぶれる2ＷＡＹタイプのタオル。やっぱり、品質はよくないけど、その分、アイディアは抜群。「金がないなら頭を使う」チームカラーは今年も健在。このスタンス、個人的には大好き！

いいぞ、「広島斬新路線」！

　しつこく、「タオルポンチョ」の続きを。グッズ到着後、期待とともに頭からかぶってみた。「う～ん、やっぱり斬新！」、それが僕の感想のすべて。あまりにも斬新過ぎて、僕がこれをまとってスタンドに陣取ることはないだろう。開幕後、広島応援席を凝視しているが、これを着用している人をまだ見ていない。もし、来年もこの「斬新路線」が継続されるようならば、長年の偉大なる功績をたたえて、来年こそ、広島ファンクラブにＦＯＹを贈呈しようかな？　今から本気でそんなことを考えている。来年も楽しみ。

タオルポンチョは丸い穴に頭を通せるようになっている。これをかぶって応援している人はお知らせを

入会コースと主な特典

- **ファン倶楽部**（3,500円）
  メッシュジャージ／タオルポンチョ／イヤーブック／会員限定サイト／会員限定グッズ販売／メルマガ他
- **ジュニア**（3,000円）
  バッグ／キャップ／ズムスタ内野自由席入場無料／会員手帳他
- **レディース**（3,800円）
  ズムスタ自由席20試合入場無料他
- **シニア**（3,200円）

ＹＢ　横浜ベイスターズ

改革の兆しは見えるものの……

09年に「Ｂ☆ＳＰＩＲＩＴ」と銘打って、大改革に乗り出した横浜ファンクラブ。チケットやグッズの購入、来場、チームの勝利によって獲得できるポイント（ＢＰ）制度を発足。昨年からは「プロコレクションユニフォーム」など、交換特典も充実の兆し。

　それでも、ヤクルトや西武と並んで12球団最高値となる新規入会５０００円（入会金１０００円、年会費４０００円）という値段を考えると、まだまだ他の11球団と比べ、その内容は貧弱である感は否めない。さらなる奮起と発展に期待。

チケット割引制度発足！

今季のメイン特典は「オリジナルブランケット」。表に小さなポケットが縫いつけられている点以外は、他球団のものとほぼ同様。

　さて、横浜は今年から新たな試みとして「Ｙ☆ＳＰＩＲＩＴ」を発足させた。これはモバイル限定チケット割引サービスで、横浜スタジアムの内野指定席が５００円割引されるサービス。年会費２０００円ながら、1回につき4枚まで購入できるため、多人数で何試合も観戦に行く人にはお得な制度だ。こうしたサービスはありそうでなかっただけに、今後の展開に注目したい。

2年前は特典グッズゼロで会員証1枚だけの切なすぎる写真を載せたこともあったが、改革の兆しは着実に見える

入会コースと主な特典

- **レギュラー**（5,000円※継続4,000円）
  ブランケット／内野指定席500円割引／ポイントサービス／チケット先行抽選販売／会員限定メルマガ／会員限定ネットショップ／会員限定イベント参加権／ファーム公式戦1試合招待&チケット割引他
- **モバイル**（4,000円）
  携帯電話を会員証として使用
- **ジュニア**（2,500円※継続2,000円）

【ファンクラブエピソード③】
またまたしつこく、広島の「タオルポンチョ」の話題を。173ページでも触れたように、せっかくの特典グッズ、僕は日常生活で使うように心がけている。でも、このタオルポンチョ、風呂上がりに使うには首の部分に穴があい

【毎年恒例】8年目を迎えた大人気企画

2012年FOYはここだ！

プロ野球12球団の中で、最も素晴らしいファンクラブを決めてしまおう。そんな仰天企画も今年で8年目を迎え、長寿連載になってきた。「惰性」という雰囲気をまったく感じさせないファンクラブ研究家・長谷川氏が、今年もファンクラブについて徹底的に書き尽くす！

目標は「10年連続達成」！

12球団すべてのファンクラブに入り続けて今年で8年目。何も考えずに、ただ「楽しいから」と続けてきたけど、ここまできたら2014年の10年連続をひとまずの目標に定めることにした（笑）。

05年の記念すべき第一回目の冒頭、僕は次のように記した。

《きっかけは「不信感」だった》

その前年の04年シーズン中に吹き荒れた「球界再編騒動」や「選手会ストライキ」など、球界全体に暗いムードが吹き荒れていた頃、「すべてのファンクラブに入ろう」と思い立ち、それから8年。球界にはいまだに多くの問題が残っている。

けれども、ファンクラブ界は信じられないほど長足の発展を続けている。各球団の特典内容はいずれも8年前よりもかなり充実し、各チームそれぞれの創意工夫でファンサービスに努めている。

ということで、8年目を迎えた今でも、僕はまったく飽きることなく毎年、せっせせっせと「継続申し込み」に勤しんでいるのだ。

ミズノの大躍進が続く！

さて、今年のファンクラブ界に目新しい潮流は見られなかったものの、今年気になったいくつかの特徴は「ハイクラスカテゴリーの充実」と「ミズノの躍進」。以上2点について、簡単に説明したい。

これまでもソフトバンクの「プレミアム会員（10万円）」や楽天の「ブースタークラブ（10万500円）」など、ハイクラスカテゴリーは存在したが、現在はパ・リーグでは日本ハム以外の5球団が、セ・リーグではヤクルトと阪神が「プレミアム会員」「ゴールド会員」などの名称でハイカテゴリーを作っている。個人的希望としては、ぜひ巨人に他球団が真似できないような超高級カテゴリーを新設してほしい。これまで散々「金満球団」と揶揄されてきただけに、ここは「お金かけてますけど、何か？」と開き直った超スペシャル特典の数々に期待したい。

さて、今年改めて気がついたこと。それが「ミズノの躍進」だ。スポーツメーカー・ミズノは、これまでもレプリカユニフォームの製作に関わっていたけれど、一例を挙げると今年はソフトバンク「ハイグレード」のグランドコート、ヤクルト「キッズ」のキャップ、広島「レディース」のバッグ、阪神にいたっては「全カテゴリー」でジャージ、トートバッグ、ショルダーバッグがミズノ製！　グラウンド内だけではなく、ファンクラブ界も席巻している。

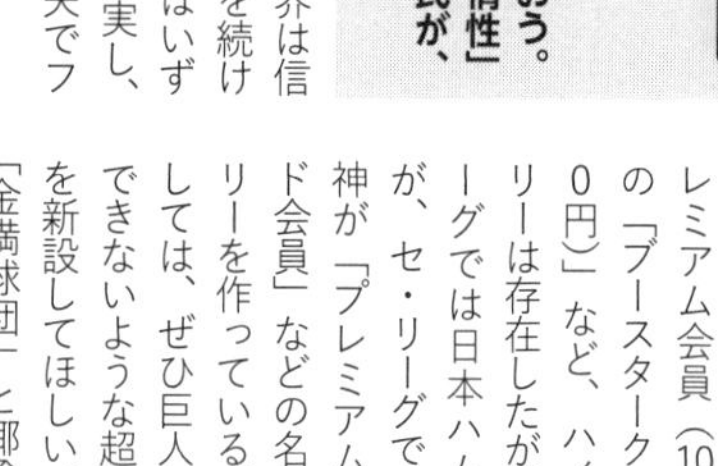

一方で、ここ数年は遊び心のある特典が減ってきたように思う。その中で、今年の巨人は玩具メーカーのタカラトミーとコラボして、「黒ひげ危機一発（ジャイアンツバージョン）」を新特典に採用。僕は、迷わずこれをチョイス。実物を手にして、大満足だった。

現代は「付録付き雑誌」が花盛

※FOY（ファンクラブ・オブ・ザ・イヤー）とは…（おそらく）世界でただ一人の12球団ファンクラブ研究家の長谷川晶一さんが、その年一番サービスと特典が充実していたファンクラブを讃え「FOY」に認定する。ちなみに受賞特典はなく、名誉のみお贈りします。

2012年筆者が入会したファンクラブの充実度

FOY	チーム	充実度					コメント
		総合	観戦特典	グッズ特典	HP	メルマガ	
	福岡ソフトバンク	A→	△	◎	○	○	全8種類から選べる楽しさは12球団随一。明記されてはいないものの優勝すると特典が増える「優勝還元」もファンを大切にする姿勢の表れ
	北海道日本ハム	B→	×	△	○	○	皮肉を言えば、特典グッズにカラーがないのが特徴。昨年も書いたけれど、斎藤佑樹や糸井嘉男グッズがあったら特色も出ていいのになぁ……
	埼玉西武	A→	○	◎	○	○	今年の「ウィンドジャケット」はちょっと期待外れだったけれど、それでも高品質、高デザインは12球団トップクラス。来年に期待
	オリックス	B→	×	△	○	○	3年以上の長期継続特典として、「京セラドーム内でのネームプレート掲出」は新しい発想。今年こそ何度も行って「来場特典」を満喫したい
	東北楽天	B↑	×	○	○	○	カテゴリーも多く、キッズへのケアも◎。あとは最初から「郵送可」にしてくれればいいのになぁ。ポイント制度「ボーナスプラス」は大充実
◎	千葉ロッテ	A↑	◎	◎	○	○	今年の「レディース3点セット」は秀逸。昨年同様、曜日ごとのイベントも整備されており、球場ではピンバッジやカードの配布も充実
	中日	B↑	○	○	○	△	昨年から特典になった「会員手帳」は「チーム史」や「タイトルホルダー」に加え、球場からの時刻表など、その内容も造本もとてもいい
	東京ヤクルト	A↑	◎	◎	○	○	メイン特典「トートバッグ」は、久々の大ヒットでデザインも使い勝手もとてもいい。さらに、5試合分の観戦特典は12球団一の太っ腹
	巨人	A→	○	◎	◎	○	子どもから大人、そして女性まで、みんなを満足させつつ、さらに「黒ひげ危機一発」という挑戦心も忘れない。その姿勢は今後も大切に
	阪神	B→	○	△	○	○	表立った観戦特典はないものの「チケットプレゼント」は毎試合行っている。オリジナルグッズがもらえるビジター応援デーの充実度は世界一
	広島	B↑	△	△	○	◎	今年は大人しかったものの、広島独自の「斬新路線」は、もはや芸術の域に。「金じゃない、アイディアだ」の姿勢は、とても好感が持てる
	横浜DeNA	B→	△	△	○	○	4年目を迎えた「B☆SPIRIT」。親会社も変わり少しずつ好転の兆しも見えつつある。今年は仕方がない。真価が問われるのは来年だ

※1ロッテを「ファンクラブ・オブ・ザ・イヤー」に認定　※2「充実度」は編集部と筆者の独断と偏見によるものです。

りだ。アパレル各社と編集部がコラボして、中国やベトナム、タイの工場で安く生産したアイテムを付録につけている。雑誌よりも予算の潤沢なファンクラブ特典グッズもまだまだ改善改良の余地はあるはず。各チームの今後に期待だ。

さぁ、今年も開幕からすでに1カ月余りが過ぎた。今年も僕は「観戦特典チケット」片手に、各球場でうまいビールを呑んでいる。ダルビッシュが抜けても斎藤佑樹が、ムネリンは不在でも今宮健太が、青木の代わりに上田が……。今年のプロ野球も楽しそうだ。

さぁ、スタジアムへ行こう！

今年、異色の特典として際立っていた「黒ひげ危機一発（ジャイアンツバージョン）」

H 福岡ソフトバンクホークス

チーム成績に比例して充実！

チーム成績に比例するかのように、ここ数年のソフトバンクファンクラブは文句のない充実っぷり。12球団一となる全8アイテムから選べる特典グッズは毎年新作が登場し、地方会員のために「通販クーポン3000円分」まで取り揃える気遣いも。

また08年から始まった継続特典DVDはオフィシャルならではの秘蔵映像がいっぱい。11年シーズンダイジェストは04年プレーオフから振り返る超大作。毎年恒例の「THE円陣」は、各選手の人間性が垣間見えて面白い。これだけで入会金分の価値アリ。他球団もやってほしいな。

「優勝還元」の姿勢が嬉しい！

昨年日本一に輝いた記念に「優勝ロゴステッカー」と「チャンピオンブレス」が臨時特典についた。昨年もステッカーやキーホルダーが臨時特典となるなど、「優勝還元」こそ、このチームのファンクラブの姿勢が如実に表れているように思う。まさに他球団の手本だ。

唯一、苦言を呈するとすれば、昨年から始まったポイントサービス「タカマル」。今後は現行のピンバッジや招待券だけではなく、楽天や巨人のようにオリジナルアイテムや選手着用グッズなどさらなる拡充に期待。高望みに応えてくれる期待感がこの球団にはある。

8種類の中から選べる特典はグッズだけでなく、通販クーポンや内野自由席招待券をもう1枚など、幅広さが光る

入会コースと主な特典

- **スタンダード**（3,700円）
  レプリカユニフォーム（ホーム、ビジター）、バスタオル、キャップ（キッズ）、トートバック、お買い物利用券など8種類から1つ選択他
- **ジュニア**（2,500円）
- **ファミリー**（家族構成による）
- **ハイグレード**（1万円）
- **プレミアム**（10万円）
  秋山監督直筆サイン入りボール／希望日チケット10枚他

F 北海道日本ハムファイターズ

もっと独自のカラーを！

これは、毎年書いていることだが、日本ハムファンクラブは例年「可もなく不可もなく」といった印象が強い。3000円という年会費からすればコストパフォーマンスは悪くないけど、これといった特徴がないのも事実。06、07年は複数アイテムから選択可能だったが、08年以降は単一アイテムのみ。ビーズクッションやブランケットが特典だったあの頃が懐かしい。

一方で「札幌ドームに行けば得をする」というスタンスは今年も健在。イベントデーも多く、「FANSポイント」でダッグアウト招待やサイン会に参加できる。

会報誌は12球団一の完成度！

今年のメイン特典「オリジナルリュックサック」には「ピンバッジやキーホルダーで自分好みにアレンジ！」とキャッチコピーが躍っているものの、それは「使い方の提案」であって、他球団のバッグであっても同様の使い方は可能。図らずも、この苦肉のコピーこそ、グッズ本体の没個性を証明している感が強い。品質はそれほど高くなく、僕はこのバッグを使わない。

苦言が続いたので最大の長所を。会報誌『ファイターズマガジン』は12球団一のクオリティー。写真もインタビューも上質。背番号の歴史をたどる新企画が楽しみ！

今年のメイン特典はリュックサック。会報誌はファンならずとも身を乗り出して読みたくなる、充実した内容だ

入会コースと主な特典

- **ルーターズ**（3,000円）
  リュックサック／ピンバッジ（継続年数入り）／継続ドッグタグ（継続会員のみ）／来場ピンバッジプレゼント／会員のみ利用できるガチャポン（有料）／チケット先行予約／チケット割引／会報誌（年5回）／ポイントサービス（チケット購入、イベント参加、グッズ購入など）／会員イベント（抽選）他
- **キッズ**（3,000円）

阪神（シーズン4位・以下同）、2ヤクルト（2位）、3中日（1位）、4巨人（3位）、5横浜（6位）、6広島（5位）、《パ・リーグ》1日本ハム（2位）、2ソフトバンク（1位）、3楽天（5位）、4西武（3位）、5ロッテ（6位）、6オリックス（4位）……②に続く。

L 埼玉西武ライオンズ

栗山巧の魅惑の笑顔に……

昨年の「レギュラーA会員」特典「オリジナルスウェットジャケット」、僕は「全球団の歴代アイテム中最高傑作だ」と書いた。それほどこのアイテムは品質、デザインともに秀逸で、僕は西武ドームだけではなく、近所の呑み屋にもよく着て行った。洗ってもよれたりせず、今年も着られそう（笑）。

ということで、今年の「ウィンドジャケット」にも、期待していたのだけれど……。正直、期待外れだった。高品質ではあるけど、西武ドームでしか着られないなぁ。ポスターでこれを着て微笑む栗山巧の笑顔に惑わされちゃった。

ビールでスウェットゲットを！

08年スタートの「プラチナ会員」は他球団のハイクラスカテゴリーの中で、最もコストパフォーマンスが高い。年会費4万円で西武ドーム開催全試合が無料、他カテゴリーアイテムもすべてもらえる。球場近くに住むファンなら絶対に入りたい。先着2000名、当然すぐに定員に達している。

同じく08年スタートのポイント制度「Lポイント」も12球団一の使い勝手。ドーム内の飲食でもかなりポイントが貯まるので、ビール好きの僕はそれだけでタオルやバッグをもらった。今年もビールを呑んでスウェットを狙います（笑）！

昨年のスウェットジャケットを「歴代最高傑作」と評価した筆者にとって、今年のウィンドジャケットは物足りず

入会コースと主な特典

- **レギュラーA**（5,000円）
  ウィンドジャケット、ボストンバッグから1つ選択／内野指定席引換券2枚／チケット割引／来場サービス他
- **レギュラーB**（3,000円）
  ジャガードスポーツタオル／内野指定席引換券他
- **ジュニア**（2,000円）
  ジュニアリュック／内外野自由席入場無料他
- **プラチナ**（4万円）
  記念品3点／内野自由席フリーパス他

Bu オリックス・バファローズ

継続特典の新機軸！

継続特典としてピンバッジがつくのは、オリックスに限ったことではなく、日本ハムやロッテなども同様のサービスを行っている。しかし、今季のオリックスはピンバッジに加えて新機軸を打ち出した。それが、3年以上の継続者対象の「京セラドーム大阪館内ネームプレート掲出」だ。希望者に限って、今年の11月30日までドーム内に自分の名前が掲出されるのだという。「グッズ」でもなく「選手とのふれあい系」でもない、新しい形の特典として、評価したい。

ぜひ、京セラドームに足を運んで、自分の名前を確認したい。

李大浩がロボット役に!?

今年のメインアイテムとして「オリジナルシャツネイビー」を僕は選択。で、届いたものはチープで地味なシャツ。

僕は不惑を過ぎた立派なオッサンであるけれど、「こんなオッサンくさいものは着られない」というのが正直な感想。

さて、今年も「来れば来るほど得をする」というコンセプトは健在でイベントも盛り沢山。5月12〜13日は選手会プロデュースで「野球戦隊バファローズ」と銘打ったイベントが。まさか李大浩も、日本でロボット役を演じる羽目になるとは韓国時代には思わなかったことだろう。

写真としては寂しく見えるが、球場に来れば来るほどお得な特典が光る。ただ、シャツのデザインがちょっと……

入会コースと主な特典

- **レギュラー**（3,000円）
  トートバッグ、シャツ（ネイビー、ピンク）から1つ選択／チケット全席割引／ピンバッジ（継続特典）／ポイントサービス／京セラドーム内ネームプレート掲出（3年以上継続会員のみ）他
- **ジュニア**（1,000円）
- **ゴールド**（1万円）
  エナメルバッグ／シャツ（ホーム、ビジター、サード）／指定席引換券2枚他

【グッズ到着とシーズン順位の因果関係①】
昨年、本企画の巻頭で「ファンクラブの充実度とシーズン順位に因果関係があるのでは?」と「各球団別グッズ到着順ランキング」を掲載した。改めて、到着順位と11年シーズンの成績を比較してみたい。《セ・リーグ》1

E 東北楽天ゴールデンイーグルス

金持ちから、キッズまで

昨年までは「球場引換」のみで「郵送不可」だったアイテム送付が、今年は希望者のみ実費（1050円）で「郵送可」に改善された。

ハイクラス「ブースタークラブ」は10万500円と高額ながら「全選手直筆サインカード」や実使用バットなど、超レアグッズが選択できる。僕が楽天ファンだったなら、無理してでも入りたい。

また、「キッズクラブ」は12球団一、子どもに優しい。年会費1000円でオリジナルユニフォームか、田中将大プロデュースのグローブ、クリムゾン（またはチェック）リュックなどがもらえる。

ようやく野球らしくなった（笑）

昨年星野監督就任を記念して発足した「1001CLUB」は、ようやく野球らしい特典がつくようになった。なぜなら、昨年の特典の一つが、星野監督が好きだという、今はなき赤坂プリンスホテルの「オムライスストラップ」という、大人の事情が垣間見える超シュールアイテム。しかし今年はユニフォームに加えて、全15種類の「メモリアルピンバッジ」か「星野監督の声入り目覚まし時計」などが特典に。

12球団一の6カテゴリーを誇るだけに、かつての「カラスコクラブ」のような多様なバリエーションに期待したい。

グッズは基本的に球場引換のため、引換券を掲載。今年から郵送可に改善されたが、それでも1050円もかかる

入会コースと主な特典

- **レギュラー**（3,500円）
  ユニフォーム（来場プレゼント）／ポイントサービス他
- **キッズ**（1,000円）
  ユニフォーム、グローブ、リュック（クリムゾン、チェック）から1つ選択他
- **レディース**（2,000円）
- **ゴールド**（1万500円）
- **1001CLUB**（1万1,001円）
  星野監督声入り目覚まし時計など2種類から選択他
- **ブースター**（10万,500円）

M 千葉ロッテマリーンズ

すんごい充実ぶり！

ファンクラブ界の常に先頭を走り続けてきたロッテ。

今年は「ゴールド会員」の特典として「マリーンズレディースセット」を新設。女性向けアイテムはよくあるけれど、トートバッグ、ぬいぐるみキーホルダー、フード付きタオルの「3アイテムセット」ということで物珍しさから選択。……グッズが到着して驚いた。フード付きタオルの素材が若干チープだったが、それも許容範囲内。この他に指定席2枚、自由席2枚にピンバッジ2個、カラビナ1個、会報誌にロッテリアの食事券、送料無料……。もうFOYだよ（笑）！

革命はいまだ終わらず！

今年からの新しい試みが「プレイヤーズアクセサリー」。これは来場特典の一種で、昨年までのピンバッジやベースボールカードに加えて、2回来場でキーホルダーをゲット。以降、3、6、9……と回を重ねるごとに、キーホルダーに装着できる選手名の入ったアクセがもらえるシステム。

これも他球団にない、ロッテならではの新しい試みとして評価したい。楽天と並んで12球団最多となる6カテゴリーも忘れてはならず、来年以降も、ぜひぜひロッテにはファンクラブ革命の旗振り役を務めていただきたい。

ゴールド会員の特典・レディースセットは出色の内容。ちなみに筆者は男だが、ロッテファンの母のために入った

入会コースと主な特典

- **レギュラー**（3,500円）
  ワンショルダーバッグ、BIGタオル、Tシャツから1つ選択／ピンバッジ／内野自由席券1枚／ロッテリア試食券他
- **カジュアルレギュラー**（2,500円）
- **ジュニア**（3,000円）
- **ゴールド**（1万円）
  レディースセット他
- **プレミアム・ゴールド**（1万円）
- **マリーンズ**（無料）

スに入り、4位チームが残り1枠のAクラス入り。ちなみに、今年の到着順位は《セ・リーグ》1阪神、2ヤクルト、3中日、4巨人、5広島、6横浜、《パ・リーグ》1日本ハム、2西武、3楽天、4ロッテ、5ソフトバンク、6オリックス。はたして結果は?

D 中日ドラゴンズ

超優良ファンクラブなのに……

監督も変わった、ユニフォームも変わった。心機一転、新しい風を吹かせたい――。その意気込みはわかる。けれども、今年の中日ファンクラブはどこかおかしい。

毎年、本欄で書いてきたように06年創設で歴史は浅くても、今では12球団を代表するファンクラブとなった。今年、僕が選択した「ユニフォーム」のクオリティーもいいし、昨年絶賛した「会員手帳」は今年も◎。しかも、募集要項に記載されていなかった「ロゴ入りペン」までオマケにつけてくれる太っ腹。本来なら大満足でまったく不満などないはずなのに……。

執拗な前監督への批判……

送られてきた「会報（12年1月臨時号）」を見て驚いた。いたるところに「前監督批判」が散見されるのだ。高木新監督は前監督について「（ファンサービスで）ファンの側からすれば、通用しない面があった」と語れば、ファンクラブの前担当者は「高木監督のファンサービスぶりは、すでに前任者をはるかに凌駕しています」と言い、その後も、前任者への不満がずっと綴られている。チーム史上初の連覇達成監督との内輪揉めをファンにさらして、何の意味があるのだろう？　新しい年が始まる期待感などなく、不快感だけが残った。

例年、充実した内容の優良ファンクラブながら会報の前監督批判に閉口。「アンチ落合」しか喜ばない?

入会コースと主な特典

- **シニア**（3,800円）
ユニフォーム、レディースユニホーム、ワンショルダーバッグ、ペア招待券から1つ選択（継続会員はウインドブレーカーも選択可）／チケットホルダー／家族会員サービス／記念ピンバッジ（6、7年目継続会員限定）／会員限定チケット先行抽選販売他
- **ジュニア**（3,400円）
- **リトル名誉**（無料）

S 東京ヤクルトスワローズ

最上のクオリティー！

ヤクルトファンの僕は、できるだけ私情を挟まずに他球団よりもシビアに評価しようと心がけてきた。しかし、今年の「レギュラー会員」のメインアイテム「トートバッグ」は手放しで絶賛したい。昨年の西武が同様のトートバッグをつけていて、それもかなり良質だったが、今年のヤクルトも帆布素材で丈夫でかわいくて、内側にポケットもあり、マチもあって使い勝手が最高だ。

大量な資料を持ち歩く取材の際にはとても重宝している。あとは、毎年書いているけれど、「プレミアム会員」に、もっとプレミアム感があれば……。

ファンへのホスピタリティー

「ファミリー会員」の特典は「扇子&ネックウォーマー」という異色の組み合わせ。最初は「何だこれ?」と不思議に思ったけれど、選手の似顔絵入りの扇子であおぎながら考えた結果、「開幕直後の春先と秋口にはネックウォーマーで風邪など引かぬように。そして、初夏から初秋にかけては扇子で涼を取るためなのだろう」と、好意的に解釈。むしろ「ファンへの気遣いが感じられる」と絶賛したい気分に。

まさに30年来のファンならではの優しさ。その扇子に青木宣親が描かれていることに目をつむるのも、ファンならではの温かさ。

筆者はファミリー会員に入会しており、扇子&ネックウォーマーをゲット。これで神宮の寒さと暑さをしのげるか

入会コースと主な特典

- **レギュラー**（5,000円）
トートバッグ／選手似顔絵入り応援傘／外野自由席招待券5枚／チケット割引／ファンブック他
- **キッズ**（3,500円）
キャップ／外野自由席全試合無料招待券他
- **ファミリー**（家族構成による）
扇子&ネックウォーマーセット（1家族1セット）他
- **プレミアム**（1万5,000円）
つば九郎ぬいぐるみ他

【グッズ到着とシーズン順位の因果関係②】
以上の結果を踏まえると、大雑把ではあるが「セ、パともにグッズ到着順位の上位3チームはAクラスになる可能性が75%」とは言えるだろう。実は、毎年こんな感じなのである。到着順位の上位3チームのうち2球団はAクラ

G 読売ジャイアンツ

「黒ひげ危機一発」最高！

09、11年と二度のFOYを誇る巨人ファンクラブ。

他球団の「レギュラー」と同等の「プライム・メンバー」のメイン特典は、ソフトバンクに次ぐ7アイテムからの自由選択制。女性ファンに向けた「ミニショルダーバッグ（エコバッグ付）」もいいし、先述したタカラトミーとの異色のコラボ作「黒ひげ危機一発（ジャイアンツバージョン）」も秀逸。実際に遊んでみました、深夜に独りで。一本ずつ剣を刺し入れるスリルとサスペンス。とても単純なのに、どうしてこんなに楽しいのだろう？　実にすばらしい特典だと思う。

特典アイテムの中から、筆者は迷うことなく「黒ひげ危機一発」を選択。ファンクラブ担当者の遊び心に拍手!

超豪華カテゴリーのご提案

巨人ファンクラブは中学生以上の「プライム」と小学生以下の「ジュニア」、そしてチケット先行発売などの特典がある無料会員「エンジョイ」の3カテゴリーしかない。

だからこそ、冒頭にも書いたように球界の盟主を任じる巨人には、ぜひとも「ハイクラスカテゴリー」を新設してもらいたい。1万円でも5万円でも、10万円でもいい。その代わり、他球団が絶対に成し得ない豪華絢爛たるものにしてほしい。それができる球団は日本に一つしかない。金にまつわるさまざまな批判を逆手に取って、ぜひ英断を！　……かなり、本気です。

入会コースと主な特典

- **プライム**(4,800円)
  ポロシャツ、ショルダーバッグ、ミニショルダーバッグ(エコバッグ付)、黒ひげ危機一髪、ユニホームなど7種類から1つ選択／カレンダー／ウェルカムチケット(抽選)／チケット優先販売／ポイントサービス／グラウンド体験ツアー(抽選)他
- **ジュニア**(3,500円)
- **エンジョイ**(無料)

T 阪神タイガース

これが「阪神あるある」だ！

8年間を費やして発見した「阪神ファンクラブあるある」。その1「募集開始が異常に早く、定員に達するのも異常に早い」。その2「でも、春先には必ず追加募集をする」。その3「でも、追加募集もすぐに定員に達する」。その4「特典グッズは必ずミズノ社製」……。

8年もかけて、この程度しか「あるある」を見つけられなかった自分が情けない。いずれにしても、阪神は前年7月に翌年の募集を開始して、12月にはグッズが到着。そのグッズはミズノ製。これで間違いないのだ。さぁ、そろそろ来年の募集が始まるぞ（笑）。

12球団一の出足を誇る阪神。継続会員には特典がより増えていく。10年継続の「ダイヤモンド会員」まであと2年!

夢の実現まで、あと2年！

さて、阪神ファンクラブの最上級カテゴリーは「ダイヤモンド会員」なのだが、こちらは他球団のように「金さえ払えば入れる」ものではなく、「チームへの忠誠心」が問われる仕組みになっている。年会費はみな平等に一律3500円。で、継続3年目に「ゴールド会員」、5年目に「プラチナ会員」に昇格。そして、10年継続すると、晴れて「ダイヤモンド会員」になれるのだ。その詳細はホームページには記載されていない。夢の「ダイヤモンド会員」まで、あと2年。一体、どんな内容なのだろう。僕は、そのときが楽しみで仕方ない。

入会コースと主な特典

- **一般・新規**(3,500円)
  イエローメッシュジャージ／主催試合招待(抽選)／主催試合先行販売／会報誌(年4回)／ファンクラブ応援デー他
- **一般・継続**(3,500円)
  イエローメッシュジャージ、ショルダーバッグ、トートバッグから1つ選択他
- **キッズ・新規**(2,500円)
- **キッズ・継続**(2,500円)
  3種類からアイテム選択他

とはあまり聞かれずに、ファンクラブのことをずいぶん聞かれたり……。「評論家」というと、大げさだけど「研究家」というのは間違いではないので、実は自分でも気に入っている。命名してくれたのは『野球部あるある』の著者にして、本企画の担当者・菊地選手。

C 広島東洋カープ

「斬新路線」、その変遷

ここ数年の多大なる偉業をたたえて、「今年こそFOYを広島に」という思いを抱き、昨年の本欄でも「もし、来年もこの《斬新路線》が継続されるようならば」と注釈つきで、僕自身、広島への戴冠を考えていた。それほど、広島ファンクラブの「斬新路線」は衝撃的だった。

07年の「ノースリーブジャージ」、もはや伝説となった09年の「Carp」と「Hiroshima」の奇跡の融合作品「Caoshima」ジャージ！　10年の出身県地図入りジャージ、そして昨年の超画期的なタオルポンチョ！　すごいよ、広島！

初のFOY戴冠ならず……

本年度の広島のメイン特典は、赤から白へのグラデーションが特徴的なメッシュジャージ。かつてロッテが似たようなユニフォームを採用していたことがあったが、「斬新路線」が最大の魅力の広島としては、ちょっと物足りなかった。ということで、今年の「初FOY受賞」はならなかった。

しかし、間違いなく斬新度では群を抜くポテンシャルを持つ広島だけに、来年以降もぜひ期待したいと思う。「金がなくてもアイディアはある！」、広島がFOYを獲得することになれば、不況下の日本人の大きな希望になるはず。

毎年奇抜なアイディアで驚かせ、FOYまであと一歩に迫っているカープ。来年のさらなる奮起に期待したい!

入会コースと主な特典

- **ファン倶楽部**(3,500円)
  メッシュジャージ／カードホルダー（継続特典）／イヤーブック／会員限定サイト／会員限定グッズ販売他
- **ジュニア**(3,000円)
  バッグ／キャップ／ズムスタ内野自由席入場無料／主催オープン戦入場無料他
- **レディース**(3,800円)
  ズムスタ自由席20試合入場無料他
- **シニア**(3,200円)

DB 横浜DeNAベイスターズ

頑張れ、今は過渡期だ！

ここ数年は惨憺たる有り様だった。09年に「B☆SPIRIT」と銘打って、華々しくファンクラブ改革に乗り出し、プロコレクションユニフォームなどの豪華特典もつけた。ようやく改善の兆しが芽生えたときに、親会社の問題で常に揺れ続けた。一ライターに言われても、ちっとも嬉しくないだろうけど、本当にファンクラブ担当者には同情の念を禁じ得ない。

チーム状態が定まらないのに、ファンクラブにまで手が回るはずがない。したがって、例年必ず募集時期も特典到着も12球団ワーストだ。それは今年も同様だった。

真価は来季に問いたい

しかし、親会社の問題が決着した。ぜひ、来年に期待しよう。時間的な余裕がない中で、細かいサービスにまでは手が回らなかったのは仕方ない。その分、昨年までの継続年会費4000円を2000円に大幅値下げした、その姿勢には期待が持てると思う。

今年のメイン特典「クッション付エコバッグ」は、09年の日本ハムの特典と同じだ。けれども、今年は仕方がない。チーム成績の向上とファンクラブの充実には相関関係がありそうだ。中畑新監督とフロントの連係こそが、ファンクラブの改善につながるはずだ。

親会社のゴタゴタで始動が遅れてしまった感はあるが、まだ1年目。来年以降のサービス変革を応援していきたい

入会コースと主な特典

- **レギュラー**(3,000円※WEB入会2,000円)
  スタジアムバッグ／内野指定席500円割引／ポイントサービス（チケット購入、グッズ購入、イベント参加権と交換）／チケット先行先着販売／会員限定メルマガ／ハマスタオープン戦平日5試合招待／ファーム公式戦1試合招待&チケット割引／会員限定イベント他
- **ジュニア**(2,000円※WEB入会1,000円)

【『ファンクラブ研究家』として】
過去8年間、この企画を担当させてもらって、僕自身が「ファンクラブ研究家」として取材を受けることもしばしば。ラジオに出演したり、携帯サイトでコメントを求められたり、新作本の「著者インタビュー」と言いながら、新刊のこ

あの名物社会派企画が『野球太郎』に見参！

2013

9年間の集大成だよFOY

プロ野球12球団の中で、最も素晴らしいファンクラブはどこなのか？　それを知るために、12球団すべてのファンクラブに入会してしまおう！　そんな馬鹿げた試みを、なんと9年間も続けているライターがいる。ファンクラブ研究家・長谷川晶一氏が発表の場を『野球太郎』に移し、今年もファンクラブについて言いたい放題、書き尽くす！

お待たせしました、9年目！

2005年以来、細々と、しかし着実に続いてきた「12球団ファンクラブ全部に入会してみた！」企画。例年は、すべての特典グッズが届いた直後の春先に掲載されてきたが、今年は満を持して、シーズン終盤のこの時期にお届けしよう！

「今年は掲載されないのかな？」

「長谷川のヤツ、困窮にあえいで、今年はすべてのファンクラブに入れなかったのかな？」

……そんな心配をしてくれた方がどれだけいるのかはわからないけれど、発表媒体も『野球太郎』に変わり、9年目の今年も無事に執筆&掲載できることを嬉しく思う。

05年、球界再編騒動の余波を受けて楽天が発足。ダイエーがホークスから撤退したこの年、楽天とソフトバンクが新たにファンクラブを立ち上げた。翌06年には中日に、07年には広島に「一般コース」が登場し、現在の状況になった。

この間、ロッテと西武がファンクラブ界の雄として一歩リード。その後、「ファミリー会員」や「レディース会員」など、多種多様なカテゴリーができ、それぞれのニーズに応えるようになった。今では、多くのファンクラブが「ファン優先主義」を貫いている。実にいい時代になったものだと、改めて感慨に耽ってしまう。

13年は3球団が大改革！

さて、今年のファンクラブ界の重大ニュースとして、ヤクルト、DeNA、そしてオリックスの「大改革」が筆頭に挙げられる。

特に、DeNA、オリックスは近年のチーム成績に比例するように、ファンクラブ内容はともに貧相なものだった。かつて、10年の本稿で僕は次のように書いた。

「チームが強くなれば客が入り、客が増えればその分をファンクラブに投資できるのか？　それとも、ファンクラブに力を入れたから客が増え、チームも強くなっていくのか？」、と。

この問いの答えは、僕の中にはいまだにない。しかし、05年ロッテ、08年西武、09年巨人などを見ていれば、ファンクラブの充実ぶりとチーム成績は決して無関係ではないことだけは確信している。

今年、改革に着手したヤクルトは不甲斐ないシーズンを送っている。DeNAやオリックスも、決してペナント争いの中心にはいない。それでも、近い将来「13年のファンクラブ改革が今年の優勝につながった」と、笑って言える日が来るのではないかとも思うのだ。

もはやライフワーク？

以下、少しばかり私的な話。

全球団への入会を決めたとき、僕はフリーランスになったばかりの34歳だった。そして現在は43歳。フリーライターとしてすでに10年の節目を迎えている。この間、さまざまな媒体でさまざまな原稿を書いた。自著も10冊ほど刊行した。

※FOY（ファンクラブ・オブ・ザ・イヤー）とは…（おそらく）世界でただ一人の12球団ファンクラブ研究家の長谷川晶一さんが、その年一番サービスと特典が充実していたファンクラブを讃え「FOY」に認定する。ちなみに受賞特典はなく、名誉をお贈りします。

2013年筆者が入会したファンクラブの充実度

FOY	チーム	充実度 総合	観戦特典	グッズ特典	ポイント特典	入会したコース金額	コメント
	巨人	A→	△	○	◎	4,800円	昨年の「黒ひげ危機一髪」に引き続き、巨人らしい挑戦心が発揮された「ツミコレ」。僕は楽しめなかったが、その姿勢は大いに評価したい
	阪神	B↑	△	○	×	3,500円	今年のトートバッグには大満足。従来のイエロージャージはミズノ社製。観戦特典はないものの「チケットプレゼント」は毎試合実施中
	広島	B↑	×	○	×	3,500円	会員サイトで記者会見などの動画配信、メルマガでも選手の生の声を積極的にアピール。広島ならではの「斬新路線」には今後も期待したい
	中日	B↑	△	△	×	3,800円	ジャージ、ウインドブレーカー、ジップアップジャケット、ボストンバッグ、ペア招待券と選択制は充実もデザインが……。送料700円別途
	横浜DeNA	B↑	○	△	○	3,000円	5年目となる「B☆SPIRIT」はついに改革に着手。2試合の観戦特典、毎試合のカード配布、ステージ制度も今年からスタート
	東京ヤクルト	B↓	○	○	◎	1万3,000円	金額内訳はプレミアム1万円、レギュラー3000円、送料500円。昨年までの観戦特典5試合が大幅減少。新ポイント制度「スワレージ」は充実
	東北楽天	B↑	×	△	◎	3,500円	最上位カテゴリー「ブースタークラブ」（10万500円）は、最上級の「おもてなし」。仙台在住の楽天ファンだったら、絶対に入会していたな
	千葉ロッテ	A→	◎	◎	○	1万円	昨年に引き続き「ゴールド会員」に。特典グッズ目当てで上位カテゴリーに入会したくなるのはロッテだけ。常に向上心を忘れない姿勢に感服
	福岡ソフトバンク	A→	△	○	○	3,700円	今年新登場の「応援グッズセット」。Panson Worksとのコラボグッズはオシャレ。ハイグレード会員の特典は、いずれもミズノ社製
	埼玉西武	A→	○	◎	◎	5,000円	12球団有数の超優良ファンクラブ。今年のパーカーも高品質。正直、FOYを授与したいところだが、西武にはさらなる高みを目指してもらいたい
	北海道日本ハム	B→	×	△	○	3,000円	毎年書いているが、「無個性」がこのチームの個性。もう少し独自色に期待。また、以前のような特典グッズの「複数選択制」復活を望みたい
◎	オリックス	A↑	×	○	◎	3,000円	昨年までパッとしなかったものの、今年はついに大改革に着手した。今後は球場に行けない地方在住者へのケアを望みたい。送料600円別途

※1オリックスを「ファンクラブ・オブ・ザ・イヤー」に認定　※2「充実度」は編集部と筆者の独断と偏見によるものです

それぞれの作品、文章に、それぞれの思い出があるけれど、この「12球団ファンクラブ」企画は僕のフリーランス史とほぼ軌を一にしていることに、今回改めて気がついた。ひょっとして、これは僕にとってのライフワークなのでは？　遊び半分で肩に力も入っておらず、意気込んで始めたものでもないからこそ、気づけば9年間も同じテーマで書き続けることができていたのだろう。もはや僕の人生の一部となっている感は否めない。本当にいい趣味を見つけたと思う（笑）。

さぁ、スタジアムに行こう！

筆者がポイントを貯めて入手したヤクルトのパーカー。各球団、ポイントサービスが充実してきている

G 読売ジャイアンツ

「黒ひげ」から「ツミコレ」へ

12年の特典「黒ひげ危機一髪（ジャイアンツバージョン）」は秀逸だった。基本となる「ユニフォーム」や「バッグ」をラインナップに並べつつ、そこに冒険心や遊び心を加味するセンスに、僕は「球界の盟主」を自任するプライドを見た。

　そして、今年も巨人は積極果敢に特典の新機軸に挑戦した。それが「ツミコレ読売巨人マニア」だ。僕はまったく知らなかったけれど、「ツミコレ」とは05年に発売された「新感覚フィギュア」だそうで、ざっくり言えば四つん這いになった人形を重ねて遊ぶもの（笑）。で、迷うことなくこれを選択……。

女性向け特典が2種類に増える

期待満々の「ツミコレ」だったが、僕にはこれの何が楽しいのかサッパリわからなかった。あまりにも「新感覚」すぎて、不惑のオッサンにはミスチョイスだった（苦笑）。

　しかし、新しいものに積極果敢に挑戦する巨人の姿勢は大いに評価したい。さらに今年は「バッグインバッグ」、「ミニショルダーバッグ」と女性向けアイテムが2種類も。11年の巨人、12年のロッテと女性ファンを対象にした秀逸なグッズは過去にもあったが、女性向けアイテムが2種類から選べるのは巨人だけ。王道と冒険と女性と。来年の冒険心にも期待したい。

質・量とも充実した巨人の特典。ただ、筆者の選択した「ツミコレ読売巨人マニア」は賛否両論ありそう

入会コースと主な特典

- **プライム**（4,800円）
  ユニフォーム、ボディバッグ&チケットホルダー、ショルダーバッグ、バッグインバッグ、ツミコレなど6種類から1つ選択／カレンダー／ファンブック／ウェルカムチケット（抽選）／チケット優先販売／ポイントサービス／グラウンド体験ツアー（抽選）他
- **ジュニア**（3,500円）
- **エンジョイ**（無料）

T 阪神タイガース

今年はミズノ社製じゃない！

04年に発足した阪神ファンクラブ。発足時のPRキャラクターはオマリーコーチだった。05年から入会した僕は今年でようやく9年目。来年からは待望の「ダイヤモンド会員」に昇格する。楽しみだな。

　さて、今年は4アイテムから選択できるように改善された。僕は「リバーシブルトートバッグ」を選択。実物を手にして驚いた。例年までのミズノ社製ではなく、「そごう・西武法人外商部」製なのだ。昨年の本欄で「阪神ファンクラブあるある」として「グッズは必ずミズノ社製」と書いたのに……。しかし、これが実にカッコいい。

ファンクラブ界の新潮流？

この社名には見覚えがあった。僕は資料を引っ張り出す。やはり、そうだ。ここ数年、断トツのセンスを誇る西武ライオンズファンクラブグッズはみんな、この会社の手になるもの。同社のホームページを見ると、事業案内の中に「ファンクラブ入会記念品」の項目が。

　ちなみに12球団一、迅速な会員募集を行う阪神はすでに来年度の募集を開始している。その特典を見るとヤバい、カッコいい。これも「そごう・西武法人外商部」の手になるものなのだろうか？　ファンクラブ界の新潮流として、この社名は、ぜひ記憶しておきたい。

筆者は継続特典でリバーシブルトートバッグを選択。表は派手な黄色で、裏返すと黒のシックなデザインに

入会コースと主な特典

- **一般・新規**（3,500円）
  イエローメッシュジャージ／主催試合招待（抽選）／主催試合先行販売／WEBで座席指定／会報誌（年4回）他
- **一般・継続**（3,500円）
  イエローメッシュジャージ、リバーシブルトートバッグなど4種類から1つ選択他
- **キッズ・新規**（2,500円）
- **キッズ・継続**（2,500円）
  3種類からアイテム選択他

ある。しかし、今年の「ツミコレ」はどうにもこうにも使い道がない（笑）。四つん這いの男たちのフィギュアがたくさんあるのだけれど、思春期真っただ中の中学生ならば間違いなく「21世紀の新四十八手」開発に余念なく、エロい体位を眺めてニヤニヤしていることだろう。

C 広島東洋カープ

冒険と革新のファンクラブ史

今年の8月23～25日の3連戦限定で着用された「デニムユニフォーム」をご記憶だろうか？　デニム生地の風合いをプリントした摩訶不思議なもの。これこそ、このチームの真骨頂だと僕は好意的に思った。

なぜなら、広島ファンクラブのこれまでの冒険の歴史とピタリと符合するからだ。レプリカユニだけでも、ノースリーブタイプ、ホームとビジターの奇跡の融合「Caoshima」ロゴ、自分の住む都道府県地図入りタイプなど、多くの冒険を試みてきた。今年は何と「1万5000通りの世界に一つだけのデザイン」だ！

唯一無二の新進性に今後も期待

チームロゴがランダムにプリントされた生地を裁断して作られたものなので、確かに模様は人それぞれ異なる。これを「世界に一つだけ」と言い切るのは他チームなら許さないけど、広島なら過去の冒険心に敬意を表して僕は許す。

さらに、継続特典としてユニフォーム生地を使用したミズノ社製の「オリジナルコインケース」も。これも何度も書いてきたことだけれど、「金がないなら頭を使う」という考えがこのチームには徹底されている。それは決して悪いことではなく、むしろ好ましいことだ。ぜひ来年もアッと言わせてほしい。

斬新なアイデアで度肝を抜く広島。メッシュジャージは1万5,000通りの「世界に一つだけ」のデザイン

入会コースと主な特典

- **ファン倶楽部**（3,500円）
メッシュジャージ／コインケース（継続特典）／イヤーブック／会員限定サイト／会員限定グッズ販売他
- **ジュニア**（3,000円）
バッグ／キャップ／ズムスタ内野自由席入場無料／主催オープン戦入場無料他
- **レディース**（3,800円）
バッグ／ズムスタ内野自由席20試合入場無料他
- **シニア**（3,200円）

D 中日ドラゴンズ

悲しいけど、センスレス

毎年9月1日には翌年の会員募集を開始。それは12球団中、阪神に次ぐ第2位のスピード。運営も堅実で06年の発足以来、球界を代表するファンクラブに成長したといっても過言ではないだろう。

……でも、何か例年しっくりこない。その理由を考えていたのだが、今年ようやくわかった。特典グッズがことごとくダサいのだ。今年、僕は「ミニボストンバッグ」を選択した。「ポリエステル製で軽くて丈夫」の謳い文句はいいけれど、そもそもセンスレス。西武、ロッテ、巨人、ヤクルトなどと比べるとその差は歴然なのだ。

「豊かな彩りと輝き」、とは？

これらのグッズ、「一体、誰がデザインしているのだろう？」と思っていたところ、届けられた会報にその答えが。そこには、「中日ドラゴンズ公式ファンクラブ選択グッズは、私たちがお手伝いさせていただきました」という文言で、某老舗アパレルメーカーの広告記事が。……逆効果だよ、この広告。「豊かな彩りと輝きを持ったファッションのチカラ」のコピーがむなしく響く。「好みの問題」と言ってしまえばそれまでだけど、少なくとも僕の趣味ではない。来年は、僕が唯一評価していた「会員手帳」が特典からなくなる。来年も不安。

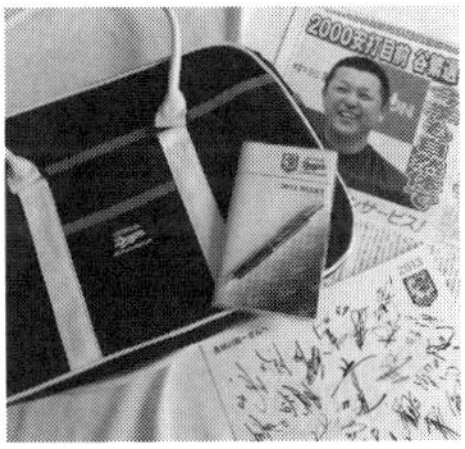

筆者が選択したミニボストンバッグ。老若男女が使えそうに見えて実は使えなさそう…（個人の感想です）

入会コースと主な特典

- **シニア**（3,800円）
ファンクラブジャージ、ジップアップジャケット、ウインドブレーカー、ペア招待券から1つ選択（継続会員はミニボストンバッグも選択可）／会員手帳（ボールペン付き）／会員名入り選手サイン寄せ書き／家族会員サービス他
- **ジュニア**（3,400円）
- **リトル名誉**（無料）

【ファンクラブエピソード①】
昨年のジャイアンツ特典「黒ひげ危機一髪（ジャイアンツバージョン）」は、今でも長く楽しませてもらっている。親戚の子どもたちは大はしゃぎするし、仕事の打ち合わせで訪れた編集者と2人で、いい歳して盛り上がったことも

DB 横浜DeNAベイスターズ

ついに運営組織を一新

ヤクルトと並んで大改革に乗り出したDeNA。これまで別組織だった「ファンクラブ」と「友の会」を一本化。球団の単独運営となった。毎年、「12球団ワーストだ」と厳しいことを書き続けてきたが、昨年の本欄で、僕は「ぜひ来年に期待しよう」と書いた。なぜなら、「何としてでも改善しよう」という改革の息吹を感じたからだ。球団はその期待に応えてくれた。「スペシャル会員」を新設し、8000円で7試合の観戦無料特典をつけた。全試合でカードプレゼントを実施、来場ポイント制も充実。ようやく他球団に追いついた。

写真左は選手カードを入れるためのホルダー。また、筆者は外野指定席を2枚引き換えてもらった

ようやく差し込んだ光明

親会社が混迷していたように、ファンクラブも迷走の歴史だった。09年に「B☆SPIRIT」と銘打って、ポイント制拡充による「観客動員主導型」を目指したが、低迷するチーム事情もあり、思うような成果は挙げられなかった。観客動員が振るわないからファンクラブの特典も貧相になるという悪循環。

しかし、今年の改革はその忌まわしい歴史を断ち切る光明となるはずだ。ハマスタに通えないファンに対してはいまだに課題が残る。それでも、今年の第一歩は必ず未来への光となる。来年はその真価が問われる年となる。

入会コースと主な特典

- **レギュラー**(3,000円)
  2試合観戦無料(内野自由席または外野指定席)/選手カードプレゼント(来場特典)他/主催試合先行販売他
- **キッズ**(3,000円)
  ハマスタ開催試合全試合無料/グローブ(先着5,000人)
- **スペシャル**(8,000円)
  7試合観戦無料(内野自由席2枚、内野指定席B2枚、外野指定席3枚)

S 東京ヤクルトスワローズ

新ポイント制度・スワレージ！

今年から「スワローズクルー」として生まれ変わったヤクルト。「スワレージ」という名のポイント制を導入し、チケット購入、来場、チーム勝利、応援選手の活躍などでポイントを加算し、バスタオルやパーカーなどがもらえるように。

その反面、従来までの「観戦チケット」はレギュラー会員の場合5枚から1枚へ。僕は毎年20試合以上、チケットを買って神宮に訪れているのでポイントは貯まったけど、去年までのほうがよかった。5000ポイントでゲットした「年間名場面DVD」は「選手からの個人宛メッセージ入り」。楽しみ。

ヤクルトファンの筆者は今年もプレミアムに入会。レプリカユニフォームは嬉しいが、“プレミアム感”が…

西武と比較してみると……

例年書き続けてきた「プレミアム会員にプレミアム感がない」問題。昨年までの1万5000円を1万円に大幅値下げしたものの、やはり今年もお得感は薄い。

外野自由席招待券2枚にレプリカユニフォーム。西武なら、もっと特典がついて5000円だもん。

宮本慎也が引退発表した直後に発売された「ファイナルシリーズ」の特典グッズ付きチケット。その優先予約の際に「プレミアムに入っていてよかった」と思った程度。なお、今年からチケット特典のみの「ライト会員」、スワレージ利用のみの「無料会員」を新設。

入会コースと主な特典

- **レギュラー**(3,000円)
  バッグ/外野自由席招待券1枚/チケット割引/主催試合先行販売/ファンブック/ポイントサービス他
- **キッズ**(1,500円)
  Jrキャップ/外野自由席招待券5枚
- **ライト**(2,500円)
- **無料会員**(無料)
- **プレミアム**(1万円)
  レプリカユニフォーム他

「ミニバッグ」など、いくつも特典グッズをもらった。また、チケット購入額によるステージ制を導入。例年僕はステージアップしているのだが、毎年シーズン終盤になるとステージアップ対象者に向けて「内野指定B入場券2枚」がもらえるのも嬉しい。

E 東北楽天ゴールデンイーグルス

「超おもてなし宣言」とは？

05年、球界再編の余波を受けて誕生した楽天もすでに9年目。戦力も整い、ようやく優勝を狙えるチームとなった。今年の楽天は「ファンクラブ超おもてなし宣言」をした。滝川クリステルが「おもてなし」を世界でアピールする何カ月も前のことだ。

さらに、来場ポイント目当てのファンをターゲットにした年会費500円の「ベーシッククラブ」を新設。これで12球団一の7カテゴリーに。来場ポイントでの引き換えアイテムも充実し、着々とファンクラブ整備は進んでいる。しかし、僕にはどうにも物足りないのだ。

「おもてなし宣言」はしたけれど

相変わらず「レギュラークラブ」のメイン特典・ユニフォームは球場引き換えのまま。昨年から「郵送可」となったものの1050円という高額の「実費」が必要だ。ならば、他球団のように地方在住者のために送料込みの価格を初めから設定すればいいのに。

応援グッズや飲食が割引となる「グッズクーポン」。これも、枚数は多いけれど「フライドポテト・100円割引」と言われても、僕は嬉しくない。全7つの「おもてなし」は、すべて球場来場者のみ恩恵を受けられるものばかり。来年は何とかならないかなぁ。

ユニフォームの手触りは出色。クーポンは大量にあるが、その多くは数百円単位の割引券で微妙な気分に…

入会コースと主な特典

- **レギュラー**（3,500円）
  ユニフォーム（来場プレゼント）／ポイントサービス他
- **キッズ**（1,000円）
  ユニフォーム、グローブ、ショルダーバッグ、ポシェットから1つ選択他
- **レディース**（2,000円）
- **ゴールド**（1万500円）
- **ベーシック**（500円）
- **ブースター**（10万500円）
  スタジアムジャンパー他

M 千葉ロッテマリーンズ

ロッテのホスピタリティ

毎年、ロッテの「ファンクラブ入会案内」を見るのが楽しみだ。この球団は常に「もっと改善を！」の意識があふれている。昨年、「ゴールド会員」に登場した特典「レディースセット（3アイテム）」は今年も健在。ロープトート、ブランケット、リーンちゃんぬいぐるみ。まさにロッテのホスピタリティーを象徴するアイテムで、ぜひ今後も継続してほしいと思う。

僕は今年も会費1万円の「ゴールド会員」に入会。昨年もそう。なぜなら、特典が魅力的だから。グッズ目当てで上級カテゴリーに入会。それはロッテだけだ。

歴代最高傑作となるか？

さて、僕が選択したのは「オリジナルパーカー」。11年、西武の特典「オリジナルスウェットジャケット」を、僕は「全球団歴代アイテム中最高傑作だ」と断言し、その思いは今でも変わっていない。会費5000円の西武の「スウェット」に対して、ファンクラブ界の雄・ロッテの会費1万円の「パーカー」。ロッテがどんな意地を見せるのかを確認したかった。

実物を手にする。そのクオリティーは立派なものだった。さすがロッテ。でも、コストパフォーマンスで言えばやはり11年の西武かな？ 来年の巻き返しに期待。

筆者はグッズ目当てで今年も「ゴールド」に入会。高品質のパーカーは普段着として十分着用できる優れもの

入会コースと主な特典

- **レギュラー**（3,500円）
  ミニエナメルバッグ、キャラクタービーチタオル、Tシャツから1つ選択／ピンバッジ／内野自由席券1枚／ロッテリア試食券他
- **カジュアルレギュラー**（2,500円）
- **ジュニア**（3,000円）
- **ゴールド**（1万円）
  5種類から1つ選択他
- **プレミアム・ゴールド**（1万円）
- **マリーンズ**（無料）

【ファンクラブエピソード②】
西武のファンクラブは本当に至れり尽くせり。コストパフォーマンスは12球団一といってもいいだろう。来場ポイント「Lポイント」は球場内の飲食でも貯められるため、ビール好きの僕としては、そのおかげで「スウェットジャケット」

H 福岡ソフトバンクホークス

すべてがそろった理想形

06年は4、07年は5、09年は7、10年からは8アイテムからの特典選択制のソフトバンク。他球団に先駆けて始めたこのサービスは現在では他チームにも浸透。09年から始めた「継続特典DVD」は今年で早くも5年目。

今年、西武が追随するまではソフトバンクの独壇場だった。東京在住のためになかなか恩恵にあずかれないものの、球場来場ポイント、ピンバッジなどの特典も充実。ハイグレードからファミリー会員までカテゴリーも充実、会員限定サイトも併設され、ファンクラブに必要な要素はすべて兼ね備えている。

選べる入会グッズ、招待チケット、DVD（継続特典）…と至れり尽くせり。筆者はバスタオルを選択した

特典DVDだけでも元は取れる

さて、今年は全92分の特典DVDについて言及したい。試合前の円陣風景を集めた人気企画「THE円陣」は今年も健在。ペーニャの回は新鮮。中西健太によるアントニオ猪木のモノマネまで（笑）。

そして、今年の白眉は特典映像『栄光の背番号「9」小久保裕紀　～19年間の軌跡～』。昨年引退した小久保の現役生活を丁寧に振り返っている。巨人に移籍した年についても斉藤和巳との対戦映像を収録。無料DVDとは思えない充実ぶり。09年の本稿で僕は「ぜひ、来年以降も続けて」と書いたけれど、今では完全に名物特典に。

入会コースと主な特典

- **スタンダード**（3,700円）
  レプリカユニフォーム（ホーム、ビジター）、バスタオル、ワークキャップ、トートバック、お買い物利用券など8種類から1つ選択／内野自由席招待券1枚他
- **ジュニア**（2,500円）
- **ファミリー**（6,200円～）
- **ハイグレード**（1万円）
- **プレミアム**（10万円）
  希望日チケット10枚他

L 埼玉西武ライオンズ

良いものは徹底的に模倣する

過去06、07年と2年連続でFOYを獲得した西武。その後も12球団有数の超優良ファンクラブとして揺るぎない地位を築き上げた。

かつては、先行するロッテの長所を徹底的に模倣し、やがて独自性を築き上げた。そして今年。ソフトバンクの生み出した画期的企画「名勝負DVD」が継続特典に。内容も本家と同様に大充実。栗山、炭谷、秋山、熊代、浅村座談会は最高。秋山は「東京では新宿と有楽町にしか行ったことない」とか、炭谷は左手で箸を持つとか、新鮮。このDVD特典は来年からの目玉になるはず。ぜひ継続を！

「そごう・西武法人外商部」製作グッズに外れなし。今年から継続特典「名勝負DVD」が付くようになった

年々、進化を続けていく

さて、阪神のところで触れた「そごう・西武法人外商部」。もちろん、今年の西武グッズもこちらの会社の製作。今年、僕が確認できただけで、西武、阪神、オリックスが同社作製グッズを採用。来年以降、さらなる躍進があるのか注目だ。

さて、今年の西武も優良グッズばかり。昨年の「ウインドジャケット」は個人的には物足りなかったけれど、今年のパーカーは11年の「スウェットジャケット」に匹敵するクオリティーで大満足。全カテゴリーにユニフォームもつき、新特典のDVD、内野指定Aが2枚。限りなくFOYに近い内容。

入会コースと主な特典

- **レギュラーA**（5,000円）
  ユニフォーム／パーカー、エナメルバッグ、トートバッグから1つ選択／内野指定席引換券2枚／チケット割引／来場サービス他
- **レギュラーB**（3,000円）
  内野指定席引換券1枚他
- **ジュニア**（2,000円）
  内外野自由席入場無料他
- **プラチナ**（4万円）
  記念品3点／内野自由席フリーパス他

スト」では、「ファインプレー集」、「記憶と記録」などを収録。昨年4月1日の新垣渚1273日ぶりの復活勝利場面は感動的だった。トークイベント「ロッカールーム」、ファン感謝デー「感謝の集い」のダイジェスト、「選手フォトコレクション」……。この特典は本当にすごいと思う。

F 北海道日本ハムファイターズ

ダルビッシュ改革の炎が!

北海道に移転して10周年となる今年、「10のいいコト大還元」と銘打って、会員限定のプロジェクトを行った。

「自分超えキャンペーン」では、昨シーズンの来場回数を超えたファンに内外野自由席券をプレゼント。来場特典も選手の名前と背番号が入ったカラフルなリボン状の「ボンフィン」に変更。改装なった鎌ヶ谷スタジアムでの来場プレゼントも本格的に始めた。かつて、西武が松坂大輔のポスティングマネーでファンクラブ改革をしたように、日本ハムもダルビッシュの移籍マネーで改革に臨んでいるのは大いに評価したい。

継続会員特典のビッグバッグは「うーん…」と唸ってしまう微妙な出来。リーグ優勝年数が小さく入っている

可もなく不可もなく……

これは毎年書いていることだが、日本ハムファンクラブは可もなく不可もない「無個性」だ。12球団最安値の3000円。コストパフォーマンスは特に悪いわけではない。けれども、メイン特典の「オリジナルビッグバッグ」はどうにもこうにもセンスレス。昨年の「リュックサック」も同様だった。個人的には、多少年会費を引き上げてもいいから、より上質なグッズを「複数選択制」にしてほしい。

他球団の特典グッズは日常使いできるものが多いけど、残念ながら日本ハムの場合は08年の「バスタオル」のみ。はたして来年は?

入会コースと主な特典

- **ルーターズ**(3,000円)
  リュックサック(継続会員はビッグバッグ)/ピンバッジ(継続年数入り)/2012リーグ優勝ピンバッジ(継続会員のみ)/継続ドッグタグ(継続会員のみ)/来場ピンバッジプレゼント/チケット先行予約/チケット割引/会報誌(年5回)/ポイントサービス(チケット購入など)/会員イベント(抽選)他
- **キッズ**(3,000円)

Bu オリックス・バファローズ

大改革断行で超優良組織に

「応援は戦力だ!」のフレーズとともに、ファンクラブ改革を断行したオリックス。来場、チケット購入、グッズ・飲食購入でポイントが貯まる新システムを導入。直筆サイン入りバットやプロモデルユニフォームがもらえるなど、12球団屈指の充実ぶりを誇るものとなった。

さらに入会特典グッズがすごい。「プレミアム」から「ジュニア」までの全5コースで全15アイテム。それらを組み合わせて入手できる。今年の入会案内パンフには「これでも入会しませんか!?」とある。それだけ自信満々なのだろう。その気持ちは十分理解できる。

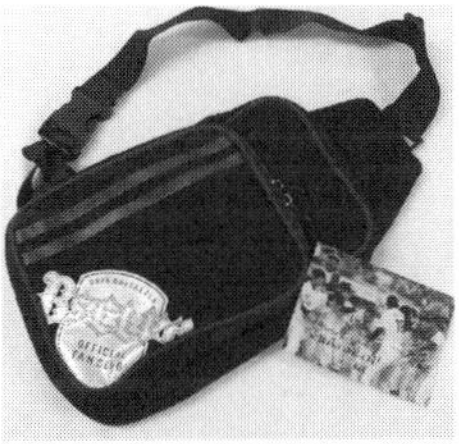
筆者はワンショルダーバッグを選択したが、グッズの多彩さは白眉。ポイントサービスも充実し、FOYに!

12球団一の伸びしろ

昨年の特典「オリジナルシャツネイビー」について、僕は「こんなオッサンくさいものは着られない」と書いた。でも、今年は改善された。そう、ここでも「そごう・西武法人外商部」の存在が! 来年度も引き続き注目したい。

さて、もう一つの改善点は「マイページ」の開設。同じく今年からスタートしたヤクルトと同システムを採用し、「お気に入り選手登録」「スコア予想」「得点予想」など大充実。昨年までの停滞ぶりが嘘のような改革。12球団一の伸びしろに敬意を表して、多少甘いけれど今年のFOYを差し上げたい!

入会コースと主な特典

- **レギュラー**(3,000円)
  スポーツバッグ、ワンショルダーバッグ、ジャージ、ポーチ&ミラー、ロープバッグなど8種類から1つ選択/ポイントサービス他
- **ジュニア**(1,000円)
- **ゴールド**(1万円)
  指定席引換券2枚他
- **プラチナ**(3万円)
- **プレミアム**(10万円)
  自由席チケットレス(無料)

【ファンクラブエピソード③】
ソフトバンクの継続特典DVDは本当によくできていて面白い。今年の「クローズアッププレイヤー」は柳田悠岐、武田翔太。練習、試合映像と本人の証言で構成され、一流のドキュメンタリー番組のようだ。「シーズンダイジェ

ついに10年を迎えた恒例企画！

FOYは、あの「お荷物球団」だ！

10年目を迎えた長谷川晶一さんのファンクラブ生活に今年、衝撃の展開が！　10万円超のプレミアコースへの入会、そして……業界激震の書籍化。発売前からラジオ出演オファーが殺到するなど異例の注目度を誇る一冊を片手に、ぜひ最新報告をお楽しみください！

2014

記念すべき10年目の所信表明

全球団のファンクラブに入会するというバカな試みに挑戦して、ついに10年が経った——。

思えば、長く険しい道のりだった。周りから冷ややかな目で見られたことは何度もある。この10年間で費やしたお金も相当なものだ。それでも僕は雨の日も風の日も12球団ファンクラブの会員であり続けた。これを数式で表すと「12球団×10年間」となり、その答えは「120年」！　のべにして120年分、人間の一生以上の歳月を僕は過ごしてきたのだ。

誰にも褒められないけれど、それでもいい……。そんな思いでいたところ、意外なご褒美がもたらされた。何とこの企画が本になったのだ。『プロ野球12球団ファンクラブ全部に10年間入会してみた！』。内容そのまんまの、実に長い書名だ（笑）。この本の中で僕は改めて2005年からの10年間を総括した。それは、35歳から44歳までの僕自身の10年間を懐古するのと同時に、プロ野球界を振り返るいい機会にもなった。

プロ野球界にはいろいろな課題があるものの、各球団、それぞれに「自分たちなりのファンサービス」を模索している。これからも、各球団の努力をきちんと評価しつつ、言うべきことはしっかり言って、微力ながらもプロ野球界の発展に貢献したい。それが、10年目を迎えた僕の所信表明なのだ。

豪華カテゴリーに入会した！

さてさて、ずいぶん固いスタートとなってしまった。ここからは例年通りの文体に戻すよ（笑）。

記念すべき10年目ということで、僕は今年思い切って、楽天の「ブースタークラブ」に入会した。年会費は10万500円。楽天ファンでもないのに、この最上級カテゴリーに入会する人は、はたしてどれぐらいいるのだろうか？　さらに、継続10年以上のファンだけが入会できるという、阪神の「ダイヤモンドプラス会員」にもなった。こちらは年会費3万3500円。もちろん、僕は阪神ファンではない。でもいい、10年目の節目の年だから。

ワクワクしながら待っていると、大きな段ボールが届いた。そこには、MLB全球団のユニフォームサプライヤーであるマジェスティック・アスレティック製の超豪華な「ジャンパー」が。楽天・ブースタークラブの特典のひとつだ。

同じくマジェスティック製の「プロモデルユニフォーム」もある。さらに、「全選手の直筆サインカード」も届く予定だ。一方の阪神からは主力選手のサインが刻印された「プレミアムバット」が届いた。台座のついた黒塗りの木製バットは高級感にあふれている。

さすがだなぁ……。

とんだ散財だったけど、まぁ10年目ということでご勘弁を。……いや、オレの金だ。どう使ってもいいじゃないか！

さて、今年もまたファンクラブ

2014年筆者が入会したファンクラブの充実度

FOY	チーム	充実度				入会したコース金額	コメント
		総合	観戦特典	グッズ特典	ポイント特典		
	巨人	A↑	△	○	○	4,800円	今年は東京ドームの「ネクストバッタースバスマット」を特典に付ける遊び心を見せてくれた。来年以降も、さらなる冒険アイテムに期待
	阪神	A↓	○	○	×	3万3,500円	通常会費(3,500円)に3万円をプラスして「ダイヤモンドプラス会員」に。メイン特典のサイン刻印入りの特製バットはなかなかの逸品だ
	広島	B↓	△	△	△	3,500円	広島斬新路線をこれからは「CQ(カープ・クオリティ)」と呼ぼう。今年のCQは選手の写真がコラージュされたユニフォーム。最高!
	中日	A↑	○	○	×	3,800円	今年のメイン特典・目覚まし時計は突如として現れた「高島屋法人事業部」製。地方ファンへのもてなしも厚く優良ファンクラブの王道を歩む
◎	横浜DeNA	A↑	○	○	○	3,000円	驚異的な急成長を遂げた今年の横浜。12球団最安値(タイ)ながら、コストパフォーマンスは12球団一。迷うことなく、今年のFOYだ
	東京ヤクルト	B↓	○	△	○	1万円	子どもの頃から入会してきたけれど、ここ数年、他球団と比べると特典が貧相になっている点が心配。かつての優良ファンクラブの意地に期待
	東北楽天	A↑	△	○	○	10万500円	念願かなって初めてブースタークラブに入会。10万500円の出費は痛いけど、それでも、豪華特典の数々に大満足。いい思い出になった(笑)
	埼玉西武	A↓	○	○	○	5,000円	ここ数年、物心ともに完璧なオペレーションを展開。僕ごときが偉そうに言えることは何もない。「FOY殿堂」創設を真剣に考慮している
	千葉ロッテ	A↓	○	○	○	3,500円	10年前の「子ども用グローブ」と比べると、今年の「ジュニアグローブ」は品質が格段に劣るのが残念だけど、それ以外は特に不満はナシ
	福岡ソフトバンク	B↓	○	△	○	3,700円	継続入会10年目を迎え、念願の「プレミアム会員」入会資格を得たものの、金銭面、特典面を考慮して入会を断念。自分の意気地のなさが悲しい
	オリックス	B↓	○	△	○	3,600円	3年以上の長期継続特典として、「京セラドーム内でのネームプレート掲出」は今年も健在。やっぱり、自分の名前を球場で見るのは嬉しい
	北海道日本ハム	C↓	×	×	○	3,000円	入会10年目を迎えて、ついに「プラチナカード」をゲット。主だった特典はないけれども、それでもやっぱり達成感は大きいのだ

※1DeNAを「ファンクラブ・オブ・ザ・イヤー」に認定　※2「充実度」は編集部と筆者の独断と偏見によるものです。

界にはいろいろな特徴が散見される。詳細は後に触れるけれども横浜ファンクラブの大躍進は14年のトップニュースだろう。長年低迷していたDeNAファンクラブの急成長。それはまるで大河ドラマを見るような壮大な歴史でもある。

やっぱり野球は楽しい。今年もまた「観戦特典」をフル活用して、日々球場に出かけている。

選手たちはカッコいいし、生ビールは今年もうまい。さぁ、スタジアムへ行こう!

見よ! トランプのごとく敷き詰められた会員証を!! 長谷川さんは決して、裕福ではないのにこの10年間で70万円の私財を投入した。ただごとではない

E 東北楽天ゴールデンイーグルス

豪華すぎるよ、ブースター！

冒頭で述べたように、今年は奮発して、年会費10万５００円の「ブースタークラブ」に入会。貧乏ライターにとっては手痛い出費だったけれど、その価値は十分にある特典内容に大満足。マジェスティック製の「ジャンパー」は中綿もしっかりした本格的なものだし、ポイント制度「Ｂ＋（ボーナスプラス）」でゲットした「プロモデルユニフォーム」は試合で選手が着用するものと同じ。背中の「ＮＰＢ」の刺繍が実に誇らしい。さらに、「全選手直筆サイン入りカード」がこれから届くという。ＡＪ好きなので、彼のサインカードが楽しみで仕方がない。

まだまだあるよ、ブースター！

せっかくのブースター入会ということで、4月18、19日と新装なったコボスタに行ってみた。18日は来場者全員に「チャンピオンリング」プレゼントの日。球場は大混雑。しかし、ブースター会員は「お取り置きサービス」特典で、並ばずにリングをゲット。さらに、球場内には僕の名前が掲出されていた。これもブースターの「メンバーズプレート掲出」特典だ。さらに来場ポイントで過去のファンクラブ特典ユニフォームを2枚ゲット。これだけ至れり尽くせりなのは10年間で初めてのこと。今年は、最初で最後の贅沢を十分満喫するつもりだ。

リアル志向のジャンパーとユニフォームだけでも10万円の価値はある

入会コースと主な特典

- **レギュラー**(3,500円)
  ユニフォーム／ポイントサービス／メモリアルチャーム他
- **キッズ**(1,000円)
  ユニフォーム、グローブなど4種類から1つ選択他
- **レディース**(2,000円)
- **ゴールド**(1万500円)
- **ベーシック**(500円)
- **1001**(1万1,001円)
- **ブースター**(10万,500円)
  ポイント10万点他

L 埼玉西武ライオンズ

12球団一の超優良ファンクラブ

西武に関してはもう何も言うことはない。12球団一の超優良ファンクラブだと言ってもいいだろう。

年会費５０００円の「レギュラー会員」は「オリジナルユニフォーム」に加えて、「スウェットジャケット」、「内野Ａ指定席2枚」、本体価格１１４３円の豪華な「ファンブック」。さらに、昨年初めて継続特典にした「名勝負ＤＶＤ」は今年も健在。早期入会特典の「卓上カレンダー」もあれば、球場に行けば「選手カード」や「ピンバッジ」ももらえる。特典グッズのデザインに文句もなく、僕は毎年とっても満足している。そして、もちろん今年も大満足だ。

ＦＯＹ殿堂入りか？

これまで06、07年と2年連続でＦＯＹに輝いた西武だが、正直なところ、僕はここ数年迷っている。

というのも、13年も14年も西武がＦＯＹで何の問題もないからだ。それでも、一球団に偏りのないように、何とか他球団のいいところを見つけて、ＦＯＹを授けてきた。

しかし、それももう限界だろう。このままでは、ファンクラブ界は西武の独り勝ち、「1強11弱」時代がすぐにでも到来してしまう。ひとまず、今年は保留にするけれども、来年もこの傾向が続くようであれば、そろそろ「西武のＦＯＹ殿堂入り」を本格的に検討する必要がありそうだ。

公式戦同様、ファンクラブ特典のユニフォームも斬新なデザイン（謎のゼブラ柄）だ

入会コースと主な特典

- **レギュラーA**(5,000円)
  ジャングル大帝ユニフォーム／スウェットジャケットなど3種類から1つ選択／内野指定席引換券2枚／チケット割引他
- **レギュラーB**(3,000円)
  内野指定席引換券1枚他
- **ジュニア**(2,000円)
  内外野自由席入場無料他
- **プラチナ**(4万円)
  記念品3点／内野自由席フリーパス他

プロ野球の取材に行った際に、12年のヤクルトのトートバッグを持っている人も見かけた。同じヤクルトファンということもあって、「このトート、すごく使い勝手がいいですよね」と言いたくなったが、なんとかガマン。奇妙な連帯感。

M 千葉ロッテマリーンズ

10年前と比べると……

今年の「レギュラー会員（年会費3500円）」の特典は「ジュニアグローブ」を選択。そういえば、僕が全球団に初めて入会した05年の特典もグローブだった。

05年のミズノ製のグローブ。かなり本格的なもので僕は球場にしばしば持参していたのだけれど、酔って酒場に忘れ、悔しい思いをした。ということで、今年も迷いなくグローブを選択。しかし、10年前のものと比べると品質はイマイチ。ちなみに、他の選択アイテム「ポロシャツ」も品質はいまひとつ。ここは無難に「バスタオル」か「トートバッグ」にすればよかったかな？

9年ぶりに選択した「ジュニアグローブ」だったが、クオリティーの低下に激しく落胆した

逆襲に期待したい！

この10年間、ロッテファンクラブは常に他球団の先頭を走っていた。日本一に輝いた翌年の06年から、ファンクラブを「TEAM26」と改称して数々の改革を行ってきた。特典グッズは独創性にあふれていたし、球場に行けば、チケットだけでなく飲食の購入までポイント化。客のニーズや嗜好を把握し続けてきた。しかし、ここ数年あまり元気がないように思えるのだ。

これまでロッテの模倣を続けてきた西武が高い位置で安定しているのに隠れてしまって、ファンクラブ界最大の功労者の影が薄い。来年こそはロッテの逆襲に期待。

入会コースと主な特典

- **レギュラー**（3,500円）
  トートバッグ、ジャガードバスタオル、ポロシャツ、マーくんパスケース、ジュニアグローブから1つ選択／内野自由席券1枚／会報誌（年3回）他
- **カジュアルレギュラー**（2,500円）
- **ジュニア**（3,000円）
- **ゴールド**（1万円）
  5種類から1つ選択他
- **プレミアム・ゴールド**（1万円）
- **マリーンズ**（無料）

H 福岡ソフトバンクホークス

「THE円陣」はホントに最高！

今年もソフトバンクは「複数選択制」が大充実。今年は全8アイテム。僕は「トートバッグ」を選択した。ソフトバンクの特典はいつもカッコいいデザインなので、僕は毎年、普段使いしている。そして、今年も継続特典の「オリジナルDVD」が付く。毎年の恒例コーナーで、試合前の円陣を紹介する「THE円陣」が大好きだ。今年は球団マスコットのハリーくんがジェスチャーで檄を飛ばしたり、通訳の門奈哲寛氏が手品を披露し「マジックを減らしましょう！」と喝を入れたりするシーンが面白かった（笑）。前年の記録集としてもとても役に立つ逸品だ。

せっかくのお誘いなのに……

継続10年目の今年、僕のもとには「プレミアム会員（年会費10万円）」の案内が届いた。これは継続10年以上の会員しか入れないスペシャルカテゴリーだ。楽天と阪神の高級カテゴリーに入っただけに、「ここは入るしかないだろう！」と意気込んだものの、結局は入会しなかった。特典は豪華だ。「リバーシブルパーカー」や「選手ピンバッジセット」など、魅力的なアイテムの他に、全16試合の「観戦特典」まで。しかし、東京在住の僕は、チケットのほぼすべてをムダにしてしまうことだろう。ということで、入会を断念。ヘタレすぎる自分が恥ずかしい。

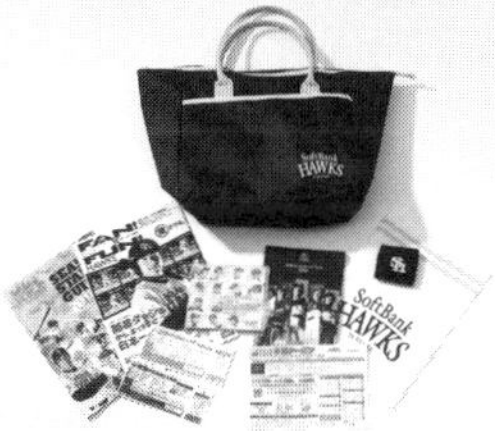

観戦特典、会報誌、DVD、8種類から選べるグッズと充実のラインナップに大満足

入会コースと主な特典

- **スタンダード**（3,700円）
  レプリカユニフォーム（ホーム、ビジター）、バスタオル、ワークキャップ、トートバック、お買い物利用券（3,000円分）など8種類から1つ選択／内野自由席招待券1枚他
- **ジュニア**（2,500円）
- **ファミリー**（6,200円～）
- **ハイグレード**（1万円）
- **プレミアム**（10万円）
  希望日チケット10枚他

【あぁ、この不思議なる連帯感】
先日、東京・山手線に乗っていたら、僕の隣に11年オリックスのメイン特典「トートバッグ」を持っている推定20代の男性がいた。「僕も同じものを持っています」と声を掛けたくなる衝動を抑えるのが大変だった。あるいは、女子

Bu オリックス・バファローズ

ややトーンダウンか？

昨年、大々的にファンクラブ改革に踏み切ったオリックス。その心意気を買って、多少甘いけれども13年度のFOYを授けた。その真価が問われる今年だったが、ややトーンダウンした感は否めない。僕は「レギュラー会員（年会費3000円・送料600円）」に入会。濃紺でカッコいい「オリジナルユニフォーム」に加え、「内外野自由席1枚」が特典に。

一方、オリックスの最大の長所である「来れば来るほど得をする」コンセプトは健在。ポイントを貯めれば「サイン入りユニフォーム」や「サインボール」「サイン色紙」などがもらえる。

3球場で名前が掲出された！

12年から始まった、オリックス独自の継続特典が「京セラドーム内のネームプレート掲出特典」だ。これは3年以上の継続会員の名前が球場内に掲出されるサービス。シンプルだけど意外と嬉しいのだ。

実は、楽天・ブースタークラブ、阪神・ダイヤモンドプラス会員でも同様のサービスを行っている。ということで、今年は僕の名前がコボスタ、甲子園、そして京セラドームに掲出されているのだ。単なる一ライターのクセに3球場に、その名を残す男、誇りに思う。ちなみに今年はまだ京セラドームを訪れていない。ぜひ、自分の目で確かめたい。

前年のFOYの決め手となった選択制のグッズが打ち切りに。割に合わないと判断されたか

入会コースと主な特典

- **レギュラー**（3,000円）
  ユニフォーム／内外野自由席券1枚／チケット割引／ポイントサービス／京セラドームにネームプレート掲出（継続・希望者のみ）他
- **ジュニア**（1,000円）
- **ゴールド**（1万円）
  指定席引換券2枚他
- **プラチナ**（3万円）
- **プレミアム**（10万円）
  自由席チケットレス（無料）

S 北海道日本ハムファイターズ

ついに、プラチナカードゲット

入会10年目の今年、僕は「プラチナカード」をゲットした。日本ハムファンクラブは、入会年数に応じて、1〜2年目は「レギュラーカード」、3〜4年目が「ブロンズ」、5〜6年目が「シルバー」、そして7〜9年目が「ゴールド」に昇格し、今年ようやく「プラチナカード」をゲット。特典はチケット優先購入以外、特にナシ。それでも、やっぱり達成感、充実感はある。でも、カテゴリーは「ルーターズクラブ」と「キッズクラブ」のみ。特典グッズは「スタジアムBIGタオル」だけ。他球団並みに複数カテゴリー、複数グッズ選択制だといいのになぁ。

前球団社長の講演会で……

13年4月、慶應義塾大学で行われた藤井純一前球団社長の講演において、興味深い発言があった。

「ファンクラブの入会特典は12球団でもっとも費用をかけていない」

この発言を知って、僕は「なるほど」と心から納得。ここ10年、僕はずっと日本ハムファンクラブに物足りなさを感じてきた。常に「可もなく不可もなく」、あるいは「個性がないのが唯一の個性」という印象なのだ。藤井氏は言う。「新規よりも継続してもらうことを重視している」と。それも一つの哲学だろう。でも、もう少し個性的なファンクラブ運営を期待したいのだけれど。

継続特典のバスタオル。中央下部に陣取る鶴岡慎也の姿に、涙を隠せないファンも多いだろう

入会コースと主な特典

- **ルーターズ**（3,000円）
  リュックサック（継続会員はバスタオル）／チケット先行予約／チケット割引／ポイントサービス／来場ピンバッジプレゼント／会員限定ガチャポン／会報誌（年5回）／会員イベント（抽選）／会員専用サイト／CSチケット先行販売／ファンフェスティバル先行抽選他
- **キッズ**（3,000円）

りたくないだろう。ただいま審査中。はたして結果は？　……と思っていたら、政府主導で「16球団構想」が明らかに。おいおい、オレが払った申請審査料はどうなるんだよ。新たに「16球団〜」で申請し直しなのか？　ドキドキしちゃうよ。

G 読売ジャイアンツ

今年の冒険アイテムはバスマット

12年の「黒ひげ危機一発（ジャイアンツバージョン）」、13年の「ツミコレ」と、冒険心あふれる新しいアイテムを特典グッズに採用し続ける巨人。今年の目玉は、老舗タオルメーカー・内野の「ネクストバッタースバスマット」だ。東京ドームのネクストバッタースボックスをモチーフにしたバスマット。一体、誰がこういうアイディアを出して、どのような会議を経て、特典グッズが決定するのだろう？「黒ひげ」や「ツミコレ」と比較すると、ちょっとおとなしいけれど、これからもこういうチャレンジアイテムの登場に期待したい。

アッと驚くサプライズを

グラウンド上と同様に巨人の場合は質、量ともに12球団有数の豪華なファンクラブだ。この10年間、さまざまな豪華特典をもらった。基本はアディダス製のユニフォームやバッグだったが、いずれも品質は最高だった。また、「女性ファン獲得」に熱心で、11年に「オリジナル・バッグ・イン・バッグ」、12年に「オリジナルミニショルダーバッグ（エコバッグ付）」など、女性用アイテムを積極的に特典に採用している。

しかし、近年は「高値安定」ではあるけれども、アッという驚きが少ない。資金力にモノを言わせた新機軸の登場を切に願っている。

ネクストバッタースバスマットのアイデアがとにかく素晴らしい。どこに敷くかはあなた次第

入会コースと主な特典

- **プライム**（4,800円）
  トートバック（オフホワイト、ブラック）、ネクストバッタースバスマット、500G-Po（ポイント）から1つ選択／ステイタスブック／カレンダー／会報誌（年6回）／ウェルカムチケット（抽選）／チケット先行販売／ポイントサービス／イースタン主催試合入場無料他
- **ジュニア**（3,500円）
- **エンジョイ**（無料）

T 阪神タイガース

全長83センチの豪華なバット

前述のように10年目の今年、僕は「ダイヤモンドプラス会員」になった。主力選手のサインが金色に刻印された真っ黒いバット。阪神ファンなら、ぜひ部屋に飾りたいところ。しかし僕は、部屋には飾らず仕事場の片隅に立てかけ、原稿執筆に疲れたら、このバットを持って屋上に行き、素振りをして気分転換。そういう意味では、僕にとっては実に実用的な特典だ（笑）。しかし、このバットには全12選手のサインが刻まれているのだが、どれが誰のサインかよくわからないのが難点。背番号で判断するしかないのだが、それでもよくわからない……。

うーん、コスパが……

ダイヤモンドプラス会員のその他の特典に「ペアチケット全員プレゼント」がある。これはネットから申込みが必要なのだけれど、受付期間が2月4～6日のみ。結局、受付期間に申し込むことができずにムダにしちゃった。ちょっと応募期間、短すぎないですか？

さらに「抽選で新人選手とのファンミーティング参加権」という特典もあるのだが、これも東京在住の僕にはあまり嬉しくない。結局、3万円を追加して「プレミアムバット」をもらい、甲子園球場に「ネームプレート掲出」をしてもらっただけだ。来年は入らないな、間違いなく。

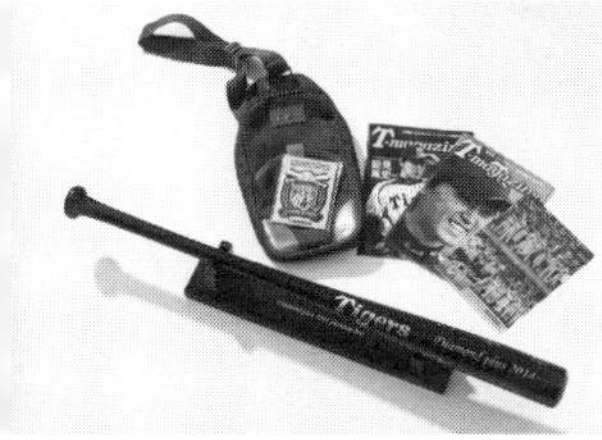

「ダイヤモンドプラス会員」しか手に入らないサイン刻印入りのバット。台座付で重厚感たっぷり

入会コースと主な特典

- **一般・新規**（3,500円）
  イエローメッシュジャージ／主催試合招待（抽選）／会員限定チケット割引販売／WEBで座席指定／会報誌（年4回）他
- **一般・継続**（3,500円）
  入会年数によって継続記念品／サイン刻印入りバット（会費プラス3万円のダイヤモンドプラス会員）他
- **キッズ・新規**（2,500円）
- **キッズ・継続**（2,500円）

【ファンクラブ評論家で商標出願】
大学時代の友人で弁理士になったヤツがいる。彼と呑んでいて、「商標登録」の話に。で、その場の勢いで「12球団ファンクラブ評論家」として商標登録することに。手続きは彼がすべてやってくれた。こんな肩書き、誰も名乗

C 広島東洋カープ

今年もやっぱり斬新すぎる

毎年毎年、斬新なデザインの「メッシュジャージ」が特典の広島。こうしたカープ独特の美的センスを、僕は「CQ（カープ・クオリティ）」と呼んで、かなり評価している。

14年もCQは存分に発揮された。今年は胸の「Carp」というロゴ部分に13年シーズンの名場面写真がコラージュされているのだ。堂林翔太がガッツポーズをしていたり、今村猛が歯を食いしばってピッチングをしていたり……。

よくもまぁ、アイディアが尽きないものだと心から感心した。来年もこの路線が続くようならFOY初戴冠もあり得るかも？

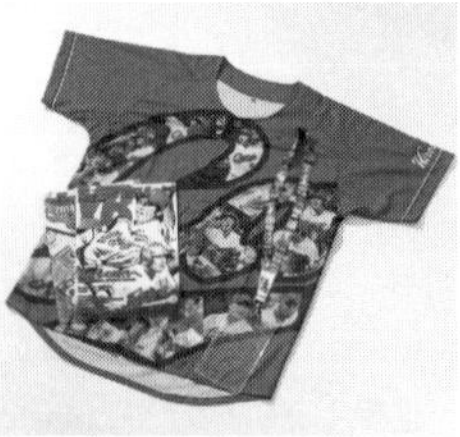

奇抜なアイディアの源泉を知りたい。今年もいかんなく発揮されたCQに拍手を贈る

百貨店代理戦争が勃発！

昨年の本項で、西武や阪神の特典グッズが「そごう・西武法人外商部」製であることを指摘し、「これがファンクラブ界のトレンドだ」と紹介した。今年も、西武や阪神のグッズが、この「そごう・西武法人外商部」製で、やはりデザイン、品質ともに優れたアイテムを提供。しかし、今年はさらに新たな潮流が！

何と、「レディースカープ」特典の「バンダナ付オリジナルバッグ」は「髙島屋法人事業部」製なのだ。期せずして勃発したファンクラブ界の百貨店代理戦争。伊勢丹、三越などの新規参入はあるのか？ 今後の行方に注目したい。

入会コースと主な特典

- **ファン倶楽部**（3,500円）
  メッシュジャージ／ネックストラップ（継続特典）／イヤーブック／会員限定サイト／会員限定イベント他
- **ジュニア**（3,000円）
  バッグ／キャップ／ズムスタ内野自由席入場無料／主催オープン戦外野自由席入場無料他
- **レディース**（3,800円）
  バッグ／ズムスタ内野自由席20試合入場無料他
- **シニア**（3,200円）

D 中日ドラゴンズ

ここでも、髙島屋が台頭！

選択制のメイン特典、僕は「オリジナル目覚まし時計」をチョイス。文字盤には竜の絵が描かれ、長針と短針にはバットがあしらわれている。直径9・5センチの小型目覚まし時計はなかなかカワイイ。時間も正確で機能的にもOK。

で、意外な事実に気がついた。この時計もまた、広島の項で述べた「髙島屋法人事業部」製なのだ。今年に限って言えば、僕が確認できたのは広島と中日のみだが、今後、髙島屋はさらに台頭してくるのか？ それとも、「そごう・西武」が先駆者の意地を見せるのか？ 詳しくは15年の本稿で検証してみたい。

トートバッグか目覚まし時計を選択できる。老舗百貨店・髙島屋の製作だ

すばらしき震災復興支援

これまで、中日ファンクラブは積極的に「ビジター応援デー」を開催していた。6月2日のKスタ宮城（当時）での交流戦では東北6県の会員を対象に「サイン入りポストカード」をプレゼント。球団によれば東北在住会員232人中、128人が球場を訪れたという。「たとえナゴヤドームに頻繁に通えなくても、チームとつながっていたい」という地方ファンを大切にする姿勢はすばらしいと思う。利益保護のために「野球協約」で定められた「保護地域」の規定はあるにせよ、ぜひ他球団もこの流れに追随し、相互交流の輪を広げていってほしいものだ。

入会コースと主な特典

- **シニア**（3,800円）
  トートバッグ、目覚まし時計から1つ選択／ペア招待券（ナゴヤドームパノラマ席か横浜スタジアム内野指定席）／チケット先行抽選販売／ダイヤモンドシート招待（6年以上継続会員）／会員交流サイト／会報（年2回）／ファーム公式戦招待／家族招待サービス（抽選）他
- **ジュニア**（3,400円）
- **リトル名誉**（無料）

書を出版以来、多くの方々から「面白かった」と嬉しい感想も届いている。さて、来年以降はどうしよう？ 今年で引退？ いやいや、やめる理由が見つからない。まだまだやるよ、目標は20年目にパート2を出版することだ(笑)!

DB 横浜DeNAベイスターズ

苦節3年、ついに成果が！

05年以来、横浜ファンクラブは低評価の連続だった。親会社の問題で球団経営が不安定だったため、ファンクラブ運営は二の次だった。

しかし、12年に親会社がDeNAに代わってから、横浜は着実に優良ファンクラブへの道を歩み始めた。ここ数年、僕はこの企画の中で「今は過渡期だ、頑張れ！」と書き続けてきた。それは決して同情ではなく、進化の努力が着実に見られたから。そして今年、3年前に蒔いた改革の種はついに大輪の花を咲かせた。褒めるべき点がほとんどなかった横浜が、ついに優良ファンクラブの仲間入りを果たしたのだ！

感動的な今年のFOY

今年の「レギュラー会員」の年会費は3000円。「2試合分の観戦特典」が付き、さらにユナイテッドアローズの「ビジネストートバッグ」、アースミュージック&エコロジーの「バッグ&ポーチセット」、ニューエラの「キャップ」などから1点を選択。有名ブランドとコラボしたこれらのグッズはいずれも上質で、12球団でもっともコスパのいいファンクラブに変貌。どんなに苦境にあえいでいても、「変わろう」という意思があれば、人は変われるのだ。何だか人生の指針を得たような気分だ。大げさ？　いや、そんなことはない。今年のFOYだ！

若い女性に圧倒的支持を受ける人気ブランドを投入。新たな息吹をひしひしと感じる

入会コースと主な特典

- **レギュラー**(3,000円)
  2試合観戦無料／ビジネストートバッグ、バッグ&ポーチセット、キャップ、カードホルダー付きリュック、グッズクーポン券(2,000円分)から1つ選択／主催試合先行販売／選手カードホルダー(継続&早期WEB入会)他
- **キッズ**(3,000円)
  主催試合全試合無料他
- **スペシャル**(8,000円)
  7試合観戦無料他

S 東京ヤクルトスワローズ

改革の行方に不安も……

僕は子どもの頃からのヤクルトファンで、小さいときからファンクラブに入っていた。12年までの「5試合の観戦特典」は東京在住の僕にとって、とてもありがたいものだった。しかし、13年にファンクラブ改革を断行。「スワレージ」という名のポイント制を導入する代わりに「観戦特典」は2試合に大幅減少。残念だけれど、来場促進のためには仕方がないし、ポイントのおかげで「オリジナルパーカー」や「年間名場面DVD」を入手。でも、メイン特典が年々貧相になっている気がする。それまでは優良ファンクラブだっただけに、その点が心配だ。

一瞬で、赤川克紀ファンに！

さて、前述の「年間名場面DVD」だが、なんと「選手からの個人宛メッセージ入り」なのだ。選手の指定はできないけれど、昨年僕に送られてきたDVDでは、いきなり赤川克紀が登場。カメラ目線で「ハセガワショウイチさん、いつも応援ありがとうございます！」とメッセージ。実にいいアイディアだなぁ。一気に赤川ファンになってしまった(笑)。今年も5000ポイントで「年間名場面DVD」がもらえる。僕はすでに9300ポイント貯めている。もちろん、今回もこのDVDをゲットするつもり。今年は誰からのメッセージだろう？

毎度のごとく著者はプレミアムに入会し、毎度のごとく不完全燃焼を味わっている

入会コースと主な特典

- **レギュラー**(3,000円)
  ブランケット／外野自由席招待券1枚／チケット割引／主催試合先行販売／会報誌(年6回)／ポイントサービス他
- **キッズ**(1,500円)
  Jrキャップ／外野自由席招待券5枚
- **ライト**(2,500円)
- **無料会員**(無料)
- **プレミアム**(1万円)
  レプリカユニフォーム他

【さぁ、これからどうする?】
05年に全球団に入会したときは、まさか10年間も続けるとは思わなかった。ついに今年、集大成となる『プロ野球12球団ファンクラブ全部に10年間入会してみた!』という本も出版できたし、僕はもう大満足。おまけに本

「あぁ、もうやめよう……。来年こそは、絶対にやめよう……」

楽しくて、楽しくて仕方がない時期

巻頭エッセイで述べたように、酔った勢いで始めた戯れではあったけれど、「悪だくみ」を思いついたあの日から、プロ野球に対する接し方が変わったような気がした。

購読している『日刊スポーツ』を、それまでよりも丹念に読むようになった。ヤクルト以外の選手のことをもっと知りたくなったからだ。それまでは、せいぜい対戦相手であるセ・リーグ5球団の主力選手のことぐらいしか興味がなかった。ファームの選手、あるいはパ・リーグの選手については、ほぼ何も知らないといっていい状態だった。

それでも、何も不自由していなかったし、不都合もなかった。

しかし、この頃になると「もっと知りたい」という欲が出てきているのが、自分でもわかった。2004年の球界再編騒動を経て、翌05年からはセ・リーグとパ・リーグが激突

する交流戦が始まることも決まっていた。これまで見ることのできなかった夢の対決が実現する。それはまるで、全盛期のアントニオ猪木率いる新日本プロレスと、ジャイアント馬場率いる全日本プロレスが真正面から激突する団体対抗戦のような興奮があった。

交流戦が控えているのならば、パ・リーグの選手のこともっと知らなければならない。いや、知りたい。どんどんそんな思いが強くなっていく。それはまるで、あの10歳の頃のような感覚だった。ヤクルトＦＣに入会したばかりの頃、とにかく「ヤクルト情報」に飢えていた。それが満たされてくると、貪欲に「プロ野球情報」を欲した。

あの頃は、見るもの、聞くもの、すべてが新鮮で、すべてが楽しかった。

それから20年以上が経過して、「第2次プロ野球ブーム」が訪れたのだ。そして、そのきっかけとなったのが「12球団すべてのＦＣに入会しよう！」と決めたことだった。

（やっぱり、この《悪だくみ》は最高だ……）

トータルで4万円を超える出費だったけど、非常にコスパのいい娯楽だった。何しろ、四六時中ハッピーでいられるのだ。

この頃の僕は、気がつけばニヤニヤしている気持ちの悪い中年だったはずだ。

05年になり、少しずつ各球団の特典グッズが届き始める。

この頃はまだ現在のようにシステマティックではなかったので、年が明けても一向に募集内容が発表されない球団があったり、開幕してもまだグッズが届いていなかったり、かなりヤキモキしながら過ごした。それでも、キャンプが終わり、オープン戦が佳境となり、開幕戦が近づいてくると心が沸き立ってくる。

気がつけばレプリカユニフォームを着用しながら鏡を見たり、意味もなくキャップをかぶりながら机に向かって仕事をしたり、無意識のうちにそんなことばかりしていた。それは今まで経験したことのない感覚だった。

各球団から届く会報やメルマガを丹念に読んでいるから、ヤクルト以外の選手に詳しくなっていたことが嬉しかった。そして、前年の騒動を経て、この年からは福岡ソフトバンクホークス、そして東北楽天ゴールデンイーグルスが誕生していた。もちろん、両チームのＦＣにも入会している。チーム創設と同時に入会していることが嬉しかった。「一期生」という事実が誇らしかった。

こんなにワクワクする球春到来は、それまで一度も経験したことがなかった。このときの僕は、完全に浮かれていた。

開幕するとすぐ、さまざまな球場に足を運んだ。当時、自分が書いた記事を読むと、無

料観戦特典のあるヤクルト、ロッテ、西武と関東近郊の球場を中心に、開幕3週間で15試合も観戦していたという。

どうやって仕事をしていたのだろう？　まぁ、そんなに仕事も殺到していたわけでもなかったし、今から思えばそれなりに時間もあったのだろう。

ヤクルトと無関係の試合を見るのは楽しかった。両チームフラットに応援できる感覚は新鮮だった。単にＦＣに入会しただけなのに、どのチームを見ても「我がチーム」という感覚が芽生えてくるのが不思議だった。さすがにヤクルト戦だけは、相手チームも応援するはずもなく、ひたすらヤクルトの勝利だけを願っていたけど、それ以外の試合では「赤勝て、白勝て、どっちも頑張れ～！」という、実にのんきな観戦スタイルだったが、それが実に心地よかった。

そして、なんの迷いもなく2年目に突入

こうして、トゥエルバーとしての1年目は無事に終わった。

自分で考えていたよりもずっと楽しく、充実したシーズンだった。当初は不信感から始まったものだったけど、他球団と比較してみると、ヤクルトＦＣはむしろいろいろな面で上質のサービスを提供していることにも気がつけた。

また、前年の球界再編騒動を経験したことで、全球団が「ファンあってのプロ野球」という認識で、格段にサービス向上がなされていたことも見逃せない。まさにこの頃は従来型価値観から、新たな価値観へ移行する過渡期にあった。

ダイナミックに変化しつつある現場に身を置くことはとても気持ちよかった。

また、思わぬ副産物もあった。トゥエルバーとしての顛末を短いコラムに書いたところ、『野球小僧』(現『野球太郎』)編集部の菊地高弘氏から、「うちの雑誌で書いてみませんか?」と連絡をもらい、そこから同誌での仕事が増えていく。

03年夏、勤めていた出版社を退職して、すでに1年半が経過していた。04年秋には最初の本を出版していたけれど、まだまだ自分の目指すべき道は見えていなかった。

しかし、全球団のFCに入会したことで、『野球小僧』で仕事をするようになり、その結果、他社からも野球に関するオファーをいただくようになった。今から思えば、自分に合っていたのだろう。

当初は「趣味は仕事にしないほうがいい」という一般的な考えを真に受けて、「野球を仕事にする」という発想は強くなかった。もちろん、野球に関する仕事もすることはあるだろう。それでも、あくまでも「野球も」であり、絶対に「野球を」というつもりは微塵

もなかった。けれども、次第に野球関係の仕事が増えていく。自分では一度も「ベースボールライター」と名乗ったことはなかったけれど、少しずつ編集者の間ではそのように認知されていったようだ。別に肩書にこだわりはなかったので、まったく気にしていなかったけど、いただける仕事は全力で頑張ろう。

そんな思いで日々の仕事に取り組んでいたら、気がつけば僕は、野球を中心に仕事をするノンフィクションライターとなっていた。

そのきっかけとなったのは、「全球団のFCに入会しよう」と決めた、ゴールデン街で迎えた、あの朝の日のことだったのかもしれない。

降って湧いた「違法建築騒動」の果てに……

こうして、3年目、4年目、5年目と時間が経過していく。

楽しさはまったく変わらなかった。野球に対する興味や関心はさらに深まり、それに応じて仕事も順調に増えていく。いい循環が芽生えていた。

しかし、この頃から少しずつ「異変」が生じてくる。

段ボールである。1個や2個ならなんの問題もない。いや、5個や10個ならまだなんとかなる。しかし、年々増殖していく段ボールの山は非常に脅威である。すでに段ボールは

20数箱程度まで膨れ上がっていた。

さらにこの頃、苦難が降りかかる。

我が家自慢の広いベランダには、前の住人が建設した10畳ほどの小部屋があった。それを気に入って、このマンションを購入したのだが、ある日管理組合から、「お宅のベランダ、それって違法建築ですよ」と指摘されたのだ。

自分で建てたわけではないし、不動産会社からは何も知らされていなかった。もちろん、撤去には応じるつもりではあったけれど、撤去費用は誰が負担すればいいのか？　責任の所在はどこにあるのか？

そして、最大の問題はこの部屋に置いていた段ボールの山である。そう、この中には数々のＦＣグッズが収められている。この部屋を撤去するとなれば、この段ボールの山はどうすればいいのか？　仮に撤去となれば、レンタル倉庫を手配する必要が出てくる。いや、これ以上余計な出費が必要となるならば、この段ボールの山を処分するしかない。

さまざまな難題が一気に押し寄せてくることとなった……。

結局、管理組合との話し合いの末、「完全撤去ではなく一部撤去でいい」ということになった。つまり、屋根や壁面はそのまま残してもいいけれど、防水上の観点から床面はすべてコンクリートに戻せということになったのだ。そうなると、その隙間から雨や排水が

入り込んでくることになる。湿気もひどくなる。段ボールも腐食してしまうだろう。

仕方ない。ここで僕は決断する。断捨離だ。中身を精査して、「どうしても必要だ」と思ったものは、自宅、もしくは近所のレンタル倉庫に収納し、「これは別にいらないかな?」と思うものは、友人にあげたり、思い切って捨てたりした。

その結果、20数個あった段ボールは10箱程度までスリム化することに成功した。

(やれやれ、これでひと安心……)

そう思ったのもつかの間、翌シーズンの特典が詰まった新たな段ボールが、きっかり12個届くのである。ようやく10個まで減らしたのに、12個増えるのだ。トゥエルバー生活を続けている限り、毎年春には12個の新たな難敵が我が家を急襲するのである。

この争いは永遠に続く。終わりなき闘い、ネバー・エンディング・バトルである。終始、何かに追われ続けているような焦燥の日々。

(あぁ、早くラクになりたい……)

ラクになるにはどうすればいいのか? そう、答えは一つしかない。やめればいいのである。誰からも強制されているわけではない。自分の意思で、「今年限りでやめます」と決めればいいのである。別に誰の許可も必要ない。わざわざ「今年限りでやめますんで、あとはよろしく」などと、あいさつ回りの必要もない。シーズンが終わり、次のシーズン

が始まるまでの間に、翌年度の年会費を振り込まなければ自然退会になる。だからこそ「自動継続しますか？」という問いに対して、いつも「ノー」を選択してきたのだ。

トゥエルバー生活10年目を迎えた14年、その集大成として『プロ野球12球団ファンクラブ全部に10年間入会してみた！』を出版することが決まった。

これで、ようやく肩の荷が下りた。

帰れるんだ、これでただのファンに。
帰れるんだ、これで帰れるんだぁ〜。

気がつけば、谷村新司のモノマネをしながら、僕はアリスの『チャンピオン』の替え歌を口ずさんでいた。

弱気な自分を鼓舞するために、あえて退路を断つ

……しかし、結局は何事もなかったかのようにトゥエルバー生活11年目が始まった。

あれだけ、「あぁ、もうやめよう……。来年こそは、絶対にやめよう……」と思ってい

たのに、いざやめるとなると、「ここまで頑張ったのに、やめるのはもったいないよ」と、もう一人の自分がささやき始めるのだ。そもそも、トゥエルバーは「頑張る」とか、「頑張らない」とか、そういう類いのものじゃないはずなのに……。

そして生来のお調子者の性格もあって、読者の方から、「いつも楽しみにしています」と言われると、「来年もよろしくね！」と笑顔で答えてしまう習慣が身についてしまっていた。そこで僕は、自ら退路を断つことを決めたのだ。

10周年記念本の「あとがき」の末尾に、僕はこう記した。

敬愛すべき読者のみなさん、また10年後にお会いしましょう。

ここまで堂々と宣言してしまった以上、「もうやめたい」という弱気な自分を封じ込めることができるはずだ。そのように考えたのである。同時に「12球団ファンクラブ評論家®」として商標登録もした。有効期限は10年。やめるにやめられない。こうして、僕はさらなる10年間を乗り切った。さて、この本の「おわりに」には何を書こうか？　う～ん……。

ファンクラブ
あるある②

カテゴリーあるある

ハイグレードな特典を身に着けた会員に、畏敬の念が芽生える。

熱心なFC会員は、ハイグレード特典を身に着ける会員を見ると「金持ちなんだろうな」という羨望に加え、「球団にお金を落として偉いな」と頼もしさを覚える。

ファンクラブと生きていく――。

ファンクラブ特典だけで「衣食住」をコンプリートできるのではないか？　そんな思いつきから、生活にかかわる特典を集めてみた。人が身につけるアイテムから寝食にまつわるアイテムまで。そう、私たちはファンクラブで生きていける。

12球団ファンクラブ特典だけで衣食住をコンプリートしてみた！

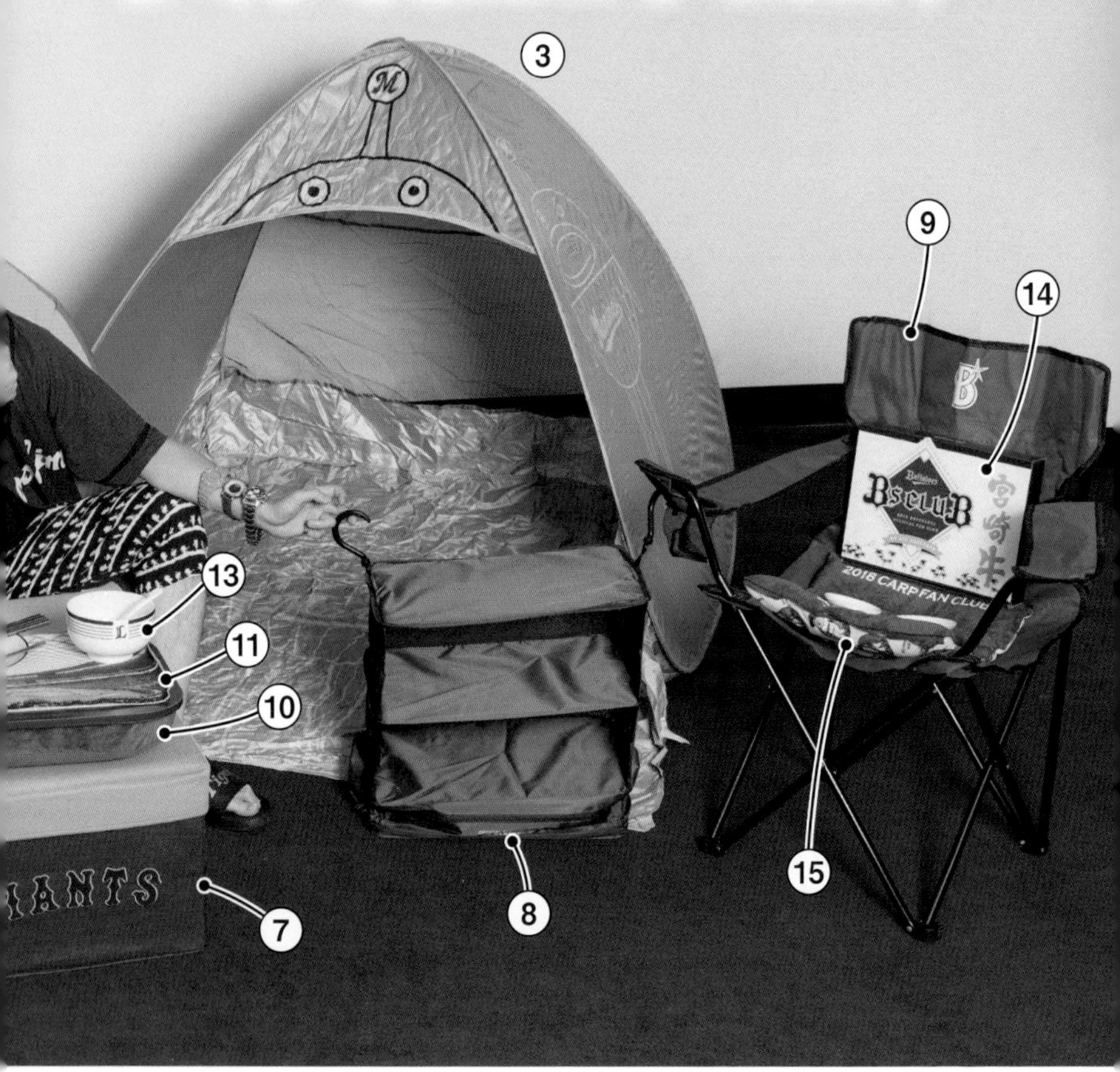

⑦ボックスチェア（巨人）
⑧トラベル収納ケース（中日）
⑨アウトドアチェア（DeNA）
⑩クッション付きテーブル（西武）
⑪ランチョンマット（西武）
⑫カレー皿&スプーン&箸（西武）

①テント（ヤクルト）
②エアソファー（ロッテ）
③テント（ロッテ）
④アウトドアチェア（巨人）
⑤マイクロチェア（阪神）
⑥ランタン（日本ハム）

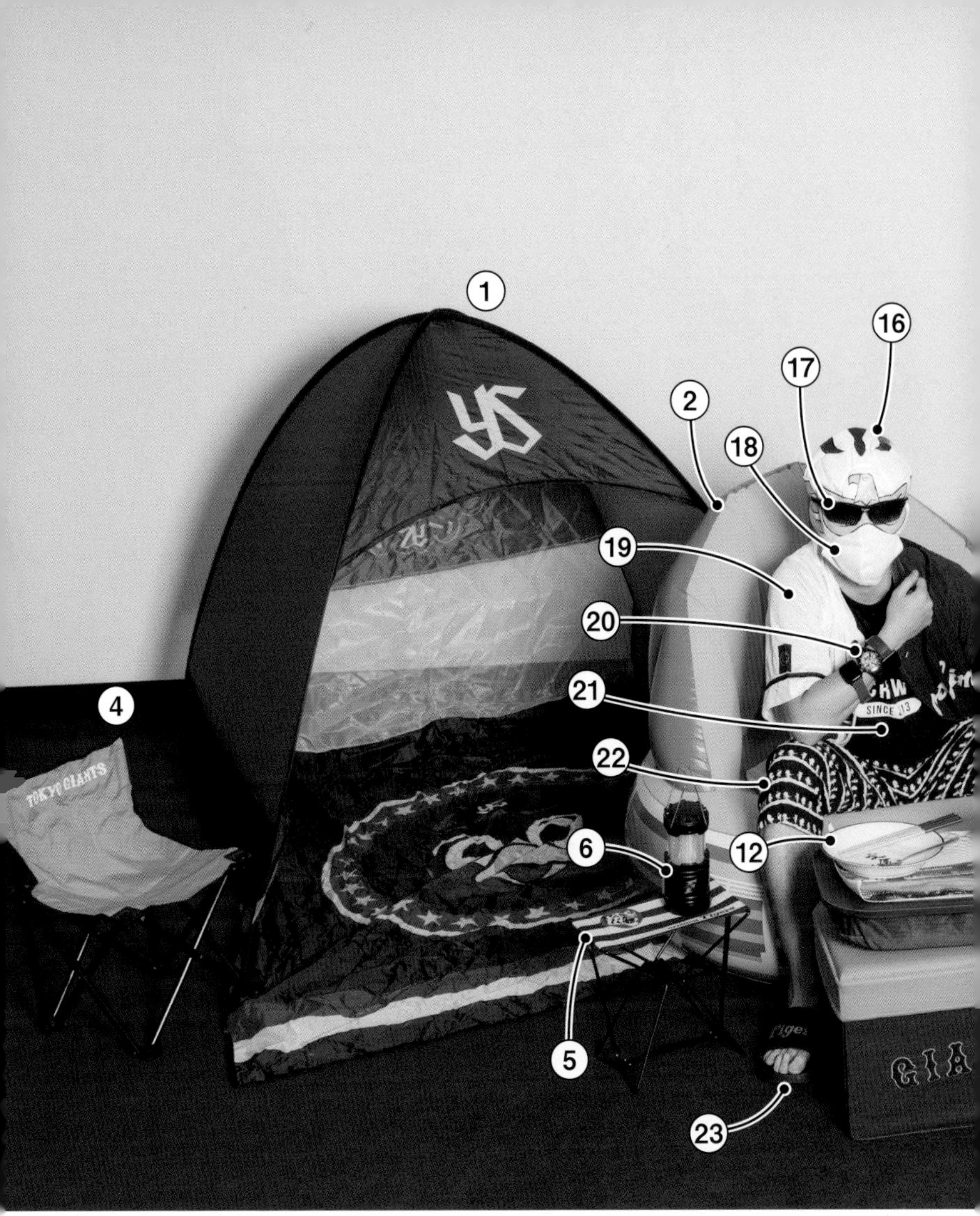

⑲カオシマユニフォーム（広島）
⑳腕時計（日本ハム、阪神［2本］、
巨人、DeNA、ヤクルト）
㉑Tシャツ（ヤクルト）
㉒ステテコ（西武）
㉓サンダル（阪神）

⑬どんぶり&レンゲ（西武）
⑭宮崎牛（オリックス）
⑮クッション（広島）
⑯カラスコマスク（楽天）
⑰サングラス（阪神）
⑱マスク（ソフトバンク）

ファンクラブ衣食住グッズ・ピックアップ

アウトドアチェア

DeNA

キャンプやサウナ後の"ととのい椅子"としても使えそう。収納袋やドリンクホルダーがついているのもうれしい

エアソファー

ロッテ

ZOZOマリンスタジアムを模したソファー。備え付けの空気入れを使って膨らませる構造のため、持ち運びしやすい

クッション

広島

チームカラーがしっかりと入ったクッション。両端にチャックがついており、チャックを閉めれば枕に早変わり

トラベル収納ケース

中日

ビジター観戦のための遠征時に重宝する吊り下げ式の収納ケース。本来ならホテルなど室内で使用するのがベター

カレー皿&スプーン

西武

アウトドアといえばカレー。そんな需要に応えるかのような西武特典。山川穂高の達筆な「完食」が郷愁を誘う

クッション付きテーブル

西武

テーブルがない球場でも安心。下面にクッションがついており、両足の上に載せて食事ができる。選手のサイン付き

サングラス

阪神

スタイリッシュな出来栄えながら、ブリッジ部分で黄色く「Tigers」と主張。阪神ファンなら愛用したい一品だ

サンダル

阪神

なんと足元までファンクラブグッズがカバー。著者が普段使いしているため、バンドの縁部分がやや劣化している

12球団ファンクラブ評論家®のマスクマン、12球団フランチャイズへの旅

カラスコマスク
生誕の地、
仙台へ……！

12球団ファンクラブ評論家®はユーザー視点で好き勝手に論評しているだけではない。野球専門誌『がっつり！プロ野球』（日本文芸社）では、12球団ファンクラブ担当者に取材をして回る機会に恵まれた。楽天の伝説的カテゴリー『カラスコクラブ』の特典である「カラスコマスク」を被り、著者は12球団の本拠地を駆け巡った。

“コラムを書けるマスコット”B・Bと直接対決？

ファイターズガールのプロ意識に感服

スマイルグリコパークの
観覧車オープン日にも参上！

伝説の「カオシマ」
ユニフォームを着てズムスタへ

球団事務所にて、
覆面レスラー
来日会見風の
ショット

実はこう見えて
ヤクルトファンです……

プロ野球全12球場を踏破し、
次なるステージへ……

球界に激震が走った FC《ファンクラブ》事件簿

20年間も全球団のファンクラブに入り続ければ、さまざまなハプニングに遭遇するもの。球界を震撼させた“事件”の一部を紹介（詳しくは226ページへ）。

「T」が足りない、まさかのスペルミス
ロテ事件
（ロッテ／2009年）

FC会報で公然と落合批判!?
前監督批判騒動
（中日／2012年）

ファンに感謝を

ドラゴンズ新時代の幕開けです。「魅せて勝つ」。そのこころは、「ファンとともに」あるドラゴンズです。高木監督のファンサービスぶりは、すでに前任者をはるかに凌駕しています。これまでは、強い（イメージの）ドラゴンズでしたが、これからは強い「だけ」ではなく、心からファンに感謝

「Fan」も「Fun」も似たようなもの?
ユニフォーム「Fun Club」事件
（広島／2018年）

スマートウォッチの回収騒ぎに発展
技術基準適合証明認証不取得
（DeNA／2022年）

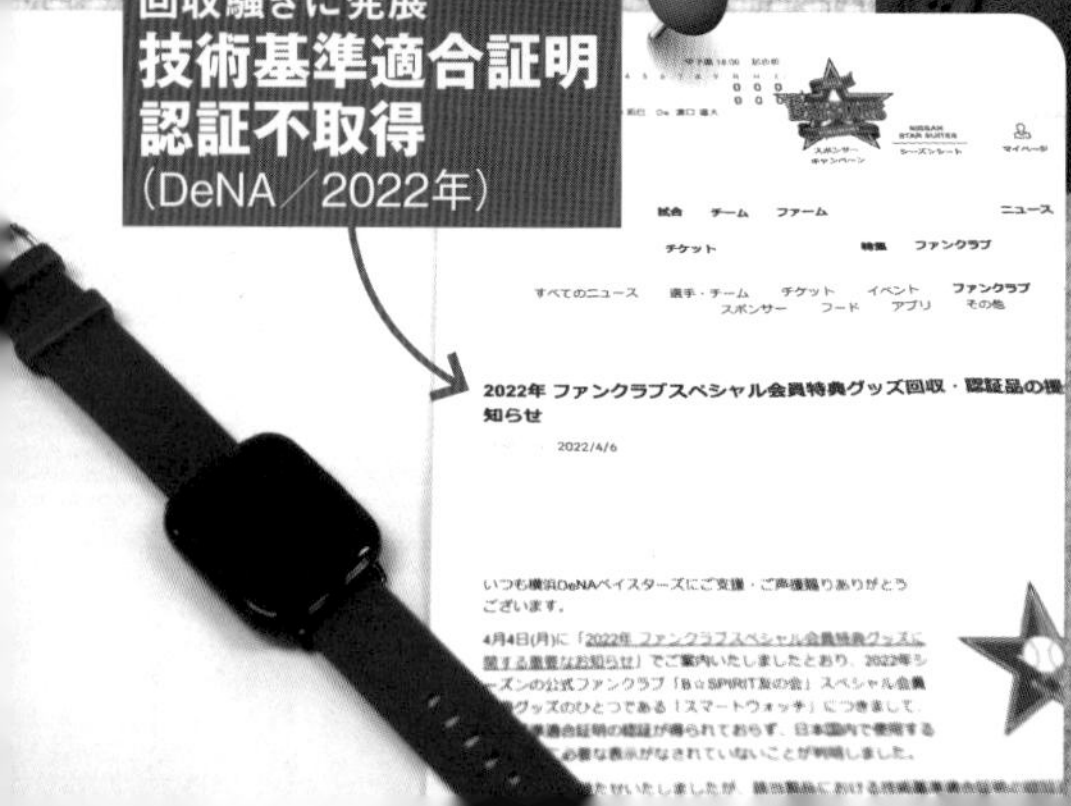

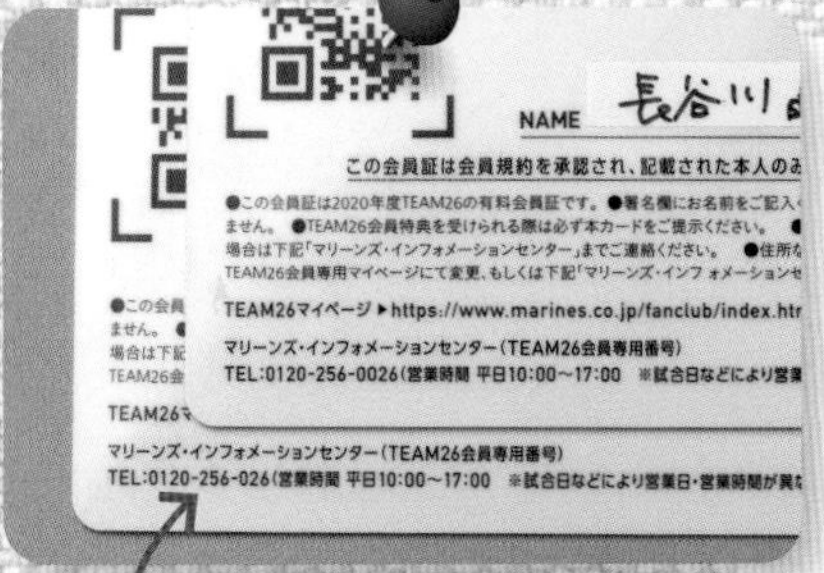

"ロテ事件"の悪夢が再び……
会員証電話番号、誤表記事件
（ロッテ／2020年）

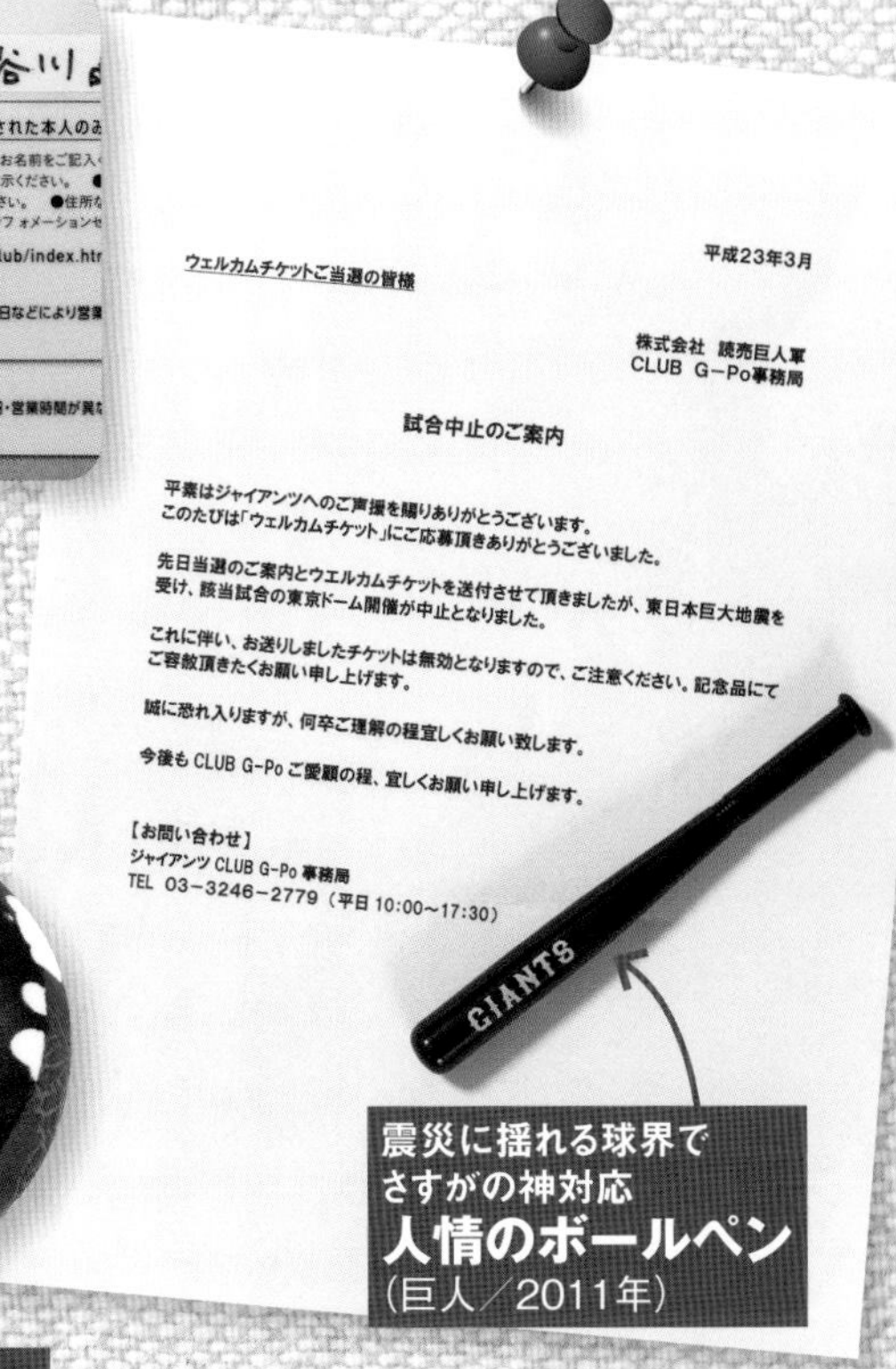

ウェルカムチケットご当選の皆様

平成23年3月

株式会社 読売巨人軍
CLUB G−Po事務局

試合中止のご案内

平素はジャイアンツへのご声援を賜りありがとうございます。
このたびは「ウェルカムチケット」にご応募頂きありがとうございました。

先日当選のご案内とウエルカムチケットを送付させて頂きましたが、東日本巨大地震を受け、該当試合の東京ドーム開催が中止となりました。

これに伴い、お送りしましたチケットは無効となりますので、ご注意ください。記念品にてご容赦頂きたくお願い申し上げます。

誠に恐れ入りますが、何卒ご理解の程宜しくお願い致します。

今後も CLUB G-Po ご愛顧の程、宜しくお願い申し上げます。

【お問い合わせ】
ジャイアンツ CLUB G-Po 事務局
TEL 03−3246−2779（平日 10:00～17:30）

震災に揺れる球界で
さすがの神対応
人情のボールペン
（巨人／2011年）

ペットまでFC会員になれる時代に……
「わんにゃんクラブ」誕生
（オリックス／2016年）

巨星、ついに堕つ……
会員証が紙製からプラスチック製に
（中日／2018年）

20年の時を経て選定！
12球団別ベストグッズ 2005-2024 セ・リーグ編

広島東洋カープ
スライィリーつぼ押し(推し)(2024年)

広島の独自路線は「オリジナルユニフォーム」よりも、むしろ、毎年さまざまな趣向が凝らされている「継続特典」にある。便宜上、最新作であり、毎日使っている、24年の「つぼ押し(推し)」を選んだが、23年のGOY「醤油皿」や、22年の「起き上がりこぼし」も意味不明でよかった。苦言を呈すならば、突出したものがないともいえるが、それがCQなのだ。

阪神タイガース
革製長財布(2016年)

ダイヤモンドプラス会員特典グッズはいいアイテムが多い。22年の「ゴールド・スペシャルユニフォーム」はすごくよかった。これはスワロフスキーで彩られた特製ワッペンがとてもゴージャス。しかし、ここはあえて16年「革製長財布」を推したい。手になじむ質感がたまらなくいい。表面が黒革、中が黄色という配色も個人的にはお気に入り。

横浜DeNAベイスターズ
ファーストミット(2020年)

15～17年の3年間、「特典グッズナシ」という大胆な政策を断行したDeNAFCだが、18年からは一転して「ガチ野球路線」に方針転換。「キャッチャーマスク」「キャッチャーミット」と続き、僕が選んだのは20年「ファーストミット」。今も仕事場に飾ってあり、仕事の合間に屋上に行き、意味なく触ってしまうほどのお気に入りなのだ。

読売ジャイアンツ

ラグマット(2024年)

12年GOYの「黒ひげ危機一発ジャイアンツバージョン」と悩んだ末に、24年の「ラグマット」を選択。23年までは不満が溜まっていたのだが、ようやく巨人FCに改善の兆しが見え始めた象徴としてコレを選んだ。このラグマット、デザイン的にカッコいいのはもちろん、質感が気持ちよく、仕事場の足元に敷いて日常使いをしている。

東京ヤクルトスワローズ

バックパック(2019年)

この5年間、ほぼ毎日使っているけど、このバッグは本当に使い勝手がいい。黒字に黒でプリントしているため、チームロゴがさりげなく存在感を発揮している点に惹かれた。パソコンやタブレットを収納するためのボア付きのポケットもあり、これがあれば日々の仕事がスムーズに進む。とても気に入ったので、メルカリ経由で未開封品をもう一個ゲットした。

中日ドラゴンズ

ドアライバー(2019年)

企画力、そしてネーミングセンスの巧みさに惹かれた。「ドアラのドライバー」に加えて、「アライバ」と称された荒木雅博、井端弘和にもかけられている。普段、ドライバーを使うことはほとんどないけれど、「いざ」というときのために、手の届くところに常備している。中の構造がどうなっているか知りたい人は、224ページをご覧ください。

20年の時を経て選定！

12球団別 ベストグッズ 2005-2024 パ・リーグ編

オリックス・バファローズ

オリジナル野球盤（2020年）

子供の頃から慣れ親しんだ伝説のゲームを、大人になった今、こうして楽しむことができるとは思わなかった。箱に書かれている「ボールが空中を飛ぶ！　リアル3D野球盤！」を読むだけでワクワクする。2種類の消える魔球を含む9種類の変化球。僕が子供の頃から、さまざまな進化、発展を積み上げてきたのだろう。文句ナシ。

福岡ソフトバンクホークス

本革トートバッグ（2019年）

ソフトバンクFCが推し進めている「本革路線」を僕は全面的に支持している。どのアイテムも好きだけど、あえて19年の「トートバッグ」としたい。主にスポーツジムに行くときに使っていたが、想像以上に耐久性があり、「すぐにボロボロになるだろう」という先入観を裏切ってくれたことが決め手。ぜひ、今後もこの路線の継続を願う。

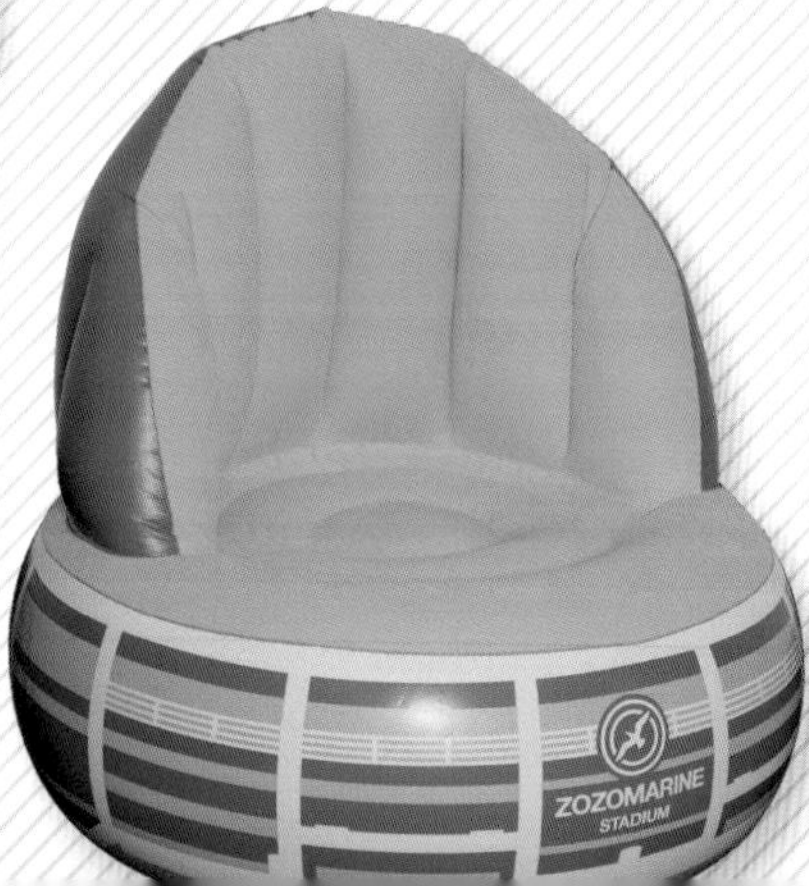

千葉ロッテマリーンズ

エアソファ（2020年）

トゥエルバーとなった当初、ロッテFCは圧倒的に革新的で、他球団の一歩先を行っていた。その後、若干の停滞期を経て迎えた20年「エアソファ」は、バカバカしいけど、楽しい逸品として評価したい。ちょうど緊急事態宣言下で、何もすることがなかった頃、屋上でこれに座って日向ぼっこをした思い出が。片づける作業が大変だけど（笑）。

東北楽天ゴールデンイーグルス

全選手サイン入りカード(2014年)

年会費10万500円、14年ブースタークラブ特典の「全選手サイン入りカード」を推したい。マニア魂をくすぐる贅沢なアイテムだが、なぜかユーキリスだけは、サインカードではなく、オーセンティックジャージーカード。お詫び状には「本人の意思により」とある。サインを書かない(書けない?)理由は何なのか、とても気になる。

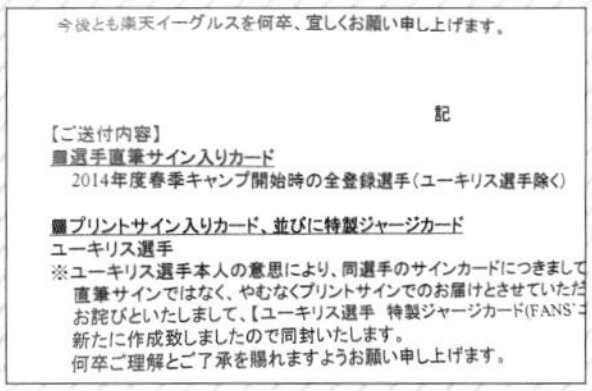

今後とも楽天イーグルスを何卒、宜しくお願い申し上げます。

記

【ご送付内容】
■選手直筆サイン入りカード
2014年度春季キャンプ開始時の全登録選手(ユーキリス選手除く)

■プリントサイン入りカード、並びに特製ジャージカード
ユーキリス選手
※ユーキリス選手本人の意思により、同選手のサインカードにつきまして
直筆サインではなく、やむなくプリントサインでのお届けとさせていただ
お詫びといたしまして、【ユーキリス選手　特製ジャージカード(FANS'
新たに作成致しましたので同封いたします。
何卒ご理解とご了承を賜れますようお願い申し上げます。

埼玉西武ライオンズ

レオシルエット掛け時計
(2021年)

コレを選んだ理由は「やっぱり、手塚治虫先生の造形力はさすがだなぁ〜」と感嘆したから。シルエットだけで勇猛果敢な獅子の強さが表現されている。さらに、球場演出音、球団事務所チャイム音や選手肉声メッセージなど、時計自体のクオリティも高い。コレに関しては、何も迷うことなく、一人満場一致状態で決まった。ビバ、手塚先生!

北海道日本ハムファイターズ

SEIKOコラボウォッチ(2024年)

日本ハムFCについては、すごく迷い、悩んだ。15年以上も愛用している、08年「オリジナルバスタオル」は捨てがたいし、エスコンフィールド関連の「スノードーム」「球場レプリカ」もいい。迷いに迷った結果、間違いなく高品質の「SEIKOコラボウォッチ」を選んだ。小さなこだわりがたくさん詰め込まれている。神は細部に宿るのだ。

12球団ファンクラブ評論家®が勝手に表彰
ファンクラブアワード 2005-2024

発想力の光った特典
FCベストアイディア賞
ドアライバー
中日／2019年

デザイン性に優れた特典
FCグッドデザイン賞
レオシルエット掛け時計
西武／2021年

高級感に溢れる特典
FCラグジュアリー賞
レザーショルダーバッグ
ソフトバンク／2021年

もっとも長持ちした特典
FCアイアンマン賞
オリジナルバスタオル
日本ハム／2008年

型破りでマネできない特典
FCアウトサイダー賞
オリジナル野球盤
オリックス／2020年

20年の研究を経て見えた、
深淵なるFCの世界

アナライジング・ファンクラブ②

あんなトラブル、こんなミス……、

FC事件簿最新版！

前作の『ＦＣ本』では、「ファンサービス界を揺るがした10大事件」と銘打ち、「ファンクラブ事件簿」を紹介している。改めて振り返ってみると、「確かにあれは大事件だったよなぁ」と納得できるものから、「この程度のことで、わざわざ《事件》というのは大げさだよ……」と自分自身にダメ出ししたくなるものもあるけれど、まずは２０１４年時点での「10大事件」を再掲しよう。

【２００５～２０１４　ファンクラブ事件簿ＢＥＳＴ10】

１・前代未聞「ＬＯＴＥ（ロテ）」事件（09年・ロッテ）

２・「前監督批判」騒動（12年・中日）

３・ＴＢＳからＤｅＮＡへ（12年・横浜）

４・震災時の誠意ある対応（11年・巨人）

前作で見事(?)１位を獲得したロッテ会員証の「LOTE」事件

５・松坂ＦＣ革命（07年・西武）
６・「ＣＱ（カープ・クオリティ）」と「斬新路線」（07年〜・広島）
７・「Ｍｒ．カラスコクラブ」の暴走っぷり（06〜09年・楽天）
８・「Ｂｓ ＣＬＵＢ」、コリンズ騒動（07〜08年・オリックス）
９・年会費10万５００円「ブースタークラブ」入会（14年・楽天）
10・年会費３万３５００円「ダイヤモンドプラス」入会（14年・阪神）

前作の熱心な読者のみなさまには説明ご不要かもしれない。

しかし、「もう10年も前のことなんか、とっくに忘れてしまったよ」とか、「そもそもそんなの知らないよ」という方が大多数だと思われるので、改めて簡単に説明申し上げたい。

１位の「ＬＯＴＥ（ロテ）」事件とは、この年の会員証において、球団名である「ＬＯＴＴＥ」のスペルが、あろうことか「ＬＯＴＥ」となっていたのである。あれだけロッテ応援団が「Ｌ・Ｏ・Ｔ・Ｔ・Ｅ、ウォ〜ッ、ロッテ！」と絶叫しているにもかかわらず、「Ｔ」が一つ抜けてしまったのである。なんで自チームのスペルを間違えたのか？　誰も気づかなかったのか？　担当者は罰せられなかったのか？

さまざまな疑問符が浮かんでは消える一大事であった。

そして、2位の中日FCによる「前監督批判」騒動は、ただただ見苦しい不愉快な出来事だった。ここで言う「前監督」とは落合博満のことであるが、彼が退任した直後のFC会報誌において、ひたすら「前監督」の批判を述べているのである。例えば、こんな感じである。文中に登場する「高木監督」とは、この年から監督復帰した高木守道のことだ。

高木監督のファンサービスぶりは、すでに前任者をはるかに凌駕しています。（中略）球団の最上層部が居並ぶある席上、前任の監督は「ファンの後押しなんかで勝てませんよ」と言い放ったそうです。（中略）前任の監督は、「勝てばファンはついてくる」といい、勝つこと以外でのファンサービスに、はっきり言って熱心ではありませんでした。

とにかく、ネチネチネチネチネチネチネチネチと「前監督」「前任の監督」というワードを多発させて粘着質な攻撃を繰り返しているのである。14年に「前監督」はGMとして復帰するが、この騒動に関わった人たちは気まずい思いをしたことだろう。

3位、4位は明るいニュースだ。

親会社がTBSからDeNAに変わったことで、ベイスターズは一気に優良ファンクラブの仲間入りを果たした。その後、若干の迷走時期はあったものの、「本格野球グッズ路線」

東日本大震災の中、誠意ある対応を見せた巨人、お詫びのボールペンは感謝の気持ちからいまだに未使用

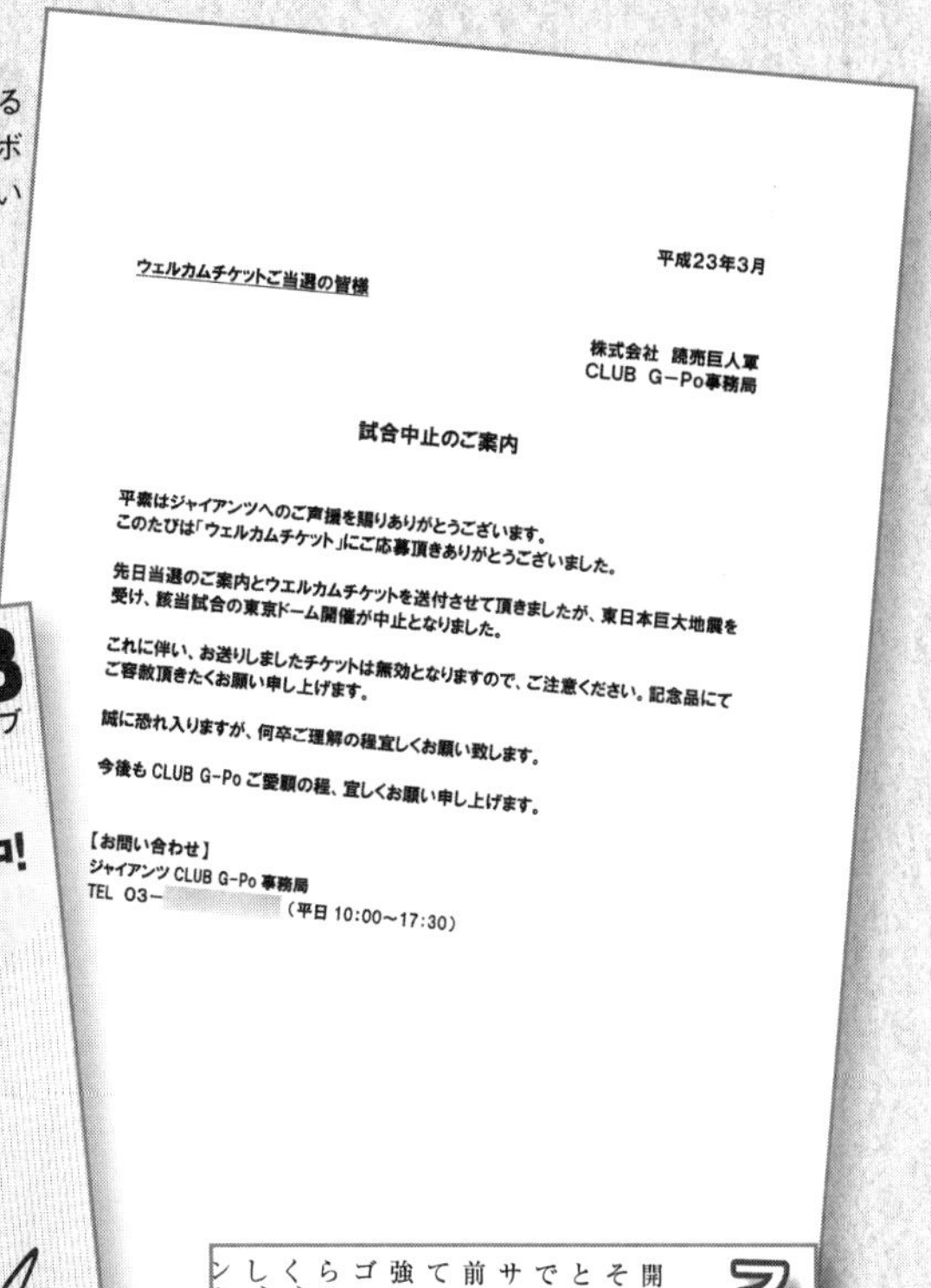

ウェルカムチケットご当選の皆様

平成23年3月

株式会社 読売巨人軍
CLUB G−Po事務局

試合中止のご案内

平素はジャイアンツへのご声援を賜りありがとうございます。
このたびは「ウェルカムチケット」にご応募頂きありがとうございました。

先日当選のご案内とウエルカムチケットを送付させて頂きましたが、東日本巨大地震を受け、該当試合の東京ドーム開催が中止となりました。

これに伴い、お送りしましたチケットは無効となりますので、ご注意ください。記念品にてご容赦頂きたくお願い申し上げます。

誠に恐れ入りますが、何卒ご理解の程宜しくお願い致します。

今後も CLUB G-Po ご愛顧の程、宜しくお願い申し上げます。

【お問い合わせ】
ジャイアンツ CLUB G-Po 事務局
TEL 03−（平日 10:00～17:30）

これでもかとコリンズ監督推しだったオリックス。1年強で退団となってしまった

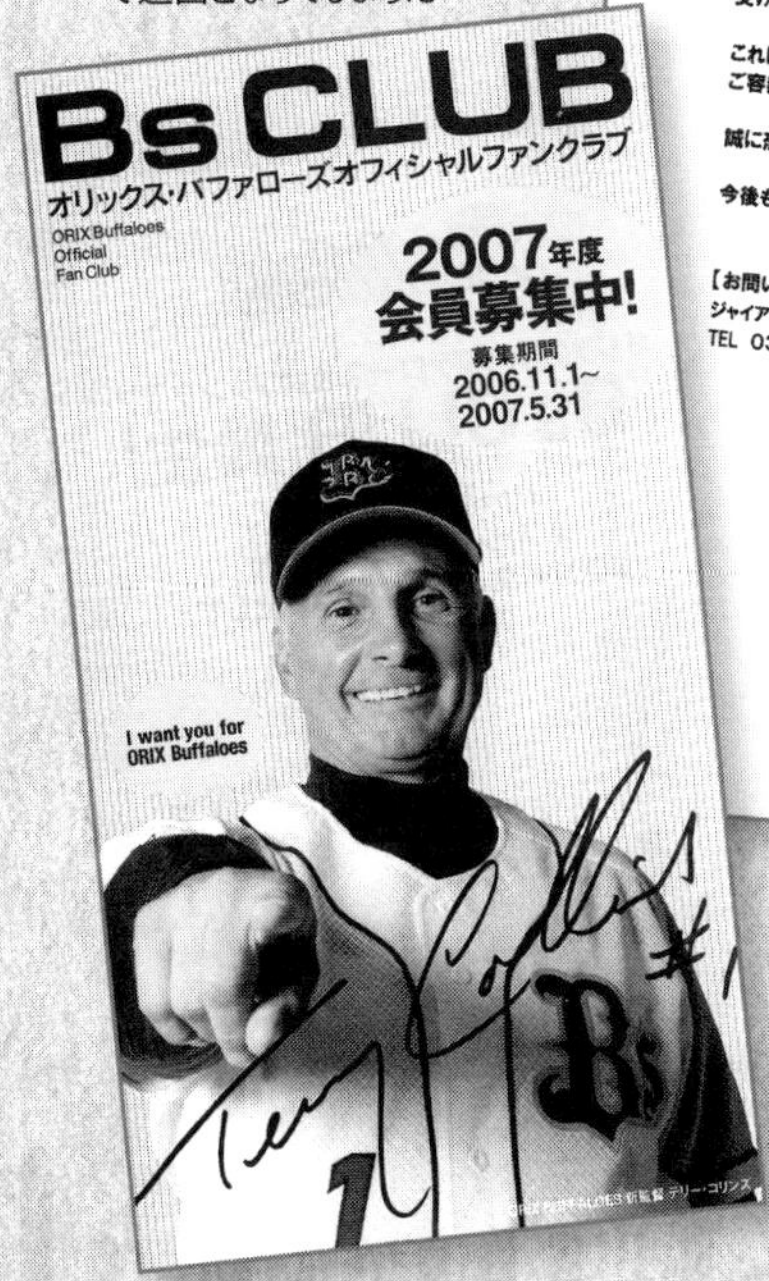

ファンに感謝を

ドラゴンズ新時代の幕開けです。「魅せて勝つ」。そのこころは、「ファンとともに」あるドラゴンズです。高木監督のファンサービスぶりは、すでに前任者をはるかに凌駕しています。これまでは、強い（イメージの）ドラゴンズでしたが、これからは強い「だけ」ではなく、心からファンに感謝し、その発露として、ファンを大切にするドラゴン

うか、いわないかだけのことともいえます。

前任の監督は、「勝てばファンはついてくる」といい、勝つこと以外でのファンサービスに、はっきり言って熱心ではありませんでした。そんなことをしても1銭にもならない。プロはいくら稼いだかで、その価値が決まる。選手はしっかり練習して成績を上げ、給料を上げろ、という考えでした。それを監督がまとめて勝利に導く。勝敗は監督の責任という理由はそ

中日FCが会報誌で「前監督批判」。見苦しく不愉快な出来事。名前を伏せているのが陰湿で粘着質

など、独自の方向性を打ち出したこともある。さらなる飛躍に期待したい。

また、11年の東日本大震災時に見せた、巨人の誠意ある対応には頭が下がる。改めて、盟主としての誇りを感じた次第だ。あのときにもらったバット型のボールペン。決して高品質のものではないけれど、使うのが惜しくて、今でも仕事場の机の中に眠っている。

5位の「松坂ＦＣ革命」は、全球団にとって、大いに刺激となったはずだ。松坂大輔がレッドソックスに移籍したことで、球団が手にした大金をＦＣ拡充に充填した。それによって、サービスが質量ともに一気に改善された。その後も続々とダルビッシュ有、大谷翔平ら、多くの日本人メジャーリーガーが誕生することになるが、このときの「松坂ＦＣ革命」ほどのインパクトは残せずにいるのが残念である。

6位は「ＣＱ（カープ・クオリティ）」、そして7位は「Ｍｒ・カラスコクラブ」。前者は今も健在で、後者はすでに遠い記憶の彼方へと消えつつある。

8位はまたまた、球団にとっての黒歴史である「蒸し返し系」である。当時のオリックスが、とにかくコリンズ監督を前面に押し出して売り出そうとしているあざとさが鼻についたのだけれど、まさか就任2年目早々に退任するとは予想外だった。あぁ、シルク姐さん。あのロマンスはいったい、なんだったのだろう？

そして、9位、10位はいずれも個人的な理由。「事件簿」というほどのものではないなと、今となっては反省しているが、10周年の節目となる14年、思い切って阪神、楽天の上級カテゴリーに入会したのだが、同様の試みは20周年の節目である24年にも行った。人間は、そう簡単には変わらないのである。

さて、長々と前作のおさらいを続けてしまったけれど、あれから10年が経過した。

ＦＣ事件簿もまた、当然アップデートされている。ということで、ここからは15年から24年までの10年間で起こった「ＦＣ事件簿」最新版をご紹介したい。

【２０１５～２０２４　ファンクラブ事件簿ＢＥＳＴ10】

１・「ＬＯＴＥ（ロテ）」事件の悪夢再び⁉（20年・ロッテ）

２・まさかの「技術基準適合証明認証不取得」（22年・ＤｅＮＡ）

３・カビの付着で、回収、交換（19年・日本ハム）

４・「ハンディファン」ネックストラップ不具合騒動（21年・広島）

５・「Ｆａｎ」と「Ｆｕｎ」は大問題なのか？（18年・広島）

６・巨星、ついに堕つ……。会員証が紙製からプラスチック製に（18年・中日）

７・会員資格は「人間」から、「ペット」の時代に（16年・オリックス）

８・左利きの子供はどうすればいいのか？（21年・日本ハム）
９・年会費２１０万円・「マー君クラブＶＩＰ」誕生（21年・楽天）
10・大胆不敵の「特典グッズナシ政策」断行（15～17年・ＤｅＮＡ）

20年のロッテは会員証裏面の電話番号を誤表記してしまった。その結果、キャンプイン後の2月12日にお詫びの文章とともに新しい会員証が送られてきたため、僕の手元には2枚の会員証がある。さらにこの年は「試合カテゴリ限定指定席引換券」の封入ミスがあり、1月29日付でもお詫びの手紙が届いている。人間だからミスはある。しかし、これだけ立て続けに失敗が続くことは珍しい。きっと、人員不足で大変なのだろう。頑張れ！

実際に、かつてロッテＦＣに取材をしたとき、その担当者は「11球団のＦＣ制度はすべてチェックしていて、入会できるＦＣには自分でも入会して、ＦＣ運営の参考にしています。また、サッカー、バスケやアーティストのＦＣも常にチェックしています」と語っていた。僕と同じトゥエルバーである。ぜひ、今後の奮闘も期待したい。

そして、2位は22年ＤｅＮＡのＦＣで起きた「技術基準適合証明認証不取得」騒動である。メイン特典であるスマートウォッチは「技術基準適合証明の認証が取れておらず、日本国内で使用する無線機器に必要な表示がなされていないことが判明した」という。

簡単に言えば「安全上の問題はない」ものの、「日本国内で利用することは禁止されているのだということだそうだ。こうして、球団は回収、そして認証品の再送付を行うことになる。一連の手続きは、球団から製造を委託された東急ハンズが行うこととなった。「再発送は7月上旬」になるとあったが、僕は回収に応じず、「12球団ファンクラブ評論家®」として、「これは重要な資料だ」ということで、記録のために手元に取っておくことにした。ということで、法を犯すわけにもいかず使用することができないでいる。

3位、4位、5位はいずれも「ピンチをチャンスに変える」好例である。

19年の日本ハムＦＣは、「ウインドブレーカー」など7種類の特典があり、僕が選んだのは「ＭＥＩコラボ　親子トート」だった。この特典は、12球団最速となる前年の9月27日に届いた。上質なものだったが、10月20日に「重要なお知らせ」と書かれた封書が届く。その内容は、「親子トートの一部にカビが付着したものがあり、良品と交換する」というものだった。手元にあるトートを見ても、カビらしきものはなかったけど、12月15日に丁寧な詫び状とともに良品が到着。前年のうちにトラブル処理を完璧に終了させたのである。その迅速な処理に敬意を表し、僕は「ＦＯＹ」を授与することにした。

21年の広島ＦＣでも「不具合騒動」が勃発する。

継続入会特典の「ハンディファン」のネックストラップに不具合があったというのだ。

2大会(?)連続で1位のロッテ。人員不足にめげずに頑張れ!

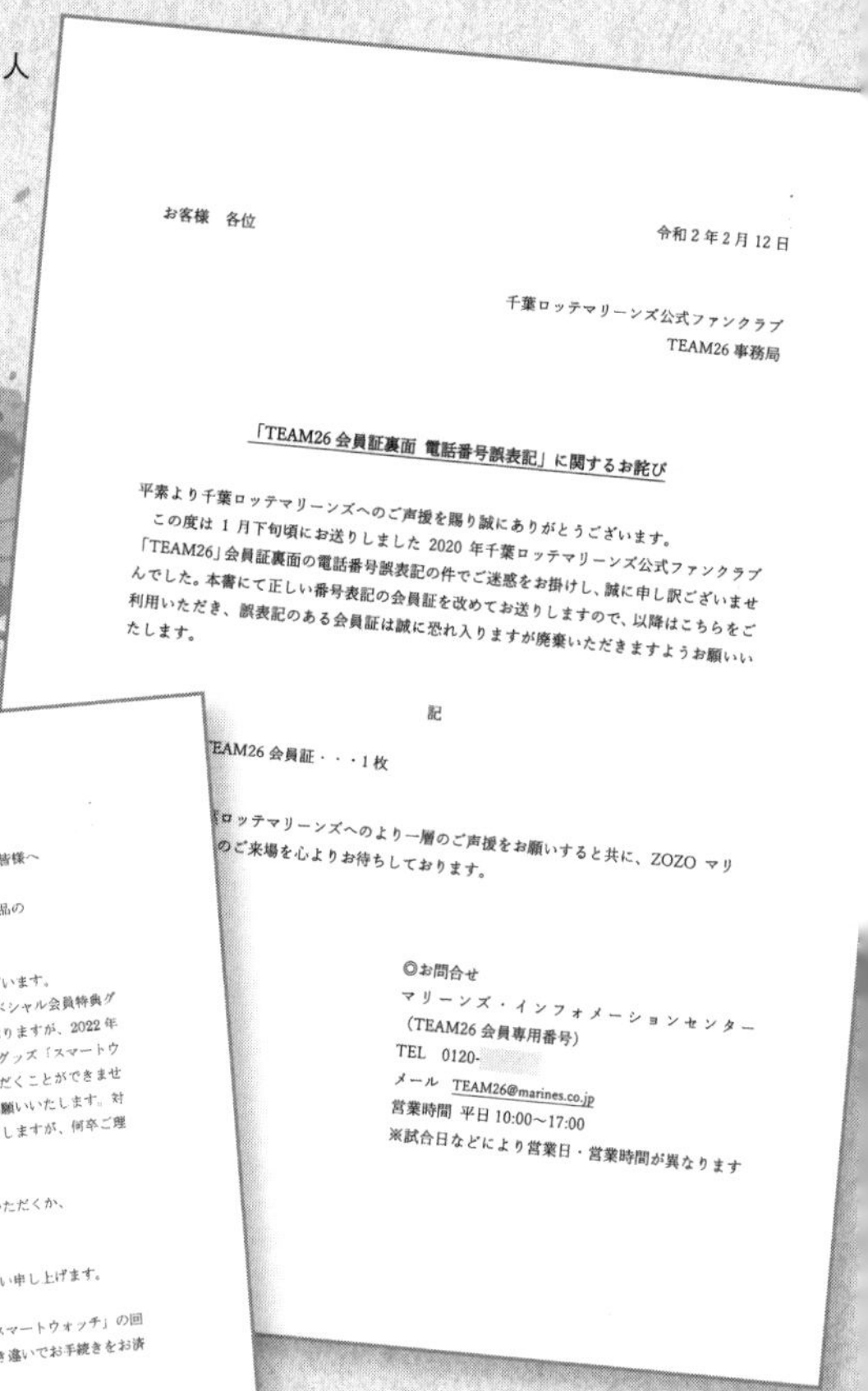
お客様　各位

令和2年2月12日

千葉ロッテマリーンズ公式ファンクラブ
TEAM26 事務局

「TEAM26 会員証裏面 電話番号誤表記」に関するお詫び

平素より千葉ロッテマリーンズへのご声援を賜り誠にありがとうございます。
この度は 1 月下旬頃にお送りしました 2020 年千葉ロッテマリーンズ公式ファンクラブ
「TEAM26」会員証裏面の電話番号誤表記の件でご迷惑をお掛けし、誠に申し訳ございませ
んでした。本書にて正しい番号表記の会員証を改めてお送りしますので、以降はこちらをご
利用いただき、誤表記のある会員証は誠に恐れ入りますが廃棄いただきますようお願いい
たします。

記

TEAM26 会員証・・・1 枚

ロッテマリーンズへのより一層のご声援をお願いすると共に、ZOZO マリ
のご来場を心よりお待ちしております。

◎お問合せ
マリーンズ・インフォメーションセンター
（TEAM26 会員専用番号）
TEL　0120-
メール　TEAM26@marines.co.jp
営業時間　平日 10:00〜17:00
※試合日などにより営業日・営業時間が異なります

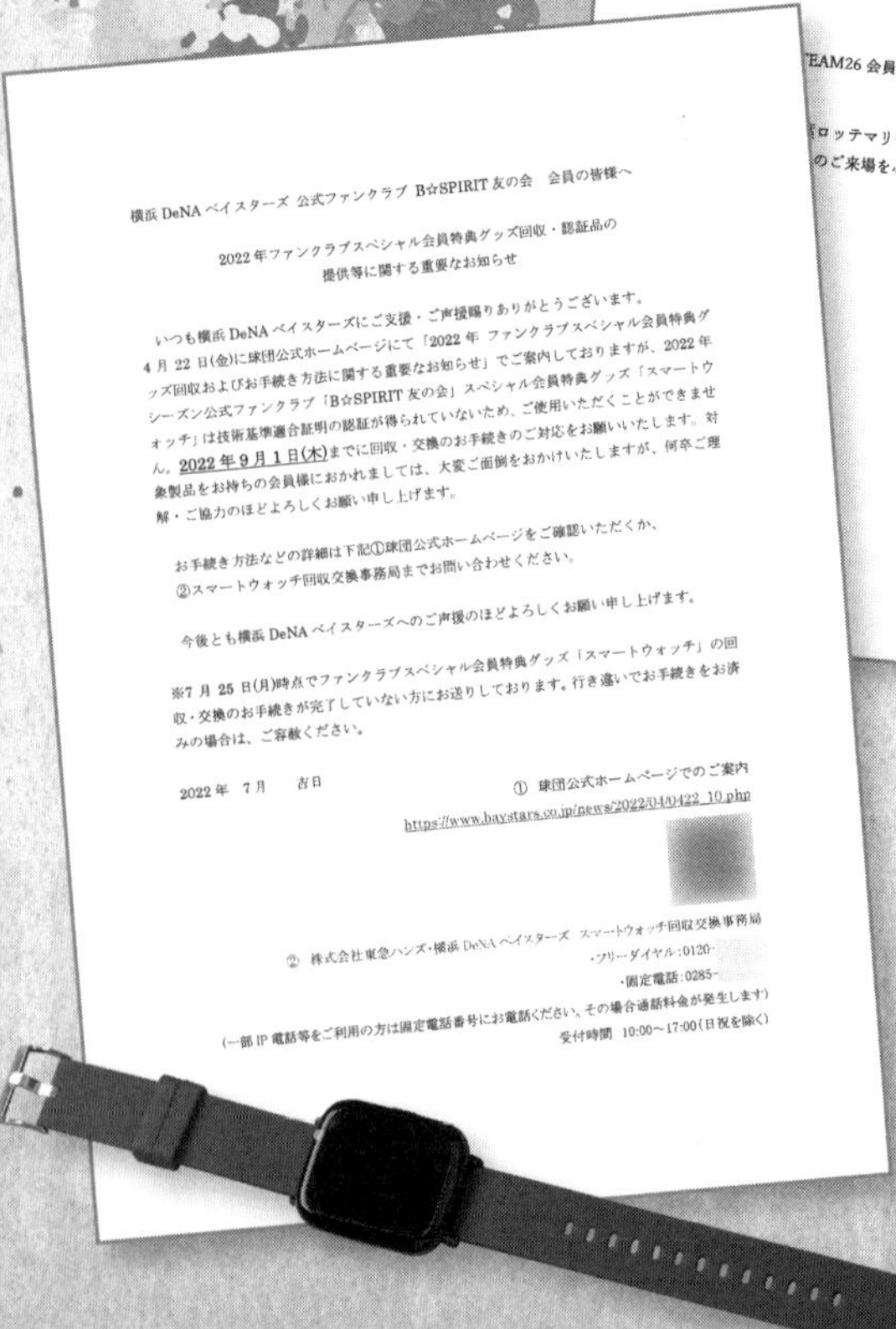
横浜 DeNA ベイスターズ 公式ファンクラブ B☆SPIRIT 友の会　会員の皆様へ

2022 年ファンクラブスペシャル会員特典グッズ回収・認証品の
提供等に関する重要なお知らせ

いつも横浜 DeNA ベイスターズにご支援・ご声援賜りありがとうございます。
4 月 22 日(金)に球団公式ホームページにて「2022 年 ファンクラブスペシャル会員特典グ
ッズ回収およびお手続き方法に関する重要なお知らせ」でご案内しておりますが、2022 年
シーズン公式ファンクラブ「B☆SPIRIT 友の会」スペシャル会員特典グッズ「スマートウ
オッチ」は技術基準適合証明の認証が得られていないため、ご使用いただくことができませ
ん。**2022 年 9 月 1 日(木)**までに回収・交換のお手続きのご対応をお願いいたします。対
象製品をお持ちの会員様におかれましては、大変ご面倒をおかけいたしますが、何卒ご理
解・ご協力のほどよろしくお願い申し上げます。

お手続き方法などの詳細は下記①球団公式ホームページをご確認いただくか、
②スマートウォッチ回収交換事務局までお問い合わせください。

今後とも横浜 DeNA ベイスターズへのご声援のほどよろしくお願い申し上げます。

※7 月 25 日(月)時点でファンクラブスペシャル会員特典グッズ「スマートウォッチ」の回
収・交換のお手続きが完了していない方にお送りしております。行き違いでお手続きをお済
みの場合は、ご容赦ください。

2022 年　7 月　　吉日

① 球団公式ホームページでのご案内
https://www.baystars.co.jp/news/2022/04/0422_10.php

② 株式会社東急ハンズ・横浜 DeNA ベイスターズ　スマートウォッチ回収交換事務局
・フリーダイヤル：0120-
・固定電話：0285-
（一部 IP 電話等をご利用の方は固定電話番号にお電話ください。その場合通話料金が発生します）
受付時間　10:00〜17:00（日祝を除く）

DeNAFCの特典グッズのスマートウォッチがまさかの「技術基準適合証明認証不取得」で回収となってしまった

平成30年10月19日

お客様各位

株式会社北海道日本ハムファイターズ

「MEIコラボ　親子トート」不良品に関するお詫び

拝啓　時下ますますご清祥のこととお慶び申し上げます。日頃より北海道日本ハムファイターズにご声援賜り、誠にありがとうございます。

この度、ファイターズオフィシャルファンクラブ2019年入会・継続特典の「MEIコラボ 親子トート」（製造：株式会社髙島屋法人事業部）につきまして、一部の商品にカビが付着していたことが判明いたしました。製造元からの配送途中における多湿が原因で発生したものです。

こちらのカビにつきましては人体への影響は無いものであり、これまでに健康被害のお申し出はございませんが、万全を期すために下記のとおり交換対応をさせていただきたく存じます。対象商品をご選択いただいたお客様には、大変ご迷惑をおかけしますことを深くお詫び申し上げます。

今後は再発防止に向けて品質管理を徹底し、お客様にご安心いただける商品をお届けできるように努めてまいりますので、何卒ご理解いただけますようお願い申し上げます。

敬具

記

【不良内容】

一部のトートバッグにおいて、生地にカビが付着している。

※良品であっても生地の表面に小さな茶色の点が見られますが、こちらは生地素材の特性によるもので、カビとは異なります

【ご返送方法】

商品状態およびご使用状況にかかわらず、良品への交換をさせていただきます。

大変お手数をおかけしますが、同封の「お客様情報記入用紙」にファンクラブ会員番号、氏名、電話番号、発送先郵便番号、発送先住所をご記入いただき、同封の「返送用伝票」にて対象商品と一緒に下記返送先へお送りください（送料弊社負担）。

誠に申し訳ございませんが、返送用の箱や袋はお客様でご準備をお願い申し上げます。

2018年12月下旬頃より、再製造した良品を順次発送いたします。

◆返送先

〒003-0030　北海道札幌市白石区流通センター4丁目4-16

北海安田倉庫株式会社　中央センター1号倉庫

TEL：0120-96-6035

以上

<お問い合わせ先>

「ファイターズ×MEIコラボ　親子トート商品問い合わせ　髙島屋法人事業部」

フリーダイヤル：0120-

営業時間：9:30～17:00（土・日・祝日を除く）

日本ハムは、2019年「MEIコラボ　親子トート」は上質なものだったが、「カビが付着したものがあり、良品と交換する」とのお知らせが届き、2021年はオリジナルグラブに左利き用がないという残念な問題が

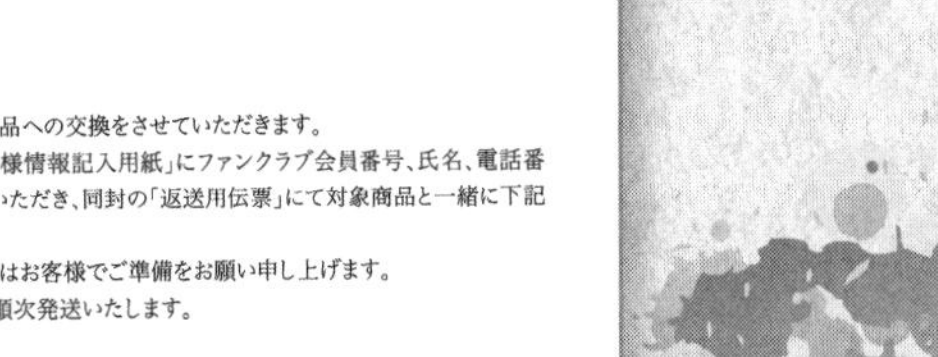

人間の枠を超え、ついにペット専用のファンクラブを誕生させたオリックス

カープファン倶楽部 継続会員の皆様へ

2021 年 2 月吉日

2021 年度カープファン倶楽部 継続入会特典商品「ハンディファン」
ネックストラップの取り付けについて

謹啓 時下ますますご清祥のこととお慶び申し上げます。
平素は格別のご高配を賜り厚くお礼申し上げます。

先般お届けさせていただきました 2021 年度カープファン倶楽部 継続入会特典の「ハンディファン」につきまして、付属品のネックストラップをハンディファン本体に取り付けた際、本体からストラップが取れやすくなっていることが判明いたしました。

つきましては、安全にご使用いただくため、本体にネックストラップを取り付けて使用される方は、同封しております「ボールチェーン」を本体とストラップの間に取り付けてご使用いただきますようお願いいたします。
(※詳しい取り付け方につきましては、別紙をご参照ください。)

この度は会員の皆様にご迷惑をおかけしましたこと、深くお詫び申し上げますとともに今後このようなことがないように努めてまいりますので、変わらぬお引立てを賜りますようお願い申し上げます。

謹白

株式会社広島東洋カープ
ファンサービス部 ファンクラブ課

株式会社そごう・西武
商事事業部 西日本商事部

ネックストラップが取れやすいとのことで、ボールチェーンをプラスして取り付けることにより対応した広島FC

お詫び状に書かれた説明を読むと「本体からストラップが取れやすくなっている」とあったけれど、僕自身は何も不都合を感じることなく使用していた。

さらにさかのぼった18年には「ＦＡＮ」を「ＦＵＮ」と表記するミスもあった。確かにミスであることは間違いない。けれども、「ＦＵＮ」とは「楽しみ」という意味だ。これが「苦しみ」とか「絶望」とか、なんの希望もないネガティブワードなら、「縁起でもない」ということで、すぐに謝罪、撤回、回収をしなければならないけれど、「楽しみ」だよ。率直な思いを述べれば、「別にいいんじゃないの？」と感じたし、もしも僕がＦＣ担当者だとしたら、「えぇ、そうですよ。あえて《ＦＵＮ》にしたんです。なぜなら、ファンクラブ、つまり、楽しいクラブですから。何か問題でも？」と開き直っていたことだろう。昨今、大手企業の隠蔽体質が問題となっている中で、広島ＦＣの健全運営ぶりが清々しい。

続いて6位は、一般の方にはどうでもいい些末な問題だろうが、「12球団ファンクラブ評論家®」としては、実に感慨深い「事件」だった。

トゥエルバーとなって以来ずっと、「どうして中日ＦＣの会員証は紙製なのか？」と疑問に思っていた。僕が全球団のＦＣに入会した05年、そして06年は、他球団と同様にプラスチック製だった。しかし、07年から紙製となり、その後ずっとそれが続いた。どうしても、安っぽい感じがしたので、「他球団のように、プラスチック製にすべき」と僕は書き続けた。しかし、それでも運営サイドは頑なに「紙製」にこだわった。先に折れたのは僕だった。次第に「それはそれで一つの見識であり、哲学であるのかもしれない」と思い始め、「むしろ、徹底的に紙製にこだわってほしい」とエールを送っていたものだった。

ところが、18年、それはなんの前触れもなくプラスチック製となった。人間とは身勝手なもので、「あの紙製だった頃が懐かしい……」と感じていた自分に驚いた。やはり、これも忘れられない「事件」なのである。

7位の16年オリックスＦＣ「わんにゃんクラブ」には、本当に驚いたなぁ。まさかペット専門のＦＣが誕生するとは夢にも思っていなかった。僕の知人のトゥエルバー仲間は、「ペットは飼っていないけど、どうしても入会したい」ということで、自宅付近の野良猫名義で入会した。つくづく、トゥエルバーの業を痛感した一件として記録しておきたい。

8位は、久々に腹が立った。いや、切なくなった。個人的な話で恐縮だけれど、僕は左利きだ。バッティングセンターに行くと、いつも左端のケージに追いやられている。だからこそ、24年に大谷翔平が全国の小学校にグラブを配った際に、きちんと左利き用も用意していたことに、いたく感動したものだ。しかし、21年日本ハムのキッズクラブ継続特典は「右利きのみ」だった。05年のロッテ、11年楽天、20、21年ＤｅＮＡなどがグラブを特典にしている。いずれも左利き用がきちんと準備されていただけに、本当に残念だ。僕がもし小学生だったら、絶対に失望していた。未来のある子供にそんな思いを絶対に感じさせてはいけない。今、これを書いていて、再び切なくなってきた。

9位の「マー君クラブＶＩＰ」にも驚かされた。田中将大の電撃復帰に際して、楽天が新設したＦＣだが、年会費はまさかの１８０万円。「12球団ファンクラブ評論家®」を名乗るのならば、絶対に入会しなければいけないとはわかっていても僕には無理だった……。

さらに驚いたのは、一瞬にして定員10名が埋まってしまったこと。あぁ、格差社会……。

そして、ラストは15～17年にかけて、ＤｅＮＡのＦＣが断行した「グッズナシ政策」だ。これもまた衝撃的だった。その分、「チケット特典」を充実させたのだけれど、やっぱり「グッズナシ」は寂しかったし、評論家としては原稿の書きようもなかった。さらにすごいのは、翌18年から突然、方針転換をして「キャッチャーマスク」をはじめとする「ガチ野球路線」に舵を切ったことだ。振れ幅大き過ぎだよ。でも、すごくいいよ。大きくジャンプする前には、一度かがまなければいけない。そんなことを痛感した次第である。

さて、ここまで14ページもの紙幅を費やして、重箱の隅をつつくような「事件」ばかりあげつらってきたけど、誰だってミスはある。評論家として、断腸の思いで指摘したけれど、決して担当者を責めるつもりは微塵もない。その点は改めて強調しておきたい。

COLUMN PART.16

選手の声で目覚めたい
——選手肉声メッセージあれこれ

ＦＣの定番サービスとして、「選手の生ＶＯＩＣＥ特典」がある。そのすべてが「目覚まし時計」に搭載されているのだが、これがなかなか面白い。基本的には「ほぼ棒読み」「読まされてる感、強め」「若干の恥じらい」で成り立っており、その選手のファンとしては、朝の快適な目覚めを約束してくれる貴重なサービスだといえよう。

それまでも散発的に特典として採用されていたけれど、ＦＣ史的見地に立てば、２０１９年こそ「目覚まし時計ブーム到来期」といえるだろう。この年はロッテ、西武、ヤクルトと、実に３球団が「選手肉声メッセージ入り目覚まし時計」を特典としたのである。

それ以降、もはや「定番アイテム」として各球団が導入するようになっている。そこで本稿では、実際に選手たちがどのようなセリフを残しているのか忠実に再現したい。

まずは、21年のＧＯＹ（グッズ・オブ・ザ・イヤー）に輝いた西武ＦＣ「レオシルエッ

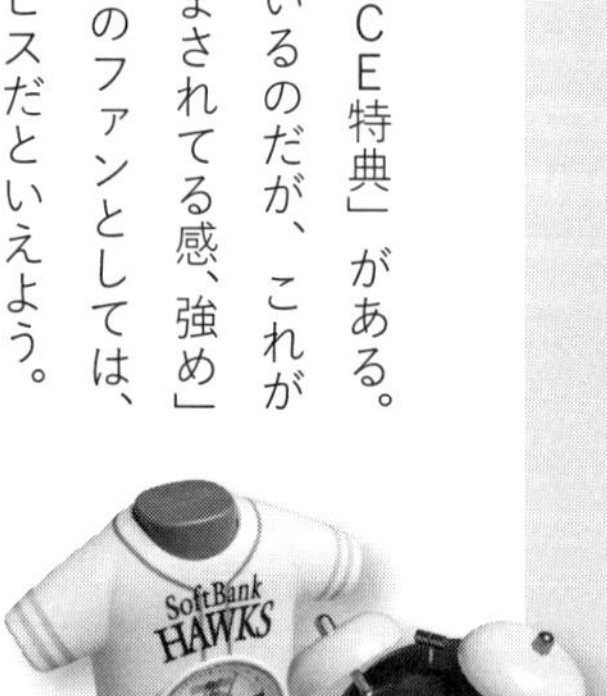

各球団が趣向を凝らす目覚まし時計。たとえ棒読みだろうと、朝から選手の肉声が聴けてうれしい

ト掛け時計」から紹介しよう。収録音声は実に9種類。ニール、岡田雅利、源田壮亮、栗山巧、ここまでは他球団と変わらない。

この年の西武ＦＣのすごいところは、電子オルガンによる「球場演出音」が4種類、さらに「球団事務所チャイム音」まで収録されているのである。

ちなみにこの「球団事務所チャイム音」は、ご存じ『地平を駆ける獅子を見た』だ。聞いているだけで本当にテンションが上がる。

続いて、コロナ禍により「満足なＦＣサービスが提供できないから」という理由で追加特典として送られてきた20年ＤｅＮＡ特典の「おはよう！ベイスターズ目覚まし時計〜選手ボイスアラーム〜」からご紹介しよう。

「おはようございます！　コラ、二度寝するなよ！　もう起きないと、遅刻するぞ！」（山﨑康晃）

「オハヨゴザイマス、キョウモ、イチニチ、ガンバリマショウ、バモス！」（ロペス）

「今日が最高の一日になりますように。アイ・ラブ・ヨコハマ！」（たぶん佐野恵太）

「朝ですよ～、起きてくださ～い。今日も一日、張り切っていきましょう。さぁ、行こう！」（たぶん宮崎敏郎）

「おはよう、○○○だよ。早く起きないと、僕が起こしに行っちゃうよ！」（たぶん今永昇太・○○○部分は聞き取り不明）

球団公式ホームページを見ると、山崎康晃、佐野圭太、ロペス、宮崎敏郎、今永昇太の肉声が収録されていると記載されているのだけれど、難点なのは、選手が自分の名前を名乗っていないので、正直なところ「誰が誰なんだろう？」と感じてしまった。

もちろん、ベイスターズファンにとっては、いちいち名乗らなくてもすぐにわかるはずだから、これはこれでいいのだ。

続いて、16年のソフトバンクFC「選手の音声入り目覚まし時計」から。

「おはよう、今日もフルスイングで頑張ろう！　起きろ～、遅刻するぞ～！　早く起きないとヤバいっス」（柳田悠岐）

「マッチだよ、起きて、遅刻するよ！　起きろ〜！　1、2、3、マーッチ！」（松田宣浩）

こちらは、最初に名前を名乗っているけれど、名乗らなくても、すぐに松田だということはわかった。彼が最後に叫ぶ「マーッチ！」が腹の底からの絶叫ではなく、周囲に配慮しているのか、マイクの前で正気に返って照れているのかはわからないけれど、遠慮気味にボリュームを落として妙に小声なのがおかしい。

これは、西武ＦＣの20年特典「若獅子寮デジタル目覚まし時計」における外崎修汰の「3、2、1、アップルパーンチ！」にも同様のことがいえる。

21年ヤクルトＦＣの「ＣＲＥＷうたたねつばくろっく」には、元メジャーリーガーの青木宣親の英語が流れる。注目ポイントは「アオキ」ではなく、「エオキ」である点だ。

「グッモーニン！　アイム・ノリ、エオキ！　今日も一日、笑顔でドンと構えて盛り上がっていきましょう。元気よくスマイルで、レッツゴー！　さぁ、行こう！」（青木宣親）

ここには、当時まだ21歳の若きスラッガー・村上宗隆の肉声も収められている。

「おはようございます。村上宗隆です。今日も集中して、いい一日にしましょう。今年もホームラン打ちます。楽しみにしていてくださいね。ではいきます。さぁ、行こう！」（村上宗隆）

同じく21年、中日FC特典は「ドラゴンズボイスアラーム」。選手だけではなく、スタジアムDJ・長谷川巧氏、さらにチアドラゴンズのミライさんとカレンさんの肉声も収録している点が特徴だ。意欲的な作品として記憶しておきたい。

「おはようございます。ドラゴンズの京田陽太です。目は覚めましたか？　しっかり朝ご飯を食べて、今日も一日、頑張っていきましょう。ドラゴンズの応援もよろしくお願いします！」（京田陽太）

「いつまで寝てるんですか～？」

「もう起きなきゃダメですよ」

「チアドラゴンズのミライです」

「カレンです」

「今日も私たちと一緒に」

「ドラゴンズを応援してくださいね」

「（2人で声をそろえて）さぁ、起きて、起きて！」

「ビクトリー〜！　おはようございます。朝です。ナゴヤドーム場内アナウンスの長谷川巧です。ドラゴンズファンのみなさん、今日も勝ちましょう！　勝利、〇〇〇！　朝だよ」

（長谷川巧・〇〇〇部聞き取り不明）


これまで、数多くの「目覚ましボイス」を聞いてきたけれど、間違いなく、長谷川氏のボイスが、本来の目覚まし時計としての効果が期待できる。とにかく声が大きい。一発で目が覚める自信がある（笑）。

19年ロッテFCの「目覚まし時計」は、マリンスタジアムの名物ウグイス嬢だった谷保恵美さんの美声が響き渡る。例の「サブロ――――！」のコール同様、「朝になりました。おはよ――――！」というコールで問題なく目を覚ますことができた。

やはり、声を商売にしている人の「本気」はひと味違うのである。

COLUMN PART.17

その一枚、一枚にたまらない思い出が……
見よ、のべ「240年分」の会員証を！

単純な数式をご紹介したい。

12×20＝240

賢明なる読者のみなさんならおわかりだろう。

「12」球団のＦＣに「20」年間入会したということは、つまり、のべ「２４０」年分の年会費を納入し、ＦＣ会員となったということである。人間が一生のうちに入会するＦＣがどれくらいなのか、誰か偉い教授の方に論文でも書いてもらい、その成果を学会で発表してほしいものだけれど、「２４０年」というのは、明らかに許容量を超えているだろう。普通の人間なら一瞬で昇天してしまうレベルの「劇薬」である。けれども、僕らトゥエルバーはすでに抗体ができているため、この程度のことではビクともしない。

で、気がつけばあっという間に20年が経過してしまった。僕の仕事場には、白い革表紙の大きなファイルがある。白地に赤い縫い目を模したイラストが描かれている。誰が見ても、それは野球のボールをモチーフとしたものだと理解できるはずだ。

ファスナーを開けると、透明のカードホルダーがファイリングされている。そこに収められているのは２００５年から現在に至るまでの各球団のＦＣ会員証だ。

その一枚、一枚を眺めていると、実に感慨深い思いになる。

この一枚を手にするために、当初は申し込み用紙に丁寧に住所や氏名、電話番号を書き込み、年会費を振り込んだ。そして、それからしばらくすると宅配業者の方々の手を経て、我が家にこの会員証が届けられたのだ。

関東はもちろん、北海道から、仙台から、あるいは名古屋、大阪、広島、福岡から、遠路はるばる東京の我が家にやってきたのである。そして、最も古いものは20年前から、僕の仕事場で、僕の仕事ぶりを見守ってくれていたのである。それだけで、なんだか愛おしい気分になってくるから不思議だ。メルヘンオヤジは気持ち悪いけれども、「メンヘラオヤジよりはまだいいだろう」と自分自身に言い訳したい気分である。

２７２ページで詳述するが、「ＣＱ（カープ・クオリティ）」を堪能するには、このファイルを開けばいい。そこには、摩訶不思議なコピーとイラストが並んでいる。見ているだけで、本当に楽しい。ちなみに、18年の会員証はエルドレッドが鈴木誠也をおんぶしている写真に「最高のコイの見つけ方。」というコピーが躍っている。なんじゃこりゃ？　でも、それでいいのだ。それこそ「ＣＱ」なのだ。

さて、誤解しないでほしいことがある。

冒頭に記したように「12×20」だからといって、このファイルには全部で２４０枚の会員証があるわけではない。例えば08年のオリックスＦＣはプラスチック製のカード型ではなく、手帳と一体化した会員証だったため、ここには収められていない。

あるいは、「ＦＣ事件簿」の項で述べたように20年ロッテＦＣは「電話番号の誤表記」によって、修正版が送られてきたために、同じ柄の会員証が2枚並んでいる。また、家族名義で複数口入会した年もあるので、やはりそれも同じものが並んで収納されている。

また、ＳＤＧｓの概念が一般化する頃から、ソフトバンク、巨人、そして日本ハムＦＣは新規に会員証を発行せずに「前年度のものを流用してください」となった。

したがって、実際には３００枚ほどの会員証が並んでいるのだけれど、僕としては「のべ２４０年」ということで、「２４０」という数字を胸に刻むことにしている。

さらに、資料部屋の奥に入ると、そこには全部で20冊のファイルが並んでいる。

左端のものには「２００５年」と書いてあり、右端のものには「２０２４年」と大書されている。ここに収められているのは、年度別の各球団の入会案内書である。さらに、「事件簿」の項で触れたように、各球団からの手紙や書類も保存してあり、もちろん「お詫び状」も完璧な保存状態で残されている。

普段はまったく手に取ることもないのだけれど、今回、本書を執筆するにあたって、この書類が大活躍した。20年かけて、たった一度きりの出番ではあったが、この20冊のファイルがなければ、決して本書は誕生しなかった。

他人から見れば、会員証も、20冊のファイルも無用の長物であり、わざわざ20年間も保管しておく必要性も感じないはずだ。しかし、世界でただ一人の「12球団ファンクラブ評論家®」としては、これらのものは何物にも代えがたい「お宝」なのである。

会員証ファイルも、入会案内書が入ったファイルも、最近ではかなりのスペースを占有するようになった。「こうして、20周年本も完成することだし、そろそろ、捨ててもいいのかな?」という思いが頭をよぎることもある。それでもやっぱり、僕はずっと手元に置いておくことだろう。なぜなら、もしも失くしてしまったら、二度と手にすることのできない「お宝」だからだ。２４０枚の会員証は、いったい、どこまで増え続けるのだろう?

COLUMN　PART.18

ただただ巡り合わせが悪かった……
もうすぐＧＯＹの忘れえぬ名品たち

各年度のレビューを読んでもらえばわかるように、僕は毎年、「その年で最もよかった特典グッズ」を選び、「ＧＯＹ（グッズ・オブ・ザ・イヤー）」と称して、勝手に顕彰している。もちろん、賞状もトロフィーも、賞金や賞品もなく、単なる名誉賞ではあるのだけれど、毎年、「コレがいいかな、それともアレかな？」と頭を悩ませるのは楽しい作業である。

特に近年は、各ＦＣのレベルが高くなっていることで、以前と比べて、はるかに選考時間が長くなってきている。当然、ＧＯＹ争いは熾烈となり、泣く泣く「コレは見送ろう」という事態に陥っているのだ。そこで本稿では、他のアイテムとの巡り合わせの問題で、ＧＯＹにあと一歩届かなかった「忘れえぬ名品たち」を思いつくままにつづっていきたい。

改めて、自分が決定した歴代ＧＯＹたちを見てみる。すると、次々と「あぁ、アレはＧＯＹじゃなかったんだな」と再認識する。

その筆頭が、２０２０年オリックスＦＣの「オリジナル野球盤京セラドーム大阪Ｖｅｒ．

（エポック社）」である。これは本当によかった。今でも僕の部屋の手が届くところにこの野球盤は保管されていて、たまに思い出したときに引っ張り出している。このとき、FC担当者にインタビューしたのだが、彼はこんなことを言っていた。『がっつり！プロ野球』（第26号）から、一部を引用したい。

2020年GOYを惜しくも逃した「オリジナル野球盤」。オリックスFC担当者のこだわりが詰まっている

〈先ほどお話したように40代以上の会員様が多いので、「この人たちに喜んでもらおう」という思いで企画しました。既製品である緑色の球場でしたら安くできるのですが、京セラドーム大阪のような紺色だと高くなるんです。でも、「うちは野球の会社なのだから、野球のグッズを作ろう」という思いもあったし、ここは妥協するわけにはいかないので、紺で特注しました。〉

この言葉を聞いたときには、「まさに、オレのためにある特典だ」と感じると同時に、「ここは妥協するわけにはいかない」という言葉にプロの矜持を見た気がしたものだ。こだわりのあるプロフェッショナルは年齢、性別、業種に関係なく、やっぱりカッコいい。

ソフトバンクFC
「本革トートバッグ」

DeNAFC
「ファーストミット」

他にも惜しくもGOYを逃した
名品は数多くある

続いて頭に浮かんだのが、20年のＤｅＮＡＦＣ「ファーストミット」だ。コレは本当に品質がいい。「事件簿」の項で述べたように、僕は左利きなのだけれど、もちろんちゃんと左利き用も用意されていて、真新しい革にボールを挟んで少しずつなじませていく作業は、久々に野球少年の頃に戻ったようなトキメキを覚えたものだ。

そして、ソフトバンクが誇る「本革路線」も逸品ぞろいで甲乙つけがたい。

その中でも、21年の「本革レザーショルダーバッグ」、いや、22年の「本革ボストンバッグ」、いやいや、ここは19年の「本革トートバッグ」を推したい。と言いつつ、やっぱり甲乙つけがたく、あえて言うなら「同率1位」という玉虫色の決着としたい。

22年日本ハムＦＣの「スノードーム」、そして翌23年の「ＥＳ ＣＯＮ ＦＩＥＬＤ ＨＯＫＫＡＩＤＯレプリカ」もすごくよかった。いずれも、23年にオープンしたエスコンフィールド北海道の誕生を記念したものだ。本文でも書いたけれど、もしも全球団ＦＣが、それぞれの本拠地の「球場レプリカ」を特典とするならば、僕は間違いなく選択して、フルコンプリートを目指すことだろう。

これまで、各球団のＦＣが連携して共通の特典グッズをつけたことはない。まずはパ・リーグからだけでも、「本拠地球場レプリカ」を特典としてくれないだろうか？

そうだ、16年阪神ＦＣの「グラブ皮革3点セット」もよかったなぁ。グラブ革を使った

ロッテFC「真空断熱炭酸用ボトル」

阪神FC「革製長財布」

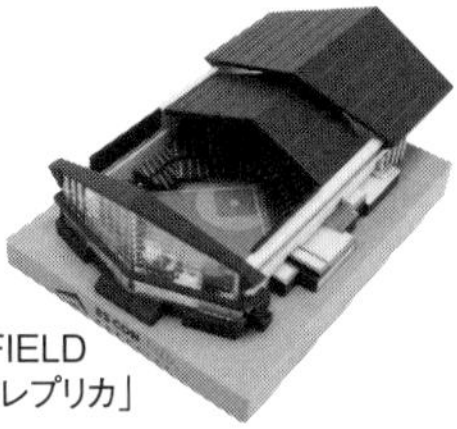
日本ハムFC「ES CON FIELD HOKKAIDOレプリカ」

長財布、名刺入れ、コインケースだ。そのすべてに「Ｓｈｏｉｃｈｉ」と、僕の名前が薄く刻印されているのもカッコいい。名刺入れは普段使いしている。また、この長財布は黒が基調で中が黄色となっているのだが、風水で金運を意味する「西に黄色」を彷彿とさせる配色で、高級感もあるし、「お金が貯まりそうだな」という気分にさせてくれるのもいい。

24年ロッテＦＣの「真空断熱炭酸用ボトル」は思わぬ掘り出し物だった。その名の通り、炭酸飲料用のボトルなのだが、外出の際に重宝している。こういう、「自分のお金で買うことはしないけど、ＦＣ特典なら選択したい」というグッズがたまにある。このボトルこそ、まさにそんなアイテムだった。

……さて、ここまで読んでくれた方はお気づきだろう。「もうすぐＧＯＹ」で頭に浮かぶものは、ほぼ２０２０年代のアイテムばかりなのである。これは、20年代以降、各球団のＦＣが軒並みレベルアップしたことで、「どれがＧＯＹになってもおかしくない」という状況となっているためである。「12球団ファンクラブ評論家®」としては嬉しい悲鳴であり、この潮流は、これからますます進んでいくことだろう。ということで、これからはＧＯＹに代わる新しい賞を創設してもいいかもしれない。あるいは「アイデア賞」「ラグジュアリー賞」など、部門別に表彰してもいいかも。

いずれにしても、評論家として、一野球ファンとして、この傾向は心から歓迎したい。

あの「2008年日本ハムFCタオル」は今でも……

時代の移り変わりとともに、世の中の価値観が変わったり、あるいは個人的な成長（または退化）によってモノの見方、考え方に変化が生まれたりすることはしばしばある。

僕にとってのそれは、２００８年日本ハムＦＣ特典の「オリジナルバスタオル」である。このアイテムほど、評価が大きく変わったものはない。

全球団のＦＣに入会して４年目となる08年のことである。それまでは複数選択制だったにもかかわらず、この年の日本ハムＦＣのメインアイテムはタオルだけ。このとき38歳だった僕は「タオルなんかいらないよ」と毒づいていた。

当時の『野球小僧』には、次のような原稿を書いている。

〈多くのファンクラブが、複数アイテムの中からファンが好きなものを選択できる風潮の昨今。なぜか、08年の日本ハムは、昨年までの3アイテム制からオリジナルバスタオル、

１アイテムだけとなった。昨年までは、ティッシュカバーやビーズ・クッションなど、毎年新しいアイテムが登場し、僕もいつも期待していたのに……。〉

……明らかに不服そうであるのが、自分でもよくわかる（笑）。

ところが、14年に発売された『ＦＣ本』では一転して、こんなことを述べている。

いまだに"現役"の日本ハムのバスタオル。後年に評価されることがあるのは、人間もFCも同じだ

……と、08年当時は書いたのだが、それから6年、僕の考えは変わった。この「オリジナルバスタオル」を手に入れたとき、ハッキリ言って期待外れで残念だった。でも、このタオルを手に入れてからの6年間、僕はこのバスタオルを日常的に使い続けている。

バスタオルの平均寿命がどのくらいなのかは知らないけれど、6年間使い続けていても、いまだに吸水性抜群で何も不自由していない。もらった当時はガッカリしたものだが、6年後、このグッズの真の価値を理解するに至った。急いては事をし損じる。これは05年から始まる「ファンクラブ道」において、僕が学んだことの一つだ。というわけで、このバスタオルを08年度版「ＧＯＹ」とさせていただきたい。

改めて説明する必要もないかもしれないが、念のためにご説明すると「GOY」とは、「グッズ・オブ・ザ・イヤー」の略であり、毎年の特典グッズの中から、僕が独断と偏見で「これがこの年のもっともすばらしいアイテムだ」と決める名誉称号である。

はじめは「タオルなんかいらないよ」と感じていたものが、6年の時間を経過したことによって、まさかの「GOY」獲得となったのである。

……GOY獲得から、さらに10年が経過した。

このタオルはどうなっているかというと、今もなお健在である。僕が入手してからすでに16年が経過したにもかかわらず、目立ったほころびやほつれなどなく、相変わらず吸水性においても何ら問題なく、風呂上がりの僕の体を優しく包んでくれているのである。

さすがに、若干の色落ちは見られるものの、痛々しいほど脱色された感じは微塵もなく、今も現役選手として、我が家には欠かせないアイテムとなっている。

その後、オリックス、ソフトバンク、西武、ヤクルトFCなどでバスタオルを特典としており、我が家にも送られてきたのだが、ここ数年のオリックスタオルは未開封のままだ。限られた収納スペースを考えると、これ以上新しいタオルを増やす必要がないからである。

ということで、親戚に譲ったり、実家に送ったりしているのだが、自分でもよくわかっている。08年日本ハムＦＣタオルを捨てたり、雑巾にしたりして、新たにオリックスＦＣタオルを使えばいいのだということを。

しかし、ここまで読んでくれた読者の方ならきっと理解してくれるはずだ。38歳でこのタオルを入手してから、54歳の現在に至るまでずっと僕の身近にあった存在なのである。そう簡単に捨てることなどできるはずがない。そうかといって、後生大切に丁寧に取り扱うべきものでもないのも、よく理解している。

これからも、日々の生活でどんどん使っていく。いや、使い倒していく。僕がくたばるのが先か、それともタオルがダメになるのが先か？　こうなれば、ヤツとの根気比べだ。ということで、昨晩も風呂上がりにこのタオルを使った。慣れとは恐ろしい。他のタオルよりも、ずっと肌触りがいい気がするのである。

過去20年間、ずっと全球団のＦＣに入会し、これまでにさまざま特典グッズが僕の前を通り過ぎていった。我が家を見渡せば、いたるところにＦＣで手に入れたものが並んでいる。それでも、08年日本ハムバスタオルこそ、もっとも活用し、もっとも重宝している特典であるのは間違いない。あのとき、ＧＯＹを授与した自分は間違っていなかった。つくづく自分で自分を褒めたくなる次第である。

COLUMN PART.20

「おはようからおやすみまで……」暮らしを見つめるライオン（ズ）

各球団それぞれ、独自のカラーがあるということは、これまで何度も述べてきた。その中でも、西武ＦＣには他球団にはない一種独特の特徴がある。

それが「生活密着特典」の数々である。

生活密着特典とは、もちろん僕の造語だが、「日々の生活に欠かせない日用品特典」の総称だ。１８９１（明治24）年に創業した老舗企業「ＬＩＯＮ」はかつて、「おはようからおやすみまで、暮らしを見つめる」というキャッチコピーを採用していた。ということで、僕は西武ＦＣの生活密着特典について言及する際には、必ず「おはようからおやすみまで、暮らしを見つめるライオン（ズ）」と表記することにしている。

それでは、具体的にどんなアイテムなのか、まずは列挙してみよう。

18年……タオルセット、シャンプー・ボトルセット、レオクロック

19年……ステテコ、ブランケット、バスタオル

20年……デジタル目覚まし時計、スリッパ、枕カバー（2枚セット）、ブランケット

21年……掛け時計、マイクロファイバーモップ

22年……どんぶり&レンゲセット、ランチョンマット&おはしセット（2組）

23年……カレー皿&スプーン、バスタオル

24年……木製マグカップ&ドリップバッグコーヒー

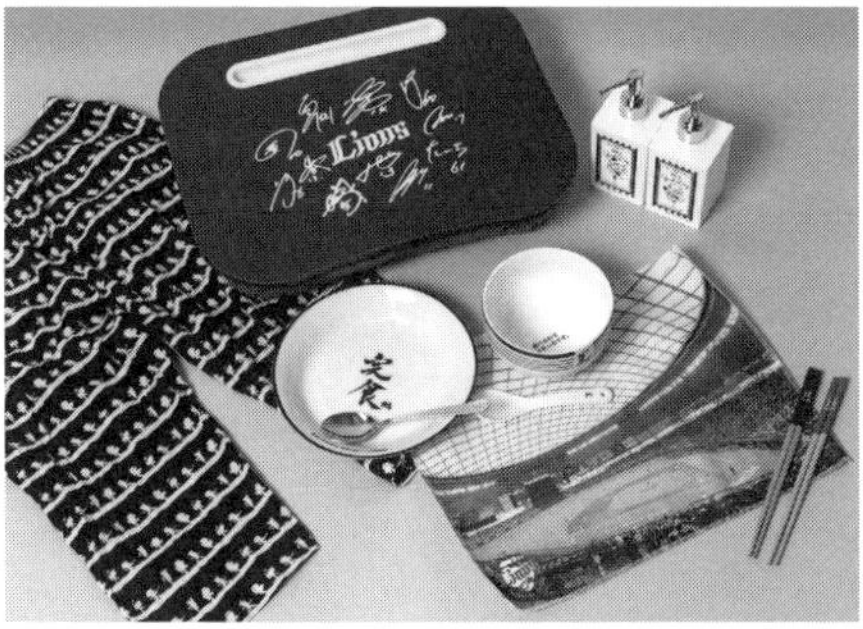

「ライオン」と生活は切っても切れない関係なのだろうか。
西武は日常生活に欠かせない特典が満載だ

朝は選手の肉声メッセージが搭載された「若獅子寮デジタル目覚まし時計」で起床する。その際に着用しているのはもちろん「ステテコ」。優しく体を包んでくれた「キラキラブランケット」と、安眠を保証してくれた「枕カバーセット」のおかげで快適な目覚めだ。

そのまま浴室に行き、「シャンプーボトル」を使って、ササッと朝シャン。「バスタオル」で髪を拭いた後は、リビングの掛け時計「レオクロック」で時間をチェックしながら、お気に入りの「木製マグカップ」で源田壮亮プロデュースの「エチオピアイリガチェフ」をたしなむ。柑橘系の風味が鼻腔をくすぐる。これで今日も一日、元気で頑張れる。

……おっと、慌てて飲んだため、ついむせてしまったはずみで、漆黒の液体がマグカップからこぼれ落ちる。足の甲に直撃すればやけどしてしまう……。でも、「レオとライナのスリッパ」がきちんとガード。レオの瞳に黒いシミがついてしまったのは残念だけれど、洗濯すれば大丈夫。床に飛び散ったコーヒーの滴は「マイクロファイバーモップ」でサササッとひと拭き。きれいな部屋は本当に気持ちいい——。

……いかがだろうか？　朝だけでこれだけ活用できるのだ。

テーブルには「ランチョンマット」を敷いて、「おはし」もあれば「スプーン」もある。山川穂高がプロデュースした「カレー皿」も「丼」もあるから食器には困らない。それに、「トートバッグ」もあれば、「リュックサック」も、これまで何度もメイン特典としてゲットしているので外出時もＦＣアイテムと一緒だ。

本当にすばらしい。これぞ正しいＦＣ特典のあり方ではないだろうか？

しかし、かつて井上陽水が歌っていたように、人間の欲望とは限りないものだ。さらに、「12球団ファンクラブ評論家®」としては、今後のさらなる発展を期すべく、未来に向けての提言を行う義務がある。ということで、「長谷川的、西武ＦＣ・生活密着特典として採用してほしいものベスト5」を発表したい。

5位……ハンディクリーナー
4位……カトラリーセット（スプーン、フォーク、ナイフ）
3位……調味料ストッカー
2位……歯ブラシセット（スタンド付き）
1位……文房具セット

いかがだろうか？　机の上のゴミをササッと掃除できるハンディクリーナーも欲しいし、歯磨きアイテムは確実に、今後実現するのではないだろうか？　個人的な願望としては、特に1位の文房具は絶対に実現してほしい。

ハイグレード会員の特典として、多少割高になってもいいので、特に高品質のものを期待したい。例えば、かつてロッテが販売していた老舗メーカー・ＣＲＯＳＳや、ドイツの高級メーカー・ＬＡＭＹとのコラボアイテムがいいな。そしてノートは、おなじみのＲｏｌｌｂａｈｎ製がいいな。ホントに実現しないかなぁ。

ぜひ、ご担当者の方ご一考を。

アイデア料などいただきませんので（笑）、前向きにご検討ください。

COLUMN PART.21

モノは世につれ、世はモノにつれ……
ＦＣグッズ界のトレンドを分析する

時代は目まぐるしく移り変わっている。活気をなくした日本経済は「失われた20年」を経て、今では「失われた30年」と呼ばれるようになっている。

それでも、各球団のＦＣはこの20年で大きく進化、発展を遂げた。

各担当者に取材を行う際には、必ず「1年の流れ」を質問するようにしていた。ほぼすべての球団が、シーズン開幕時にはすでに「翌年度のＦＣ運営」についての準備を進めており、大まかなアウトラインの作成から始まり、特典グッズの選定作業を行い、翌年度の試合日程が発表されるとともに、さまざまなイベントデーをテキパキと決めていく。特典グッズ選定の際には、阪神やソフトバンクなどは「あなたが欲しいグッズはどれですか？」というアンケートを実施。ファンのニーズに応えるきめ細かいサービスが行われている。

本書執筆にあたって、改めて各年度のＦＣ運営を再確認してみると、いくつかの段階を経て現在に至っていることがよく理解できるし、メイン特典もまた、やはり時代を反映し

ファンクラブは「時代を映す鏡」？　2016～17年にはマジェスティック社旋風が吹き荒れた

ていることに気がついた。

トゥエルバーとなって4年目、２００８年の本文で、「この4年間で大きく変わったこと」として、僕は次のように述べている。

・募集告知が早くなった
・特典グッズのバリエーションが多くなり、選択肢が増えた
・ウェブや携帯から、簡単に申し込み手続きが可能になった
・「会員限定」サービスや商品が、かなり充実するようになった

冒頭で述べたように、現在では開幕直後にはすでに翌年度の準備をしているのが当たり前ではあるけれど、この頃は開幕してしばらく経ってからグッズが届くことはしばしばあった。そして、「複数選択制」もまた、採用している球団は少なかったのである。

いずれにしても、今となってはまったく信じられない話だ。トゥエルバー6年目の10年には、こんなことを述べている。

〈各球団が女性ファン獲得に向けて、あの手この手で策を講じ始めている。これが今年のファンクラブ界の大きなトレンドだと言えるだろう。〉

また、特典グッズを製作するメーカーもさまざまな変遷を経ている。12年には「ミズノの大躍進が続く！」と書いているが、14年以降になるとマジェスティック社がどんどん台頭してきている。そして、16年、17年の本文には次のように書かれている。

16年……席巻するマジェスティック社
17年……加速するマジェスティック社

資料をあたってみると、楽天に始まり、ソフトバンク、西武、ヤクルト、そしてロッテがマジェスティック社のグッズを特典としている。さらにこの年は「変わり種カテゴリー登場！」と題して、ソフトバンクのファームを応援する「ホークス筑後FC」、オリックスのペット専用FC「わんにゃんクラブ」が誕生している。

また、「各球団が『ポイントサービス』を充実させたのも今年の特徴」と書いたのは、トゥエルバー11年目の15年のこと。この年はさらに「今年のもっとも注目すべき点は『ビジターデー』の増加だ」と指摘している。球界全体で一致団結する相互送客の精神が根づき始めたのはこの頃のことだったのだ。

日本経済の低調と軌を一にするように、19年には「相次ぐ会費の値上げ」をトピックとして挙げ、「アベノミクスは失敗だったのか？」と書いたことはよく覚えている。19年に「目覚まし時計ブーム到来！」と書き、翌20年には「目覚まし時計ブームの定着！」と記し、続く21年には「時計多すぎ問題」と指摘したが、このブームは現在でも続いている。

コロナ禍真っただ中の21年には「マスク関連の充実ぶり」がトレンドだった。この頃からは「電子機器ブーム」が巻き起こる。ＵＳＢ充電によりスマートウォッチや加湿器、イヤホン、ヘッドホン、スピーカーなど、一気に特典バリエーションが広がることになった。

そして、ようやく新型コロナウイルス騒動が落ち着きを見せ始めた23年になると、それまでの鬱屈した思いを発散すべく、テントやアウトドアチェア、キャリーバッグなどの「脱・巣ごもり化」が加速していく。

……こうして振り返ってみると、つくづく「時代は変わるんだなぁ」という思いが強くなる。平成から令和となった現在、05年当時の特典が自宅に届いたら、ファンの間で暴動が起こることだろう。いい時代になった。そして、これからもさらなる発展を「12球団ファンクラブ評論家®」としてではなく、一ファンとして切に願う。

COLUMN PART.22

今後、ますます盛んになるのか？「食特典」のこれまで、そしてこれから

２０２２年のオリックスＦＣには度肝を抜かれた。

なぜなら、「宮崎牛モモスライス５００グラム」がメイン特典としてひときわ異彩を放っていたからである。その翌年には「宮崎牛肩ロース・ウデ焼肉（各２００グラム、計４００グラム）」に、さらに「オリジナル焼肉ダレ」が特典となった。

前者はすき焼きで、後者は焼肉でありがたくいただいた。

いずれも、冷凍状態のままクール便で届けられ、あっという間に食してしまったことで、今はただ甘美な思い出とともに、「あぁ～、美味かったなぁ……」と、ただただ懐かしく思い出すばかりである。

この2年間を経て、僕は「この流れは今後も続くのか？」「他球団も追随するのだろうか？」という興味を抱いた。前者に関しては、翌24年にも「宮崎特産品セット」として継続されることとなったが、後者については、どの球団もこの流れに乗ることはなかった。

しかし、まだまだ予断を許さない。「食特典」は無限の可能性を秘めているのだ。冷凍技術が格段に進化し、「トラックドライバー２０２４年問題」をはらみつつも、流通網もこれだけ整備されている現状、冷凍食品を特典とすることに何も支障がないことを、オリックスＦＣは証明したのだ。日本郵政には「チルドゆうパック」があり、ヤマト運輸には「クール宅急便」がある。各運送会社も準備万端だ。

さらに、レトルトパックやフリーズドライといった加工技術も、年々進化を遂げている。お膳立ては完全に整っているのだ。

思えば、「食特典」の歴史は古い。

僕がトゥエルバーとなった05年、ロッテＦＣは「ロッテリア試食券（てりやきバーガー＆ポテトＳ）」を特典としていた。翌06年にいったん廃止されたものの、07年には「エビバーガー、てりやきバーガー、ポテトＳ」とパワーアップして復活。僕の自宅近くにロッテリアがあるので、すぐに使わせてもらった。14年にはクリスピー・クリームドーナツの試食券までプラスされる大盤振る舞い。しかし、別れは突然訪れる。17年に「試食券」が突然廃止されたのだ。この年、僕は「さよなら、僕の試食券…」と題して、こんな文章を書いている。

ファンクラブ界に革命を起こした、オリックスの「宮崎牛」。
食の特典は今後も続くのか、要チェックだ

COLUMN PART.22

ロッテFCにとって、17年は忘れられない年になった。

短い一文に、底知れないショックを感じさせる胸を打つ名文である。たかが試食券かもしれない。けれども、毎年開幕が近づく頃になると近所のロッテリアに足を運んで、コーラと一緒にエビバーガーを食べるのが春の風物詩だったのだ。僕はロッテリアで春の到来を感じていたのだ。「試食券」は、僕にとっては春の季語だったのだ。

その後、ロッテFCは食特典をつけていない。強いて言えば23年に「ポータブルコーヒーメーカー」「サーモジャグ」を選択特典として、ホームカフェ化を推進しているが、やはり「試食券」の喪失感を癒すことはできなかった。

前述したように、24年はオリックスFCが「宮崎特産品セット」を選択特典とし、西武FCが「木製マグカップ&ドリップバッグコーヒー」を特典としている。23年には日本ハムFCが来場回数プレゼントとして、新巻鮭の切身を特典としているのだ!!

さて、僕には長年抱いている謎がある。それは、「どうして、ヤクルト、ロッテ、日本ハムは自社製品を特典としないのか?」という疑問である。

以前、「睡眠の質を高める」という触れ込みで「ヤクルト１０００」が品薄になっていた頃、ＦＣ特典として引換券がついていれば、僕は狂喜乱舞したことだろう。ロッテもそうだ。ガムならかさばることもないし、日持ちもするし、他の特典と一緒に同梱することは簡単だろう。ひょっとして、何かしらの法律に抵触するのだろうか？

そして日本ハムだ。オリックスＦＣが「宮崎牛」を特典としたのに、日本ハムはただ指をくわえて見ているだけでいいのか？　同社のホームページを見ると「牛肉」の欄には「玄米牛」「大麦牛」に加え、「恵みの国®」と題された国産黒毛和牛ブランドが並んでいる。

さらに「ギフト情報のご案内」を見ると、実に美味しそうなお肉がズラリ。

贈り物は、日本ハム。

そんなメインコピーとともに、フォークに刺したハムを手にしてほほ笑む大泉洋の姿を目にしていると、「やはり、日本ハムはハムをメイン特典としたらいいのではないか？」という思いがますます強くなってくる。「ギフト限定のシャウエッセン」もあるという。

これが決定打だ。これで決まりだ。新巻鮭より、シャウエッセンだ！

日本ハムＦＣさん、どうしてハムを特典にしないのですか？

独自の展開を見せる、唯一無二の「CQ（カープ・クオリティ）」

20年間もFC生活を続けていると、各球団の特徴やカラーが見えてくる。

それぞれに、それぞれの個性があるので「変わらぬ部分」と「変わっていく部分」を比較しながら、各FCの成長を見守っていく楽しみがあるのだが、最も個性的で、最もブレないのが広島FCである。２０１４年に発売した前著から一部を引用したい。

〈07年にいわゆる「一般コース」である「カープファン倶楽部」が誕生すると状況は一変した。当初は気がつかなかったけれど、数年の後に「実に独特のセンスだなぁ」と否応なく気づかされた。08年の「ノースリーブジャージ」、09年、伝説の「カオシマジャージ」、10年の「出身地入りジャージ」……。

アイテムは毎年「メッシュジャージ」で素材はチープ。数回洗濯すれば、すぐによれよれになってしまう。けれども、その独自のセンス、自由闊達にアイディアを発露できる奔

放さ。いつしか僕は広島ファンクラブの「斬新路線」に魅了され、「CQ（カープ・クオリティ）」と名づけていた。〉

そう、12球団で唯一「CQ」と呼ばれる独自のカラーを生み出したのである。つい、「呼ばれる」と書いたけれど、僕が勝手に言っているだけである（笑）。さらに、前著ではカープFCに対して、好意的な思いから、次のように記している。

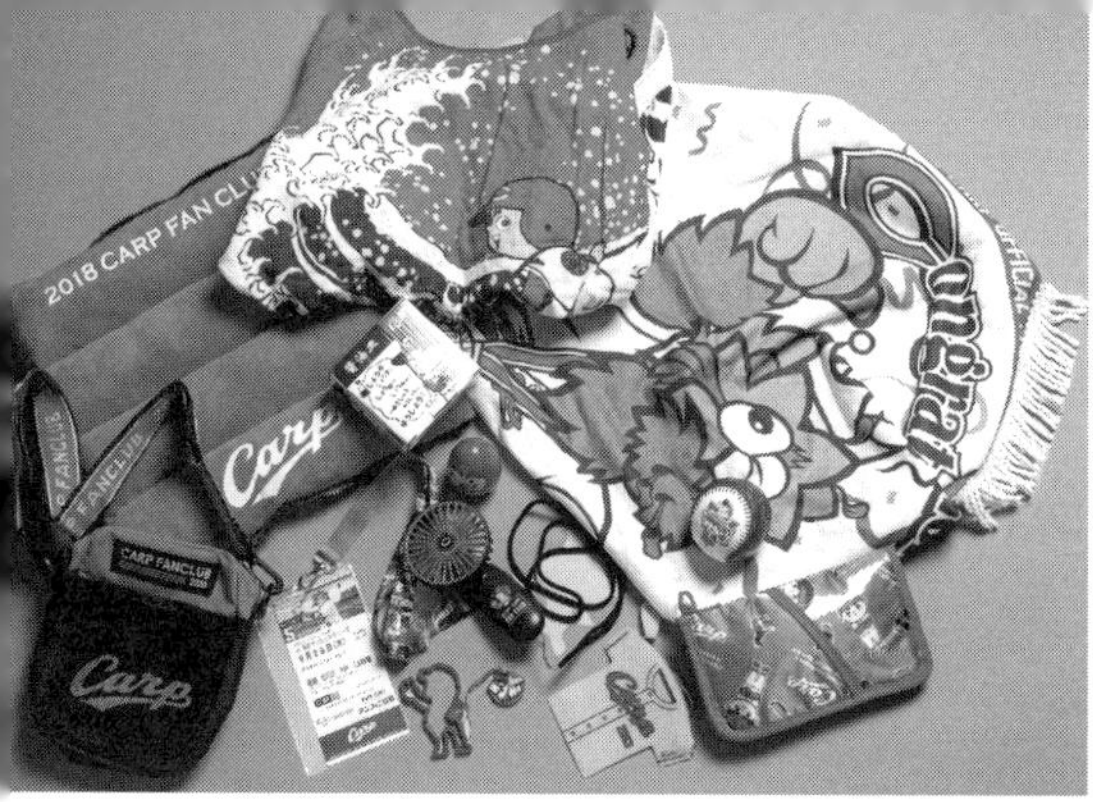

何がなんだかわからないグッズも多々存在してきた。CQ（カープ・クオリティ）は永久に不滅です!

毎年、毎年、担当者は「来年はどうしよう?」と頭を悩ませているだろう。しかし、その一方で「今度はどんな手で驚かせてやろうか?」という楽しみもあるだろう。07年の発足以来、ずっと年会費は3500円で据え置きだ。今後、とびきり上質のアイテムが出現することはないだろう。けれども、広島の場合はそれでいいのだ。リーズナブルな年会費で、アイテムはチープ素材の「メッシュジャージ」でいい。その代わり、ファンがアッと驚くような斬新なデザインを見せてくれれば、それでいいのだ。少なくとも、僕はそこに期待するし、それこそ、広島ファンクラブの存在意義なのだと思う。

あれからさらに10年が過ぎ、年会費は「単年会員」は3800円、「継続会員」は4000円と、わずかな値上げはあったものの、昨今の円安、物価高を考えると球団サイドの営業努力には頭が下がる思いである。

詳しくは別掲の写真を見てほしいけれど、ここまでさまざまな「オリジナルユニフォーム」が並ぶと壮観である。繰り返しになるけれど、「来年はどうしよう?」という思いと、「次はどんな手で驚かせてやろうか?」という思いと、それぞれが交錯していることだろう。本当に敬服する次第である。

また、CQは「オリジナルユニフォーム」だけでなく、「会員証」にも表れている。07年は水戸黄門でおなじみの「印籠モチーフ」で、翌08年は「運転免許証モチーフ」となっている。ちなみに本籍は「聖地　広島市民球場」とあり、「会員の条件等」には「三度のメシよりカープ好きであること」と書かれている。また、12年頃からは独自のコンセプト色がさらに強まってくる。会員証の表面に書かれたフレーズを引用しよう。

12年……赤の力
13年……極赤（BUCHIAKA）

14年……吾輩ハ鯉デアル
15年……地球は赤かった。
16年……Ｔｈｉｎｋ ＲＥＤ
17年……コイココロ
18年……最高のコイの見つけ方。
19年……Ｒｏｓｓｏ ｆｆｆｆｆ（フォルティッＣＣＣＣＣモ）
20年……５Ｃ
21年……頂ます！
22年……やるど。
23年……Ｃｃ走（しっそう）
24年……鯉爛漫

ねっ、意味がよくわからないでしょ（笑）。詳しく説明したいんだけど、僕もよくわからないので説明のしようがないのである。でも、これこそＣＱなのだ。毎年、毎年、秋になって翌年度のＦＣ概要の発表が最も楽しみなのが広島ＦＣだ。これからも、唯我独尊、他球団には決して真似のできない我が道を歩んでもらいたいものである。

COLUMN PART.24

FCに「年会費10万円超」を支払う価値はあるのか？

いわゆる「高額カテゴリー」と呼ばれる会員コースがある。

具体的には、年会費7万～13万円超で、質量ともに「これでもか！」というほどの豪華特典がつく高嶺の花のコースである。24年時点でいえば、次の通り。

阪神FC「プレミアムプラス２０２４」（レギュラー、ハイグレード年会費＋７万円）

オリックスFC「エクストラプレミアムメンバー」（13万５０００円）

「フルコース・シーズンシートコース」（７万円）

楽天FC「プレミアム会員」（10万５００円）

ソフトバンクFC「プレミアム会員」（10万４９００円）

阪神の「プレミアムプラス２０２４」は入会資格が最も厳しく、「20年以上ご継続のプ

年会費10万円超の高級カテゴリーとして白眉の内容だった楽天のプレミアム会員特典。さらに全選手直筆サインカードなどは後日届く予定

レミアム会員様だけが特別入会いただけるオプションコース」と明記されている。20年間継続入会して、レギュラープラン（３９００円）、またはハイグレードプラン（1万円）に、さらに7万円を追加する必要がある。気になるメイン特典は「バカラ　アルクール　イヴ　ハイボール2客セット」、または「新潟燕三条カトラリーセット（27ｐｃ）」となっている。バカラのグラスにはイニシャルの刻印を入れることも可能。カトラリーセットは24純金メッキにタイガースロゴが刻印されている。

個人的に魅力的なのが「応援デーグッズコンプリートセット」。球場で配布されるさまざまな特典をコンプリートで自宅に届けてくれるというのはすばらしい。

オリックスの「エクストラプレミアムメンバー」のメイン特典は「２０２４オーセンティックユニフォーム（サード）」と「宮崎特産品セット」の選択制。ちなみに、「宮崎特産品セット」については２６６ページの食特典コラムにおいて詳述するが、まるでふるさと納税の返礼品のようなラインナップとなっている。注目点は本拠地の大阪府ではなくキャンプ地である宮崎県の特産品であるという点だが、個人的にはあまり魅力を感じられる特典ではなかった。

さて、ＦＣ生活20周年を記念して、「今年は高級カテゴリーに入会しよう」と決めていた僕は、24年は楽天ＦＣ「プレミアム会員」とソフトバンクＦＣ「プレミアム会員」に入会することに決めた。

もちろん、特典内容を吟味した上での決断である。楽天に関しては14年、15年もプレミアム会員となり、その特典の充実ぶりに目を見張っていたので迷わず入会した。

僕が選択したのは「全選手直筆サインカード」「選手直筆サインボール」「ビッグトートバッグ」「トラベルポーチセット」で、さらに「ミズノ社製リュック＆グラウンドコート」「ファンクラブユニフォーム２０２４」「ファンクラブオリジナルタオル２０２４」が付く。それだけではない、「チケット引換クーポン」は8試合分、さらに「チケット割引クーポン」は５０００円分。前年はスタンダードコースだったので、「アップグレードキャンペーン」によって、５０００ポイントの楽天ポイントまで！

嬉しいのは「来場者プレゼントお取り置き」サービスだ。実際に活用したけど、ほぼ並ぶことなくスムーズに来場特典をゲットできたのは嬉しかった。また、「クラブメンバーズデスク」では無料で手荷物を預かってくれるし、ブランケットやラジオは貸し出してくれるし、寒いときにはカイロまでプレゼントしてもらった。

こうした「特別なおもてなし感」こそ、「プレミアム」を実感させるいいサービスだ。

一方のソフトバンクは「クラブホークスを10年以上ご継続のお客様だけに特別なプランをご用意いたしました」と明記されている。

こちらは年会費が10万４９００円だが、メイン特典が「主催チケット10枚」「ホークスストアお買物券５万円分」「オンラインストアお買物券５万円分」「ＭＬＢｃａｆｅＦＵＫＵＯＫＡお食事券５万円分」など、メイン特典で年会費の半分程度は回収できる。

僕は福岡まで行き、みずほＰａｙＰａｙドームですでに６試合を観戦。東京ドームで行われた「白のキセキ２０２４」のチケットサービスを享受した。入会グッズは選択制で、僕は「本革クッション」を選んだが、楽天と比べると、物量的には寂しい感じは否めない。ただ、やはりこちらも「プレミアム感」として、会員専用ラウンジ「ＦＡＮ'Ｓ ＳＱＵＡＲＥ」の優先予約権利を使って、ソフトドリンクや軽食の無料提供を満喫しながら、試合を観戦する体験を味わい、来場特典もお取り置きしてもらった。

24年シーズンは楽天とソフトバンクの高級カテゴリーに入会したが、「グッズ特典」「観戦特典」「おもてなし特典」の充実ぶりを総合すると、楽天「プレミアム会員」に軍配を上げたい。本当にチームが大好きで、頻繁に本拠地球場で試合を見ることができる環境にあって、「少しでも快適に観戦したい」と思うならば、たとえ10万円超の年会費を払うことになっても入会する価値はある。心地いい優越感もまた、高級カテゴリーならではなのだ。

COLUMN PART.25

長谷川的最長連載『野球太郎』12球団ＦＣ企画ができるまで

全球団のＦＣに入った出来事を最初に原稿にしたのが２００５年３月のことだった。

このとき、『ＮｕｍｂｅｒＷｅｂ』において「12球団のファンクラブに入会してみた！」という短編原稿を書いた。この時点では「来年も全球団のＦＣに入会しよう！」と明確に考えていたわけでもなく、シンプルに「せっかくいいネタがあるのだから、１本ぐらい短いコラムでも書くか」といった程度の考えに過ぎなかった。

しかし、この記事が掲載されるとすぐに『野球小僧』編集部の菊地高弘氏から連絡が入り、「あの記事、読みました。うちの雑誌で、もっと長い原稿を書きませんか？」と依頼を受けたのである。この菊地氏こそ、23年秋、ＴＢＳ系列「日曜劇場」で放送された『下剋上球児』の原案者であり、「菊地選手」のペンネームで、各メディアで活躍している売れっ子ライターである。当時、菊地氏はまだ大学生だったと記憶している。

こうして、『野球小僧』05年８月号に最初の原稿が掲載された。この時点でもまだ「来年も全球団FCに入会しよう」という強い思いがあったわけではなく、「楽しいから、来年も続けようかな？」と漠然と考えていた程度である。

しかし、この記事の反響は、僕の想像以上に大きかった。多くの人から「あの記事読んだよ」とか、「また、アホなこと考えたねぇ」と感想をもらった。

【球団サービス分析】
12球団ファンクラブ全部に入会してみた!
～すべてのファンクラブに入会した男が見た「サービス」の神髄
文／長谷川晶一

著者の「12球団ファンクラブ全部に入会してみた!」の記事が初めて掲載された『野球小僧』2005年6月号

これは本当に想定外の出来事だった。ほんの思いつきで始めたことではあったが、意外にも多くの人にとっても、「他の球団のファンクラブはどうなんだろう？」と気になる関心事だったのかもしれない。こうなると、俄然ライター魂に火がついた。菊地さんからも「来年はどうするんですか？」と、まるで「これからも続けましょうよ」と、遠回しの催促（と、僕は認識している）の連絡が届いた。

こうなれば、答えは一つしかない。

（来年もやろう！　やればできるよ、できるよやれば、やるしかないんだから、やらなきゃダメなのよ……）

そんな決意とともに、改めて06年度の入会申込書を取り寄せたのである。そして、毎年春が来るたびに『野球小僧』編集部からの「今年もFC原稿、お願いします！」と依頼が来るようになったのだ。

それからかなり長い時間が経過した。この間、『野球小僧』は版元が変わり、『野球太郎』と名称を改めた。それでも、一貫して菊地さんが担当編集者となり、連載は続いた。そう、「1年に1回」ではあるけれど、僕にとってはこの企画は「連載」である。ということは、05年から24年まで、実に20年にわたる「長期連載」なのである。03年秋にフリーランスとなった。まだまだ駆け出し時代に始めた連載が今もまだ続いていることが嬉しい。

連載の舞台裏は、こんな感じだ。

毎年3月の開幕前に、全球団の特典グッズが自宅に届く。そして、開幕直後の4月、5月に、特典チケットを使ってできるだけ各球場に足を運んで、その年の新サービスを体験する。この間に、仕事場の会議室を使って、全球団の全特典を撮影する。カメラを構えているのは菊地さんである。僕は段ボールから取り出し、菊地さんに手渡しつつ、改めてそのグッズの特徴や機能性をチェックし、メモを取る作業に没頭する。手慣れたもので、次から次へと流れ作業で進み、現在では2時間もあれば全撮影は終了する。

これが大体、ゴールデンウイーク前後である。そして、5月末をめどに原稿を仕上げる。執筆は速い。もともと、筆は速いタイプではあるけれど、この「FC連載」に関しては、輪をかけて速い。なぜなら、書きたいことが次から次へと出てくるからだ。「今年の概要」

を2ページ、各球団半ページを12球団分、つまり6ページ。合計8ページを書くのに、大体5時間ほどの時間を要するのだが、半日もあればほぼ完成する。こうして、6月に発売される『野球太郎』に無事に掲載されることになるのである。

こんな生活を、僕は20年間も続けてきたのだ。当時大学生だった菊地さんも、この間に結婚し、子供が生まれ、いいパパとなった。さらに物書きとして独立し、前述した『下剋上球児』など、意欲的な作品も多数出版する売れっ子となった。

時間は確実に流れているのだ。そんな日々を過ごしつつ、ふと、我に返る瞬間がある。

（……この生活は、いつまで続くのだろう？）

別に、第三者から強制されているわけではないので、やめようと思えばいつでもやめられる。けれども、やめるのはいつでもできる。ここまでずっと続けてきたのだから、もう少し続けてみてもいいのかもしれない。いや、それでは単に惰性で続けているだけではないのか？　そろそろ決断の時期が迫ってきているのかもしれない……。

気持ちは千々に乱れる。人生はいくつになっても迷い、悩み、常に選択を迫られるのである。生きるか、死ぬかという大問題ではない。「何を大げさな」と言われるお気楽な悩みである。それでも、「ＦＣ継続問題」もまた、現在の僕が直面している「小問題」であることは事実なのだ。そのあたりの葛藤については、改めて１９８ページを。

ファンクラブ
あるある③

忠誠心あるある

ありがたいと思いつつ、入るのに少し罪悪感があるビジター向けファンクラブ。

DeNAのようにビジター向けのFCカテゴリーを用意する球団に感謝しつつも、「この金がDeNAの新外国人補強の資金源になるのかもしれない……」と後ろめたさも覚えてしまう。

ファンクラブ2015～2024クロニクル

※このクロニクルは雑誌『野球太郎』に掲載された記事を再編集したものです。記事が書かれた時代背景、著者の気分・テンションを考慮し、原則として原文のまま再録しております。

ついに11年目！　本も出版し、勢い増す！

2015

商標登録でレビューに熱が入る

昨年、10周年を迎え、『プロ野球12球団ファンクラブ全部に10年間入会してみた！』（集英社）を出版した長谷川晶一氏のファンクラブライフもついに11年目に突入。肩書きに®の一文字を加え、今年もすべてのファンクラブを徹底レビュー！

ついに商標登録をしたのだ！

今年で11年目なのか…。

2004年の球界再編騒動の真っ只中で、「全球団のファンクラブに入れば本当のファンサービスがわかるのでは?」と思いつき、翌05年からすべてのファンクラブに入り続けて11年の年月が流れた。30代半ばだった僕もすでに45歳。さすがに「いい年をして、何をやっているのか?」と自問自答することもある…。ウソだ、そんなことはまったくない。むしろ「いつまでも続けてやるぞ」と鼻息はますます荒いのだ。

昨年『プロ野球12球団ファンクラブ全部に10年間入会してみた!』（集英社）を発売したところ、ありがたいことに多くの方からのご好評を得て、テレビやラジオなどさまざまな媒体で取り上げてもらった。06年楽天ファンクラブ特典のカラスコマスクをかぶって、人前でトークイベントを何度もやらせてもらった。さらに調子に乗って、のこのこ特許庁まで出向いて、「12球団ファンクラブ評論家®」として申請して、無事に受理された。ということで、今回は11年目にして初めて、これまでの「研究家」から、正式な「12球団ファンクラブ評論家®」としての原稿デビューとなる。とは言え、例年と比べて劇的に内容が変わるわけでもないけれど、粛々と次なる10年に向けての第一歩を踏み出したいと思う。引き続き、よろしくお願いいたします！

拙著出版後、さまざまな球団関係者から「参考にさせてもらいました」と言われた。この本の影響があったのかどうかはわからないけれど、今年のファンクラブ特典やサービスは軒並み向上している。まずは、その点について触れてみたい。

ビジターデーの充実に注目

楽天は「Ｆｌｙ　Ｔｏｇｅｔｈｅｒ　ともに、羽ばたこう」とスローガンを掲げ、ファンクラブ改革を行った。そしてヤクルトも「大リニューアル」と大書して、新たにプラチナ会員、ゴールド会員を新設。さらなる充実を図ることとなった。そして、もっとも大改革を断行したのが横浜だった。まさかの「グッズ特典ナシ」を採用する代わりに、「チケット特典」に特化。横浜スタジアムへの来場促進に全力を傾ける施策を採ることとなった。

さらに、各球団が「ポイントサービス」を充実させたのも今年の特徴。中日、阪神、広島以外の9球団ではチケット購入、来場、グッズ購入などに応じて、さまざまなポイント制度を導入しており、数多くの特典を受けられることになった。特に大きく進化、発展したのが日本ハム。従来の「ＦＡＮＳポイント」による交換グッズが質量ともに大幅に改善された。僕が日本ハムファンなら本気で貯めていると思う。

そして、今年のもっとも注目すべき点は「ビジターデーの増加」だ。各球団がこれを採用。互いに連携し、ビジター球場でも特典プレゼントやイベントを行うことで両チームのファンを送り込み合う「相互送客」の精神を導入した。

10年間の集大成！

2015年筆者が入会したファンクラブの充実度

FOY	チーム	充実度				入会したコース金額	コメント
		総合	観戦特典	グッズ特典	ポイント特典		
	福岡ソフトバンク	B→	○	○	○	3,780円	全10種類から選べる「複数選択制」の元祖。ポイント制度「タカマル」は200、500、1000ポイント通過時ごとに招待券がもらえる仕組み
	オリックス	B→	○	△	○	3,600円	年会費10万円、定員120名のプレミアムメンバーはすでに締め切り。ポイント交換アイテムは選手の直筆サイン入りのものが多くかなり充実している
	北海道日本ハム	B↑	×	○	○	3,000円	これまで、「個性がないのが個性」と皮肉を言っていたけれど、今季からはついに「日本ハムらしさ」が生まれつつある。来季以降の急成長に期待
	千葉ロッテ	A↓	○	△	○	1万300円	00年代に感じたときめきが年々、薄れているのは気のせいか? 安定した運営は評価できるものの、以前のような新機軸をつい求めてしまう
	埼玉西武	A↓	○	○	○	5,000円	安定した運営のためか、年々アッという驚きが減っている。ハイセンスなグッズとすばらしいコスパ。これ以上、文句を言えないはずなのに……
	東北楽天	A↑	○	◎	○	10万500円	10万超の年会費に見合うだけの豪華特典の数々はさすが。「これからは全国区のチームを目指す」という、将来を見据えたヴィジョンもステキだ
	巨人	A→	△	△	○	4,800円	すべてが秘密裏に誕生した「チャンピオンコース」。ぜひ入ってみたいのだけど、これから新たにクレジットカードを作るほどの気力がなく断念
	阪神	A→	○	○	×	3万3,600円	ダイヤモンドプラス会員ということで、4月のファンクラブデーではVIP待遇。また近々、甲子園に行こうと思う。我ながら俗物だと思う(笑)
	広島	B→	×	△	×	3,500円	今季のファンクラブスローガンは「地球は赤かった」。まるで温暖化に苦しんでいるかのような真っ赤な地球のイラストが描かれているのはカープならでは
	中日	A→	○	△	×	3万円	創立10周年記念で誕生したプレミアムコース。定員1000名はすぐに締め切りに。はたして、来年以降も存続されるのだろうか? ぜひ注目したい
◎	横浜DeNA	A↑	○	なし	○	3,000円	思えば苦難続きの横浜ファンクラブも、今では球界を代表する先駆者となりつつある。この勢いは、まだまだ続きそうだ。次なる一手は何か?
	東京ヤクルト	A↑	○	◎	○	1万3,600円	2年連続最下位、ヤクルト創設80周年で、ついに本腰を入れた感が。他球団に比べて、まだまだ伸びしろも多い。ファンとして大いに期待したい

※1横浜DeNAを「ファンクラブ・オブ・ザ・イヤー」に認定　※2「充実度」は編集部と筆者の独断と偏見によるものです。

これにより、はたしてどんな効果が生まれるのか、ぜひ今後の検証課題としたい。

さぁ、今年もシーズンが始まって各スタジアムでおいしいビールを呑み続けている。健康な身体と時間と、少しのお小遣いを武器に、全球団のスタジアムを行脚して回るつもりだ。「カープ女子」に代表される女性ファンも増え、球場はかなり華やかになった。45歳のオッサンも負けずに楽しむつもりだ。

さあ、スタジアムに行こう!

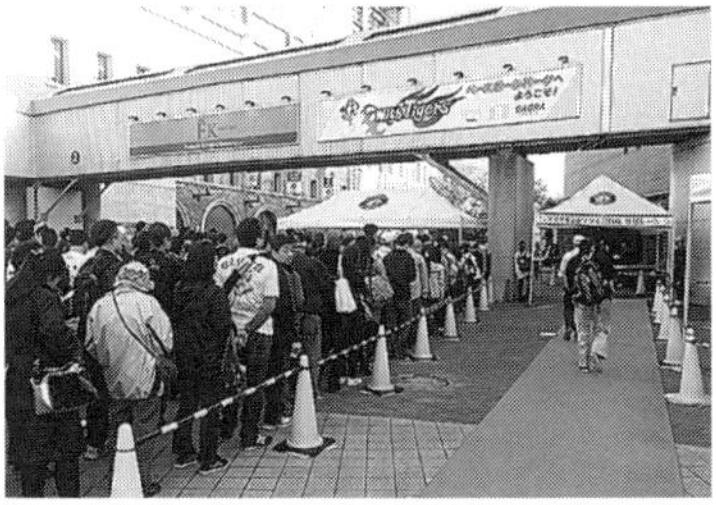
阪神のダイヤモンドプラス会員専用レーン。ダイヤモンドプラス昇格には10年継続が条件

H 福岡ソフトバンクホークス

オッサンとぬいぐるみ

球界トップの「複数選択制」をひた走るソフトバンクのメイン特典は10アイテムから選べる。定番の「レプリカユニフォーム」はホームとビジターの2種。遠方在住者のためには公式通販ショップの商品券3000円分やビジターチケット1枚など、きめ細かいラインナップ。その中から僕は、女性をターゲットにしたと思われる「オリジナルユニフォームベア」を選択。昨年の鷹の祭典でのカチドキレッドユニフォームを着用した全長28センチのクマのぬいぐるみ。オッサンには置き場所には困るけれども、カワイイから良しとしようか（笑）。

内川に親近感を覚えた瞬間

昨年日本一に輝いたので、「チャンピオンブレス」と「柳田選手ステッカー」が臨時特典についた。以前もパ・リーグ制覇を果たした翌年の11年に「勝利のお父さんストラップ」などを特典としたことがある。優勝チームには、この姿勢をぜひ見習ってほしい。

さて、特典グッズとともに届いたのが内川聖一による「ホークス日本一連覇を目指して」と題されたあいさつ状。その文章がいい。そこには「僕も小学生の頃ホークスのファンクラブに入っていた」という一文が。急に「キミも同志だったのか！」と内川に親しみがわいた。

キュートなクマのぬいぐるみは自分でチョイス。コースもグッズも選べる幅が広い

入会コースと主な特典

- **スタンダード**(3,780円)
  レプリカユニフォーム(ホーム、ビジター)、バスタオル、ショルダーバッグ、ぬいぐるみ、お買い物利用券(3,000円分)など10種類から1つ選択／内野自由席招待券1枚／チケット半額クーポン他
- **ジュニア**(2,538円)
- **ファミリー**(6,372円～)
- **ハイグレード**(1万260円)
- **プレミアム**(10万2,816円)
  希望日チケット10枚他

Bu オリックス・バファローズ

ビジターサービスが充実

年会費10万円のプレミアムメンバーから同1000円のジュニア会員まで、全6コース。今季の特徴は、やはりビジター特典の充実だ。僕が入会したレギュラー会員の新特典として「パ・リーグビジター球場外野席引換券1枚」が選べるようになった。これなら、北海道や福岡在住のオリックスファンにも魅力的に映るだろう。東京在住の僕ももちろん、このチケットでQVCマリンフィールドか西武プリンスドームに足を運ぶつもりだ。さらに「ビジター応援デー」と銘打って、特定日にはパ・リーグ全球場での来場ポイント付与も積極的に行っている。

ポイント交換の新機軸

例年、「Bsポイント」による交換アイテムが大充実のオリックス。7万ポイントでサイン入りの「全選手カードコンプリートセット」や6万5000ポイントで希望選手の「プロモデルユニフォーム＆サインボール」などがもらえる。関西在住のオリックスファンの知人が毎年、この制度を有効活用して多くの特典をゲットしているのを見ていると、とてもうらやましい。また、今季からは年間を5期に分けて「期間限定アイテム」も登場。色違い、デザイン違いアイテムも多く、マニアたちのコレクター魂を巧みに刺激する心憎い方策を採用している。

今年から導入されたビジターチケットがGood。関東在住の筆者もテンションが上がる

入会コースと主な特典

- **レギュラー**(3,000円)
  ユニフォーム／内外野自由席券1枚またはビジターチケット／チケット割引／ポイントサービス／京セラドームにネームプレート掲出(3年以上継続の希望者のみ)他
- **ジュニア**(1,000円)
- **Bsポイント会員**(1,500円～)
- **ゴールド**(1万円)
  指定席引換券2枚他
- **プラチナ**(3万円)
- **プレミアム**(10万円)
  自由席チケットレス(無料)

して商標出願することを決意。もちろんシャレのつもりだった。しかし、大学時代の友人で現在は弁理士である男が出願資料を作ってくれたので自ら特許庁に行き、出願。そして、およそ半年後、無事に受理された。期間は10年間!

F 北海道日本ハムファイターズ

ついに複数選択制を導入！

例年、「特典グッズの複数選択制の導入を」と訴え続けてきたが、ついに今季から「パーカー」「ボディバッグ」「キッズグローブ」の3アイテムからの選択制に。これは07年以来のこと。僕はミズノ製のパーカーを選択。デザイン的になかなか悪くないとご満悦。ただ、これらの3アイテムはすでに他球団がこれまで特典にしてきたものばかり。

拙著で「日本ハムファンクラブは可もなく、不可もなし」と書いた。以前はティッシュカバーやビーズクッションなど他球団にないアイテムも多かった。来季はぜひ新機軸アイテムの導入を！

すでに来季に向けての改革も

今季、もっとも注目したいのは「FANSポイント」の大リニューアル。ポイント獲得のチャンスが大きく増え、交換グッズ、会員限定イベントのラインナップが充実。オリックス同様「全選手直筆サイン入りベースボールカードセット」が5万ポイント。あるいは「始球式権」が5000ポイント。そして、もっとも評価したいのが来年から始まる「マイスタープログラム」。今年獲得したポイント数に応じて、来季のステージが決まり、スターの数が増えるほどお得になるという。場当たり的ではなく、すでに来年を見据えている長期的視野は大切だ。

ついにグッズの複数選択制を導入。パーカーだけでも3,300円以上の価値がありそうだ

入会コースと主な特典

- **ルーターズ**(新規3,300円／継続3,000円)
パーカー、ボディバッグ、キッズグローブから1つ選択／チケット先行予約／チケット割引／ポイントサービス／来場ピンバッジプレゼント／会員限定ガチャポン／会報誌(年5回)／会員イベント(抽選)／会員専用サイト／CSチケット先行販売／ファンフェスティバル先行抽選他
- **キッズ**(新規3,300円／継続3,000円)

M 千葉ロッテマリーンズ

評論家として恥ずべき愚行

シーズンシート購入者が入会できるプレミアム・ゴールドからジュニアまで会員コースは全6種類。僕は年会費1万300円のゴールド会員に。平日限定指定席2枚、内野自由席2枚の他に4アイテムからひとつを選択できる。コスパは最高。僕は無難に「2015オリジナルCHIBAユニフォーム」を選択したが今、後悔している。今季初登場の「シートクッション」にすればよかった。これは選手がベンチで使用しているものと同素材で、布団で有名な東京西川製だという。せっかくの新アイテム。評論家としてはこういうものを入手、研究すべきだった。反省。

ミスは誠意でリカバリー

ファンクラブ史上最大の事件といえば、自チームのスペルを間違えた09年の「LOTE（ロテ）事件」だが、昨年8月に京セラドーム大阪で行われたビジターデーで配布されたピンバッジ。「KOBE（神戸）」と記すべきところを、「KOPBE」と記してしまった。僕はすぐにヤフオクで現物を入手。無料配布のものなのに1800円もかけてしまった。球団は8月10日付で公式HPに謝罪を掲載。修正版を再配布することを決めた。引き換えはQVCのみだったけれど、来場困難者には郵送手配もしたという。ミスはある。大切なのは事後処理だ。

「Chiba」のロゴで汎用性の高いユニフォーム。ロッテリアの引換券も毎年恒例だ

入会コースと主な特典

- **レギュラー**(3,600円)
ショルダーバッグ、オリジナルタオルセットから1つ選択／内野自由席券1枚／会報誌(年3回)他
- **カジュアルレギュラー**(2,600円)
- **ジュニア**(3,100円)
- **ゴールド**(1万300円)
4種類から1つ選択他
- **プレミアム・ゴールド**
(1万300円)
- **マリーンズ**(無料)

【無事に商標登録されました!】
2005年以来、ずっとこの企画を担当してくれている菊地選手が名付けてくれた「ファンクラブ研究家」という肩書きで、この企画を続けてきたけれど、昨年の10周年と、それに伴う書籍刊行を記念して、「12球団ファンクラブ評論家®」と

L 埼玉西武ライオンズ

プラチナ会員の不満爆発

拙著において10年間の通算ファンクラブ通信簿で堂々の1位を獲得した西武。ここ数年は高値安定が続いている。しかし今年、大きく変わったのが、年会費4万円のプラチナ会員のメイン特典「内野自由席フリーパス」だ。土日の内野自由席が今季から内野指定C席に変更され、土日の自由席は外野席のみとなった。つまり、プラチナ会員は土日には外野席での観戦となる。事前告知ではこの点に触れられておらず、すでに入会していたプラチナ会員は猛反発。すぐに球団は「土日の試合では内野指定C席での観戦可能」とアナウンスをする（下に続く）。

全会員に新ユニフォーム付。グッズは4つからの選択制で今年はリュックを選んだ

来季の対応が注目される

これなら、従来までと変わらないものの、問題なのは土日の内野指定C席利用の場合は「当日発券が必要」だということ。プラチナ会員の大きなメリットの一つは「発券なしでフリーパスである」ことだった。さらに、もしも事前発券したい場合は「前売り価格の半額９００円が必要」と発表された。当然、プラチナ会員は「まだ金をとるのか」と怒り爆発。球団は慌てて謝罪し、「退会の場合は全額返金」を提案。それでも両者の溝は埋まらないまま。ロッテのところでも触れたけれど有事の対応の大切さが問われている。来季のプラチナ会員特典に注目だ。

入会コースと主な特典

- **レギュラーA**(5,000円)
  ユニフォーム／トートバッグ、リュック、2wayバッグ、バスタオルの4種類から1つ選択／内野指定席A引換券2枚／チケット割引他
- **レギュラーB**(3,000円)
  ユニフォーム／内野指定席A引換券1枚他
- **ジュニア**(2,000円)
  内外野自由席入場無料他
- **プラチナ**(4万円)
  記念品3点／内野自由席フリーパス他

E 東北楽天ゴールデンイーグルス

全国区の球団を目指して

13年日本一、14年は最下位。捲土重来を期す今季は「Ｆｌｙ　Ｔｏｇｅｔｈｅｒ　ともに、羽ばたこう」と掲げて大改革を断行。「(13年は)スタジアムに来れる、来れないは関係なく、応援いただいていると感じることができました」と宣言し、全国区のチームを目指して新たに進むこととなった。今季はさまざまな新サービスが始まったが、注目点は全国のファンに向けた「郵送サービス」「ボーナスプラスの特典商品引換がネットで申し込み可能」「ビジター応援デーの充実」など、仙台に来場できないファンを視野に入れた施策が充実したこと。

ダウンジャケットからピンバッジセット、ビジターチケットまで…。満足感に包まれるラインナップだ

今年も10万500円！

昨年初めて年会費10万５００円のブースタークラブに入会。さすがに「もう入れない」と思ったけれど、とても楽しかったので今季も入会（笑）。まさか「ダウンジャケット」が特典になるとは。さらに「全選手サイン入りカード」「昨年のピンバッジ全種類」「刺繍ロゴ入りレプリカユニフォーム」などお腹いっぱいの特典の数々。驚いたのは相手本拠地で使える5枚の「ビジターチケット」。神宮のヤクルト戦でも使用可能なのでさっそく使ってみたよ。

全国球団を目指しつつ、地域密着も忘れずに東北6県それぞれにファンクラブがあるのもいい。

入会コースと主な特典

- **レギュラー**(3,500円)
  ユニフォーム／選手タオル／ポイントサービス他
- **キッズ**(1,000円)
  ユニフォーム、グローブなど4種類から1つ選択他
- **E25クラブ**(2,000円)
  中学生～25歳までの学生
- **レディース**(2,000円)
- **ゴールド**(1万500円)
- **ベーシック**(500円)
- **ブースター**(10万500円)
  ポイント10万点他

払って初めて名前が載る。そして楽天は年会費10万500円を払ったブースタークラブ会員だけに与えられる栄誉。来年も間違いなく京セラドームには名前が載るだろう。でも、甲子園とコボスタは、今年の年末の懐事情で決まる。

G 読売ジャイアンツ

新規アイテムが続々登場

拙著で「もっと冒険心のあるアイテムを特典につけてほしい」と書いた。その願いが通じたのか、今季の巨人は陶器製の「読売巨人軍カップ（5客セット）」や、「ベースボールウォッチ」が新登場。長針と短針がバット、ボールが秒針の腕時計を僕は選択。すべてがオレンジ過ぎて日常使いには抵抗あるけど、今後も新しいアイテムをどんどん採用してほしい。知人がカップをもらったので見せてもらう。重量感がいい。こっちにすればよかった。カップもウォッチもすでに受付終了。やはり、多くのファンも目新しいアイテムを求めているのだ。

チャンピオンコース誕生！

これも拙著において「巨人ならではの高級コースの新設を」と書いたけど、今年ついに巨人にも高級カテゴリー「チャンピオンコース」が誕生。年会費は3万2400円で、カップやウォッチなどプライムメンバーの4アイテムすべてに加えて、フレームに飾られたピンバッジセットかJCBギフトカード（5000円分！）という大盤振る舞い。しかし、このコース極秘募集なのだ。加入条件は「プライム会員3年以上の継続者でG-PoJCBカード保持者」とのこと。僕はこのJCBカードを持っていなかったために案内が来なかった。残念だ。

蛍光オレンジのベースボールウォッチなど唯一無二のアイテムが新登場！

入会コースと主な特典

- **プライム**（4,800円）
  トートバック（オフホワイト、ブラック）、ジャビットフード付きバスタオルから1つ選択／ステイタスブック／カレンダー／会報誌（年6回）／ウェルカムチケット（抽選）／チケット先行販売／ポイントサービス／イースタン主催試合入場無料他
- **ジュニア**（3,500円）
- **エンジョイ**（無料）

T 阪神タイガース

成金気分を満喫した一日

昨年に続いて今季も年会費3万3600円のダイヤモンドプラスに入会。「ミズノ製ベンチコート」には自分の名前の刺繍入り。でも、サイズを間違えた。Mでよかったな。Lは僕にはデカすぎた。また、昨年は申込期間を逃したために無駄にしてしまった「ペアチケットプレゼント」も4月17日の巨人戦で活用した。この日はファンクラブ応援デーで大混雑だったけれど、まったく並ぶことなく、レッドカーペットを歩いて記念ピンバッジをゲット。甲子園球場外周には僕のネームプレートも掲出されていた。バースにも会えたし、成金気分を満喫して大満足の一日。

この速さはやはり12球団一

拙著において、何度も「阪神ファンクラブはスピーディーだ」と書き続けてきたが、やはりそれは今年も健在。5月中にはすでに会員に向けて「2016年度記念品アンケート」を実施。全25種類から気に入ったものを回答する形式だった。面白かったのはその中に今季の西武のリュックや中日のチェアと同じと思われるものがあったこと。今回、「藤浪選手等身大ブランケット」にも惹かれたけど、僕が選んだのは「黄金のヘルメット」。「奇天烈グッズを期待」と拙著に書いたけど、まさにこの派手さは阪神らしくてとてもいい。来季の特典になればいいな。

名前の刺繍入りベンチコートに加えて選択制グッズも充実！　阪神ならではのド派手さが光る

入会コースと主な特典

- **一般・新規**（3,600円）
  イエローメッシュジャージ／主催試合招待（抽選）／会員限定チケット割引販売／WEBで座席指定／会報誌（年4回）他
- **一般・継続**（3,600円）
  一般・新規の特典に加えて、入会年数によって継続記念品他（継続10年でダイヤモンド会員になり、プラス3万円でダイヤモンドプラス会員になれる）
- **キッズ・新規**（2,500円）
- **キッズ・継続**（2,500円）

【3球場に僕のネームプレートが!】
昨年同様、今季も京セラドーム、甲子園、そしてコボスタに僕のネームプレートが。オリックスの「長期（3年以上）継続者特典」は年々、有資格者が増えている。阪神はハードルが高く10年連続で加入し、さらにプラス3万円を

C 広島東洋カープ

今季から胸ロゴが刺繍に

各球団が軒並み前年と比べて大きく改革、改良されている中で、唯一、前年と比べてほとんど変化が見られなかったのが広島だった。ただ、本当に些細なことだけれど例年と同様の「オリジナルメッシュジャージ」の胸のロゴは刺繍になっていた点は評価したい。今年のデザインは選手やスラィリーのシルエットが描かれている。熱心なファンならわかるのだろうけど、僕はマエケン体操中の前田健太、スラィリーぐらいしかわからなかった。謳い文句の「500枚に1枚あの人が」というのは、どうやら前田智徳氏らしい。似ている人がいるけど違うかな？

「赤いシリーズ」の是非

今季、「赤いシリーズ2015」と題して、相手球団が使用する応援グッズを来場者全員に配る試みが行われている。4月には巨人戦で赤タオル、5月にはヤクルト戦で赤い傘を配り、球場中が真っ赤に染められた。球団主導で行われたこの試み。少し悪乗りしすぎではないだろうか？　広島にはスクワットに代表される自前の応援文化がたくさんあるのに、相手の応援を茶化す必要はあるのだろうか？　毎年、カープファン倶楽部のオリジナリティに感心しているだけに、この暴走は残念でならない。そもそも広島ファンはそれを望んでいるのかな？

奇抜かつオシャレなデザインは今年も健在。胸ロゴもプリントから刺繍に昇格した!

入会コースと主な特典

- **ファン倶楽部**（3,500円）
  メッシュジャージ／カープ坊やカラビナ（継続特典）／イヤーブック／会員限定サイト／会員限定イベント他
- **ジュニア**（3,000円）
  バッグ／キャップ／内野自由席入場無料／主催オープン戦外野自由席入場無料他
- **レディース**（3,800円）
  バッグ／内野自由席20試合入場無料他
- **シニア**（3,200円）

D 中日ドラゴンズ

プレミアムコース誕生

公式ファンクラブ創設10周年を記念して、プレミアムコース（年会費3万円）が誕生したので、これに入会。アシックス製の「ユニフォーム」「グラウンドコート」「ナゴヤドームS席ペア招待券」が主な特典。…う〜ん、品質は悪くないけど、まったくパンチがないなぁ。これなら、年会費3900円のシニア会員になって「折りたたみチェア（ケース付き）」にすればよかった。なおこのチェアは大丸松坂屋製だという。ちなみに、昨年の特典「オリジナル目覚まし時計」は髙島屋だった。どうでもいいことかもしれないけれど、評論家として一応記しておきたい。

年15回のファンクラブデー

昨年から本格稼働した「ファンクラブデー」。今年もナゴヤドームで6回、地方球場で3回、パ・リーグも含めたビジター球場で6回。全15回が予定されている。昨年、ナゴヤドームの応援デーに参加したところ、担当のおじさんの「今日も勝ちましょう！」という何とも言えない優しい笑顔につられて「ハイ！」と言ってしまった（笑）。会報59号には事務局員の方々の紹介写真が。僕が会ったのはどの人だったのか、ハッキリと思い出せないのが残念。

12球団唯一のファンクラブ公認マスコット・ガブリの影が年々薄くなってきているのが気がかり。

ユニフォームとグラウンドコートが届いたものの少々無難。今後の拡充に期待したい

入会コースと主な特典

- **シニア**（3,900円）
  メッセンジャーバッグ、折りたたみチェア、バスタオルから1つ選択／ペア招待券（ナゴヤドームパノラマ席か横浜スタジアム内野指定席）／チケット先行抽選販売／ダイヤモンドシート招待（6年以上継続会員）／会員交流サイト／ファーム公式戦招待／家族招待サービス（抽選）他
- **レディース**（2,000円）
- **ジュニア**（3,500円）
- **リトル名誉**（無料）
- **プレミアム**（3万円）

氏の番組には阪神ユニなど、パーソナリティーのごひいきチームのアイテムを身につけるのは「評論家」として最低限のマナー。人前に出るときには常にカラスコマスク。このマスク、なくしたら困るのでヤフオクで3つもゲットした（笑）。

DB 横浜DeNAベイスターズ

史上空前の大改革

今年最大の大改革を成し遂げたのが横浜だ。この改革をどう評価したらいいのか、しばらくの間悩んでいた。何しろ「特典グッズナシ」なのだ。その代わり、キッズ（3000円）は全試合、高校生以上から入会できるレギュラー（3000円）は2枚、スペシャル（8000円）は7枚のチケット特典がつく。ステージ制度もあるため、観戦回数に応じて、さらにチケットがもらえる。つまり「観戦」だけに特化したファンクラブへと変貌したのだ。遠方ファンの存在は無視していると批判もあるだろう。でも、新しい試みとして僕は評価したい。

相手あってのプロ野球

上記の改革、いや革命によって会員数は昨年よりも急増中だという。チームも好調で横浜スタジアムは連日の大入りを続けているが、さらに新しい試みとしてスタートしたのが「V☆SPIRIT（3000円）」だ。「V」とはもちろんビジターのV。球場を訪れるのは自軍ファンだけではない。野球は相手があって成り立つスポーツ。ビジターファンもターゲットにするのは当然の発想。すばらしい試みだと思う。相手チームの応援を茶化して自軍ファンを満足させる姿勢の対極にあると思う。相手ファンあってのプロ野球。改めて、その思いを強くした。

特典グッズなしの大改革のため、写真は12球団トップの簡素さ。本質は球場に有り!

入会コースと主な特典

- **レギュラー**(3,000円)
  2試合観戦無料／チケット先行予約／来場した回数に応じて特典チケット発行／ファーム公式戦1試合無料／オープン戦全試合無料／会員限定イベント他
- **キッズ**(3,000円)
  主催試合全試合無料他
- **スペシャル**(8,000円)
  7試合観戦無料他

S 東京ヤクルトスワローズ

プラチナ、ゴールド会員新設

横浜に続いてヤクルトも、今季のチームスローガン「つばめ改革」よろしく、ファンクラブ改革を断行。従来のプレミアム会員を廃止して、新たにプラチナ（1万3000円）、ゴールド（6000円）を創設。これまで何度も「プレミアム会員にはプレミアム感がない」と書き続けてきたが、僕が入会したプラチナはなかなかコスパがいい。「CREWユニフォーム」「ジャンパー」「ビームスコラボトートバッグ」「S指定席1枚、外野自由席2枚」「ファンブック」などなど。ヤクルトファンの一人として、久々に「入会してよかった」と思えた。

ポイント制度も一気に充実

ヤクルトのポイント制度「スワレージ」も一気に改善された。チケットだけでなく、グッズ購入でもポイントが貯まり、ポイントの有効期間も2シーズンに延長。さらに、引き換えグッズが大幅に充実した。100ポイントで交換できる「クリアファイル」や「ピンバッジ」から、「チケット」「タオル」「パーカー」「ボブルヘッド」、選手からのメッセージ入りの「年間名場面DVD」、10000ポイントの「選手直筆サイン入りバット」など。2年連続でDVDをゲットしているので、今年も当然狙っている。ちなみに昨年は秋吉亮からのメッセージだった。

新たに創設されたプラチナコースの特典。1万3000円とは思えない質量に大満足

入会コースと主な特典

- **レギュラー**(3,500円)
  ユニホーム／外野自由席招待券1枚／チケット割引／神宮球場オープン戦全試合無料／主催試合先行販売／会報誌(年6回)／ポイントサービス他
- **キッズ**(2,000円)
  ユニホーム／外野自由席全試合無料
- **ライト**(2,500円)
- **無料会員**(無料)
- **ゴールド**(6,000円)
- **プラチナ**(1万3,000円)
  ユニホーム／ジャンパー／トートバッグ他

【ファンクラブ本、出版余波】
昨年出版した『プロ野球12球団ファンクラブ全部に10年間入会してみた!』（集英社）発売以来、さまざまなメディアに出演させてもらった。特にラジオには30番組以上、出演したのでは? 峰竜太氏の番組では中日ユニ、渡部建

2016

もちろん今年もやります　1年に1度の恒例企画

今年のFOYの栄冠はどの球団に？

まさかの書籍化、そしてまさかのスマッシュヒットを飛ばしても勢いはとどまるところを知らず、毎年大好評の12球団ファンクラブ比較は今年で12年目。年々進化を続けるファンクラブ界に今年はどんな展開があったのだろうか？

ついに、12年目に突入だ！

「もう12年も経ったのか……」

2005年から12球団すべてのファンクラブに入会して、今年で12年目を迎えた。干支を一周するほどの時間が経過したものの、僕の中ではいまだにその熱は冷めることはない。むしろ、年々野球愛、野球熱は高まる一方なのだ。ということで、今年もすべてのファンクラブに入会。例年通り、特典チケットを活用して、全国のスタジアムを飛び回る日々を送っている。

14年には『プロ野球12球団ファンクラブ全部に10年間入会してみた！』（集英社）を発売。さらに、この年、「12球団ファンクラブ評論家®」として商標登録を実現。ホンの遊び心で始めたことだったけれど、最近ではテレビやラジオ、雑誌などで「ファンクラブについて」、あるいは「ファンサービスについて」コメントを求められる機会も増えた。少しずつ本気になり始めている自分が怖い（笑）。それでも、たとえ酔狂なことであっても、12年間も続けていれば見えてくることもあるのも事実。求められるのであれば、気がついたこと、感じたことをこれからも発信していきたい。

16年のFC界のトレンドは？

さて、今年のファンクラブ界のトレンドは3点ある。

①席巻するマジェスティック社

メジャー30球団のユニフォームを提供するマジェスティック社。日本では楽天のみが採用していたけれど、今年からはソフトバンク、西武、そしてヤクルトが同社のユニフォームを着用することに。これに伴って、楽天、西武、ヤクルトのファンクラブ特典もマジェスティック社製アイテムとなった。この流れは来年以降も加速するのだろうか？

②ヘルメット大量導入！

昨年、DeNAは来場者プレゼントとしてヘルメットを配布した。この流れを受けて、今年は楽天と阪神がファンクラブ特典にヘルメットを採用した。さらに、ロッテも「ファンクラブデー」の来場特典としてヘルメットを全会員に配布。ということで、我が家にはDeNA、楽天、ロッテ、阪神と4つのヘルメットが並んでいる（笑）。

③変わり種カテゴリー誕生！

従来の「大人会員」「子ども会員」、あるいは「プラチナ会員」「レギュラー会員」といったカテゴリーのほかに、今年はソフトバンクがファームに特化した「ホークス筑後ファンクラブ」を創設。さらに驚愕したのがオリックスだ。何と、ペット専用の「Bsわんにゃんクラブ」を新たに作ったのだ。「わんにゃん」と銘打たれているものの、犬や猫だけでなく、ハムスターや金魚、カメ、あるいは昆虫、爬虫類など、ペットであれば何でもOKだという。斬新すぎるよオリックス。ということで、僕も愛犬名義で早速入会した。

＊

改めて、全球団ファンクラブ入会をスタートした05年に思いをは

今年のトレンドの一つは「ヘルメット」。撮影後にはロッテのヘルメットもゲットした

2016年筆者が入会したファンクラブの充実度

FOY	チーム	充実度				入会したコース金額	コメント
		総合	観戦特典	グッズ特典	ポイント特典		
	福岡ソフトバンク	B→	○	○	○	1万260円	楽しみにしていた「選手の音声入り目覚まし時計」はまさかの不良品。しかし、その後の交換作業が迅速で誠意のある対応だったので不満は何もない
	北海道日本ハム	B↑	×	○	○	3,300円	複数選択制復活2年目。定着したのかな。今季の新機軸「マイスタープログラム」が、今後、どのように運用、活用されていくのか注目だ
	千葉ロッテ	A↑	◎	◎	○	1万1,000円	ここ数年の「安定路線」から一変、今季は次々と攻めの姿勢が見て取れる。今季から導入の「ファンクラブデー」の充実ぶりは目を見張る
	埼玉西武	A↓	○	○	○	1万700円	プラチナ会員廃止や会費値上げを嘆くファンは多いものの、今季から新設されたハイグレード会員は観戦特典、グッズともにかなりの充実ぶり
	オリックス	A↑	◎	◎	○	1万5,000円	オリックスグッズはセンスがよくて、好きなものばかり。今季のリュックは超お気に入り。ペット専門FCの発足には本当に驚かされた。今後も楽しみ
	東北楽天	B↓	○	○	○	1万6,000円	「これまでなぜ、やらなかったのか?」という楽天スーパーポイントとの連携を、ようやく実現。楽天市場ユーザーを中心に好評を博している
◎	東京ヤクルト	A↑	◎	◎	○	1万3,000円	近年の私的顧客満足度ではダントツ。子どもの頃からのヤクルトファンとして、こんなに嬉しいことはない。満を持してFOYとしたい！
	巨人	B↓	○	△	○	4,800円	個人的には少々期待外れだったけれど、今季の「コンパクトウォレット」は他球団にはない意欲作。この姿勢はこれからも大切にしてほしい
	阪神	A→	○	○	なし	3万3,600円	ダイヤモンドプラス会員になって3年目。これまで、木製バット、グラウンドコートと使い道がなかったけれど、今季は初めて僕にとって役立つグッズに
	広島	B↑	×	○	なし	3,500円	ここ数年、おとなしめだった「斬新路線」が復活の兆し。パイル地、ポケットつきで「ユニフォーム」と言い切る潔さこそ、広島ならではの大きな魅力
	中日	B↓	○	△	○	3,900円	創立10周年のプレミアムコースは昨年限り。今季からは待望のポイント制も導入。球場改修も行い、ファンサービスに本腰を入れ始めた模様
	横浜DeNA	B↓	◎	なし	○	3,000円	12球団唯一の唯我独尊ファンクラブ。「観戦特典」に特化し、「来場促進」に全力を注ぐ。次なる一手はあるのか?　今後に注目したい

※1東京ヤクルトを「ファンクラブ・オブ・ザ・イヤー」に認定　※2「充実度」は編集部と筆者の独断と偏見によるものです。

せる。この12年間でファンクラブは飛躍的に進化、発展を遂げた。それに伴って各球団のファンサービスも大きく改善された。そこには各球団フロントの血のにじむような営業努力が隠されている。

選手はグラウンドでプロの技を披露し、フロントはあの手この手でボールパーク化を加速。その結果、球場には多くのファンが詰めかけるようになり、野球を中心にした楽しい時間を過ごすファンが増えた。もちろん僕もその一人だ。

さあ、スタジアムに行こう！

今年はオリックスにペットのための変わり種カテゴリーが誕生！　ざ…、斬新すぎる！

H 福岡ソフトバンクホークス

マッチ&ギータで、毎朝目覚める

今年の入会案内を見ていて気になったのが「ハイグレード会員（1万260円・税込）」の「選手の音声入り目覚まし時計」。そこには「松田選手、柳田選手収録予定！」と書かれている。その頃、松田はメジャー移籍騒動に揺れていた。「もしも、松田が渡米したら、代わりは誰なのだろう？」と興味が湧いたので、僕はこれをチョイス。その後、松田は無事に残留が決定。「マッチだよ、起きて、遅刻するよ、起きろー！ 1、2、3、マーッチ！」「おはよう、今日もフルスイングで頑張ろう。起きろ、遅刻するぞ。早く起きないとヤバイっす」。快適な目覚めだ（笑）。

ファームファンクラブ誕生！

今春誕生したばかりのHAWKSベースボールパーク筑後のオープンに伴って、ファーム専用「ホークス筑後ファンクラブ」を発足させた。特典は「16年度新入団選手缶バッジ（6個セット）」やウエスタンリーグ招待券、1軍公式戦ペア招待券などがついて2700円（税込）。1軍ファンクラブ会員であれば2160円なので、さっそく入会。他にも、選手と直接触れ合える「特別ファンサービスイベント」も定期的に行われているという。地域密着化を推進するべく、地元ファンとの交流を積極的に図っているのだろう。ぜひ、今季中に一度は訪れてみたい。

ハイグレード会員の特典で著者は目覚まし時計を選択。オリジナルDVDは継続特典だ

入会コースと主な特典

- **スタンダード**（3,780円）
  レプリカユニフォーム（ホーム、ビジター）、バスタオル、ユニフォームベア、トートバック、お買い物利用券（3,000円分）など10種類から1つ選択／内野自由席招待券1枚他
- **ジュニア**（2,538円）
- **ファミリー**（6,372円〜）
- **ハイグレード**（1万260円）
- **プレミアム**（10万2,816円）
  希望日チケット10枚他

F 北海道日本ハムファイターズ

優良ファンクラブ化への過渡期

昨年、日本ハムファンクラブ担当者に取材をした。その際に「長谷川さんの本を読んで球団上層部も〝もっと改善が必要だ〟と発言するようになりました」と聞いた。その成果なのか、昨年からは好きなグッズを選べる「複数選択制」を採用し、今年もその路線を踏襲。今季は「マウンテンパーカー」「帆布トートバッグ&ポーチセット」「キッズグローブ」の中から好きなものを選べることとなった。昨年7月28日に「来季ファンクラブアンケート」を会員に発送。早々にファンの声を拾い上げる姿勢も鮮明になりつつある。現在は優良ファンクラブへの過渡期なのだ。

新ステージ制スタート

今季からの新機軸は、昨年から予告していた「マイスタープログラム2016」の導入。従来までの「継続年数」ではなく、前年に獲得した「FANSポイント数」に応じて、1〜5までの自身のステージが確定。ステージごとにチケット先行販売、来場ポイントが優遇される制度だ。僕はレベル4の「FOUR STAR」なので多彩なグッズと交換可能なFANSポイントは貯まりやすい。札幌ドーム、道内地方球場だけではなく、東京ドーム、鎌ヶ谷スタジアム、ビジター応援デーでもポイントが貯まるのはありがたい。マイスタープログラムの成功を祈りたい。

昨年、8年ぶりに複数選択制が復活。筆者はトートバッグ&ポーチセットを選択

入会コースと主な特典

- **ルーターズ**（3,300円）
  マウンテンパーカ、トートバッグ（ポーチ付き）、キッズグローブから1つ選択／チケット先行予約／チケット割引／ポイントサービス／来場ピンバッジプレゼント／会員限定ガチャポン／会報誌（年5回）／会員限定グッズ販売／会員イベント（抽選）／会員専用サイト／ファイターズキッズダム無料／グラウンド開放参加他
- **キッズ**（3,300円）

が出ない。そう、不良品だった。すぐに球団に連絡すると「送り返していただければ新しいものと交換します」とのこと。その対応は誠実そのもの。数日後、新品が届いた。というわけで、僕は毎朝ギータ&マッチの声で目覚めている。

M 千葉ロッテマリーンズ

新機軸で巻き返しを図る

今年、もっとも「改革」を行ったのがロッテだろう。選択制の特典グッズの中でも、特に「OUTDOOR PRODUCTS」とコラボした「オリジナル2wayデイパック」や「オリジナルチケットホルダーポーチ」はデザイン性、実用性において、他球団とは一線を画している。さらに、後述する「ファンクラブデー」も新たにスタートさせ、ファンクラブ会員の来場促進にも積極的に挑み、アフターケアもバッチリ。ファンクラブ会員だけではなく、来場者全員にユニフォームやタオルを配布する日を増やすなど、ファンサービスに力を入れているのがよく伝わる。

大充実のファンクラブデー

今季から「ファンクラブデー」を開催したロッテ。3月の開幕から6月までの対象試合において、有料会員全員に「選手等身大ブランケット」「ヘルメット」「中折れハット」をプレゼント。僕もさっそくゲットした。ブランケットに描かれているのは涌井秀章と清田育宏の写真プリント。文字通り「等身大」なので、とにかくバカでかい。5月に配布されたのがヘルメット。「M」マークがきちんと刺繍になっている上質のものだった。ユニフォーム配布が当たり前になった現在、今後はヘルメット配布がスタンダードになるのだろうか?

筆者はゴールドに入会。オリジナル2wayデイパックは使い勝手のいいスグレモノ

入会コースと主な特典

- **レギュラー**（3,600円）
  チケットホルダーポーチ、キャップから1つ選択／内野自由席券1枚／会報誌（年3回）／ポイントサービス他
- **カジュアルレギュラー**（2,600円）
- **ジュニア**（3,100円）
- **ゴールド**（1万300円）
  4種類から1つ選択他
- **プレミアム・ゴールド**（1万300円）
- **マリーンズ**（無料）

L 埼玉西武ライオンズ

ハイグレード会員、新設！

今季から新設されたのが年会費1万円（税込）の「ハイグレード会員」だ。冒頭で触れたマジェスティック社製の本格的「サテンベースボールジャケット」に加え、「リュック」「ワンショルダーバック」などから1アイテム。さらに7000円相当の「内野指定席2枚」などが付いて質量ともに大充実。年会費5500円の「レギュラー会員A」でも、グッズの他に「内野指定席2枚」が付くので、それだけで年会費の元が取れる。昨年と比べると500円の値上げではあるものの、それでも十分お得だ。一連の改革に伴い、昨年物議をかもした「プラチナ会員」は廃止に。

特典DVDは今年も面白い

恒例の早期入会特典「オリジナルDVD」。今年のメインは「選手座談会・1988年会」。参加メンバーは秋山翔吾、木村文紀、大石達也、宮田和希、増田達至、髙橋朋己の6人。同年齢ならではの和気あいあいとした雰囲気ながら、すでに推定年俸1億5000万から850万円まで、大きく差が開いた現実。人間ドラマを垣間見る思いだった。髙橋のエセ関西弁とたどたどしいMCっぷり。さらに、独身同士の大石と木村の親密っぷりが印象に残った。休みの日にはニトリを回る木村に対して、「ニトリ木村」とヤジが飛んだエピソードはおかしかった（笑）。

ハイグレード特典。ジャケットは春は肌寒い西武ドームでの防寒具としても有用

入会コースと主な特典

- **レギュラーA**（5,500円）
  リュック、ワンショルダーバッグ、ユニフォームなど6種類から1つ選択／内野指定席引換券2枚／チケット割引／ポイントサービス／来場プレゼント他
- **レギュラーB**（3,500円）
  内野指定席引換券1枚他
- **ジュニア**（2,000円）
  主催試合入場無料他
- **ハイグレード**（1万円）
  サテンベースボールジャケット／記念品6種類から1つ選択他

【ソフトバンク・目覚まし時計不良品問題】

上で紹介したソフトバンクファンクラブ特典「選手の音声入り目覚まし時計」。付属の電池をセットするとすぐに秒針が動き出した。しかし、柳田&松田の「肉声メッセージ」を聞こうと目覚まし機能を試してみるものの、いくらやっても音声

Bu オリックス・バファローズ

発足10年目の改革を断行

発足10年目となるBsCLUB。会員種別は200名限定で年会費15万円（税込）の「エクストラプレミアム」から、年会費1000円の「ジュニア会員」まで全7カテゴリー。さらに、特典グッズの選択によってはA、B、C、Dコースと複雑に分かれている。で、僕は「ゴールド会員・Cコース（1万5000円）」に入会。今治製「タオルセット」、「リュック」「ユニフォーム」をゲット。このリュック、すごくカッコよくて普段使いに最適。チームロゴもコテコテのものではなく、透かし細工が施してある。このリュックをGOY（グッズ・オブ・ザ・イヤー）としたい。

ゴールド会員（Cコース）の特典。普段使いできるリュックは今年のGOYに認定

球界初のペットファンクラブ

15年秋、一通のリリースにファンクラブ界は震撼する。表題は「球界初！ペット限定ファンクラブ」と書かれている。最初、まったく意味がわからなかった。後日届いた「入会のご案内」を熟読。対象は「Bsファンに飼われているペット（ペットの種類は問いません）」と書かれており、年会費は2500円（税込）。特典は「オリジナルドッグウェア」か、ペット用「オリジナルプリントクッション」の選択制。さらに、特設サイト内での「ペット写真紹介」も。4月17日にはほっともっとフィールドでの主催試合にペットイベントを開催。斬新すぎる試みに敬服。

入会コースと主な特典

- **レギュラー**（3,000円）
  ユニフォームまたはジャージ2000円割引券／内外野自由席券1枚またはオンラインショップクーポン500円／他
- **ジュニア**（1,000円）
- **Bsポイント**（1,500円〜）
- **Bsわんにゃん**（2,500円）
- **ゴールド**（1万円〜）
- **プラチナ**（3万円〜）
- **プレミアム**（7万5,000円〜）
- **エクストラプレミアム**（15万円）

E 東北楽天ゴールデンイーグルス

トレンドに敏感なファンクラブ

昨年までは2年連続で年会費10万500円（税込）の「ブースタークラブ」に入会していたものの、懐事情が厳しくなったため、今年は「ゴールドクラブ（1万500円）」に入会。追加料金を払い、マジェスティック社製の「刺繍ロゴユニフォーム」に加え、「オリジナルヘルメット」を選択した。すでに紹介した今年のトレンドである「マジェスティック社」と「ヘルメット」を兼ね備えている。5月3日からは観覧車を併設する「スマイルグリコパーク」をKoboスタ内に開園。球場のボールパーク化を着々と進める球界随一の存在へと進化しつつある。

ゴールドクラブ特典。ユニフォームに希望選手の番号・背ネームを入れられる

楽天スーパーポイントとの連携

今年からの新機軸は「ファンクラブと楽天スーパーポイントとの連携」を始めたことだ。楽天会員にはおなじみの楽天スーパーポイントがKoboスタ内でのグッズ、グルメ購入でも貯まるようになった。むしろ、なぜ今まで連携しなかったのかという気がするけれども、これはいいサービス。また、ブースタークラブ、ゴールドクラブ特典の「FANSユニフォーム」はともに販売用商品と同仕様の刺繍ロゴとなったのも地味だけど大きな改善。ただこのユニフォーム、一部では刺繍部分に不良品があり、ファンクラブ事務局では返品対応に追われることとなった。

入会コースと主な特典

- **レギュラー**（3,500円）
  ユニフォームなど5種類から1つ選択／My HEROタオル他
- **キッズ**（1,000円）
  松井裕樹選手プロデュースグローブなど4種類から1つ選択他
- **レディース**（2,000円）
- **E25クラブ**（2,500円）
- **ベーシック**（500円）
- **東北ろっけん**（入会金500円）
- **ゴールド**（1万500円）
- **ブースター**（10万500円）
  ポイント10万点他

と声をかけてみたところ、「ぜひ会いましょう」と快諾をいただき、4月某日、都内にて5名で飲み会を開催。初対面とは思えぬ盛り上がりを見せた。ぜひ、「私も全球団会員です」という人がいたら『野球太郎』編集部までご連絡を（笑）。

S 東京ヤクルトスワローズ

プラチナ感たっぷり!

13年に「スワローズクルー」として改革断行後、年々目覚ましい進化を続けているが、今年もその勢いは止まらない。僕は「プラチナ会員(1万3000円・税込)」に入会。特典はマジェスティック社製「スタジャン」「CREWユニフォーム」、「マフラータオル」に「S指定席(1枚)」「外野自由席招待券(2枚)」「ファンブック」など、かつて「プラチナ感がないプラチナ会員」と酷評し続けた時代が嘘のような充実ぶり。さらに、プラチナ会員全員に「ボブルヘッドプレゼントデー」もたくさん。今年のFOY(ファンクラブ・オブ・ザ・イヤー)はヤクルトだ!

ポイントシステムも充実

ポイントシステム「スワレージ」も相変わらずの充実ぶり。「選手サイン入りバット」や「サインボール」の他、「ビーズクッション」などのオリジナルグッズも続々と登場。

個人的に毎年楽しみにしている「選手からの肉声メッセージ入りDVD」を昨年も無事にゲット。13年は赤川克紀、14年は秋吉亮、そして15年は徳山武陽が「ハセガワショウイチさん、いつも応援ありがとうございます」とメッセージをくれた。不思議なもので、それだけでその選手に対する親近感はグッとアップし、球場での声援もひと際大きくなるのだ。ぜひ今後も続けてほしい。

プラチナ会員特典。早期入会特典として「つばくろうノート」などがついてくる

入会コースと主な特典

- **レギュラー**(3,500円)
  CREWユニホーム/外野自由席招待券1枚/チケット割引/主催試合先行販売/ポイントサービス/有料会員限定イベント他
- **キッズ**(2,000円)
  外野自由席招待券
- **ライト**(2,500円)
- **無料会員**(無料)
- **ゴールド**(6,000円)
  キャップ/ブランケット他
- **プラチナ**(1万3,000円)
  スタジャン、マフラータオル他

G 読売ジャイアンツ

高品質なのは確かだけど……

入会特典アイテムは5種類からの選択制。今年はものすごく迷った。選手たちが実際に使用しているというアンダーアーマー社製の「バスタオル」か、ランチボックスにペットボトルホルダー、保冷トートがついた「クールトートジャイアンツセット」か……。しかし、僕が選択したのは「コンパクトウォレット」。説明にある「本革の〝オトナ〟な逸品」という文言に惹かれたからだ。で、現物が届く。観戦チケットと会員証を収納するようなのだけれど、イマイチ使い方がわからない。高級感あふれるいいモノだということはよくわかるけれど、僕には使い道がなかった。

ポイント交換アイテムの品揃え

各球団が来場特典としてピンバッジを配布している中、巨人は長年にわたって頑なに「ポイント特典」としてピンバッジを用意。ヤクルトの「スワレージ」同様、巨人の「G－Po」も個性的な商品群を取り揃えている。たとえば内野指定席D引換券やトートバッグのようなオーソドックスなものから、ネクタイや壁掛けクロック(ともに現在は引き換え終了)、あるいは風呂桶(!)、ヘッドフォンまでさまざまなラインナップ。来場ポイントだけではなく、チームのホームランや得点に応じて加算されるゲームポイントもあるので意外と貯めやすいのもいい。

プライム特典。無料チケットの右隣にあるのが懸案のコンパクトウォレットだ

入会コースと主な特典

- **プライム**(4,800円)
  バスタオル、コンパクトウォレット、テディベア、クールトートセット、2WAYビーズクッションから1つ選択/ステイタスブック/カレンダー/会報誌(年6回)/招待券(抽選)/チケット先行販売/ポイントサービス/会員優待割引特典他
- **ジュニア**(3,500円)
- **エンジョイ**(無料)
- **チャンピオン**(3万2,400円)
  入会資格に所定の条件あり

【12球団ファンクラブ会員サミット開催】
14年に「ファンクラブ本」を出版以来、実際にすべてのファンクラブに入会している「同志」が少しずつ増えている。僕が知るだけでも他に4名は存在することがわかった。そこで、SNSを通じて「ぜひ、みんなで一度集まりませんか?」

T 阪神タイガース

ファミリーでお得な試み

今季からの新サービスは大人会員1名以上、KIDS会員1名以上を含んだ家族で「ファミリー申請」をすると、もれなく「子ども無料招待券10試合」がもらえる。もちろん申請は無料。親子でファンクラブ会員となり、未来のファンを英才教育することで、球団経営の安定化を狙う。また、昨年の本誌で「もっと奇天烈グッズがほしい」と書いた願いが通じたのか、今年の特典に「黄金のヘルメット」が登場。他にも「エナメルバックパック」「ステンレスボトル&ケース」など、全6アイテムから選べる。今年もすでに来季特典アンケートを実施済み。来季も楽しみ。

10年以上入会者の誇り

継続入会10年以上の会員だけが入会できる「ダイヤモンドプラス（年会費3万3600円・税込）」に入会して今年で3年目。昨年の「グラウンドコート」は、僕には役に立たないアイテムだったけど、今年の「グラブ皮革3点セット」は長財布、名刺入れ、コインケースでとてもよかった。黒と黄のカラーリングもカッコいいし、自分の名前が刻印されるサービスもうれしい。特典の「ペアチケット」を活用して、今季もさっそく甲子園へ。もう一つの特典「球場外周のネームプレート掲出」も確認。自分の名前が伝統ある球場に刻まれるというのは誇らしい。

継続12年の筆者はダイヤモンドプラス会員に。グラブ皮革3点セットは高級感がある

入会コースと主な特典

- **一般・新規**（3,600円）
  イエローメッシュジャージ、黄金のヘルメットなど6種類から1つ選択／主催試合招待（抽選）／チケット割引／応援デー特典／会報誌（年4回）他
- **一般・継続**（3,600円）
  入会年数によって継続記念品／グラブ皮革3点セット（会費プラス3万円のダイヤモンドプラス会員）他
- **キッズ・新規**（2,500円）
- **キッズ・継続**（2,500円）

C 広島東洋カープ

「斬新路線」復活の兆しが

拙著「ファンクラブ本」において、「カープファン倶楽部は斬新さがウリだ」と書いたけれど、ここ数年は鳴りを潜めていて、僕には少々、物足りなかった。しかし、今年は「広島らしさ」が復活。メイン特典の「オリジナルユニフォーム」はまさかのパイル地。その肌触りはまるでパジャマのようだ。従来までの「デザイン勝負」から、ついに「素材勝負」に出た。「ユニフォーム」と謳いながらポケット付きで、やはり「パジャマ」寄りなのがいい（笑）。継続特典の「マルチチケットケース」は収納力は高く、球場観戦だけではなく、簡単な旅行にも重宝しそうだ。

定員増を切に望みたい

カープファン倶楽部の定員は1万6000名（先着順）。近年のカープ人気の後押しもあって、応募者が殺到。実に狭き門となっている。ほぼ継続入会者だけで定員は埋まってしまい、新規入会が実に難しいという。今年は急遽2000名を追加募集した。それでも、「今年も入会できなかった」という声が多数。運営能力の限界があるのかもしれないけれど、ぜひ、もう少し定員増を望みたい。会員サイトは「選手&スラィリーPHOTOスタジオ」が面白い。仲尾次オスカルの愛読書が『漢字でゼッタイ恥をかかない本』だと知れただけでも読んでよかった（笑）。

数々の伝説を作ってきたカープファン倶楽部の真骨頂が見えたパイル地ユニフォーム

入会コースと主な特典

- **ファン倶楽部**（3,500円）
  ユニフォーム／マルチチケットケース（継続特典）／イヤーブック／会員限定サイト／会員限定イベント他
- **ジュニア**（3,000円）
  リュック／ハット／ズムスタ内野自由席入場無料／主催オープン戦外野自由席入場無料他
- **レディース**（3,800円）
  バッグ／ズムスタ内野自由席20試合入場無料他
- **シニア**（3,200円）

について、実際に感じたことを書いてください。無理して褒めなくても構いません」という依頼を受けて誕生した本だからだ。その結果、各球場の設備、グッズ、選手プロデュース弁当、などなど徹底的に比較。前代未聞の本が誕生した（宣伝）。

D 中日ドラゴンズ

今季から球団移管に変更

06年に中日新聞社内の一部門として発足した中日ファンクラブは今季からは球団内に移管され、新たな道を歩む。大きな目玉は「ポイントサービス」の導入。オリックス、ヤクルトと同様のロジスティックスを採用し、顧客管理に本格的に挑むことになった。ポイントを貯めると、「谷繁監督のナゴヤドーム初勝利、実使用サインボール」などレアアイテムがもらえる。しかし、会報は新聞形式、会員証は12球団唯一プラスチック製ではなく紙製である点は従来と変わらない。以前はたびたび「古くさい」と批判したけれど、今では「不変のポリシー」と思えるようになった。

トータルコンセプトの確立を

今季の改善点を訴える会報を読んでいて気になることがあった。見出しには「ファンクラブブルーで一致団結」とあったので、「なるほど、この青を〝ファンクラブブルー〟と名付けたのか」と感心していたのに、写真キャプションには「ナゴヤドームをドラゴンズブルーで染めよう!」と表記。揺らぐコンセプト。ソフトバンクの「熱男」のようなトータルコンセプトが感じられず残念。ナゴヤドームに「ファンクラブカウンター」を新設し、ポイント制を始め、公式HP内に「マイページ」を開設。ようやく他球団並みの陣容に。本当の進化は来季以降だ。

球団移管元年の中日ファンクラブだが、ポイントサービス以外の改革は来季に持ち越しか?

入会コースと主な特典

- **シニア**(3,900円)
  ユニホーム/ペア招待券(ナゴヤドームパノラマ席か横浜スタジアム内野指定席)/ポイントサービス/チケット先行販売/ダイヤモンドシート招待(6年以上継続会員)/会員交流サイト/会報(年2回)/ファーム公式戦招待他
- **ジュニア**(3,500円)
- **無料会員**(無料)
- **プレミアム**(1万円)
  キャップ/内野A席招待券他

DB 横浜DeNAベイスターズ

今年も「グッズナシ」!

15年に「特典グッズナシ」という大改革を断行し、「とにかく来場してくれ作戦」を敢行中のDeNA。その甲斐あって、球団保有開始の11年からのわずか4年間で「大入り」は10倍に、年間動員は約110万人から、160%増の181万人強に急成長。当然、まだまだその手を緩めることはなく、ファンクラブもこの路線を今年も踏襲。「レギュラー会員(3000円・税込)」は2枚、「スペシャル会員(8000円)」は7枚の特典チケットが。特に「キッズ会員(3000円)」にいたってはグローブもついて、チケットは10枚!独自路線を今年もひた走り続ける。

順調な運営。そして、今後は?

昨年発足のビジターファン専用ファンクラブ「V☆SPIRIT(3000円)」は今年も健在。ビジターファンもきちんと取り込もうという姿勢はすばらしい。横浜スタジアムの運営権を手にしたことで、ますます「来場促進」に力を入れていく。球団経営に揺らぎはなく、目標達成のためにファンクラブを上手に活用しているが、15年と比べると目立った改革、改善点は少ない。まだまだ保守路線、安定路線を歩むには早過ぎる。シーズンシートも早々に完売、今季も満員御礼が続いているけれど、球場キャパシティーに限界がある以上、次なる展開に注目だ。

グッズ特典がないため写真だと寂しく感じられるが、観戦特典に特化している

入会コースと主な特典

- **レギュラー**(3,000円)
  観戦チケット2枚/チケット先行販売(来場回数に応じて先行順位が変わる)/ポイントサービス/会員限定イベント/ファーム公式戦1試合招待/オープン戦無料他
- **キッズ**(3,000円)
  グローブ/観戦チケット10枚他
- **スペシャル**(8,000円)
  観戦チケット7枚他
- **ビジター**(3,000円)
  観戦チケット2枚他

【パ・リーグ本、誕生秘話】
新刊『このパ・リーグ球団の「野球以外」がすごい!』(集英社)は、僕にとっては「ファンクラブ本」の第二弾の位置付け。なぜなら、前著を読んだパ・リーグ各球団の方々から、「あのファンクラブ本のように、パ・リーグ各球団のファンサービス

もちろん今年もやります 1年に1度の恒例企画

2017

13年目のFOYはどこだ？

待ち遠しかった2017年シーズンが開幕してから2カ月あまり。今年もこの季節がやってきた。今年で13年目を迎える、長谷川晶一さんによる「プロ野球12球団ファンクラブ全部に入会してみた！」。成熟しつつあるFC(ファンクラブ)界で、今年はどんなサプライズがあったのか？

ついに、13年目に突入だ！

「ついこの前、生まれたと思ったら、もう中学生なのね。時間が経つのは早いわねぇ〜」と、思わず親戚のおばさんのような感慨が漏れてしまう。そう、12球団すべてのファンクラブ(FC)に入会して、今年で13年目を迎えたのである。

2004年の球界再編騒動に端を発し、「よし、来年から全球団のFCに入会しよう」と決意。05年からの13年間、来る日も来る日も、全国各地の球場に通い、FC特典を享受する生活を続けている。

時間とお金がかかるのは事実だけれど、それでも、一野球ファンとしては愉悦のひとときなのだ。おかげで、本誌におけるこの企画も、めでたく13年連続13回目の登場。これも、ひとえに「アホなことやっているな」と、生温かい目で支えてくれる読者諸兄のおかげである。先日も広島のローカル局で、カープFCの魅力について語る番組に出演。13年目にしてなお「12球団ファンクラブ評論家®」としての活動を続けている。改めて、読者諸兄に感謝の思いを胸に抱く次第だ。生涯一FC道——。これを座右の銘とし、日々精進します。

17年のFC界のトレンドは？

さて、少々硬いスタートとなってしまったけれど、改めて17年FC界の特徴、主なトピックをまとめてみよう。

①加速するマジェスティック社

昨年も指摘したが、メジャー30球団のユニフォームを提供するマジェスティック社の勢いが止まらない。16年までの楽天、ソフトバンク、西武、ヤクルトに加え、今年からはロッテのFC特典にも進出。特筆すべきはソフトバンクと西武が「リュック」、楽天とロッテが「フルジップフードジャケット」と同一アイテムが並ぶことになった点だ。一社による寡占化が進むと、特典の画一化という弊害を生むのかもしれない。このあたりは、来年度の注目ポイントとしたい。

②広島FC・3万人に増員！

12球団でもっとも入会が難しい広島FCが昨年の定員1万8000人(追加募集2000人分含む)から3万人に大増員。それでも近年のカープ女子ブーム、昨年の25年ぶりの優勝に沸くカープファンにとっては狭き門のまま。

詳しくは304ページ欄外で述べるが、球団に「なぜ、増やさないのか？」を直撃してみた。来年はさらに増員するのか？ ぜひ注目してみてほしい。

著者宅に届いた各球団からの入会特典の段ボール類。明らかに2016年度よりも厚みを増している

③DeNA独自路線は健在！

15年に「特典グッズナシ」という大英断を敢行し、FC界に物議をかもしているDeNAは今季もグッズはなく「特典チケットのみ」という展開。満員が続く横浜スタジアムで、特典を行使できず「死蔵」するケースも多いという。この路線は今後も続くのか？

2017年筆者が入会したファンクラブの充実度

FOY	チーム	充実度				入会したコース金額	コメント
		総合	観戦特典	グッズ特典	ポイント特典		
	北海道日本ハム	B↑	×	△	○	3,300円	今季からファミリープログラムスタート。マイスター制度は2年目に突入し、着々と基盤を固めつつある。あとは複数カテゴリーの創設か?
	福岡ソフトバンク	B→	○	○	○	1万260円	特典グッズにおける「複数選択制」の元祖はネットショップの商品券も含めると、全14種類に拡充。他球団は誰もマネできないところまで到達
	千葉ロッテ	A→	○	◎	○	1万5,300円	昨年好評だったファンクラブデーは、サファリハット配布など、今年も大充実。チケット、グッズ、イベントとすべてが高いレベルで安定
	埼玉西武	A↓	○	○	○	1万円	ハイグレード会員の改善と、レギュラー会員の改悪とで賛否両論。手間暇かけて作ったオリジナルDVDはぜひ全カテゴリー特典にしてほしい
	東北楽天	B↑	○	△	○	3万円	新設されたスーパーゴールドクラブのコスパは悪くない。メイン特典「直筆サインボール」は、ぜひ選手の指定が可能になることを期待したい
	オリックス	B↓	○	◎	○	1万5,000円	昨年に続き、特典グッズの高品質、グッドデザインぶりは安定。オリジナルユニフォームはもちろん刺繍ユニ。コースの細分化が進み過ぎか?
	広島	B→	×	△	×	3,500円	連覇を目指す今季のファンクラブスローガンは「コイココロ」。メインビジュアルは、なぜか親指部分のみハート型になった新井さんの足跡
	巨人	A↑	△	◎	○	4,800円	毎年、定番アイテムと冒険アイテムを特典にする巨人。このチャレンジ精神はぜひ今後も継続を。今年のボックスチェアは本当に秀逸だった
	横浜DeNA	B→	○	なし	○	3,000円	来場最優先主義を掲げ、とことん「チケットの取りやすさ」に特化し、唯一無二の個性を作り上げた。特典グッズは来年も「ナシ」なのか?
	阪神	A→	△	○	×	3,600円	巨人同様、阪神もまた毎年新たな特典グッズを採用。今年は入会しなかったけれど、メイン特典次第では来年はダイヤモンドプラスに入会も?
◎	東京ヤクルト	A↑	○	◎	◎	1万3,000円	スワローズクルーとなってからの5年間。毎年、毎年、目に見える進化を遂げた。FCの理想形に近づきつつある。他球団の範となるべき存在に
	中日	B→	○	△	○	3,900円	個人的嗜好と言えばそれまでだけれど、他球団と比較するとすべての感覚が古い。メインデザイナーを再考することで、一気に改善されるのに

※1東京ヤクルトを「ファンクラブ・オブ・ザ・イヤー」に認定　※2「充実度」は編集部と筆者の独断と偏見によるものです。

野球のある幸せな暮らし

仕事場に届いた特典グッズを部屋中に広げてみる。各球団が趣向を凝らしたアイテムの数々は見ているだけで胸が躍る。

本拠地用の特典チケットも、ビジター球場で使えるビジターチケットも、かなりの数が手元にある。これらのチケットを使うべく、僕は今年も全国を駆け回る。今年もまた野球のある季節が始まった。野球のある暮らしを満喫するべく、僕はこれからも12球団すべてのFCに入会し続ける。野球とビールの至福の時間はやめられない。

さぁ、スタジアムに行こう!

マジェスティック社製の特典グッズが増えるなか、12球団ファンクラブ評論家Ⓡとしては画一化が心配?

F 北海道日本ハムファイターズ

新機軸はファミリープログラム

今季の新機軸は、家族でFANSポイントを共有できる「ファミリープログラム」のスタート。ということで、家族の協力を得て2口加入。年会費は一括で決済を行い、会員証や入会特典は一緒に届いた。最大9名分のポイントをまとめることができるので、大家族ならば簡単にポイントが貯まることだろう。とは言え、1万ポイントの「選手直筆サイン色紙」をゲットしても、家族間での熾烈な争奪戦は必至。さらに、来季からは新規の会員証は発行せず、「17年会員証を18年シーズン以降も継続利用」とのこと。これは巨人以来の方式。経費削減？　エコ？

8アイテムからの選択制に

かつては1アイテムしかなかった日本ハムも、気がつけば8アイテムからの選択制に。今年は2口入会したので、「2WAYデニムリュック」「ファイターズブランケット」を選択。リュックは他球団のものと比べると品質は劣るがデニム地でデイリーユースはしやすい。一方のブランケットは、お得意の「日本ハム流防寒アイテム」の真骨頂。ふわふわのボアが心地よく、リビングで寝転びながらテレビを見る際に重宝している。また、「リュック&キャップセット」「キッズグローブ」と、子ども用特典が2種類あるのは他球団にはない意欲的な試み。

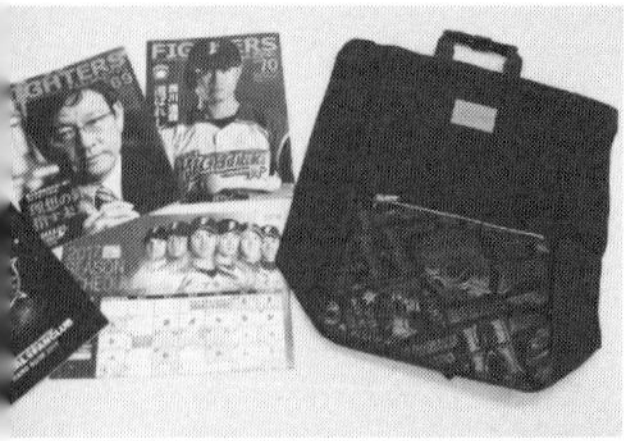

2WAYデニムリュックは持ち手がやや頼りない作りも、普段使いしやすいデザインだ

入会コースと主な特典

- **ルーターズ**(3,300円)
  ジップパーカ、マルチバッグ、デニムリュック、ブランケット、チケット&ポイントセット、リュック&キャップセット(キッズサイズ)、キッズグローブなど8種類から1つ選択／チケット先行予約／チケット割引／ポイントサービス／来場ピンバッジプレゼント／会員限定ガチャポン／会報誌(年5回)／会員限定ビンゴ／会員限定イベント(抽選)／地方球場来場プレゼント他
- **キッズ**(3,300円)

H 福岡ソフトバンクホークス

新ポイント&ステージ制が確立

今季の新機軸は新ポイントプログラム「タカポイント」の誕生だ。チケット購入で10%、グッズ、飲食購入でともに5%、来場で50ポイントと貯まりやすい仕組み。おかげで、すぐに6月の交流戦チケット2枚をタダでゲット。ポイントと交換できるものはチケット、オリジナルグッズ、イベント参加権に加えて、パソコン用壁紙などのデジタルコンテンツが含まれるのは親会社がIT企業ならでは。これに伴い、獲得ポイント別の新ステージ制度も発足。

唯一出遅れていたポイント&ステージ制度が確立し、他球団並みの陣容が整うこととなった。

DVDに次ぐ定番グッズの誕生？

今季は年会費1万260円(税込)のハイグレード会員に入会。これだけでタカポイントは5000なので、平日指定券2枚分に引換え可能。選択制グッズは、昨年好評だった「選手の音声入り目覚まし時計」と迷ったが、FC界を席巻するマジェスティック社の「リュック」を選択。詳しくは球団別ページの西武の項で述べたい。前年シーズンの名場面を集めた恒例のDVD「熱男たちの戦い」は今年も健在。さらに、新たな挑戦として「2016激闘の軌跡」と題されたノートが誕生。前年の順位表や名シーンが記されたノート。こちらも定番化するのか？

写真はハイグレード会員の特典。高品質の選択制グッズや名場面DVDなど充実の内容

入会コースと主な特典

- **スタンダード**(3,780円)
  レプリカユニフォーム(ホーム、ビジター)、トートバック、バスタオル、ユニフォームペア、水筒、お買い物利用券(3,000円分)、内野自由席招待券2枚、ビジターチケット2枚など10種類から1つ選択他
- **ジュニア**(2,538円)
- **ファミリー**(6,372円～)
- **ハイグレード**(1万260円)
- **プレミアム**(10万2,816円)
  希望日チケット10枚他

ないであろう、「DeNAのFCのあり方」について盛り上がった。今年も新規3名を加えて、ぜひ「FC者」としての苦楽をともに分かち合う飲み会を実施したい。他にも「自分も全部に入会しています」という人がいたら、ぜひ編集部までご一報を。

M 千葉ロッテマリーンズ

他球団との差別化コラボ

マジェスティック社が席巻するFC界において、異彩を放つのがロッテだ。「オリジナルユニフォーム」「オリジナルアウターウェア」は同社製ながら、ゴールド会員特典の「オリジナルリュック」はOUTDOOR PRODUCTS製。アウトドアブランドの雄とのコラボは他球団とは一線を画す個性を放っている。

今年から始まった試みとしてはゴールド会員ならプラス5000円、レギュラー、ジュニア会員ならプラス2000円で、もう1アイテムを追加できるサービス。ゴールド会員の僕は5000円を追加して「アウターウェア」を入手。

さよなら、僕の試食券……

ロッテFCにとって、17年は忘れられない年となった。長年にわたって特典となっていた「ロッテリア試食券」と「クリスピードーナツ試食券」がともに、今季から廃止となった。思えば、僕が初めて入会した05年は「てりやきバーガー&ポテトS」だった。08年には「えびバーガー」まで加わる大盤振る舞い。その後、数度のメニュー変更はあったけど、そこにはいつも「試食券」の姿があった。それが、ついに……。本年度の特典とともに届いた「お知らせ」にも、「試食券は廃止させていただきます。大変申し訳ございません」とある。一体、何があったのだ？

ゴールド会員に＋5000円でアウターウェアもゲット。試食券がないのは少し寂しい

入会コースと主な特典

- **レギュラー**（3,600円）
  ボストン型ポーチ、スクエア型ポーチ、キャップから1つ選択／内野自由席券1枚／会報誌（年3回）／ポイントサービス他
- **カジュアルレギュラー**（2,600円）
- **ジュニア**（3,100円）
- **ゴールド**（1万300円）
  4種類から1つ選択他
- **プレミアム・ゴールド**（1万300円）
- **マリーンズ**（無料）

L 埼玉西武ライオンズ

ソフトバンクと同じアイテム

今年の西武FCはジュニア会員以外のカテゴリーから「ユニフォーム」特典がなくなった。さらに、早期入会特典として好評だった「オリジナルDVD」はハイグレード会員限定特典に。当然、レギュラー会員からの反発は大きい。一方、僕が入会したハイグレード会員には、今季から「ファンブック」（1290円相当）が復活。来年以降、特典内容に変化はあるのか？　また、ソフトバンクの項で述べたようにマジェスティック社の「リュック」は、ほぼ同一アイテム。掛け持ちで入会する人はあまりいないのだろうけど、個人的には画一化されたようで残念。

DVDは今年も秀逸だが……

さて、先述したDVD。恒例の「選手座談会」は今年も大爆笑。炭谷銀仁朗が人選したという、上本達之、鬼﨑裕司、栗山巧、熊代聖人、永江恭平の全6名が食事をしながら語り合う。冒頭には熊代にドッキリを仕掛け、中盤では上本の飄々としたおかしさ、栗山の巧みなMC術などが楽しめる。また「沖縄対談」では、山川穂高と多和田真三郎の沖縄コンビによる対談を収録。高校、大学と同じ道を歩んだ2人だが、「先輩の前では地元の方言を話してはいけない」（山川）とのことで、多和田は常に標準語（笑）。ぜひ、来年は全カテゴリーでDVD復活を。

写真はハイグレード会員の特典。リュックはソフトバンクとほぼ同一アイテム……

入会コースと主な特典

- **レギュラーA**（5,500円）
  バスタオル、ミニバッグ、選手プラコップ4個セット、シートクッションから1つ選択／内野指定席引換券2枚／チケット割引／ポイントサービス／来場プレゼント他
- **レギュラーB**（3,500円）
  内野指定席引換券1枚他
- **ジュニア**（2,000円）
  主催試合入場無料他
- **ハイグレード**（1万円）
  パーカ、リュックから1つ選択／記念品4種類から1つ選択／オリジナルDVD／ファンブック他

【全球団のファンクラブ入会者はついに8名に!】
昨年、ようやく5名に増殖した「全球団FC入会者」が、今年は8名に。13年連続入会しているということと、最年長者であるということで、僕は勝手にリーダーを名乗っている（笑）。昨年は5名で集まり、小宴を催した。常人には理解でき

E 東北楽天ゴールデンイーグルス

新カテゴリー誕生

今季の新機軸は「スーパーゴールドクラブ」の誕生。年会費3万円(税込)で、さっそく入会。メイン特典は先着700名に「選手直筆サインボール」とのことだが、「選手は選べません」の注意書きが。来年は、ぜひ選手指定可能を希望。大金を払ってまでギャンブルするつもりはないので、ここは無難にゴールドクラブの3特典「フルジップフード」「トートバッグ」「レプリカキャップ」を一気にゲット。他に「刺繍ロゴユニフォーム」をもらい、「平日内野指定席2枚」、そして遠方在住者には嬉しい「ビジターチケット3枚」など。コスパはまあまあかな?

ステイタス制度の充実に期待

FC会員向けの来場特典として、2年ぶりにボブルヘッドが復活。岸孝之を皮切りに、3Dスキャンされた全7選手のボブルが先着7000名にプレゼントされる。

一方、15年から始まったステイタス制度だが、3年、5年、10年ごとに特典があるという。僕の手元には現在4枚のメダルがあるのだが、昨年「打撃練習見学特別参加権利」を手にしていたことに気づかずに無駄にしてしまった。高額コース継続者だけが手にできるメダルだけれど、それにしては他球団ではありふれた特典。企画倒れに終わらせないためにも、今後の行方に注目したい。

著者は新設のスーパーゴールドクラブに入会。観戦特典を含めてまずまずのコスパ

入会コースと主な特典

- **レギュラー**(4,500円)
  ユニフォームなど5種類から1つ選択/My HEROタオル他
- **キッズ**(1,000円)
- **レディース**(2,000円)
- **学生クラブ**(2,500円)
- **ベーシック**(500円)
- **チーム東北ろっけん**(入会金500円)
- **ゴールド**(1万500円)
- **スーパーゴールド**(3万円)
- **ブースター**(10万500円)
  刺繍ロゴ入りユニフォーム/キャップ/ポイント10万点他

Bu オリックス・バファローズ

全25コースに細分化

昨年10年目の大改革を断行したBsCLUB。今年はエクストラプレミアムメンバーからジュニア会員まで全7カテゴリー。さらに、各カテゴリーが複数のコースに分かれていて、合計すると全25コース。年会費で言えば1000円から18万円まで。もはや、担当者でも全貌を把握していないのではないかというほどに細分化された。募集開始早々、合計200名のエクストラプレミアムSコース(18万円)、Aコース(15万円)は受付終了。主催全試合の内外野自由席がチケットレスで入場できるのは、熱心なファンにとってはやはり魅力的なのだろう。

2年目を迎えたペット専用FC

今年注目したのがデサント社との「コラボバッグ」。これまで見てきたようにマジェスティック社の勢いが止まらない中でのデサント社の意地を見たかったため。実物は期待以上。デザイン性も実用性も高く、普段使いしている。また、昨年誕生した唯一無二のペット専用FC「Bsワンにゃんクラブ」は今年も健在。継続特典は自分のペット写真のオリジナルチャーム。早期入会特典は、こちらも自分のペット写真の「スマホ用壁紙」。「オリジナルドッグウェア」か「オリジナルクッション」も選択できて2500円(税込)。優良FCの道を着実に歩んでいる。

ゴールドDコースの特典。デサントとのコラボバッグは普段使いに最適の出来栄え

入会コースと主な特典

- **レギュラー**(3,000円)
  ユニフォームまたはジャージ2000円割引券/内外野自由席券1枚/ポイントサービス他
- **ジュニア**(1,000円)
- **Bsポイント**(1,500円〜)
- **Bsわんにゃん**(2,500円)
- **ゴールド**(1万円〜)
- **プラチナ**(3万円〜)
- **プレミアム**(7万5,000円〜)
- **エクストラプレミアム**(15万円)
  チケットレス入場サービス他

ています。FCで利益を上げるのではなく、あくまでも《還元》という方針なので、あまり定員は増やせないのです」(担当者)とのこと。確かに「新入団選手発表観覧」「OBによる生解説ツアー」「大野寮の食事再現ツアー」などもまたCQなのだ。

C 広島東洋カープ

大幅定員増も「狭き門」のまま

25年ぶりの優勝に沸く広島FCは、「優勝ロゴ」が描かれた「レッドメタリックボール」が継続特典に。保管ケースに入った、重量感のあるボールはなかなかいい。

さて、今季から定員を3万人に大増員したものの、あっという間に受付終了。相変わらず、募集開始日にはサーバーがダウンし、多くの継続入会希望者をヤキモキさせた。全球団のFCに入会し続けている僕としても、毎年広島FCの受付日だけは緊張を隠せない。ここで失敗すれば、長年にわたって積み上げてきたものが一瞬で消えるのだ。精神安定のためにも、来年こそ大増員を望みたい。

パーカのようなユニフォーム

かつて、その斬新路線に対して、CQ（カープ・クオリティ）と名づけたが、今年もCQは健在。特典アイテムは例年通り、「オリジナルユニフォーム」と名づけられているものの、フード付きのソレは、どうみてもパーカ（笑）。これを「ユニフォーム」と言い切る広島FCの姿勢は嫌いじゃない。去年は明らかにパジャマだった。来年はツナギのユニフォームを希望。会員サイトでは、「うらブロ！」と題して、スタッフたちのブログを新規開設。トレーナー、スコアラーなど裏方さんたちの生の声は貴重。ベンチの盛り塩は奥田グラウンドキーパーの担当だそうだ。

ユニフォーム（パーカ?）の袖には「セ・リーグチャンピオン」の縫い取りが……

入会コースと主な特典

- **シニア**（3,500円）
  ユニフォーム／レッドメタリックボール（継続特典）／イヤーブック／会員限定サイト／会員限定イベント他
- **ジュニア**（3,000円）
  リュック／キャップ／ズムスタ内野自由席入場無料／主催オープン戦外野自由席入場無料他
- **レディース**（3,800円）
  ショルダーバッグ／ズムスタ内野自由席20試合入場無料他
- **シニア**（3,200円）

G 読売ジャイアンツ

グッズ・オブ・ザ・イヤーは巨人！

昨秋、18年度募集要項が届いたとき、もっともワクワクしたのが巨人FCだった。マジェスティック社全盛のFC界において、「G-ARMOURショルダーバッグ」のクオリティは気になったし、ボール型の「Gボールスピーカー」、特大の「BIGブランケット」にも惹かれた。その中で僕がチョイスしたのは「Gボックスチェア」。説明文には「椅子としても使用できるオシャレな収納ボックスです！」とある。現物が届く。オシャレかどうかは別として、実に便利で実用的。椅子としての強度もある。今年のGOY（グッズ・オブ・ザ・イヤー）は文句なくコレ！

山本泰寛よ、なぜ入会しない？

FC運営において、昨年までと大きな変化がなかったのは残念だったけど、個人的にツボだったのは「CLUB G-Po」の魅力を伝える公式HP上の「入会案内」。サブタイトルに「山本選手を勧誘してみた」と銘打って、山本泰寛がモデルとなってフォトマンガ風にFCの魅力を紹介する試み。特典グッズ、ポイント制度、チケット先行販売、ファーム主催試合無料など、多くの魅力を紹介した後に、最後のひとコマで「でも、（入会は）考えておきますね」と、まさかの入会拒否。ここはシンプルに「もちろん、入会します！」と締めくくればいいのでは？

Gボールスピーカーと迷った末にボックスチェアを選択。収納ボックスとしても有用

入会コースと主な特典

- **プライム**（4,800円）
  キッズユニT、ショルダーバッグ、ボックスチェア、Gボールスピーカー、BIGブランケットから1つ選択／ステイタスブック／カレンダー／ボンフィンホルダー／会報誌（年4回）／招待券（抽選）／チケット先行販売／ポイントサービス／会員優待割引特典他
- **ジュニア**（3,500円）
- **エンジョイ**（無料）
- **チャンピオン**（3万2,400円）
  入会資格に所定の条件あり

【広島FC担当者に直撃してみた！】
昨年秋、広島FC担当者に取材をした。唯一無二のCQ（カープ・クオリティ）を大絶賛しつつ、「なぜ、定員増を図らないのか?」を尋ねる。「他球団と比較した場合、うちの場合は会員限定のイベントを開催して、楽しんでいただくのを柱にし

DB 横浜DeNAベイスターズ

FC界の風雲児の今後は?

15年に大改革を断行。特典グッズを廃止し、「とにかく来場してくれ作戦」を敢行中。ハマスタ改修も進み、思惑通り来場者も急上昇なので、成果を挙げているのは理解できる。しかし、12球団ファンクラブ評論家®的には面白みに欠ける感は否めない。募集要項を見て、「これはどんなグッズかな?」と心躍らせる感じがこの球団にはない。「来場大作戦」を敢行するために、極力無駄を削いでいる方針も間違いではない。けれども、興奮度はゼロだ。ただ、FCに求めるものが「チケットを確実に安く買いたい」という人には理想的FCであるのは間違いない。

球団と僕との価値観の相違

今季から新たに「特典チケットなし」という「レギュラー会員(ポイントコース)」が新設された。グッズも、チケットもなしでベイスターズポイント2000ポイントのみ。年会費3000円(税込)で、ネットショップなどで使える実質2000円分のポイントが付与される。入会目的が「チケット先行販売」の人にとっては、これでいいのだろう。でも、個人的には何の面白みもない。僕はFCにおいて「チケット販売」を最優先しておらず、特典グッズやサービスに主眼を置いている。DeNA球団と僕との価値観の相違はなかなか埋まりそうもない。

観戦特典に特化するスタイルはFCのあり方を考えさせるが、写真は少し寂しい……

入会コースと主な特典

- **レギュラー**(3,000円)
  2試合観戦無料(もしくは2000ポイント+選手カード5枚)/チケット先行販売(来場回数に応じて先行順位が変わる)/ポイントサービス/会員限定イベント他
- **キッズ**(3,000円)
  10試合観戦無料/1000円分のグッズチケット他
- **スペシャル**(8,000円)
  7試合観戦無料他
- **ビジター**(3,000円)
  2試合観戦無料他

T 阪神タイガース

ダイヤモンドプラスに入会せず

関西のコンビニに置いてあった「会員募集リーフレット」を見て驚いた。表紙が金本知憲、そして掛布雅之だったのだ。2軍監督がPRに使われるのは、阪神FCだけだろう。掛布人気健在だ。例年、「ダイヤモンドプラス会員」に入会していたものの、メイン特典の「オリジナルスタジャン」に魅力を感じず、今年は入会せず。選べる特典グッズは全6アイテム。「アウトドアアルミバッグ」という意欲作にも惹かれたが、「丸虎クッション」を選択。説明文には「フカフカ・フワフワでキモチイー!」と書かれているけれど、ハウスダストが心配な素材。

何としてでも継続させる執念

阪神FCの特典グッズは魅力的なものが多いので、去年までは家族名義で計2口入会していたが、今年は僕だけが入会。すると、昨年末には「17年度に継続するとあなたのランクはゴールド会員です」とハガキが届き、翌年5月には「締め切り間近。まもなく継続年数がリセットされてしまいます!」と「継続手続き」を促す連絡が次々届く。この必死な感じ、僕は好感を持った。90%以上の圧倒的な継続率を誇る阪神FCの強さを見た気がした。でも、継続しなかったけど(笑)。「お友達紹介キャンペーン」も実に熱心だし、この球団のFCへの取り組みは熱い。

著者が選択した丸虎クッションは確かにフカフカだったが、ハウスダストが心配だ

入会コースと主な特典

- **一般・新規**(3,600円)
  イエローメッシュジャージ、リバーシブルトートなど6種類から1つ選択/主催試合招待(抽選)/チケット割引/応援デー特典/会報誌(年4回)他
- **一般・継続**(3,600円)
  入会年数によって継続記念品(10年継続会員は会費プラス3万円でダイヤモンドプラス会員に)他
- **キッズ・新規**(2,500円)
- **キッズ・継続**(2,500円)

ト割引、⑤オープン戦全試合無料、⑥会員限定イベントと、全6項目のうち実に5つがチケット関連の特典なのだ。これは他球団以上の明確な運営方針であり、一つの見識でもある。ステージ制度ももちろんチケット先行発売に特化している。

S 東京ヤクルトスワローズ

5年目のスワローズクルー

スワローズクルーが誕生して今年で5周年。この間の急速な進歩には脱帽だ。ポイントシステム「スワレージ」の目覚ましい拡充、「クルーデー」イベントの盛り上がり、今年からは「クルーミッション」と題して、指定試合の観戦で大幅にポイントを付与。大切なのは、「ポイントを貯めて、これがほしい」という引換特典が充実していること。楽天も手掛けるラリー大岩氏によるビジュアルアートも完璧。ここまで大絶賛しているように、今年のFOY（ファンクラブ・オブ・ザ・イヤー）は史上初2年連続でヤクルト。ファンだからこそのえこひいきでは、決してない。

FCの理想形を構築中

今年は年会費1万3000円（税込）のプラチナ会員に2口入会。マジェスティック社の「フード付きアウター」と三河木綿を原料とした「トートバッグ」はいずれも高品質。僕は選択しなかったけれど、アウトドアブランドLOGOS社とコラボした「ポンチョ」は丈夫で耐久性に優れた逸品。やっぱり、これがほしくて家族名義で入会しようとしたものの、すでに品切れだったのが悔やまれる。今年もプラチナ会員は早々に募集終了。ファンブックにチケット、そして2つのグッズ。ポイント制度も充実。至れり尽くせりのFCの理想形に近づきつつある。

写真はプラチナ会員特典。物心両面からのもてなしで、文句なしの2年連続FOYに!

入会コースと主な特典

- **レギュラー**(3,500円)
  CREWユニホーム／外野自由席招待券1枚／つば九郎とらんぷ(早期入会)／ファンブック／チケット割引／ポイントサービス他
- **キッズ**(2,000円)
  外野自由席招待券他
- **ライト**(2,500円)
- **無料会員**(無料)
- **ゴールド**(6,000円)
- **プラチナ**(1万3,000円)
  フード付きアウター、デイパックなど8種類から2つ選択他

D 中日ドラゴンズ

今年から複数選択制に

従来までの中日新聞社内の一部門を経て、昨年から球団内に移管された中日FC。新体制として本格始動が期待される2年目だが、特筆すべき変化はなかった。今年の最大の改革は、特典グッズが複数選択制になったこと。ドーム球場を本拠地としているのに、なぜか「レインポンチョ」が特典になっているのはご愛嬌。僕は「レザーライク・トートバッグ&ポーチ」を選択。「高級感ある落ち着いたデザイン」と大野雄大が勧めていたのでコレにした。決して高級感あるようには思わなかったけれど、「地味」は「落ち着き」と言い換え可能なのだと知った。

ポイント制拡充から改善を

他球団と異なり、頑なまでに昔ながらの「新聞形式」にこだわり続ける中日FC会報。今回、注目したのは「完全制覇へ快走する2人」と題された記事。16年から始まった「マイページ」において、ポイントランキングの首位を快走する2人に取材した良質な内容。ともにサラリーマンで、きちんと年間の予定を立て、主催試合とビジターデーをすべて観戦しているそうだ。でも、今年のランキングには一方の名前がないのが心配。当面の課題はポイント制の拡充。他球団がタダで配布しているボンフィンやクリアファイルが200ポイント。このあたりから改善を。

変革を進めつつも、根本的な変化が感じ取れない中日FC。会報のデザインの問題?

入会コースと主な特典

- **シニア**(3,900円)
  トートバッグ&ポーチ、レインポンチョ、レジャーラグ、ユニホーム、キャップから1つ選択／パノラマ招待券(ペア1試合かシングル2試合)／ポイントサービス／チケット先行販売／会員交流サイト／会報(年2回)他
- **ジュニア**(3,500円)
  パノラマ招待券4試合他
- **無料会員**(無料)
- **ゴールド**(1万円)
  5種類から2つ選択他

【とことんチケットに特化するDeNA】
本文で、かなり厳しいことを言ってしまったけど、改めてここでもDeNAについて。2018年度の募集要項には「6つの特典」として、①特典チケット、②チケット先行発売、③来場登録でチケット先行発売がさらに早く、④ファーム1試合無料&チケッ

継続14年目の未知なる領域に突入

2018

FOYは初戴冠のあの球団！

今年も「あの男」が帰ってきた。12球団すべてのファンクラブに入り続けて今年で14年目。そのFC愛は衰えを知らない。セ・リーグで意外な変革が相次いだ今年のFC界のホットニュースをお届けしよう！

14年連続14回目の登場！

2005年から全球団のファンクラブ（FC）に入会して、14年目を迎えることとなった。そして、この原稿も14年連続14回目という長きにわたって、読者のみなさんに読んでいただく機会を得て、個人的にも最長連載となった。

14年には『プロ野球12球団ファンクラブ全部に入会してみた！』（集英社）を発売。多くの方に読んでいただいた。また、この6月にはプロ野球球団関係者のみならず、独立リーグやJリーグ、Bリーグのフロントの方々に向けて「理想のFCについて」、偉そうに講演などしてしまった。そんなことが可能になったのも、酔狂な試みにもかかわらず、それでも応援してくださる読者、そして編集者のおかげ。本当に感謝、感謝、感謝。来年の15周年。そして2024年に迎える20周年に向けて、さらなる精進に励む所存です。「何を大げさな」と言われることを承知であえて書くけれど、「この企画は僕のライフワークなのだ」と肝に銘じて、ますますFC道を極めていきます！

今年のトピックは？

……さて、青臭い決意表明はここまでにして、今年のFCの特徴をざっとまとめてみたい。期せずしてセ・リーグネタ3本となった。

①広島FC・今年も増員！

16年には定員1万8000人だった広島FCは17年には3万人に大増員。そして、リーグ連覇を成し遂げ、ますます勢いに乗る今年はさらに5000名を追加、合計3万5000名となった。今後も、さらに増え続けるのか？　来季の動向に注目したい。

②DeNAの独自路線が……

15年に「特典グッズナシ」という決断をし、その後も「特典チケットのみ」という独自路線を貫いていたDeNAだが、今年はついに特典グッズが復活。そして、そのアイテムが僕の予想をはるかに上回るモノだった……。詳しくは球団別ページを。

③中日FC会員証がついに……

他の11球団すべてがプラスチック製会員証を採用しているにもかかわらず、中日FCだけが、長年にわたって紙製にこだわり続けていた。しかしついに今年、プラスチック製に変更。巨星、堕つ。時代はこうして変わっていくのだ。

今こそ、初心に戻って……

昨年から今年にかけて、ヤクルトに関する書籍を3冊出版した。元々、ヤクルトファンであることは公言していたものの、それ以来、スワローズ原稿の依頼が増え、神宮球場に足しげく通う日々が続いている。

その結果、他球場に行く機会がグッと減ってしまい、せっかくのFCチケット特典をムダにする機会が生じてしまうようになった。世界唯一の12球団ファンクラブ評論家®として商標登録しているにもかかわらず、何とも情けない……。

といいつつ、18年も「ヤクルト中心」の状況はあまり変わってい

広島の特典ユニフォームの刺繍をよく見ると……。これは事件だ！（詳細は球団別ページへ）

2018年筆者が入会したファンクラブの充実度

FOY	チーム	充実度				入会したコース金額	コメント
		総合	観戦特典	グッズ特典	ポイント特典		
	福岡ソフトバンク	B↑	○	○	○	1万260円	特典DVDは全120分の大作。ペナント、CS、日本シリーズ祝勝会の傑作選のほか、「中継ぎ対談」「エース対談」など撮りおろし企画が充実
	埼玉西武	A→	○	◎	○	1万800円	メイン特典「レオクロック」は個人的にお気に入り。「シャンプー・ボトルセット」は陶器製ではなくプラスチック製。ちょっと期待外れだった
	東北楽天	B↓	△	△	○	1万500円	今季から「チームイーグルス」として新体制に。しかし、前年までとは大きな違いは感じられず。来季以降はFCとしての独自性を模索するのか?
	オリックス	A↑	◎	◎	○	1万6,000円	球界一のきめ細やかさを誇り、今季は7カテゴリー20コース。もはや担当者でも全容を把握していないのでは? 下段の日本ハムとは実に対照的
	北海道日本ハム	B→	×	○	○	3,600円	15年から採用された「複数選択制」は完全に定着。複数カテゴリー制は今年も、そして今後も(?)採用せず。今季の年会費は300円の値上げ
	千葉ロッテ	A→	◎	◎	○	1万6,100円	今季はマジェスティック社がさらに躍進。16年ヤクルトの同社スタジャンもよかったが、今年のロッテ版も◎。FCデーは完全に名物企画として定着
◎	広島	A↑	×	○	×	3,500円	今年の会員証は足を負傷した鈴木誠也をおんぶするエルドレッドの写真。メインコピーは「最高のコイの見つけ方」。今年も独自路線を邁進中
	阪神	B↓	△	○	△	3,600円	「黄色と黒、そしてトラ」というコテコテ感から、オシャレ路線への方向転換?今後は両者を共存させ、ファンが選択できるようになるのが理想
	横浜DeNA	A↑	◎	?	○	8,000円	これまでは頑なに「特典グッズナシ」にこだわっていたものの、今年はなぜかキャッチャーマスク。この落差にとまどい評価はひとまず保留したい(笑)
	巨人	B↓	△	○	○	4,800円	チケット特典はないけれど、早期入会特典、あるいは招待券プレゼントなどは充実。10周年を迎えたものの少々肩透かし。来季以降に期待したい
	中日	B↑	○	△	○	3,900円	昨年からスタートしたポイント制は2年目を迎えてますます充実。特典グッズも多彩になりつつあり、ついに優良FCへの道を歩み始めた感が
	東京ヤクルト	A→	○	◎	○	1万3,000円	チームはどん底に沈んだ昨季。それでもFC会員数は急上昇。観戦特典、グッズ、ふれあい体験など、質量ともに充実し、球界を代表する存在に

※1　広島を「ファンクラブ・オブ・ザ・イヤー」に認定　　※2　「充実度」は編集部と筆者の独断と偏見によるものです。

ないのだけれど、今年は意識的に他球場に足を運ぼうと努めている。やはり、各球場には、それぞれの特徴があり、よさがあるのだと再認識している。

そして今回、改めてこの原稿を書いてみて、「やはり12球団ファンクラブ比較は面白い」と実感した。各チームがそれぞれ試行錯誤しながら、最善のファンサービスを模索する様子は現場でなければわからない。野球とビールがある限り、僕は全国の球場に足を運び続ける。

さぁ、スタジアムに行こう!

長谷川家にうずたかく積まれた特典グッズの数々。各球団FCの情熱がここに詰まっている

H 福岡ソフトバンクホークス

よりどりみどりのアイテム群

ソフトバンクFCの特徴である「複数選択制」は18年も健在。今回の目玉は「DAZN無料視聴権利」。当初は「スポナビライブ無料視聴権」だったものの、DAZNの拡充を受け、急遽変更。従来までの「公式通販ショップ3000円分クーポン」や「ビジターチケット2枚」も含めると、全11種類から選択できる仕組み。これならば、ヤフオクドームに通えない遠方ファンにとってもありがたい。

また、「ハイグレード・プレミアム会員」特典には、過去に好評だった「グランドコート」「小型キャリーバッグ」も復活。他球団を圧倒するラインナップが並ぶことに。

ふうさんが名作ゲームに

ホークス誕生80周年となる今年、選択特典の一つとして「記念ユニフォーム」が登場。

記念アイテムに弱い僕は、迷わずこれをチョイス。と同時に「ふうさん危機一発ジュニア」も気になるので、2つ同時にゲットできる「ハイグレード会員」に入会。名前からもわかるように、これはタカラトミーの名作玩具「黒ひげ危機一発」のふうさん版。

しかし、この現物を手にしたときは肩透かしを食らった気分に。なぜなら、かつて12年の巨人が「黒ひげ危機一発」を特典にしたときの剣は24本。しかし、今回は12本。スケールダウン感は否めない。

ふうさん危機一発はやや期待外れも、バラエティーに富んだ11種類から選べるのはうれしい

入会コースと主な特典

- **スタンダード**(3,780円) レプリカユニフォーム(ホーム、ビジター、80周年記念)、トートバック、バスタオル、ふうさん危機一発、DAZN3カ月無料視聴権利、お買い物利用券(3,000円分)、内野自由席招待券2枚など11種類から1つ選択他
- **ジュニア**(2,538円)
- **ファミリー**(6,372円〜)
- **ハイグレード**(1万260円)
- **プレミアム**(10万2,816円) 希望日チケット10枚他

L 埼玉西武ライオンズ

ウグイス嬢の美声で目覚める

今年の西武FCの特典グッズには意欲的なアイテムが並んだ。

ということで、「ハイグレード会員」に入会し、選手の肉声メッセージ機能のついた目覚まし時計「レオクロック」と「シャンプー・ボトルセット」をゲットした。

入会案内には誰の肉声なのかは書かれていなかったけれど、僕は栗山巧か菊池雄星だと予想。数カ月後、自宅に届いた現物は、予想通りにその2選手だった。しかし、まったく予想できなかったのがもう一人の存在。何と日本ハム・杉谷拳士とのやり取りが話題となった「球団ウグイス嬢」だったのだ(笑)。実にさわやかな目覚め。

オリジナルDVDの完成度の高さ

ハイグレード会員限定の早期入会特典「オリジナルDVD」は今年も面白かった。全130分のうち、メインの「ライオンズ選手座談会」は約77分。今年のMCは岡田雅利。後輩の森友哉に対して、「彼がケガしてくれたから試合に出られた」と素直な思いを吐露。

このDVDを見て、一気に岡田ファンになった。寝坊のため、山川穂高が1時間近く遅刻したことは明記しておきたい(笑)。「クローズアッププレイヤー」は源田壮亮。虫嫌いの彼がセミにおびえる例のシーンもきちんと収録されていて驚いた。監督、選手のインタビューも多く、完成度は実に高い。

今年の目玉特典は目覚まし時計。13年からスタートしたオリジナルDVDはもはや名物特典に

入会コースと主な特典

- **レギュラーA**(5,500円) ユニフォーム、タオルセット、多機能ポシェット、ショルダーバッグ、シャンプーボトルセットから1つ選択/内野指定席引換券2枚/チケット割引/ポイントサービス他
- **レギュラーB**(3,500円) 内野指定席引換券1枚他
- **ジュニア**(2,000円) 主催試合入場無料他
- **ハイグレード**(1万円) 2Wayリュック、ウインドブレーカー、レオクロックから1つ選択/記念品5種類から1つ選択/オリジナルDVD/ファンブック他

もうホンマに起きなアカン時間やで。さぁ、今日も気合い入れて、頑張ろう!」「菊池雄星です。おはようございます。ちゃんと起きれましたか? 早く起きて準備しないと全力投球できませんよ。今日も一日、全力プレーでいきましょう!」

E　東北楽天ゴールデンイーグルス

今季から新体制で出発！

今年から「チームイーグルス」として再出発。「チケット先行購入」「観戦チケット事前予約」「来場プレゼント」など7大特典を謳っているものの、前年までの特典をマイナーチェンジしたものばかり。特に目新しさは感じられなかった。

さらに、年会費10万500円の「5スター」から、同2000円の「2スター」、そして同1000円の「キッズ」の全5コースに仕様を変更。その一方で、昨年までの「ファンクラブボーナスプラス」「来場記念ピンズプレゼント」は終了。「変わろう」という意思は感じられるものの、まだ具体的施策が追いついていない印象を受ける。

来場者への手厚いサービス

しかし、会員向けの「来場者プレゼント」はかなり拡充された。「プレイヤーズフィギュア」「ピンズ」「缶バッジ」「カード」「ラバーキーホルダー」「ラバーバンド」など、選手をモチーフにしたアイテムが多数登場。楽天のうまいところは、「フィギュア」以外のアイテムが「追加購入可能」だという点。コレクター心を巧みにくすぐる商法。コンプリートを目指してつい散財してしまうファンも多いはず。昨年、言及した「ステイタスメダル」は今年も変化はなし。僕は5年目達成の「ネックストラップ」をもらったが、特に感慨はなし。今後も続けるのならば改善が必要では？

写真は3スターの特典。「チームイーグルス」の初年度だけに、まだ手探り感が強い

入会コースと主な特典

- **2スター**（2,000円）
  観戦チケット引換権利1枚／My HEROバット2本／ポイントサービス／チケット先行販売他
- **キッズ**（1,000円）
  ユニフォーム／外野自由席引換券2枚／イベント応募権利他
- **3スター**（1万500円）
  ユニフォーム／バックパック／観戦チケット引換権利2枚他
- **4スター**（3万円）
  バックパック、選手直筆サインボールなど4種類から1つ選択他
- **5スター**（10万500円）

Bu　オリックス・バファローズ

独自路線は今年も健在

16年にFC改革を行ったオリックス。昨年は7カテゴリー25コースという超細分化路線を邁進したが、今年は20コースに縮小。それでも他球団を圧倒するきめ細やかさ。いや、細かすぎだよ（笑）。

年会費18万円という球界最高値で定員200名限定「エクストラプレミアムメンバー」はすぐに受付終了。「主催全試合分チケット」がつき、「激励パーティー参加権利」や数々のグッズなどなど超豪華。

さらに16年に登場し、いまだ他の追随を許さない球界初のペット専用FC「Bsわんにゃんクラブ」も無事に3年目に突入。着実に独自のカラーを築き上げている。

優良FCとしての地位を確立

ここ数年、オリックスといえばデサント。僕が入会したゴールド会員Dコース（年会費1万6000円）ではデサント製による「オリジナルユニフォーム」と「コラボリュック」がメイン特典。

昨年同様、デザイン性、実用性ともに優れている。さらに、「指定席引換券2枚」「内外野自由席4枚」もつき、来場、チケット、グッズ、飲食など、何かを購入するたびに満遍なく付与される「Bsポイント」も充実。シーズンを4期に分け、さらにGWにはアウトレット企画まで行う交換アイテムの豊富さは驚くばかり。すでに球界を代表する優良FCだ。

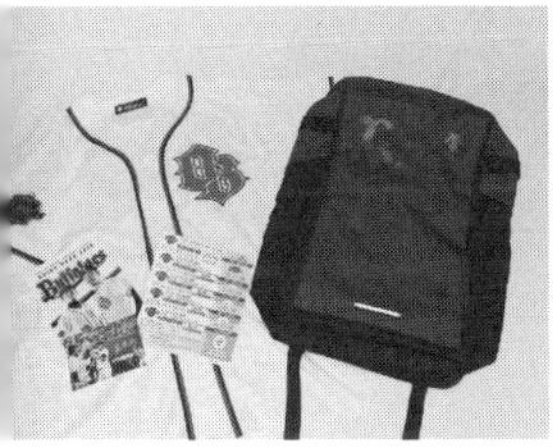

ゴールドDコースの特典。デサントとのコラボバッグは普段使いに最適の出来栄え

入会コースと主な特典

- **レギュラー**（3,000円）
  ユニフォーム／内外野自由席券1枚／ポイントサービス他
- **ジュニア**（1,000円）
- **スタジアム**（1,800円〜）
- **Bsわんにゃん**（2,500円）
  ドッグウェア、マットから選択他
- **ゴールド**（1万円〜）
- **プラチナ**（3万円〜）
- **プレミアム**（7万5,000円〜）
- **エクストラプレミアム**
  （18万円）
  自由席券1試合につき1枚他

【西武・レオクロックのセリフ】
ソフトバンク以来となる選手の肉声メッセージ入り目覚まし時計。こちらも、なかなかの完成度だった。栗山と菊池の全文言をご紹介。「栗山巧です。おはよう。眠いよなぁ。わかるわかる。その気持ち、めちゃくちゃわかるんやけど、

F 北海道日本ハムファイターズ

大谷、増井、そして大野……

非常事態発生だ。僕の手元にある「18年入会案内」。そこには大谷翔平、増井浩俊、そして大野奨太の姿が。そう、すでにチームを去った選手が3人も写っている。さらに、昨年選手会長だった大野は「共に戦っていきましょう」と、笑顔で呼びかけているのだ。

また、今季より「17年会員証」を流用することになった。新たに発行せずに前年までのものを流用するのは、巨人、ソフトバンクとともに３球団目。

これは昨年からの既定路線で、昨年の会員証には「２０１７」と記されておらず、今年以降を見据えたデザインになっている。

他球団がさまざまなコースを用意するのに対し、日本ハムは2コースのみと独自路線を行く

今年は全6種類からの選択制

２０１４年までは1種類、翌15年、16年は3種類となり、17年には一気に8種類という「複数選択制」の拡大路線を歩んでいた日本ハムFCだが、今年は6種類と小休止。僕は「スウェットパーカー」を選択。部屋着として絶賛活用中。

また、他球団がさまざまなコースを設定し、細かいニーズに応えようとしている中で、日本ハムは「ルーターズクラブ」と「キッズクラブ」のみ。個人的には「高級カテゴリーを作ってほしい」という思いもあるけれど、担当者に取材してみると、球団にはその考えはないとのこと。ちなみに年会費は昨年と比べて３００円の値上げ。

入会コースと主な特典

- **ルーターズ**（3,600円）
  スウェットパーカ、2WAYトートバッグ、ブランケット、リュック&キャップセット、観戦チケット&ポイントセットなど6種類から1つ選択／チケット先行予約／チケット割引／ポイントサービス／来場プレゼント／会員限定ガチャポン／会報誌（年5回）／会員限定ビンゴ／会員限定イベント（抽選）／地方球場来場プレゼント他
- **キッズ**（3,600円）
  内外野自由席無料他

M 千葉ロッテマリーンズ

最高品質を誇るスタジャン

昨年まではアウトドアブランドの雄「ＯＵＴＤＯＯＲ ＰＲＯＤＵＣＴＳ」とのコラボアイテムがあったものの、今年からは新たに3種類のマジェスティック製アイテムが登場。僕は「ゴールド会員」に入会し、「スウェットスタジアムジャンパー」を選択。

さらに、昨年から始まった「＋５０００円でもう1アイテム追加」サービスにより、「パーカー」をゲット。予想以上のクオリティに大満足。例年ならばＧＯＹ（グッズ・オブ・ザ・イヤー）に輝いてもおかしくない逸品。近年のマジェスティック旋風はＦＣ界を完全に席巻している。

ゴールド会員に+5000円で、1アイテムを追加できる。コイルキーホルダーは写真左下

ＦＣデーはもはや名物に

16年から始まった「ファンクラブデー」はロッテFCの名物企画として完全に定着。16年の「ヘルメット」、17年の「サファリハット」は最高だった。今年は5月の「ポンチョ」は入手できなかったので、6月配布予定の「フリンジ付ラウンドタオル」はゲットするつもり。特典チケットを使って来場すれば、ＦＣデーの配布特典と合わせて年会費の元は取れるだろう。

そうそう、最後に記しておきたいのはゴールド会員先着2万名に配布された「コイルキーホルダー」。48歳中年にとってはまったく使い道がなく、そもそもどう使えばいいのかわからず困惑ばかり（笑）。

入会コースと主な特典

- **レギュラー**（3,600円）
  チケットホルダー、ウエストバッグ、キャップから1つ選択／内野自由席券1枚／会報誌（年3回）／ポイントサービス他
- **カジュアルレギュラー**（2,600円）
- **ジュニア**（3,100円）
- **ゴールド**（1万300円）
- **プレミアム・ゴールド**（1万300円）
- **マリーンズ**（無料）

度はあまりないのだけれどともにとても面白い。子どもから「ハゲ」と馬鹿にされているという父親に対して、松山は「お前もハゲるぞと言い返せ」という気持ちのいいアドバイス。クレート通訳も愛嬌があってかわいい（笑）。

C 広島東洋カープ

他球団を圧倒するコスパ

25年ぶりの優勝に沸いた翌17年には定員を３万名に増員。さらに今年は新規入会５０００名を追加。これで、定員は合計３万５０００名となった。年会費は12球団で11番目の安値となる３５００円。しかも送料・税込み！ メイン特典は例年通り「オリジナルユニフォーム」。

去年に続いて左袖には「ＣＨＡＭＰＩＯＮワッペン」が誇らしげに輝いている。絶対にメイン特典を変えないのはもはや清々しいほどのポリシーだ。さらに、定価８５０円の「イヤーブック」に継続特典として、折りたたみ可能な「オリジナルクッション」もついた。このコスパ感はハンパない。

ピンチをチャンスに変える神対応

さて、いよいよ本題。開幕直後の４月、一通の封書が届く。中にはまさかの「お詫び状」。前述の「オリジナルユニフォーム」の左胸に「Ｆｕｎ ｃｌｕｂ」と刺繍されていることの謝罪だった。「Ｆａｎ（ファン）」ではなく「Ｆｕｎ（楽しみ）」。別にそれでもいいではないかと思っていたら、「お詫びも兼ねまして」、新たに赤いペイズリー柄の「オリジナルシャツ」を追加特典として、７月に発送するのだという。

ミスが起きたときの対応によって、ピンチがチャンスに変わるという典型例だ。謹んで今年のＦＯＹ（ファンクラブ・オブ・ザ・イヤー）を進呈したい。

独自路線を評価し続けてきた広島だが、FOYは初めて。ピンチをチャンスに変えた!

入会コースと主な特典

- **ファン倶楽部**（3,500円）ユニフォーム／クッション（継続特典）／イヤーブック／入場券先行販売／会員限定サイト／会員限定イベント他
- **ジュニア**（3,000円）リュック／キャップ／ズムスタ内野自由席入場無料／主催オープン戦外野自由席入場無料他
- **レディース**（3,800円）ビニールトート／ズムスタ内野自由席20試合入場無料他
- **シニア**（3,200円）

T 阪神タイガース

オシャレ路線を目指し始めた？

まずは謝罪から。昨年、僕が選択した「丸虎クッション」だが、昨年の本欄で「ハウスダストが心配な素材」と書いたものの、昨年1年間フルに使い倒しても、まったく型崩れもせず、ずっとフカフカフワフワでハウスダストの心配もなかった。本当に失礼いたしました！

さて、今年は「トートバッグ」をチョイス。カモフラ風のプリント柄で、目を凝らすとそこには虎のマークが絶妙にあしらわれている。これまでは、黄色と黒の配色で、虎のマークが大きく描かれたコテコテアイテムばかりだったけれど、近年の阪神ＦＣは確実にオシャレになっている。

「メモリアルＤＶＤ」が新登場

ちなみに、僕は選択しなかったけれど「デイバッグ」には「スタイリッシュなユニセックスデザイン!!」とあり、「デニムバッグ」には「シンプルで可愛いデザイン」との説明書き。確実に「デザイン」を重視している様子がうかがえる。

また、僕は入会しなかったが10年以上の継続会員のみが入会できる年会費３万３６００円の「ダイヤモンドプラス」の新特典として、今年から非売品の「メモリアルＤＶＤ」が新登場。17年シーズンの名場面をまとめたものとのこと。ＤＶＤ特典はソフトバンク、西武に次ぐ3球団目。このトレンドは各球団にも、ぜひ追随してほしい。

オシャレ路線にハンドルを切ったか、トートバッグは普段使いしやすそうなデザインだ

入会コースと主な特典

- **一般・新規**（3,600円）イエローメッシュジャージ、デイバッグなど6種類から1つ選択／主催試合招待（抽選）／チケット割引／応援デー特典／会報誌（年4回）他
- **一般・継続**（3,600円）入会年数によって継続記念品（10年継続会員は会費プラス3万円でダイヤモンドプラス会員に）他
- **キッズ・新規**（2,500円）
- **キッズ・継続**（2,500円）

【広島・マイページオリジナルコンテンツも充実】
公式HPのマイページ内では毎週火曜日には松山竜平による人生相談「まっちゃんの最高の人生の考え方」、金曜日には「クレート通訳の最高のスペイン語の使い方」が更新されている。いずれも動画コンテンツで、実用

DB 横浜DeNAベイスターズ

14年間で最大の衝撃アイテム

12球団すべてのFCに入会して14年目。いまだかつて、ここまでの衝撃を受けたことはない。それが今年の「スペシャル会員」の選択特典「キャッチャーマスク」だ。

他のアイテムは「デコレーショントートバッグ」と「オリジナルリュック」と定番モノなのに、なぜ唐突にキャッチャーマスクなのか？ 12球団ファンクラブ評論家®としてはこれを選択するしかないではないか！ 入会案内を見ても、公式HPをチェックしても詳細は不明。しかも、特典は球場引換のみ。他球団の特典が続々と到着する中、僕はひたすら春の訪れを待ったのだ（下段に続く）。

観戦特典に特化したスタンスから一転、スペシャル会員は意欲的な特典がつくことに

昨年までとは真逆の展開に

そして3月31日の開幕戦当日、約90分の行列の果てに、ついに現物を手にした！ その重量感にまずは驚いた。さらに、そこに添えられていた注意書きの「この商品は、軟式野球でご使用いただけます」という一文に腰を抜かした。

何という冒険。何しろ、昨年までのDeNAは「特典アイテムナシ」だったのだ。今年の入会案内には「2018年はグッズ付き！」と謳っているほどなのに、いきなり防具だよ！ 昨年僕は「球団と僕との価値観の相違は埋まりそうもない」と書いた。しかし、完全に脱帽だ。文句なくGOY（グッズ・オブ・ザ・イヤー）だ！

入会コースと主な特典

- **レギュラー**（3,000円）
  2試合観戦無料（もしくは2000ポイント＋選手カード5枚）／チケット先行販売（来場回数に応じて先行順位が変わる）他
- **キッズ**（3,000円）
  10試合観戦無料／1000円分のグッズチケット他
- **スペシャル**（8,000円）
  キャッチャーマスク、トートバッグ、リュックから1つ選択他
- **ビジター**（3,000円）
  2試合観戦無料他

G 読売ジャイアンツ

G-Po誕生10周年！

今年はCLUB G-Poが誕生して10周年の節目の年。16年の「コンパクトウォレット」、17年のGOYに輝いた「Gボックスチェア」など、ここ数年は意欲的なアイテムがメイン特典となっているが、今年もその姿勢は健在で、「珪藻土バスマット」が目を引く中、僕は「アウトドアチェア」を選択。現物は想像以上に本格的で、耐荷重量は80キロだという。

ただ、目にも鮮やかなオレンジ色が強烈すぎて、僕自身が実際にアウトドアで使用することはないと思う。また、10周年記念特典として、まるで警察手帳、いや水戸黄門の印籠のようなパスケースが届いた。

異彩を放つアウトドアチェア。選択しなかったが、珪藻土バスマットも見てみたい

マイナーチェンジの18年

さて、昨年は山本泰寛がモデルを務めた「入会案内」。10周年の記念すべき年にリーフレットの表紙を飾ったのが石川慎吾。日本ハムから移籍2年目での大抜擢。

また、今季からは会報誌の制作を『月刊ジャイアンツ』編集部が担当することになったのだという。第2号の「VENUS名鑑」はありそうでなかった好企画だった。

さらに、来場などで集めたポイントで交換できるアイテムとして、この10年間の人気ベスト3である「ベア」「寄せ書きボール」「G-POンチョ」が復刻された。このように今年は大きな変化は特にナシ。せっかくの10周年なのに残念。

入会コースと主な特典

- **プライム**（4,800円）
  キッズユニホーム、リュック、珪藻土バスマット、アウトドアチェア、BIGブランケットから1つ選択／ステイタスブック／カレンダー／ボンフィンホルダー／会報誌／招待券（抽選）／チケット先行販売／ポイントサービス／会員優待割引特典他
- **ジュニア**（3,500円）
- **エンジョイ**（無料）
- **チャンピオン**（3万2,400円）
  入会資格に所定の条件あり

クを選択する人は少なく、「トートバッグ」や「リュック」を選ぶ人が多いことに驚いた。でも冷静に考えれば、野球道具をもらっても困るだろうし、「普段使い」の観点から見れば、マスクをチョイスする人は少数派なのかも。

D 中日ドラゴンズ

紙からプラスチックへ!

これまで、中日ＦＣだけが12球団で唯一、「紙製会員証」だった。僕は長年、「ぜひプラスチック製に」と書き続けてきたけれど、16年の本稿で、この姿勢を「不変のポリシー」と認めることにした。

しかし、ついに今年プラスチック製に変わった。何しろ会報においてスタッフ自ら「会員証もプラスチック仕様に変えています」と高らかに宣言するほどのビッグニュース。僕は思わず、手元の会員証を調べてみる。05、06年はプラスチック製だった。しかし、07年から17年までの11年間は唯一無二の紙製路線。これで全球団が晴れてプラスチック製に変わったのだ。

浅尾拓也のサイン色紙ゲット

昨年から、メイン特典の「複数選択制」を導入。今季は6種類からの選択が可能となった。僕はフリース素材の「３ＷＡＹブランケット」を選択。ひざ掛け、腰巻き、肩から羽織る３ＷＡＹ。

一方、容量約５Ｌの「ソフト保冷バッグ」は早々に受付終了。デニム調の「ロールトップデイパック」はなかなかいい感じ。ポイント制度は年々拡充され、「サイン入り試合球」のラインナップは他球団を寄せつけない。またチケット特典の「公式戦招待券」を使って、ナゴヤドームで観戦していたら、「ラッキーシート」に当選。浅尾拓也のサイン色紙をゲットした。

今年から会員証が紙製からプラスチック製に変わるという、歴史的改革を断行した

入会コースと主な特典

- **レギュラー**(3,900円)
  ロールトップデイパック、ソフト保冷バッグ、3WAYブランケット、ユニホーム、キャップから1つ選択／パノラマ招待券(ペア1試合かシングル2試合)／ポイントサービス／チケット先行販売／会員交流サイト他
- **ジュニア**(3,500円)
  パノラマ招待券4試合他
- **ベーシック**(無料)
- **ゴールド**(1万円)
  5種類から2つ選択他

S 東京ヤクルトスワローズ

会員数は急増中

史上初の2年連続ＦＯＹとなったスワローズクルーは今年も大充実。担当者によると、会員数は非公開ながら、「15年度に前年比１６４％、翌16年度はさらに前年比１５０％に急増した」とのこと。実に丁寧にファンサービスに取り組んでいる成果が結果となっている。

その一例でもある、早期入会特典「つば九郎かるた」の完成度には驚かされた。「かさふりを　なんどもやって　ゆうしょうだ」のような正統派から、「さぁーいくぞ　にしあざぶが　よんでいる」「ねんれいをきいちゃだめです　うぐいすじょう」など、いかにもつば九郎らしい読み札がズラリ。

意欲的アイテムが続々登場

突然だが、「サコッシュ」をご存じだろうか? 日常遣いに便利な小さなバッグで、オシャレピーポーなら常識らしいのだけれど、ヤクルトファンならば誰もが知っている。なぜなら、このサコッシュが今季の選択特典の一つになっているからだ。この他にもニューエラ製の「メルトンキャップ」など、今年のスワクルは意欲的なアイテムが次々と採用されている。

11年頃までは「まったくプレミアム感がない」と批判ばかり書いていた「プラチナ会員」も、選択アイテム群はいずれも高品質。招待券も充実し、ポイントサービスは年々拡充の一途。

写真はプラチナ会員の特典で、ヤクルトファンの筆者も大満足。サコッシュは写真右下

入会コースと主な特典

- **レギュラー**(3,500円)
  ユニホーム／外野自由席招待券1枚／つば九郎かるた(早期入会)／ファンブック／チケット割引／ポイントサービス他
- **キッズ**(2,000円)
  外野自由席入場券(対象日)他
- **ライト**(2,500円)
- **無料会員**(無料)
- **ゴールド**(7,000円)
- **プラチナ**(1万3,000円)
  マウンテンパーカー、バックパックなど8種類から2つ選択他

【DeNA・キャッチャーマスクの衝撃】
本文でも書いたように、開幕戦当日、90分近く並んでようやくキャッチャーマスクを手に入れた。列に並んでいる間、「もしもマスクが品切れになったらどうしよう」と気が気でなかったのだけれど、様子をうかがっていると、マス

平成から令和にかけて15年継続中!

2019

どうした巨人!? FC界の巨塔に異変あり!

12球団すべてのファンクラブ(FC)に入会し続けて今年で15年目。FCとともに生き、プロ野球を見つめてきた男が、今年も各球団のFCを一斉レビューする。今年はFC界に風雲急を告げる大きな動きも!

15年だよ、おっかさん

気がつけば15年目である。2004(平成16)年の「球界再編騒動」に端を発し、「本当のファンサービスとは何か?」を調査、比較すべく始めてから15年。時代は「平成」から「令和」に変わっても、僕はなおも全球団のファンクラブ(FC)に入り続けているのだ。

興味本位で始めたものの、14年には弁理士の友人に頼んで、「12球団ファンクラブ評論家®」を商標登録した。世界でただ一人だけの肩書きだ。もちろん、誰も名乗りたいとは思っていないということは、重々理解しているけれど、長年続けることで、いろいろ見えてくることもある。やはり継続は力なりなのだ。この間、「もう辞めようかな?」と思ったことは一度もない。子どもの頃からの大のヤクルトファンだけど、元来は「プロ野球ファン」でもあり、FC入会をきっかけに、各球団への愛着や親近感は、年々増すばかり。本誌の前身である『野球小僧』時代から始まり、『野球太郎』に発表の舞台を変えた「オレ的最長連載」、今年もさっそく始めたい。

今年のトピックは?

まずは今季のFC界のトレンドをざっとご紹介しよう。

①どうした巨人FC?

従来までの体制を一新し、「新・ジャイアンツ公式FC」と銘打って、5つの会員コースを新設したものの、例年の豪華特典、独自特典は影を潜め、かなりのスケールダウン感が否めない。「球界の盟主」を自任する巨人の突然の方針転換。各球団とも、年々特典が充実している中で、「改善」ならぬ「改悪」だと言っていいだろう。詳しくは球団別ページで詳述したい。

②面白特典が大充実

例年、個人的に気に入った特典に対して、「グッズ・オブ・ザ・イヤー(GOY)」を、僕の独断で決定しているのだが、今年は各球団、かなり意欲的な特典が多く、「GOY候補」が盛りだくさん。各球団の創意工夫の数々を読者のみなさんに、ぜひご紹介しよう。

③目覚まし時計ブーム到来!

これまで、ソフトバンクや西武FCで特典となっていた「選手の肉声入り目覚まし時計」だが、今季はロッテ、西武、ヤクルトの3球団が採用。というわけで、ヤクルトファンである僕は、ぶっきらぼうな関西弁が魅力的な坂口智隆のモーニングコールで目覚めている。

長谷川家に届いた各球団の特典グッズたち。自宅は15年分の品々が埋め尽くす

④相次ぐ会費の値上げ

今年から会費を値上げしたのは広島、ヤクルト、中日、阪神、そしてロッテ。やはり、アベノミクスは失敗だったのか? 価格見直しの潮流は、まだまだ続きそうである。

15年目の決意表明

全球団のFCに入会して、早15年。当時、35歳だった僕も、49歳になった。40代最後の一年を迎えたものの、年々球場に足を運ぶ回数は増え、年を追うごとに野球へ

2019年筆者が入会したファンクラブの充実度

FOY	チーム	充実度				入会したコース金額	コメント
		総合	観戦特典	グッズ特典	ポイント特典		
	埼玉西武	A→	◎	◎	○	1万5,900円	FC界初となる「ステテコ」を特典とした大英断に感激。攻めのFC運営に今後も期待。観戦特典も充実し、コスパはとても良い
	福岡ソフトバンク	B→	○	○	○	1万260円	他を寄せつけない「複数選択制」は今年も健在。「本革グッズ」を特典とした決断も最高。今後はさらなる高級路線に期待したい
◎	北海道日本ハム	A↑	×	○	○	3,600円	個人的には何も不満はなかったのに、「丁寧な謝罪」と「迅速なトラブル処理」に好感を抱き、感激したので今年度のFOYとしたい
	オリックス	B↓	◎	△	◎	1万3,600円	毎年、高品質の特典グッズに満足はするものの、そろそろバッグ、タオル、ユニフォーム以外の「攻めのアイテム」の登場が待たれる
	千葉ロッテ	A↓	◎	○	○	1万6,600円	16年から始まった「ファンクラブデー」の充実ぶりは目を見張る。ポイント制度も拡充中。「選手直筆モノ」もさらに増やしてほしい
	東北楽天	B→	○	△	○	1万6,000円	FC改革に取り組むものの、これといった目新しさがないのが残念。大改修を続ける本拠地球場同様、そろそろFC改革にも本腰を
	広島	A→	×	○	×	4,000円	毎年、奇をてらった独自のネーミングで我が道を行く広島FC。特典も独特で、今季のオリジナルユニフォームはジッパー式だった
	東京ヤクルト	A↑	◎	◎	◎	1万6,300円	現在の「スワクル」体制になってから、特典グッズや来場時配布グッズが格段に向上。すぐに定員オーバーとなる人気ぶりを誇っている
	巨人	B↓	△	×	○	4,320円	従来の「G-Po」から、「クラブ・ジャイアンツ」に組織改編。FC改革に着手したのかと思いきや、トーンダウン。来季に期待
	中日	A↑	○	◎	○	4,100円	少しずつではあるけれど、着実に優良FCへの道を歩み続ける。今年の「ドアライバー」は、個人的にとても気に入っている
	横浜DeNA	A→	○	◎	○	8,000円	昨年の「キャッチャーマスク」にも驚いたけれど、今年の「キャッチャーミット」にはさらに驚いた。斬新路線、実に楽しみ
	阪神	B→	△	△	×	3,900円	「ダイヤモンドプラス会員になろう」と思いつつ、メイン特典に魅力を感じず、ここ数年は入会せず。ぜひ、特典の見直しを希望したい

※1　北海道日本ハムを「ファンクラブ・オブ・ザ・イヤー」に認定
※2　「充実度」は編集部と筆者の独断と偏見によるものです。

の愛情、関心は深まっている。15年前と比べると、各球団の企業努力は目覚ましい。「ファンあってのプロ野球」という当たり前の事実が浸透し、「ファンズ・ファースト」の姿勢が徹底されている。

FCに入会し、特典チケットを持って球場に行く日々。健康であること、平和な世の中であるからこそ、このささやかな幸せを満喫できるのだろう。野球のある日々に感謝。これからも、僕は球場に通い続ける。そして、おいしいビールを飲み続ける。

さぁ、スタジアムに行こう！

ドアラの胴体を抜くと、収納されたドライバーが出現する「ドアライバー」

L 埼玉西武ライオンズ

なんと、ステテコが特典に！

18年限りでチームを去った菊池雄星、浅村栄斗らが表紙を飾る「FC入会案内」。ページを繰って、仰天した。10種類から希望特典を選ぶのだが、その中に「レオとライナのステテコ」の文字が。これまで、ジャンパー、パーカー、スウェット、Tシャツなどの「上物」ばかりだったFC界に初めて「下物」であるステテコが特典となったのだ。普段、ステテコなどはいたことないけど、迷うことなくこれをチョイス。そして今では、自宅での普段着に欠かせないアイテムに。FC界初の「下物」という偉業をたたえ、これをGOY（グッズ・オブ・ザ・イヤー）としたい。

今年も目覚まし時計は健在

今年からの新しい試みとして追加料金を支払えば、入会記念品を追加できるようになったので、僕は5000円をプラスし、「ビジネスリュック」と「L-CLOCK」をチョイス。今年は1・辻発彦監督、2・秋山翔吾、3・源田壮亮の3名。辻監督は故郷の佐賀弁でのメッセージ。

また恒例の早期入会特典「オリジナルDVD」は今年も最高。計128分の大作。

出色なのは栗山巧と中村剛也による「特別対談」。同期入団の二人が、マジメに「ライオンズ愛」を披露するのが感動的。恒例の「選手座談会」は、今年も岡田雅利が絶好調。巧みなMCぶりを発揮。

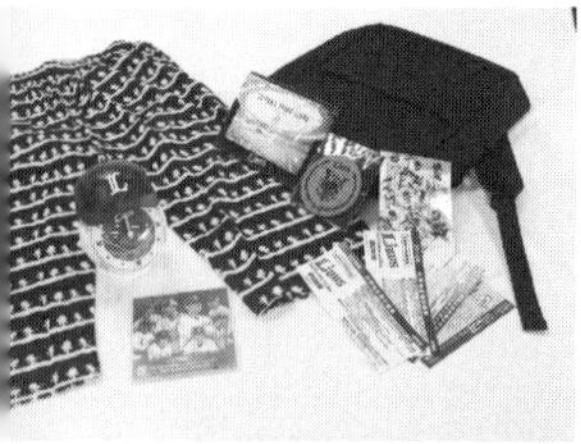

GOY受賞のステテコに、追加料金を払って目覚まし時計もゲット。夜〜朝への備えは万全?

入会コースと主な特典

- **レギュラーA**(5,500円) ブランケット、トートバッグ、ステテコ、バスタオル、サコッシュ、ユニフォーム、パ・リーグTV3カ月無料から1つ選択／内野指定席引換券2枚／チケット割引／ポイントサービス他
- **レギュラーB**(3,500円) 内野指定席引換券1枚他
- **ジュニア**(2,000円) 主催試合入場無料他
- **ハイグレード**(1万円) ビジネスリュック、パーカー、L-CLOCKから1つ選択／記念品7種類から1つ選択／チケット半額クーポン／オリジナルDVD／ファンブック他

H 福岡ソフトバンクホークス

FC特典に「本革グッズ」誕生

西武に続き、ソフトバンクもGOY候補特典として、「本革トートバック」が登場。

これまでフェイクレザーを使用したアイテムはあったものの、「本革」は16年巨人の「コンパクトウォレット」以来。球団ロゴの型押しも高級感をさらに引き立てている。コテコテのデザイン、カラーリングではないので日常使いできるのもいい。例年であれば、間違いなくGOYを受賞していただろう。また、僕は選択しなかったけれど、ふうさん、こふうさんがデザインされた「オリジナル電気ケトル」や「起き上がりこふうさん」も魅力的。積極的に新たな特典を採用し続ける。

今年も大充実のDVD

継続特典「オリジナルDVD」は計115分。「日本一祝勝会」や「珍プレー&好プレー集」「内川聖一2000安打の軌跡」など、多彩な内容。秀逸だったのは、昨年限りでユニフォームを脱いだ「本多雄一Last Day」。球場入りからカメラが密着。試合前、試合中の彼の姿を克明に記録している。同時に、プロ初安打、初盗塁、初犠打など、節目の記録映像によって、彼の足跡が丁寧にまとめられている。

引退セレモニー直前の瞑想シーン、そしてファンへのあいさつ。「今日で引退します」と涙ながらに語る最後のセリフ。このDVDだけで、数千円の価値アリ。

ハイクオリティーな本革トートバック。アイデアと質に優れたFCへの道を順調に歩む

入会コースと主な特典

- **スタンダード**(3,780円) レプリカユニフォーム(ホーム、ビジター)、トートバック、バスタオル、おきあがりこふうさん、パ・リーグTV3カ月無料視聴権利、お買い物利用券(3,000円分)、内野自由席招待券2枚など11種類から1つ選択他
- **ジュニア**(2,538円)
- **ファミリー**(6,372円〜)
- **ハイグレード**(1万260円)
- **プレミアム**(10万2,816円) 希望日チケット10枚他

詫びとして「オリジナルシャツ」を追加特典として、全会員に配布した。あるいは、11年の巨人は東日本大震災のために開幕戦が延期となった際に、お詫びとして「バット型のボールペン」が届いた。ピンチの際の対応は実に大切なのだ。

F 北海道日本ハムファイターズ

見事なトラブル処理に感動

ピンチをチャンスに変える。それが、今年の日本ハムFC。「ウインドブレーカー」など7種類の特典の中から僕が選んだのは「MEIコラボ 親子トート」。12球団最速となる昨年9月27日に届いた。上質なものだったが、10月20日に「重要なお知らせ」と書かれた封書が届く。その内容は、「親子トートの一部にカビが付着したものがあり、良品と交換する」というものだった。手元にあるトートを見ても、カビらしきものはなかったけど、12月15日に丁寧な詫び状とともに良品が到着。その迅速な処理に敬意を表し、「FOY（ファンクラブ・オブ・ザ・イヤー）」としたい。

入会15周年記念ピンバッジが

もうひとつ感心したのは、突然届いた小さな包み。中には指輪ケースのような小さな箱、その中身は継続入会15年目の「記念ピンバッジ」だった。まったく予期せぬプレゼントに驚くとともに、改めて感動を覚えた。全球団のFCに入会して節目の年だけに、箱に入れたまま、大切に保管したい。

また、今年からの新機軸としてはオフィシャルマガジンを大リニューアル。昨年までの『FIGHTERS MAGAZINE』も内容の濃いものだったが、今年からは『FORTE（フォルテ）』と改題。判型も変えてオシャレ雑誌に大変身。新たな試みに注目だ。

継続15年記念のピンバッジはうれしい。新会報誌『FORTE!』も充実した内容だ

入会コースと主な特典

- **ルーターズ**（3,600円）
  ウインドブレーカー、親子トートバッグ、バスタオル、キッズリュック&キャップセット、クリアファイルセット、スウェットパーカー&ブランケットセット、パ・リーグTV3カ月無料から1つ選択／チケット先行予約／チケット割引／ポイントサービス／来場プレゼント／会員限定ガチャポン／会報誌（年6回）／会員限定ビンゴ／会員限定イベント（抽選）他
- **キッズ**（3,600円）
  内外野自由席無料他

B オリックス・バファローズ

例年と大きな変化はナシ

「エクストラプレミアムメンバー」から「スタジアム会員」まで、全7種別20コースと超細分化。僕は「ゴールド会員Cコース」に入会。デサントとの「コラボトートバッグ」と今治製の「オリジナルタオルセット」、プリントではなく刺繍が施された「オリジナルユニフォーム」の3点セット。例年同様、高品質のアイテムばかり。

ただ、ここ数年、アイテム自体に大きな変化はなく、バッグ、タオル、ユニフォームばかり。他球団では、GOY候補が続出している現在の潮流からは完全に乗り遅れている。早期入会特典の「選手名刺」は選手会長の若月健矢だった。

育成・漆原投手を応援する！

超些細なことだけれど、今季のオリックスFCで、つい笑ってしまったのが、会員証が届いた際の封書の文言。封筒の裏には「BsCLUB特別企画！」と題し、「応援するルーキーを見つけよう！」と書かれていた。そして、育成枠も含めて今季入団した8選手の名前が並んでいる。さらに、そこにはあみだくじが！

なんと、あみだくじで応援選手を決めろという無茶ぶり。ということで、僕はこれから育成ドラフト1位の漆原大晟を応援することに決まった（笑）。

牧田勝吾スカウトによれば「2年後のローテ候補」とのこと。楽しみだ。遊び心いっぱいのいい企画。

写真はゴールド会員Cコースの特典。高品質ながらアイテムの種類はマンネリぎみ

入会コースと主な特典

- **レギュラー**（3,000円）
  ユニフォーム／内外野自由席券1枚／ポイントサービス他
- **ジュニア**（1,000円）
- **スタジアム**（1,500円～）
- **Bsわんにゃん**（2,500円）
  ドッグウェア、クッションから選択他
- **ゴールド**（1万円～）
- **プラチナ**（3万円～）
- **プレミアム**（7万5,000円～）
- **エクストラプレミアム**（18万円）
  対象席券1試合につき1枚他

【FC謝罪事件簿ヒストリー】
誰にだって間違いはある。大切なのは、ミスした際の迅速な処理であろう。これまで、FC界においても、今回の日本ハムFCのような事例はあった。記憶に新しいのは18年の広島FC。「Fan」と書くべきところを「Fun」と記したため、お

M 千葉ロッテマリーンズ

谷保さんが実にすばらしい！

今季もゴールド会員（1万800円）に入会。メイン特典は「目覚まし時計」を選択し、さらに追加で5000円を支払い、「フラップリュック」をゲット。

期待の目覚まし時計は1・井口資仁監督、2・福浦和也、3・場内アナウンス担当・谷保恵美さんの3名。白眉はもちろん、谷保さん。例の「サブローーーーー！」のコール同様、「朝になりました。おはよーーーーー！」とコール。予想通りの展開が最高。ただ、同じく目覚まし時計を特典としている西武やヤクルトと比べると、時計自体のクオリティは低く、すぐに壊れそうなのが不安。GOY候補。

ゴールド会員の特典に5000円の追加料金を支払い、フラップリュックをプラスした

今季からステージ制導入

今季からは他球団同様、「Mポイントステージ制」を導入。当年度と翌年度の2年間の合計ポイントでステージが決まり、ステージが上がるごとにチケットの優先販売や「内野自由席プラス引換券」がプレゼントされる。また、16年から始まった「ファンクラブデー」は今年も開催。「スヌード」「ボトルホルダークッション」「ポータブルタオル」など、入会特典並みの上質なアイテムを来場した会員にプレゼント。完全にロッテFCの特長となった。またMポイントで涌井秀章やレアードなど人気選手のサインボールがもらえるのも嬉しい。各選手限定12個。競争率は高い。

入会コースと主な特典

- **レギュラー**（3,800円）
  ビッグショルダーバッグ、ミニショルダーバッグ、スタッキングマグ&ピッチャーから1つ選択／内野自由席、引換券最大2枚／会報誌（年2回）／ポイントサービス他
- **カジュアルレギュラー**（2,800円）
- **ジュニア**（3,100円）
- **ゴールド**（1万800円）
- **プレミアム・ゴールド**（1万800円）
- **マリーンズ**（無料）

E 東北楽天ゴールデンイーグルス

歴史を大切にする球団に

球団創設15年目の節目の年。楽天生命パーク宮城での完全キャッシュレス化に取り組むなど、意欲的な施策を導入。しかし、FCに関しては大きな改革はなく、観戦チケットの会員割引や、昨年の来場回数を超えた際のプレゼントなどが目立つ程度。その一方で、会員限定の「来場者プレゼント」はかなり豪華。特に「15周年記念名シーン再現ジオラマ」は13年の「パ・リーグ優勝の瞬間」「日本一の胴上げ」などが取り上げられている。つまり、現メジャーリーガーの田中将大や、今は亡き星野仙一氏が登場。歴史を重んじ、過去を大切にする球団の姿勢はすばらしい。

特典グッズより来場者サービスに注力するため、東京在住の筆者が受ける恩恵は小さめ

育成選手応援企画スタート

ヤクルトから戦力外通告を受けた由規が育成選手として楽天に入団した。それと歩調を合わせるかのごとく、新企画「つかめ！支配下登録！」と題して、支配下登録を目指す選手たちを応援する試みが始まった。サポーター登録料は5000円。当然、僕は由規を指名。各選手の定員は100名だが、由規はすぐに定員に達した。

特典は「サポーターズカード」「サポーター缶バッジ」など。もしも彼が支配下登録されれば、「直筆サインボール」が全員にプレゼントされるという。由規ファンとしては、ぜひあの雄姿をもう一度見たい。復活目指して、頑張れ、由規！

入会コースと主な特典

- **2スター**（2,000円）
  観戦チケット引換権利4枚／Rakuten TV1カ月無料／ポイントサービス／チケット先行販売他
- **キッズ**（1,000円）
  観戦チケット引換権利10枚／ユニフォーム、リュック、グローブから1つから選択／来場プレゼント／イベント応募権利他
- **3スター**（1万500円）
  ユニフォーム／2Wayバッグ／観戦チケット引換権利8枚他
- **4スター**（3万円）
  グッズ4種類から1つ選択他
- **5スター**（10万500円）

がほぼ同じだったからだ。西武「栗山巧です。おはよう。眠いよなぁ。わかるわかるその気持ち〜」、ヤクルト「坂口智隆です。おはよう。眠いよなぁ。その気持ち、メッチャわかるわ〜」と、かなりの類似。共通の台本でもあるのかな？

C 広島東洋カープ

今年も定員増、5万人に！

　リーグ3連覇を実現し、ますます高まるカープ熱。17年には定員を3万人に増やし、18年には3万5000名に増員。そして今年は継続会員3万5000名、単年会員1万5000名を追加し、合計5万人に。継続特典は「オリジナルラウンド型タオル」。

　そして、メイン特典は、やはり今年も「オリジナルユニフォーム」、そして「イヤーブック」。今季のユニフォームは「ヴィンテージスタイル」と称して、コットン100％。今年の年会費は従来の3500円から継続会員4000円、単年会員3800円と値上げしたものの、昨年までと変わらぬ安定のFC運営。

独自性あふれるネーミング

　広島FCは毎年、独創的なネーミングが特徴。今季はイタリア語で「赤」を意味する「Rosso（ロッソ）」と演奏記号で「より強く」を意味する「ff（フォルティッシモ）」を組み合わせた「Rossoffffff（ロッソ フォルティッCCCCCモ）」。なんのこっちゃ（笑）。

　ちなみに、昨年は「最高のコイの見つけ方」、17年は「コイココロ」、16年は「Think RED」、15年は「地球は赤かった」と、まったく統一性も、規則性もナシ。さらに、今季のチームスローガンは「水金地火木ドッテンカープ」。この路線、ぜひこれからも続けてほしい。

写真右のラウンド型タオルは継続特典。ややチープな素材なのも例年通り

入会コースと主な特典

- **ファン倶楽部**（3,800円〜）
  ユニフォーム／ラウンド型タオル（継続特典）／イヤーブック／入場券先行販売／会員限定サイト／会員限定イベント他
- **ジュニア**（3,000円）
  リュック／キャップ／ジュニア会員手帳／ズムスタ内野自由席入場無料／主催オープン戦外野自由席入場無料他
- **レディース**（3,800円）
  バッグ／ズムスタ内野自由席20試合入場無料他
- **シニア**（3,200円）

S 東京ヤクルトスワローズ

安定のスワクルクオリティ

　ヤクルトFC「スワローズクルー」にも、目覚まし時計「2019CREWつばくろっく」が登場。他球団は3名の音声だが、ヤクルトは1・小川泰弘、2・山田哲人、3・青木宣親、4・坂口智隆の4名。基本的に、全員棒読みなのだが、メジャー帰りの青木は「グッモーニン！」と英語を使い、関西出身の坂口は関西弁でのメッセージ。

　また「プラチナ会員」の選択特典である「グランドコート」、BEAMSデザインの「2WAYリュック」、ハワイで人気のボトルブランド「ハイドロフラスク」とコラボした「タンブラー」はいずれも高品質。安定感はハンパない。

豪華で楽しい早期入会特典

　早期入会特典は、児童書出版の雄・フレーベル館とコラボした『つばくろうをさがせ！』。昨年の『つばくろうかるた』にも驚いたけれど、今年もすごい。要は『ウォーリーを探せ』のつば九郎版なのだが、その完成度がハンパない。1回から9回までのイニング別で、イニングが進むごとに難易度も上昇。舞台も春のキャンプ地・浦添球場や神宮の練習場・コブシ球場、あるいはクラブハウス。さらには荒木トンネルまで多種多彩。

　4歳の男の子の父である本連載担当者にプレゼントしたところ、「息子がハマってヤクルトファンになりつつある」とのこと（笑）。

早期入会特典の『つばくろうをさがせ！』は、大人も子どもも大満足の出来栄えだ

入会コースと主な特典

- **レギュラー**（3,600円）
  ユニホーム／外野席招待券1枚／つばくろうをさがせ！（早期入会）／ファンブック／チケット割引／ポイントサービス他
- **キッズ**（2,000円）
  ユニホーム／キャップ／キッズ会員専用外野自由席入場券他
- **ライト**（2,600円）
- **ゴールド**（7,200円）
- **プラチナ**（1万3,300円）
  ユニフォーム／グランドコート、2WAYリュック、タンブラー、つばくろっく、キャップ、ボディバッグチビサコッシュ、レジャーシートクッションから2つ選択他

【坂口智隆と栗山巧の共通点】

今年のヤクルトFCの特典である「つばくろっく」。本文でも記したように、そこには坂口智隆の肉声も吹き込まれているのだが、最初に聞いたときに「あれ？」と思った。昨年の西武FC特典「レオクロック」の栗山巧と、録音メッセージ

G 読売ジャイアンツ

改革を試みたけれど……

昨年までの「G－Po」を改め、今季からは「CLUB GIANTS」に。年会費54万円（税込）という「グランドスラムメンバー」を新設。特典は「公式戦チケット全試合一斉先着購入」「ジャイアンツOBとふれあえる限定イベントに参加」など。僕はシルバーメンバー（4320円）に入会。グッズ特典はBEAMSデザインの「コラボトート」のみ、従来の「複数選択制」は完全に影を潜めた。昨年までの巨人は、16年「コンパクトウォレット」、17年GOYに輝いた「Gボックスチェア」、18年「アウトドアチェア」など、意外性のあるアイテムが多かったのに……。

なぜか、日本ハムチケットが

さて、唯一の特典グッズである「コラボポーチ」だが、ハッキリ言って期待外れ。普通の小さなポーチであり、これまでの巨人FCの誇る「物量作戦」からの方針転換もあり、実に寂しい。

特典カレンダーも大きくスケールダウン。さらに驚いたのが、3月17日、18日に東京ドームで開催された「アスレチックス対日本ハム」のプレシーズンゲームの招待券が2枚入っていたこと。「東京ドームつながり」だということは理解はするけど、なぜ、他球団の試合チケットが特典なのか？　理解しがたい。FC改革元年は不発に終わった。来季のさらなる改善に期待。

FC改革初年度も、今まで以上に寂しい内容。写真右上の招待券はなぜか日本ハム戦だ

入会コースと主な特典

- **シルバー**（4,320円）
  ポーチ／カレンダー／会報誌／チケット先行販売／ポイントサービス／会員優待割引特典他
- **ゴールド**（2万7,000円）
  ユニフォーム他
- **ブロンズ**（3,240円）
- **キッズ**（3,240円）
  WEBクイズ参加他
- **グランドスラム**（54万円）
  入会資格に所定の条件あり／チケット全試合一斉先着購入／OBイベント他

DB 横浜DeNAベイスターズ

今年はキャッチャーミット！

昨年、「スペシャル会員」の選択特典として「キャッチャーマスク」を採用したDeNAFC。今年はさらに仰天。何と今年は「キャッチャーミット」が特典となったのだ。昨年はマスクで、今年はミット。来年はレガース、再来年はプロテクター……。数年かけてキャッチャー道具一式をそろえる魂胆なのか？　実にアグレッシブなFC運営である。

もちろん、僕はキャッチャーミットを選択。なかなか立派な作りに大満足も、僕は左利きなので、せっかくのミットを使うことができないのが残念。「左利き用のミット」もあればいいけど、そこまでの贅沢は望むまい。

今季からは配送サービス開始

今季からの新機軸として始まった特典グッズの「配送サービス」。これは個人的には大助かり。昨年のキャッチャーマスクは横浜スタジアムでの現地引き換えだったので、およそ90分行列に並んだ。

しかし、今年はプラス1000円を支払えば自宅へ配送。小包が届き、期待とともに開梱。そして現れたキャッチャーミット。並ぶ手間もかからず、興奮のひとときも味わえた。ぜひ、来年以降も配送サービスは継続してほしい。はたして、来年は何が特典となるのか？　こんなに来季が楽しみなのはDeNAFCだけだ（笑）。プロテクターかレガースだといいな（笑）。

FC史に新たな軌跡を刻む特典・キャッチャーミット。来季は何か、早くも待ち遠しい

入会コースと主な特典

- **レギュラー**（3,000円）
  2試合観戦無料もしくは2000ポイント＋選手カード5枚／チケット先行販売（来場回数に応じて先行順位が変わる）他
- **キッズ**（3,000円）
  10試合観戦無料／1000円分のグッズチケット他
- **スペシャル**（8,000円）
  キャッチャーミット、ブランケット、ボディバッグ、クリアファイルから1つ選択他
- **V☆SPIRIT**（3,000円）
  2試合観戦無料他

セット」で、いずれもミズノ製だった。しかし、その後の「オリジナルスタジャン」や「バックパック&ボディバッグ」に魅力は感じず、今は入会していない。来年ははたして?

D 中日ドラゴンズ

斬新すぎるドアライバー

今年、もっとも頑張ったのは中日FCではないだろうか? 先着1万人限定の「ゴールド会員(1万2000円)」だと、7種類から2アイテム選べる「複数選択制」を採用。僕は「レギュラー会員(4100円)」なので、1アイテムしか選べなかったけれど、迷うことなく「ドアライバー」をチョイス。ドアラの形を模したアタッチメント式の工具・ドライバーセットだけど、「ドアラ」とかつての荒木・井端コンビをほうふつさせる「アライバ」、そして「ドライバー」のトリプルミーニング。アイディア抜群のGOY候補として推挙したい。近年の意欲的な姿勢は評価したい。

優良FCの道を着実に歩む

日本ハムFCが、『FORTE』というオシャレ雑誌を誕生させた一方で、中日FC会報は、やはり今年も新聞スタイル。中日新聞社の威信にかけて、このスタイルを崩すことは今後もないのだろう。この会報によると、16年シーズン途中から導入されたチケット発券システム「ドラチケ」効果もあり、ナゴヤドームを訪れるFC会員が年々、増え続けているのだという。17年は1試合の平均会員数が3299人だが、18年は4172人に激増。僕も何度もナゴヤドームを訪れているけど、16年のポイント制度発足、同年のFC運営の球団移管以降、いい流れが続いている。

スタイリッシュ路線に舵を切る球団が多い中、新聞スタイルの会報は逆に異彩を放つ

入会コースと主な特典

- **レギュラー**(4,100円)
ジップアップパーカー、ドアライバー、接触冷感マルチクッション、キッズグラブ、ユニホーム、キャップ、ロールトップデイパックから1つ選択／パノラマ招待券(ペア1試合かシングル2試合)／ポイントサービス／チケット先行販売／会員交流サイト他
- **ジュニア**(3,700円)
パノラマ招待券4試合他
- **ベーシック**(無料)
- **ゴールド**(1万円)
7種類から2つ選択他

T 阪神タイガース

ダイヤモンドプラスの見直しを

継続10年以上の会員だけが入会できる「ダイヤモンドプラス(3万3900円)」、今年も入会しなかった。メイン特典であるミズノ製の「バックパック&ボディバッグ」に何も魅力を感じなかったからだ。毎年、ミズノ製のハイグレードアイテムが特典となっているけど、そろそろ新機軸として、ミズノ以外の特典グッズがほしいところ。僕の家にはミズノ製のグラウンドコート、革財布が未使用のまま眠っている。また、昨年から特典となった「メモリアルDVD」は今年もプラス会員のみ。

他球団のように「継続特典」として、多くの会員が見られるようにしてほしい。

中学生会員、大幅値下げ

昨年まで、3600円だった「レギュラープラン」の年会費は3900円に。その一方で、「中学生会員」は3600円から2500円に大幅値下げ。従来の特典がすべて享受できるので、実にお得。青少年を大切にする姿勢は重要だ。

さて、僕がメイン特典に選択したのは、トラッキーを模した「ポケット付きクッション」。トラッキーの口の部分がポケットになっていて、手を入れても、足を入れてもいいとのこと。ということで、僕の部屋には17年特典の「丸虎クッション」と今年の「ポケット付きクッション」が並んでいるのだ。どちらも、手触り、肌触りは最高。

いくつか不満はあるものの、筆者が選択したポケット付きクッションは高品質だった

入会コースと主な特典

- **レギュラー**(3,900円)
イエローメッシュジャージ、デイバッグなど6種類から1つ選択／主催試合招待(抽選)／チケット割引／応援デー特典／会報誌(年4回)／継続年数に応じて記念品(会費プラス3万円でダイヤモンドプラス会員に)他
- **レギュラー中学生**(2,500円)
- **ライト**(2,700円)
- **キッズ**(2,500円)

【ダイヤモンドプラス会員特典変遷】継続年数10年以上の会員だけが入会できる阪神FC・ダイヤモンドプラス会員。僕は14年に10年目を迎えたので、3万円強を投じてこの年から入会。14年は「選手サイン刻印入りバット」、15年は「名前刺繍入りベンチコート」、そして16年は長財布、名刺入れ、コインケースの「グラブ皮革3点

世界的な大混乱でも16年目に突入！

2020

コロナ禍でこそ信じたい野球の力、FCの力！

6月19日のプロ野球開幕に向け、前向きさを取り戻しつつある野球ファンも多いはず。もちろん、この男とて例外ではない。全球団のFCに入り続けて16年目、今年も各球団のFCを語り尽くします！

新型コロナウイルス騒動で……

まさか、こんな事態が訪れるとは想像すらしていなかった。プロ野球開幕は遅れに遅れ、交流戦もオールスターゲームも早々に中止が決まった。日本だけでなく、世界中の人々に多大な影響を与えている新型コロナウイルス騒動によって世界は一変し、人々の意識にも大きな変化がもたらされた。

この騒動が収まったとき、はたしてこれまでのような気持ちで野球を楽しむことができるのだろうか？　いや、そもそも騒動収束の日はやってくるのだろうか？　今はただ人類の英知と勇気を信じて来るべき日を待ちたいと思う。

……さて、気がつけば16年目である。生まれたばかりの子どもが高校生となるほどの長い年月が経過した。2004（平成16）年の「球界再編騒動」をきっかけとして、「本当のファンサービスとは何か?」を探るために全球団のファンクラブ（FC）に入会し続けて16年目に突入したのだ。

史上稀にみる大激戦だった今季のグッズ・オブ・ザ・イヤー（GOY）最終候補

当時34歳だった僕も、気がつけば50歳となった。どんなにバカバカしいことであっても「継続は力なり」とはよく言ったもので、今ではすっかり僕の日常、いや人生の一部となっている。大のヤクルトファンではあるけれど、各球団に対する愛着、親近感は年々増している。こんな事態だからこそ、なおさら痛感する。僕は「プロ野球が大好きだ」ということを！

はたして今年のトレンドは？

では、20年のFC界のトレンドをいくつかご紹介しよう。

①目覚まし時計ブームの定着！

昨年のトレンドだった「選手のメッセージ入り目覚まし時計」は今季は完全に定着。西武は新装なった若獅子寮をモチーフに、松井稼頭央2軍監督を筆頭に全6パターンの選手肉声を搭載。一方のヤクルトは石川雅規、青木宣親、山田哲人、村上宗隆の4選手のみだが、設定時間になると鳩時計のようにつば九郎が飛び出す優れもの。この潮流はさらに続くのか？

②GOY候補目白押し！

毎年、僕の独断で決定しているGOY（グッズ・オブ・ザ・イヤー）だが、昨年に続いて今年も名品、逸品がズラリ。前述の目覚まし時計もそうだし、オリックスではエポック社とコラボして「オリジナル野球盤」を製作。昨年に続いてソフトバンクは本革アイテムの「レザーリュック」を投入。ますますGOY争いは混沌。

③どうした、巨人FC？

19年にFC改革を行った巨人だが、正直言って「改善」というよりは「改悪」と感じられる内容。「来季こそ」と注目された20年だったが、メインアイテムが複数選択制になった以外は、これといった変化は見られなかった。詳しくは球団別ページで詳述したい。

野球の力を信じるとき

冒頭に書いたように、混沌とする世界情勢において、20年プロ野球がどのように展開されていくの

※新型コロナウイルス感染拡大の影響により、掲載中の一部特典やサービス内容が変更になる可能性がございますのでご注意ください。

2020年筆者が入会したファンクラブの充実度

FOY	チーム	充実度				入会したコース金額	コメント
		総合	観戦特典	グッズ特典	ポイント特典		
	埼玉西武	A→	◎	◎	○	1万2,000円	今季のグッズは「目覚まし時計」と「枕カバー」。まさに「おはようからお休みまで、暮らしを見つめるライオン(ズ)」。日常使いできるのが嬉しい
	福岡ソフトバンク	B↑	◎	○	○	1万615円	昨年に続き、今年も「本革路線」は健在。他球団に真似のできない独自特典として、「複数選択制」とともに名物にしてほしい。DVDは今年も最高
	東北楽天	B↓	◎	×	○	1万500円	昨年のこの欄でも書いたが、このままでは他球団との差は開くばかり。まずは「カバン」以外のメイン特典の採用とデザインの見直しを望みたい
	千葉ロッテ	B↓	◎	○	○	1万1,000円	メイン特典「エアソファー」は最高。簡易ポンプが付属されていたのも驚いた。マンネリ感が漂いつつあった中での「驚き」は高く評価したい
	北海道日本ハム	A→	×	◎	○	3,600円	メイン特典の「ランタン」はかつての十八番「北海道らしさ」を感じさせる。さらに実用的かつ、高品質で大激戦の末、GOYとしたい！
	オリックス	A↑	◎	◎	◎	1万円	超本格的「エポック社製野球盤」が、まさか特典となるとは！　採算度外視(でも、きちんと利益も)の担当者の心意気が不可能を可能にした
	巨人	B↓	△	×	○	3,300円	「クラブ・ジャイアンツ」2年目。改革の真価が問われる年だったが……。天下の巨人FCが「安かろう、悪かろう」では寂しすぎる。来季に期待したい
◎	横浜DeNA	A→	◎	◎	○	8,300円	18年「キャッチャーマスク」、19年「キャッチャーミット」、今年は「ファーストミット」。担当者の冒険心に感服。満を持してFOYを差し上げたい
	阪神	B→	△	○	○	3,900円	かつての「コテコテ路線」と、昨今の「オシャレ路線」を上手にミックスした特典グッズこそ、阪神ならではの独自色として活路を開くのではないか
	広島	B→	×	○	×	4,000円	唯我独尊を貫くFC運営は12球団随一の個性。「オリジナルユニフォーム」はどこまで進化するのか？　謎だらけの「5C」の行く末は？
	中日	A→	◎	○	○	4,200円	06年発足、16年に新体制となり、年々目覚ましい進化を遂げている。優良アイテムも増え、松坂屋の手になるアイディアアイテムは来季も期待
	東京ヤクルト	A→	◎	◎	◎	1万3,600円	今季から「特典チケット」の事前発券、「ファンブック」のオプション選択制など新機軸を展開。個性的な「早期入会特典」は毎年の楽しみ

※1　横浜DeNAを「ファンクラブ・オブ・ザ・イヤー」に認定　※2　「充実度」は編集部と筆者の独断と偏見によるものです。
※3　コース金額に送料は含まれません。

か、まったく予断を許さない状況が続いている。無事に開幕したとしても、これまでとまったく同様のスタンスで野球を楽しむことができるのだろうか？

　しかし、東日本大震災の際に当時楽天の嶋基宏が言っていたように、こんなご時世だからこそ、「野球の底力」を信じたい。野球の力、野球選手のパワーは偉大だ。野球のある幸せな人生を――。

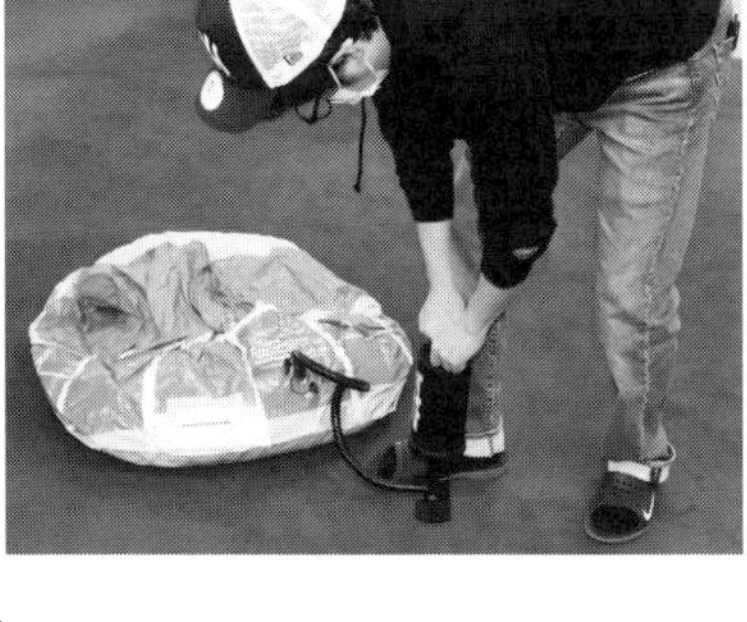

ロッテの特典・エアソファーには簡易式ポンプが同封という泣かせる気遣いも

L 埼玉西武ライオンズ

独自路線は今年も健在！

昨年、「レオとライナのステテコ」を特典にした独自路線は今年も健在。前ページで紹介した「若獅子寮デジタル目覚まし時計」の他に、「レオとライナのスリッパ」「レオとライナの枕カバー（2枚セット）」「レオとライナのキラキラブランケット」など、レオとライナを猛プッシュ。僕は「目覚まし時計」と「スリッパ」の他に2000円を追加して「枕カバー」をゲット。

全12アイテムからチョイスする「複数選択制」も充実。7200円相当の「内野指定席引換券2枚」や定価1320円の「20年ファンブック」など、質量ともに申し分なしで大満足。

今季から全5ステージ制に

今年の西武はステージ制度を大幅リニューアル。プラチナステージが追加され、全5ステージとなり、上位ステージから優先的にチケット購入が可能に。

恒例の早期入会特典「オリジナルDVD」は20年も充実。「選手座談会」のMCは今年も岡田雅利。また、ハイグレード会員だけに「ねこ×げん特別対談」を特別収録。女子人気爆発中の金子侑司を見るためだけにハイグレード会員となるファンも多いのでは？　レフトを守る金子は源田壮亮の守備を見て「源田たまらん」と思っているそうだ。二人が共演したCMを改めて二人で見るシーンは要注目だ！

写真はハイグレード会員特典。FC界の強豪は今年も絶好調。生活感のあるグッズを推し進める?

入会コースと主な特典

- **レギュラーA**(5,500円) ユニフォーム、ブランケット、メッセンジャーバッグ、スリッパ、バスタオル、パスケース、枕カバーなど8種類から1つ選択／内野指定席引換券2枚／チケット割引他
- **レギュラーB**(3,500円) 5種類から1つ選択他
- **レギュラーC**(3,000円) 内野指定席引換券1枚他
- **ジュニア**(2,000円) 主催試合入場無料他
- **ハイグレード**(1万円) バックパック、ジップアップパーカー、デジタル目覚まし時計から1つ選択／記念品8種類から1つ選択／オリジナルDVD／ファンブック他

H 福岡ソフトバンクホークス

「本革」と「こふうさん」を定番に

昨年のGOY候補「本革トートバッグ」がすごく上質だったので、今年も「レザーリュック」を選択。ショルダー部分は合成皮革だが、ボディは本革。小学校に入学したばかりの新品ランドセルの匂いがした。僕は選択しなかったがUSBケーブル、もしくは乾電池で作動する「こふうさん卓上扇風機」も気になる。

昨年の「オリジナル電気ケトル」同様、これからも「こふうさんモデルの家電」を定番アイテムとしてほしい。

継続特典の「オリジナルDVD」は「珍プレー&好プレー」が面白かった。このナレーター、みのもんた並みの話術で最高だ。

コロナ騒動への冷静な対処

日本中に緊急事態宣言が発令中の4月23日、クラブホークスからメールが届いた。先行きが見えない中、「ハイグレード会員特典の内野（S・A指定席）ペア招待券を無効とする代わりにタカポイント2000ポイント付与する」というものだった。そして5月8日に代替ポイントが付与された。

また、4月30日には来年1月4日に失効するポイントの有効期間を1年間延長することも伝えられた。それは他球団にないスピード対応だった。不測の事態に陥ったときこそ、冷静かつ迅速な対応が求められる中、クラブホークスの判断は実に賢明で適切だった。

ハイグレード会員特典。質量とも十分の内容に加え、本革路線はファンの自尊心をくすぐるかも

入会コースと主な特典

- **スタンダード**(4,015円) レプリカユニフォーム（ホーム、ビジター）、ショルダーバッグ、バスタオル、3WAYクッション、DAZN3カ月無料視聴権、お買い物利用券（3,000円分）、内・外野自由席招待券2枚など12種類から1つ選択他
- **ジュニア**(2,750円)
- **ファミリー**(6,655円～)
- **ハイグレード**(1万615円)
- **プレミアム**(10万4,885円) 希望日チケット12枚他

るならブラピを目指す」と宣言したり、サラサラヘアの秘訣に答えたり、源田は冷静にボケたり、とにかく2人の親密性がよく伝わってくる構成。昨年の「栗山巧×中村剛也対談」も最高だった。この特別対談、今後もぜひ継続を！

E 東北楽天ゴールデンイーグルス

ここ数年感じていたこと……

昨年オフに配布された「入会のご案内」には「観戦も応援もグッズもすべてがスペシャル！」と銘打たれていたが、そこまで「スペシャル」な感じがしないのが正直な感想。コースは年会費10万500円の「5STAR」から、年会費1000円の「KIDS」まで、全5コース。僕は年会費1万500円の「3STAR」に入会。「リュック」「観戦チケット引き換え権利8枚分」に加え、定価9000円の「FANSユニフォーム」が特典につくのでコスパは悪くない。

しかし、それでもなお何かが物足りないのだ。はたして、その理由は……（下段に続く）。

コスパはいいのに何かが足りない

コスパはいいのに何か物足りない――。それが、近年の楽天の特徴だ。18年から現行の5コース制をスタートしたものの、過去3年、目覚ましい進化は見られなかった。来場者プレゼントは年々拡充し、積極的に球場改修を行い、「地元優遇」の施策をとるのは間違いではない。

しかし、遠方在住者へのケアは他球団と比較すると圧倒的に手薄。その不満を補填するために、せめて特典グッズがカッコよければいいのだが、18年「バックパック」、19年「2Wayバッグ」、今年の「リュック」。

いずれもチープ（涙）。このままでは他球団との差は広がるばかりだ。

3スター会員特典のコスパは悪くないが、地元優遇路線のため東京在住の筆者には物足りなさも

入会コースと主な特典

- **2スター**（2,000円）観戦チケット引換権利4枚／応援アイテム（来場記念品）／来場ポイントサービス／チケット先行販売他
- **キッズ**（1,000円）ユニフォームなど3種類から選択／観戦チケット引換券10枚他
- **3スター**（1万500円）MyHEROユニフォーム／リュック／観戦チケット引換権利8枚他
- **4スター**（3万円）ウィンドブレーカー、選手直筆サイン色紙など4種類から1つ選択他
- **5スター**（10万500円）フェイクダウンジャケット他

M 千葉ロッテマリーンズ

斬新すぎるエアソファー

今年も「ゴールド会員」（1万1000円）に入会。メイン特典は5つの中からの選択制。迷いなく選んだのが「ZOZOマリンスタジアムエアソファー」。大人がすっぽり埋まる、空気で膨らませるソファー。「一体、どんなものなのだろう？」とワクワクしながら開梱。驚いたのは簡易式ポンプが付属されていたこと。確かにこれだけ大きなものを呼気だけで膨らませたら、間違いなく酸欠に陥る。スムーズに空気を入れてすぐに完成。背面、座面は別素材で座り心地がいい。

難点は大きすぎて部屋が狭くなること。冒険心あふれるアイテムで気に入った。

ミスが相次いだ20年開幕前

FC通の読者なら、09年の「ロテ事件」をご記憶だろう。

こともあろうに自らのチーム名を「LOTE」と会員証に表記してしまったあの一件だ。今年のロッテは会員証裏面の電話番号を誤表記してしまった。そこで、2月12日にお詫びの文章とともに新しい会員証が送られてきたため、僕の手元には2枚の会員証がある。

また、「試合カテゴリ限定指定席引換券」の封入ミスで、1月29日付でもお詫びの手紙が届いた。人間だからミスはある。しかし、これだけ立て続けに失敗が続くことは珍しい。きっと、人員不足で大変なのだろう。頑張れ！

ゴールド会員特典で選択したのはエアソファー。当企画の歴史上、過去最大のグッズに違いない

入会コースと主な特典

- **レギュラー**（3,900円）トートバッグ、ミニショルダーバッグ、ランドリーバッグ、クッションから1つ選択／一部指定席引換券最大2枚／会報誌（年2回）／ポイントサービス／来場プレゼント他
- **カジュアルレギュラー**（2,900円）
- **ジュニア**（3,200円）
- **ゴールド**（1万1,000円）5種類から1つ選択他
- **プレミアム・ゴールド**（1万1,000円）
- **マリーンズ**（無料）

【西武特典DVD・ねこげん対談】
西武・ハイグレード会員だけが見ることのできる金子侑司と源田壮亮による「ねこげん対談」。それぞれがおそろいの「ねこげんTシャツ」を着て、2人でニヤニヤ、イチャイチャしている姿はほほえましい（笑）。金子は「役者をや

F 北海道日本ハムファイターズ

命を救ってくれた特典グッズ

昨年10月、関東地方を直撃した台風19号。僕の住む東京も豪雨に襲われ、生きた心地のしない夜を過ごした。いつ停電するかもわからない不安な夜。僕の手元にあったのは暖かいオレンジ色に灯るランタンだった。それは20年日本ハムFC特典の「2WAYランタン」だった。自宅にろうそくもマッチもない中で、僕に「安心」を与えてくれたのがこのランタンだった。

これほどまでに実用的、かつ安心感を与えてくれた特典グッズは初めてのこと。命の恩人への感謝の思いを込めて、誠に個人的な理由で恐縮だけど、このランタンを今年のGOYとしたい！

夢が広がる一枚のイラスト

FC活用術が書かれた「まるわかりハンドブック」とともに一枚のイラストポスターが封入されていた。そこには「HOKKAIDO BALLPARK FUTURE VISION」とあり、23年に開業予定の新球場のイラストガイドが描かれている。木目調の新球場の周囲にはホテル、ショッピングモール、幼稚園、温泉、遊園地などがギッシリと書き込まれている。

なんてことはない一枚のイラストなのだけれど、僕はしばらく見入ってしまった。ここに登場する人々はみな楽しそうだ。誰もが楽しめる理想的なボールパークの誕生を心待ちにしたい。

今年のGOYを射止めたのはランタン。上部をスライドさせると2種類のランプが灯る仕組み

入会コースと主な特典

- **ルーターズ**（3,600円）
  レザーライクトート、バス&フェイスタオルセット、2WAYランタン、ワイヤレスイヤホン、ランチセット、ウインドブレーカー、親子トートから1つ選択／チケット先行予約／チケット割引／ポイントサービス／来場プレゼント／会員限定ガチャポン／WEB版会報誌（年5回）／会員限定ビンゴ／会員限定イベント（抽選）他
- **キッズ**（3,600円）
  野球ボール／内外野自由席無料他

B オリックス・バファローズ

懐かしの野球盤が特典に！

例年通り、全7種別17コースの超細分化が特徴。僕は年会費1万円の「ゴールド会員Aコース」に入会。メイン特典の「オリジナル野球盤京セラドーム大阪Ver.（エポック社製）」がほしかったからだ。入会案内には「デザインは近日公開！」とあるだけで写真は掲載されていない。だからこそ、なおさら「どんなデザインなんだろう？」と期待感が高まる。

今年2月、ついに届いた。想像以上に大きな段ボール。登場したのは子どもの頃から慣れ親しんだ野球盤だった。コロナ禍で外出自粛が続く中、童心に帰ってひたすら銀玉を打ち続けるひととき。

意地とこだわりの野球盤

今年の初め、オリックスFC担当者に話を伺う機会を得た。この野球盤については「40代以上の会員様が多いので、〝この人たちに喜んでもらおう〟という思いで企画した」という。

昨年の本欄で、僕は「毎年変わり映えがしない」と苦言を呈したが、野球盤に関しては大絶賛だ。既製品である緑色ではなく、京セラドームと同じ紺色にすると原価が高くなる。それでも、「ここは妥協するわけにはいかない」と紺色で特注したのは担当者の心意気だ。「有料会員10万人達成は我々の悲願です」と意気込むオリックス。昨年は6万人だったが、今季はいかに？

ゴールド会員Aコースの特典にはハイクオリティーな野球盤が。FC担当者の思いがこもる逸品だ

入会コースと主な特典

- **レギュラー**（3,000円）
  ユニフォーム／内外野自由席券1枚／ポイントサービス他
- **ジュニア**（1,500円）
- **スタジアム**（1,500円〜）
- **Bsわんにゃん**（2,500円）
  ドッグウェアなど2種類から選択他
- **ゴールド**（1万円〜）
- **プラチナ**（3万円〜）
- **エクストラプレミアム**（8万5,000円〜）
  対象席券1試合につき1枚他

がそれぞれ趣向を凝らして、あの手この手で「ファンに喜んでもらいたい」と努力している姿勢がビンビン伝わってくる。結果的に「命の恩人」ということでランタンを選んだ。それにしても、来年のDeNAが楽しみで仕方がない。

G 読売ジャイアンツ

課題は山積したまま……

従来の「G-PO」を改め、昨年から「CLUB GIANTS」へと生まれ変わったが、昨年の本欄において、「FC改革元年は不発に終わった」と書いた。期待して迎えた20年だったが、若干の改良が見られるだけで抜本的な変化はなかった。改善された点としては18年以前のように「複数選択制」が復活。

今季は「バックパック」「トートバッグ」「メッセンジャーバッグ」の3種から好きなものを1点選べるように。また、「オリジナル卓上カレンダー」は「シール付き」と銘打たれているが、以前の大判カレンダーと比較するとスケールダウン感は否めない。

12球団最安値FCに

ということで、これまでは「シルバーメンバー」だったが、本年からはチケットの先行販売特典がなく、自宅観戦に特化した「ブロンズメンバー」（3300円）に入会した。その結果、僕が入会した12球団中最安値球団が巨人という信じられない事態に。

12年はタカラトミーとコラボした「黒ひげ危機一発」、13年は新感覚フィギュア「ツミコレ」、14年「ネクストバッターズバスマット」、16年「本革コンパクトウォレット」、17年「Gボックスチェア」、18年「アウトドアチェア」と続いた巨人の独自特典はもう見られないのか？　来年に期待。

自宅観戦者に特化したブロンズ会員特典。「球界の盟主」のかつてのラグジュアリー感はどこへ

入会コースと主な特典

- **シルバー**（4,400円）
  バックパック、トートバッグ、メッセンジャーバッグから1つ選択／卓上カレンダー／会報誌／ポイントサービス／会員優待割引／イベント参加（抽選）他
- **ブロンズ**（3,300円）
- **キッズ**（3,300円）
  KIDS限定イベント（抽選）他
- **ゴールド**（2万7,500円）
  ユニホームTシャツ／東京ドーム内野2階席ペア招待引換券3試合分他
- **グランドスラム**（55万円）
  入会資格に所定の条件あり

DB 横浜DeNAベイスターズ

そして今年はファーストミット！

18年は「キャッチャーマスク」、19年は「キャッチャーミット」と続き、注目の20年はまさかの「ファーストミット」が特典に。しかも、左利き用まで用意されている！「スターマンお昼寝クッション」「サコッシュ付きトートバッグ」からの選択制だが、迷うことなくファーストミットを選択。

19年から始まった自宅配送サービス（1200円）で届いたミットは実に立派なもの。僕は左利きなので本当に嬉しい。この流れが続くならば「来年は何だろう？」と期待感は募る。過去3年の合わせ技でFOY（ファンクラブ・オブ・ザ・イヤー）に認定！

ステージ制のさらなる充実を

魅力的な特典グッズに加え、「スペシャル会員」（8300円）には「特典チケット4枚」もついてくる。日程によって消費枚数は異なるものの最大で8試合観戦できるが、争奪戦が激化した今ではチケット入手は至難の業。

他球団同様、来場回数によりステージ制度が設けられているものの、特典はチケット先行予約のみ。13年度からスタートしたが、この間マイナーチェンジのみ。ヤクルトのようなポイント制度と連動したステージ制の導入が待たれる。

とはいえ、15～17年までは「特典グッズなし」だったことを考えると隔世の感の充実ぶり。

スペシャル会員は3年連続で野球用具を特典グッズに加える攻めの姿勢。見事FOYを受賞した

入会コースと主な特典

- **レギュラー**（3,100円）
  特典チケット2枚分（もしくは2000円分クーポン＋選手カード5枚）／チケット先行販売（来場回数に応じて先行順位が変わる）他
- **キッズ**（3,100円）
  特典チケット10枚分／1,000円分のグッズチケット他
- **スペシャル**（8,300円）
  ファーストミット、クッション、トートバッグから1つ選択／クリアファイル／特典チケット4枚分他
- **V☆SPIRIT**（3,100円）
  特典チケット2枚分他

【史上最も過酷なGOY争い】
僕の独断と偏見で自由に決めているGOY（グッズ・オブ・ザ・イヤー）だが、今年ほど選考に頭を悩ませた年はない。日本ハム・ランタン、オリックス・野球盤、DeNA・ファーストミット、ヤクルト・目覚まし時計……。各球団

T 阪神タイガース

今年はサンダルを選択!

19年から登場した特典グッズなしで割安の「ライトプラン」(2700円)は今年も存続。グッズがほしい僕は「レギュラープラン」(3900円)に入会。メイン特典は全6種類の複数選択制。逆回転防止ベゼル付きの「タイガースウォッチ」にも惹かれたが、「タイガースサンダル」をチョイス。

応募案内に「ありそうでなかった」と記されているが、まさにFC界初となるアイテム。専用袋付きで品質もよく、普段使っている某スポーツメーカーのサンダルよりずっと履き心地がいい。ユニフォームやバッグだけでない多彩なグッズ路線は、ぜひ今後も継続を。

コテコテとおシャレのミックス

僕はチョイスしなかったけど、「リフレクターリュック」が気になる。交通安全のために光を反射するリフレクターがついたリュックなのだが、うっすらとタイガースロゴがプリントされているだけでなく、さらに「六甲おろし」の歌詞がびっしりと記されているのだ。18年の本欄で「近年の阪神FCはオシャレ路線を目指し始めた?」と書き、かつてのコテコテ路線を懐かしんだが、この「六甲おろしの歌詞」こそ、マインドはコテコテ、見た目はファッショナブルのハイブリッドアイテムだと言えるだろう。

コレをチョイスすればよかったかな(笑)。

レギュラー会員特典でサンダルを選択。アッパー部はクッション性があって足の甲に優しい素材だ

入会コースと主な特典

- **レギュラー**(3,900円)
  イエローメッシュジャージ、ウォッチ、リフレクターリュック、帆布トートバッグ、ブランケットinクッション、サンダルから1つ選択/チケット割引/チケット先行販売/ポイントサービス/会報誌(年4回)/継続年数によって記念品他
- **レギュラー中学生**(2,500円)
- **ライト**(2,700円)
- **KIDS**(2,500円)
  選手サイン会参加他

C 広島東洋カープ

斬新アイディアは枯渇しない

17年には定員3万人、18年は3万5000人、そして19年は継続会員3万5000人、新規会員1万5000人の計5万人と、毎年定員を増やし続けた広島だが、今年は継続3万5000人、新規会員1万8000人まで増えた。

以前、FC担当者に取材をしたときには「処理能力の問題で他球団のように無尽蔵に増やす予定はない」と語っていたが、はたして来年はどうなるのか注目だ。

メイン特典はおなじみの「オリジナルユニフォーム」。今年はスタジャン風。リブ袖となっているのがポイント。毎年、趣向を凝らしたアイディアに脱帽だ。

意味不明な「5C」とは?

「脱帽」と言えば、チームスローガンも独自路線を歩んでいる。特典の「イヤーブック」の表紙には「たった今このAKAの子舞いたった」と暗号のようなフレーズが記されているのだが、今季のチームスローガンはまさかの回文。

同様に今年の広島FCは「5C(ファイブシー)」と命名されている。「カープ」のCとかけて「チャレンジ」「チャンス」など「5つのC」だと思っていたが、説明を読むと「とある島で生まれた謎の電波『5C』」とあり、「この電波はカープに関する情報しか流れて来ないという特殊な電波」とあるのみ。……謎だ(笑)。

ファン倶楽部の継続会員料金は4000円になる。イヤーブックの表紙にはKING・鈴木誠也が

入会コースと主な特典

- **ファン倶楽部**(3,800円~)
  ユニフォーム/ポシェット(継続特典)/イヤーブック/入場券先行販売/会員限定サイト/会員限定イベント他
- **ジュニア**(3,500円)
  リュック/キャップ/ジュニア会員手帳/ズムスタ内野自由席入場無料(売切時は入場制限あり)他
- **レディース**(3,800円)
  リュック/ズムスタ内野自由席20試合入場無料他
- **シニア**(3,200円)

コと今年のサンダルが加わったことで、頭からつま先まで「FC特典コーデ」が実現することとなった。ただ、ステテコ姿では遠出はできない。ぜひどこかの球団がズボン、パンツを特典としてくれることを願わずにいられない。

D 中日ドラゴンズ

意表を突くアイディアアイテム

入会案内には「2020年の入会特典グッズは〝マルチ〟にこだわってみました」とあるように、「2WAYリバーシブルトートバッグ」「3WAYビーズクッション」など、全6種類からの複数選択制。僕はビーズクッションをチョイス。ちなみに今年のソフトバンクでも同様のアイテムが採用されているが、「3WAY」とはドアラの顔型の枕、ボール型のクッション、そしてネックピローの3タイプ。

それぞれまったく異なる形状に変化するのは驚き。説明文には「意表をついた『ドアライバー』に続く、松坂屋のアイデア商品」とある。やるな、松坂屋！

年々、目覚ましい進化を遂げる

昨年、「今年、もっとも頑張ったのは中日FCではないだろうか？」と書いたが、今年もその流れを踏襲している。

16年に新体制で再スタートし、ポイント制度を拡充し、17年には特典グッズが複数選択制となり、18年には長年の「紙製会員証」から、ついに「プラスチック製」に転換（笑）。

そして19年にはドアラを模したドライバーセット「ドアライバー」と、年々目覚ましい進化、発展を遂げているが、「直筆サイン入りバット」などがもらえるポイント制度は他球団と比べると圧倒的にポイントが貯まりにくいのが難点。改善を願いたい。

レギュラー会員特典で3WAYビーズクッションを選択。今年の中日はマルチなグッズにこだわった

入会コースと主な特典

- **レギュラー**（4,200円）
  2WAYリバーシブルトートバッグ、3WAYビーズクッション、ウォールポケット、ワンショルダーバッグ、ユニホーム、キャップから1つ選択／パノラマA席招待券2枚／ポイントサービス／チケット割引／チケット先行販売／会員交流サイト他
- **ジュニア**（3,800円）
  パノラマA席招待券4枚他
- **ベーシック**（無料）
- **ゴールド**（1万400円）
  6種類から2つ選択他

S 東京ヤクルトスワローズ

他球団と比べ圧倒的な完成度

19年の「CREWつばくろっく」に続き、今年も目覚まし時計「でじたるつばくRock!!28969」が登場。

昨年は小川泰弘、山田哲人、青木宣親、坂口智隆の4名だったが、今年は山田、青木の他に新登場の石川雅規、村上宗隆の4名。昨年は「グッモーニン！」とアメリカ帰りらしいメッセージだった青木も、今年は「おはよう！」と日本語に。他球団の目覚まし時計と比べ、緑色のバックライトが点灯したり、設定時間になるとつば九郎が飛び出したり、さまざまな細工がなされていてダントツで完成度は高い。今後の定番アイテムにしてもいいかも。

早期入会特典の充実ぶり

今季からの新機軸は入会特典の「観戦チケット」が事前にコンビニ発券が可能となったこと。前年10月13日までに申し込めば希望の入会記念品が確実にゲットできるようになったこと。

「ファンブック」がプラス300円のオプション選択制となったこと。ささやかなことではあるが、痒い所に手が届く気配りが嬉しい。

ここ数年の傾向として「早期入会特典」の充実ぶりも指摘したい。16年「つばくろうのーと」、17年「つば九郎トランプ」、18年「つば九郎かるた」、19年「つばくろうをさがせ！」と続き、20年は「てくてくつば九郎」と多彩。

プラチナ会員の特典。目覚まし時計は設定時刻になると、つば九郎が写真のように飛び出す仕組み

入会コースと主な特典

- **レギュラー**（3,600円）
  ユニフォーム／特典チケット引換1ポイント／てくてくつば九郎（早期入会）／ファンブック／チケット割引／ポイントサービス他
- **キッズ**（2,000円）
  特典チケット引換10ポイント他
- **ライト**（2,600円）
- **無料会員**（無料）
- **ゴールド**（7,200円）
- **プラチナ**（1万3,300円）
  でじたるつばくろっく、2Wayバッグなど8種類から2つ選択他

【FC特典で全身フルコーディネート】
阪神のメイン特典は「サンダル」をチョイス。昨年の西武で「ステテコ」をゲットしていたため、これで悲願の全身フルコーデが可能となった。帽子、Tシャツ、パーカ、スタジャンはすでにゲットしている。ここに、昨年のステテ

もちろん今年もやります、17年目！

FC界に「マスク特典ブーム」が到来

全球団のファンクラブに入り続けて17年。20年目の金字塔も見えてきたこの男が、今年も各球団のサービスを総まくり。今季は担当者へのアンケート取材を実施し、コロナ禍での運営を分析する。

2021

コロナ禍のFC運営とは？

相変わらず、コロナに揺れている。昨年を「コロナ元年」とするならば、2年目を迎えた2021（令和3）年も、いまだそれまでの日常を取り戻せてはいない。

12球団のファンクラブ（FC）に入会して今年で17年目になる。今年の各球団FCは、すべて「コロナ前提」で設計、運営されているのが大きな特徴だ。無観客試合や入場制限が当たり前となっている現在、各球団の経営状況は逼迫している。それでも、「ファンサービス」の象徴であるFCは、それぞれが、それぞれの創意工夫の下、運営されているのだ。

今回、「コロナとFC」に関して、各球団に緊急アンケートを試みた。チケット販売は不透明で、球場でのイベント実施も不可能となり、「FC会員のメリット創出に頭を悩ませている」（巨人）、観戦特典を中止にする代わりに「DAZN1カ月無料視聴権を付与」（西武）、「非接触がテーマなので、アプリ会員証、電子クーポン配信など、デジタル化が一気に進んだ」（オリックス）、「コロナ禍により、日常生活で活躍するグッズに重点」（ソフトバンク）など各球団が創意工夫をし、ほぼ全球団が、「オンラインイベント、ライブ配信に力を入れている」と回答しているのが今年の特徴だ。

21年のFC界のトレンドは？

さて、こうした「コロナ前提FC元年」となった21年のトレンドをいくつか列挙したい。

①マスク関連の充実ぶり

マスクが生活必需品となった現在、ヤクルトは「つば九郎・つばみマスクケース（抗菌）」が継続特典。＋1000円で「2021CREWマスクオプション」も。阪神も継続会員に「オリジナルマスクカバー」、DeNAは全コースに「オリジナルマスクケース」が。圧巻はソフトバンク。マウスケース付きの2種類のマスクがセットに。この潮流は続くのか？

②黒リュック多すぎ問題

ここ何年も続く傾向は今年も健在。21年はオリックス、ロッテ、西武、ヤクルトが特典に。それぞれ、一流ブランドとコラボしてモノはいい。選択制なので、不要な人は選ばなければいいだけなので、大問題ではないけど、傾向の一つとして明記しておきたい。

③時計多すぎ問題

これも、近年のトレンド。今年はヤクルト、中日、西武が「選手肉声メッセージ目覚まし時計」を特典に。西武の「レオシルエット掛け時計」は高品質。

時代を象徴するようにマスク関連グッズが続々登場。来年はマスク不要の世界になっていてほしいが……

改めて野球に感謝する日々

現在、多くの球場でアルコール販売も自粛している。「球場とビール」という最強タッグも、現在では遠い夢物語のように思える。失って初めてわかるありがたみ。

多くの陽性者が出た広島は試合延期の憂き目に遭っている。まさか、こんな時代が来るとは思わなかった。去年も書いたけれど、こんなときだからこそ、11年の東日本大震災時に、当時の楽天・嶋基

2021年筆者が入会したファンクラブの充実度

FOY	チーム	充実度				入会したコース金額	コメント
		総合	観戦特典	グッズ特典	ポイント特典		
	ソフトバンク	B↑	×	◎	◎	1万615円	「ワイヤレスチャージャー」は斬新かつ、実用的。他にも「バランスボール」や、「本革路線」の「レザーショルダーバッグ」も気になる
	ロッテ	A↑	◎	◎	○	1万6,000円	まさか「住」が特典になるとは　！　「謎の魚　ワンタッチテント」はいつか屋外で使ってみたい。この斬新路線は今後もぜひ継続してほしい
	西武	A→	×	◎	○	1万3,000円	「レオシルエット掛け時計」の4種類の「球場演出音」は聞いているだけで、メラドの興奮が蘇るから素敵だ。アイディアってやっぱり大事だ
	楽天	B↓	×	×	○	1万500円	「オリジナル収納ボックスには「座らないでください」の注意書き。17年巨人の「Gボックスチェア」がとてもよかったので期待したのに……
	日本ハム	B↓	×	○	○	3,600円	安価で質のいいサービスを提供する。日本ハムFCの方針はコロナ禍でも不変。決して華美でも派手でもないが、それも一つの立派なポリシー
	オリックス	B↓	◎	○	○	2万円	昨年の「野球盤」がよかっただけに期待したけど……。年会費を考えると、あまりコスパがよくない気も。ぜひ再び独自路線への転換に期待
	巨人	B↓	△	×	○	4,400円	00年代の巨人FCは質量ともに「さすが盟主のFCだ」とうならされたものだが、近年は「安価でそれなりのFC」という感じで物足りない
	阪神	B↑	△	○	○	3,900円	年会費も値上げせず、懐の痛まない範囲で良質なサービスを提供する。その中でも、毎年楽しいメイン特典を模索する企業努力はすばらしい
	中日	A→	△	○	○	4,200円	00年代、10年代前半の低迷期がウソのように、企業努力により良質なFCへの転換に成功。来年あたりから「高値安定」で運営されていくはず
	DeNA	B↓	◎	△	○	8,300円	昨年までの「草野球実用路線」は本当にワクワクしたものだが、今年の「外野手用グローブ」は貧弱だった。来季の挽回に心から期待している
	広島	B→	×	○	×	4,000円	12球団随一の個性を持つ。もはやユニフォームではない、「オリジナルユニフォーム」はどこまで進化するのか？　こういう楽しみもあっていい
◎	ヤクルト	A→	◎	◎	◎	2万2,600円	アイテムの追加購入、ユニへの背番号入れ、マスク、ファンブックのオプション購入でこの値段になったが通常1万3,300円でも十分コスパはいい

※1　ヤクルトを「ファンクラブ・オブ・ザ・イヤー」に認定　※2　「充実度」は編集部と筆者の独断と偏見によるものです。
※3　コース金額に送料は含まれません。

宏が口にした「見せましょう、野球の底力を！」という言葉を思い出す。やまない雨はない。明けない夜もない。粛々と感染対策に留意しつつ、今こそ、熱く、静かに応援したい。プロ野球のある幸せな暮らしに感謝。全球団ＦＣに入会して17年目の今、改めてそんな思いでいっぱいなのだ――。

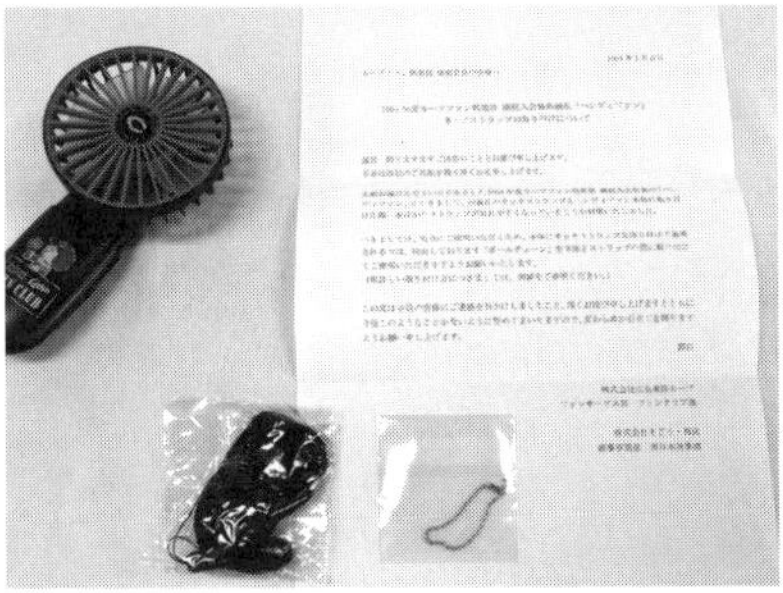

広島の継続特典・ハンディファンの付属ストラップが外れやすくなっていたため、球団から詫び状と新たにファンとストラップをつなぐためのボールチェーンが届いた

H 福岡ソフトバンクホークス

優れもののワイヤレス充電器

19年「本革トートバック」、20年「レザーリュック」に続いて、今年は「レザーショルダーバック」がハイグレード会員の特典に。例年なら、迷いなくコレを選択していたところだが、僕が選んだのは「ホークスオリジナルワイヤレスチャージャー」。パソコンにUSB接続し、本器の上にスマホを置くだけで簡単充電。ワイヤレスなのでとっても簡単。入手以来、ずっと使い続けている。時計としても使用でき、2099年までの万年歴、アラーム機能付き。親会社のメイン商品との関連性もあり、なかなかいい試み。GOY(グッズ・オブ・ザ・イヤー)候補。

比類なき継続特典の大充実

今年のクラブホークスは継続特典の充実ぶりに目を見張る。前ページで紹介した「オリジナルマスクセット」に加え、毎年恒例の「オリジナルDVD2021」。今年は94分。さらに「パ・リーグTV1カ月無料視聴権」に「継続年数×150pt」の「タカポイント」。入会17年目、継続16年目の僕は2400ポイントゲット。これだけ充実した継続特典は他球団には見当たらない。

それでも、「コロナ禍により選手を身近に感じていただくイベントが提供できていないため、自己採点は75点」と語るFC担当者の発言はとても好感が持てる。

ハイグレード会員特典。写真中央下部がワイヤレスチャージャー。継続特典の豪華さは白眉だ

入会コースと主な特典

- **スタンダード**(4,015円)
  レプリカユニフォーム(ホーム、ビジター)、VR SQUARE3カ月無料視聴権、ビッグ巾着バッグ、バスタオル、バランスボール、お買い物券(3,000円分)、通販クーポン(3,500円分)など11種類から1つ選択/ポイントサービス他
- **ジュニア**(2,750円)
- **ファミリー**(6,655円~)
- **ハイグレード**(1万615円)
- **プレミアム**(10万4,885円)
  希望日チケット12枚他

M 千葉ロッテマリーンズ

ついに、「住」が特典となる!

昨年「ZOZOマリンスタジアムエアソファー」という斬新すぎる特典を採用。今年は「謎の魚　ワンタッチテント」と、さらに意欲的アイテムを特典に。ペグ6本が付属の本格派。ついにFC界も「衣食住」の「住」が特典となる時代に。さっそく設営する。「ワンタッチ」と銘打つだけあり、設営は簡単。大人が普通に横になれる広さだが、慣れるまではしまうのが大変(笑)。巣ごもりを余儀なくされている今、「自宅テント」がブームだというニュースを見た。機を見るに敏なり。さらに+5000円を支払い「2Wayトートバッグリュック」もゲット。

リモート応援の楽しみ

昨年から始まった新たな試み「リモート応援チケット」がなかなか楽しい。チケットを購入すると、観戦グッズ、ピンバッジ、そして試合当日の試合結果や先発メンバーが記載された観戦証明書が、後日送られてくる。FC特典の「スプリングチケット引換券」「指定席引換券」も使用できるので、僕も活用させてもらった。他球団でも同様の取り組みを行っているが、中でもロッテの充実ぶりが際立っていたのでご紹介。

かつてのロッテはFC界の最先端を突っ走っていた。しばらくの間、停滞期が続いたが、ここ数年でようやく脱した感じ。

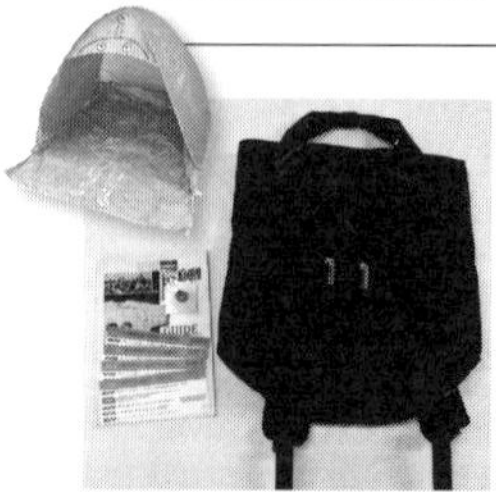
ゴールド会員特典「謎の魚ワンタッチテント」は革命的。FC界の風雲児が今や復調傾向にある

入会コースと主な特典

- **レギュラー**(3,900円)
  メッセンジャーバッグ、トートバッグ、スポーツタオル、謎の魚ジュニア用リュックから1つ選択/一部指定席引換券最大2枚/会報誌ウェブ無料閲覧/ポイントサービス他
- **カジュアルレギュラー**(2,900円)
- **ジュニア**(3,200円)
- **ゴールド**(1万1,000円)
  5種類から1つ選択他
- **プレミアム・ゴールド**(1万1,000円)
- **無料会員**(無料)

賞した造語なのだ。把握している限りでは5名いて、その後も数名いることが判明。今回、楽天FC担当者のアンケートに、「全球団のFCコースに入会させていただいています」とある。またトゥエルバー仲間を発見(笑)。

L 埼玉西武ライオンズ

今年のGOYは掛け時計！

近年の西武FCは高値安定。選択制特典は全11種類。僕はマジェスティック製の「カジュアルリュック」を選択し、追加で5000円を支払って「レオシルエット掛け時計」をゲット。壁にかけることも立てかけることも可能。到着して驚いたのは音声が9種類もあること。選手肉声は、ザック・ニール、岡田雅利、源田壮亮、栗山巧の4名だが、白眉は4種類の球場演出音。さらに、球団歌『地平を駆ける獅子を見た』をアレンジした「球団事務所チャイム音」。時計自体のクオリティも高く、音声のバリエも豊富。今年のGOYはこの時計に決定だ！

栗山巧インタビューが最高！

ソフトバンク同様、毎年のお楽しみが早期入会特典「オリジナルDVD」。ソフトバンクが94分に対して、西武は120分収録。ハイグレード・レギュラーA会員のみのオリジナルコンテンツ「栗山選手特集」はとてもよかった。20分間にわたって、今季の意気込みを語るインタビュー。球団初となる生え抜き2000安打まであとわずか。今年中の達成は間違いないだろう。ファンからの質問コーナーでは、14歳の男の子からの「なぜ、そんなにカッコいいの？」という質問に対して、とまどいながらも真剣に答える栗山のナイスガイぶりが最高（笑）。

写真はハイグレード会員特典。レオシルエット掛け時計は、グッズ・オブ・ザ・イヤーに選定！

入会コースと主な特典

- **レギュラーA**（3,500円）
  ユニフォーム、キッズTシャツ、ロールクッション、帆布エコバッグ、レオとライナのマイクロファイバーモップなど7種類から1つ選択／DVD（早期入会）／チケット割引他
- **レギュラーB**（2,500円）
  5種類から1つ選択他
- **レギュラーC**（2,000円）
- **ジュニア**（2,000円）
  主催試合入場無料他
- **ハイグレード**（8,000円）
  カジュアルリュック、アノラックパーカー、レオシルエット掛け時計、3点セット（バスタオル他）から1つ選択／記念品7種類から1つ選択他

E 東北楽天ゴールデンイーグルス

「マー君クラブ」が発足！

田中将大の電撃復帰に際して、急遽誕生したのが「マー君クラブVIP」と「マー君クラブ」の新カテゴリー。前者は限定10名で、年会費は180万円。後者は限定1000名で年会費は1万8000円。気になる特典は「VIP」は直筆サイン入りの「プロモデルユニフォーム」「プロモデルキャップ」「プルオーバーフーディー」。さらに、販売価格50万円相当だという「プレミアムチケット」。ガラス越しに選手と対面したり、打撃練習見学などが楽しめる。「クラブ」の特典は「MyHEROタオル」と「キャップ」など。いずれも、一瞬で定員に。

「在庫一掃感」が強い気が……

今季の注目は「継続入会ありがとうセット」プレゼント。継続入会者全員に「オリジナルバッグ」「MyHEROタオル」「MyHEROバット」「ウイニングクラッチ」さらに、シークレットアイテムが1～2点。いずれも、昨年のもので、要は在庫一掃セールなのだけど、合計8点もあると、かなりの迫力になる。今年僕が入会したのは、年会費1万5000円の「3STAR」。メイン特典は「浅村栄斗選手ボブルヘッドフィギュア2020セット」を選択。こちらも、昨年の在庫（笑）。「MyHEROユニフォーム」にすればよかったかな？

3スター会員特典。継続入会者にはアイテム袋詰めがプレゼント。収納ボックスは強度に不安も

入会コースと主な特典

- **3スター**（1万500円）
  選べる特典A（MyHEROユニフォーム、タオル＋サコッシュなど5種類から1つ選択）／選べる特典B（レプリカキャップ、収納ボックスなど4種類から1つ選択）他
- **4スター**（3万円）
  選べる特典A～Cの3種類他
- **5スター**（10万500円）
  選べる特典A～Dの4種類他
- **マー君クラブ**（1万8,000円）
  ホーム登板日試合球18名プレゼント（抽選）／「マー君とオンラインわしほー集会」参加権利他
- **マー君クラブVIP**（180万円）
  50万円相当のVIPチケット他

【「トゥエルバー」という言葉を知っていますか？】
おそらく、誰も知らないだろうから、先に答えを言うと、「トゥエルバー」とは「12球団ファンクラブ全部に入会している人」の意。拙著『プロ野球語辞典　令和の怪物現る編』（誠文堂新光社）にて募集した「新語大賞」で入

F 北海道日本ハムファイターズ

全13種類からの選択制

選択特典は全13種類。そのうち、今季からの新アイテムは6種類。僕は「プルパーカ」を選択。最近の流行りを意識してボックスロゴが胸元に。入会案内書にあるように「世代を問わずおしゃれに着用できるシンプルなデザイン」。僕も普段着として活用中。個人的には今季初登場の「センタージップリュック」も気になる。入会案内書において、小さくはにかむ中田翔がかわいい（笑）。

昨年、関東地方の台風時に大活躍して、僕の命を救ってくれたことでGOYに輝いた「2WAYランタン」は今年も引き続き特典としてラインナップの一つに。

グラブは右利き用のみ

キッズクラブの継続特典についてひと言述べたい。全員に「オリジナルグラブ」がプレゼントされるのだが、入会案内書には「右投げ用」と記されている。当然、左利きの子どももいるだろう。これまで、05年のロッテ、11年楽天、20、21年横浜などがグラブを特典にしている。いずれも左利き用がきちんと準備されていて、いい大人になった今でも、新しい革の匂いに胸躍らせたものだ。せっかく、キッズクラブの特典とするなら右だけでなく、左利き用も準備してほしいし、それができないなら別のアイテムにすべきだろう。左利きの中年からの提言だ。

コースはルーターズのみも、13種類から特典を選べる。フルパーカは普段使いできるデザイン

入会コースと主な特典

- **ルーターズ**（3,600円）
  プルパーカ（サイズ3種類）、センタージップリュック、ブランケットinクッション、モバイルバッテリー、ファンズポイント（1,500点）、レザーライクトート、バス&フェイスタオルセット、2WAYランタン、ランチセットなど13種類から1つ選択／チケット先行予約／チケット割引／ポイントサービス／来場プレゼント／会員限定ガチャポン他
- **キッズ**（3,600円）
  野球ボール／キッズセットA～Bから選択／主催試合対象席種無料他

B オリックス・バファローズ

再びマンネリ化が進むのか？

19年の本欄にて「高品質ながらアイテムの種類はマンネリ気味」と書いた。しかし、翌20年はエポック社とコラボした「オリジナル野球盤京セラドーム大阪Ｖｅｒ．」が特典となり、「意地とこだわりの野球盤」と大絶賛をした。そして注目の21年は、残念ながら19年に逆戻り。僕が選択した「B×デサント　コラボ2WAYバッグ」はやはり高品質だが、昨今のトレンドである「黒リュック多すぎ問題」の渦中においては没個性的だ。本当は別アイテムを選択したかったけど「Tシャツ」「オリジナルタオルセット」、いずれも触手は伸びず、消去法でバッグを選択。

大充実のポイント交換

オリックス自慢のポイント交換プログラム。球団担当者によれば、「女性ファンを意識して『ポータブル扇風機』『マスキングテープ』『マルチクリアボトル』を導入し、とても好評」とのこと。確かにオリックスのポイント交換は他球団と比較してかなり充実。今年はドッグウェアがズラリと並ぶ。もちろん、12球団唯一のペット専門FC「Ｂｓわんにゃんクラブ」の過去の特典アイテムの流用（笑）。他にも、『野球盤Ｊｒ．（ほっと神戸ｖｅｒ．）』もあり、こちらは超個性的。アプリ会員証の積極的導入など、先進的な取り組みも多い。ぜひメイン特典の個性化を望む。

筆者はゴールド会員Cコースに入会。2WAYバッグは高品質も、特典アイテムがやや没個性か

入会コースと主な特典

- **レギュラー**（4,000円）
  ユニフォーム／内外野指定席引換券1枚／ポイントサービス他
- **ジュニア**（1,500円）
- **スタジアム**（1,500円～）
- **Bsわんにゃん**（2,500円）
- **BsCLUB無料**（無料）
- **ゴールド**（1万円～）
- **プラチナ**（3万1,000円～）
  指定席引換券8枚他
- **エクストラプレミアム**
  （10万円～）
  対象席券1試合につき1枚他

担当者の本音を聞き歩いた。この『野球太郎』連載のことも全員が知っていて、好き勝手に言いたい放題言っていることを謝りつつも、意義のある意見交換ができた。こうした機会を今後も持ち続けたいけど、先方はイヤなのかな？

G 読売ジャイアンツ

昨年6月時点での迅速な決断

20年6月29日付で、球団公式ホームページに「2020年度CLUB GIANTS会員の皆様への対応について」というリリースがなされ、「20年度会員は21年度まで無料で会員資格を延長する」ことが決まり、「21年度の入会特典はご提供できません」と書き添えられている。ということで、今年は何も入会手続きをすることも、年会費も払うこともなく会員資格を持つことになった。その後、21年度入会特典セットのみが球団公式サイトで2200円で販売されている。12球団でこのような決定をしたのは巨人だけ。昨年6月時点での迅速な対応だった。

今年も12球団最安値

「21年度特典グッズ」のみを購入してもよかったが、一応、家族名義で新規入会。雑然としている仕事部屋を整頓すべく、「ストレージバスケット」を選択。チープな作りでガッカリ。無難に「トートバッグ」にすればよかった。さて、19年のFC改革以降、魅力を失いつつあるCLUB GIANTS。前述の理由があるにせよ、今年も大きな改善はナシ。チケット先行販売特典のある「シルバーメンバー」(4400円)に入会も、「ブロンズコース」(3300円)でよかった。昨年同様、一般カテゴリーとしては12球団最安値。この路線は今後も続くのか?

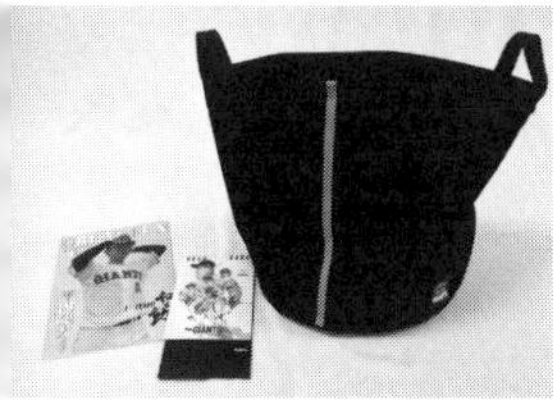

2021年度のシルバー新規会員特典。以前の巨人は高品質が代名詞だったが、やや残念な品質だ

入会コースと主な特典

- **シルバー**(4,400円)
  トートバッグ、ストレージバスケット、ブランケットから1つ選択/卓上カレンダー/会報誌他
- **ブロンズ**(3,300円)
- **キッズ**(3,300円)
  KIDS限定イベント(抽選)他
- **ゴールド**(2万7,500円)
  ユニホームTシャツ/東京ドーム内野2階席ペア招待引換券3試合分他
- **グランドスラム**(55万円)
  入会資格に所定の条件あり
  ※ゴールドとグランドスラムは今年度の新規募集なし

T 阪神タイガース

今年はサングラスが特典に

阪神FCのメイン特典は毎年、とても楽しい。昨年のサンダルは日常使いしていて丈夫で快適。今年はFC特典としては12球団初となる「スマートサングラス」を選択。持ち運びに便利なハードケース付。入会案内書には「高級感と実用性を兼ね備えた」とあるけど、それほど高級感はなかった(笑)。とは言え、他にも「腕時計」「キー太リバーシブルネックピロー」「マイクロチェア」など、他球団にはないアイテムが多く、「選ぶ楽しさ」というFC原初の喜びを感じさせてくれるのが嬉しい。以前も書いたが「コテコテとオシャレ」の独自路線の邁進を!

背番号「1」のままでいい?

毎号熱心に読んでいるのに、あまり触れなかったがFC会報『T-magazine』はなかなか面白い。昨年発行の第3号ではファンが選ぶ「とらとら☆ランキング」特集。「オシャレだと思う選手」の1位は糸井嘉男、「字がうまそうな選手」は、現オリックスの能見篤史がトップ。「寝起きが悪そうな選手」は北条史也が1位に。設問のセンスが絶妙(笑)。1点だけ気になるのは、阪神FCは会員証に好きな背番号を入れられるのだけれど、僕は長年、鳥谷敬の「1」にしている。彼がチームを去った今も「1」のままだが、いいのかな?

レギュラー会員特典でスマートサングラスを選択。継続特典でオリジナルマウスカバーがつく

入会コースと主な特典

- **レギュラー**(3,900円)
  イエローメッシュジャージ、腕時計、スマートサングラス、2WAYダッフルバッグ、キー太リバーシブルネックピロー、マイクロチェアから1つ選択/チケット割引/ポイントサービス/会報誌(年4回)/継続年数によって記念品他
- **レギュラー中学生**(2,500円)
- **ライト**(2,700円)
- **KIDS**(2,500円)
  練習見学&キャッチボール(抽選)

【12球団FC担当者に会ってみた!】

14年から20年にかけて、雑誌『がっつり!プロ野球』(日本文芸社)にて、各球団のFC担当者に会い、FC運営の苦労ややりがいを聞いて歩く連載を行っていた。北海道・札幌から福岡・博多まで全球団の本拠地に行き、各

D 中日ドラゴンズ

今年も満足、満足

一昨年のドアラ型ドライバーセット「ドアライバー」はすばらしかった。昨年の「3WAYビーズクッション」は枕、クッション、ネックピローに変化し、ベッドで本を読む際に大活躍している。毎年意欲的で楽しいアイテムを提供している中日FC。今年は全7種類の中から、「ドラゴンズボイスアラーム」を選択。京田陽太、チアドラ、そしてドラゴンズナビゲーター・長谷川巧氏と3種類の肉声メッセージ入り。冒頭で触れた「時計多すぎ問題」の一翼をになうことになった（笑）。いずれにしても、「レギュラー会員」（4200円）はコスパがいい。

小さなことからコツコツと

18年には長年こだわり続けた「紙製会員証」から、他球団同様の「プラスチック製」に変更。19年途中からは「新聞形式会報」から、他球団同様の「冊子型」に転換。どうでもいいことのように思えるかもしれないが、実は意外と大事な「小さな改革」をコツコツと行ってきた。ポイント制度の拡充も、今では他球団に引けを取らない高い水準で運営されている。今季からは「公式戦招待券」がなくなり、「ドラチケクーポン」が特典に。従来の「試合日選択」が不要となり、好きな試合、好きな席での観戦が可能に。また家族会員制度は今季から廃止に。

レギュラー会員特典でドラゴンズボイスアラームを選択。京田陽太ら3種類の肉声メッセージ入りだ

入会コースと主な特典

- **レギュラー**（4,200円）
  3WAYボストンバッグ、ドラゴンズボイスアラーム、ドアラエコバッグ、FCユニホーム、FCキャップ、3WAYビーズクッション、2WAYリバーシブルトートバッグから1つ選択／ドラチケクーポン（パノラマAおとなスタンダード2枚相当）他
- **ジュニア**（3,800円）
  ドラチケクーポン（パノラマAこどもスタンダード4枚相当）他
- **ドラゴンズID**（無料）
- **ゴールド**（1万400円）
  7種類から2つ選択他

DB 横浜DeNAベイスターズ

返金も含めた迅速な対応

巨人同様、コロナ禍において迅速な対応を見せたのが横浜FC。昨年6月18日には、公式ホームページにて「2020年　ファンクラブ年会費返金に関する重要なお知らせ」をリリース。翌7月21日には再度最新版を更新した。それによると、当初予定していたサービスが提供できないため、①会費の一部返金、②グッズ等へ代替え、③オリジナル動画の配信で対応することに。僕は①4300円の返金ではなく、②「おはよう！ベイスターズ目覚まし時計〜選手ボイスアラーム〜」を選択。公式に返金対応を提案したのは12球団で横浜のみの大英断。

期待に震えていたけれど……

15〜17年まで、まさかの「特典グッズナシ」だったが、「ぜひ、撤回を」と強く訴えた成果なのか、18年は「キャッチャーマスク」、19年「キャッチャーミット」、20年「ファーストミット」と軟式野球で実使用できる最高品質の「草野球グッズ」が特典となった。そして今年は「外野手用グローブ」が。もちろん、左利き用もある。到着を楽しみに待つ。……しかし、過去のアイテムと比べると、今年のグラブはイマイチ。昨年のファーストミットは試合で使っても問題なさそうだったけど、今回のはすぐに壊れそうな出来。早くも来季に期待してしまう（笑）。

スペシャル会員特典の外野手用グローブは、実戦では使いづらい品質で残念。来年の巻き返しに期待

入会コースと主な特典

- **レギュラー**（3,100円）
  特典チケット2枚分（もしくは2,000円分クーポン＋選手カード5枚）／チケット先行販売（来場回数に応じて先行順位が変わる）他
- **キッズ**（3,100円）
  特典チケット10枚分／1,000円分のグッズチケット他
- **キッズスタート**（1,000円）
- **スペシャル**（8,300円）
  外野手用グローブ、バッターボックスレジャーマット、2WAYリュックから1つ選択／特典チケット4枚分他
- **V☆SPIRIT**（3,100円）
  ビジターファン向けのコース

では「ヤクルトびいきだ」と批判を受けぬよう、特に厳しい目で批評してきた。しかし、本文でも書いたように近年のスワローズクルーの充実ぶりは本当にすばらしく、今年のFOYはヤクルトに。決してえこひいきじゃないよ（笑）。

C 広島東洋カープ

今年は定員5万名超に急成長

カープファン倶楽部「頂ます！」継続会員の定員は、昨年の3万5000人と、昨年の新規会員1万8000人を加えた5万3000名に急増。着々と大規模FC化の道を歩んでいる。メイン特典は今年も「オリジナルユニフォーム」。マンネリには口うるさい僕だけど、広島のこの特典に関しては、むしろ毎年楽しみにしている。なにしろ、まったく「ユニフォーム」ではないのに、頑なに「ユニフォームだ」と言い切っている点がすばらしい。今年は「ヒッコリーシャツ」。昨年は「スタジャン風」だったけど、この路線は今後も邁進し続けてほしい（下段に）。

FC担当者アンケートより

この特典について、担当者によると「毎年ユニフォームなのもどうだろうと思ってはいるのですが、SNSを拝見させていただくと、バッグやアクセサリーにリメイクされていたり、ご家族で使用いただいていたり、長年使用いただいているようで、いい生地にして良かった」と述べ、最後は「今後もデザインやクオリティを大切にしていきたい」と結ばれている。コロナ禍により「会員限定イベントができていないから自己採点は40点」と、自分に厳しい姿勢も好感が持てる。ぜひ今後も、「オリジナルユニフォーム」を基本線としつつ独自路線を邁進してほしい。

イヤーブックの表紙はマジシャン姿の佐々岡真司監督。誰がGOサインを出したのか気になる

入会コースと主な特典

- **ファン倶楽部**（3,800円〜）ユニフォーム／ハンディファン（継続特典）／イヤーブック／グッズ先行販売／入場券先行販売／会員限定サイト／会員限定イベント他
- **ジュニア**（3,500円）リュック／キャップ／ジュニア会員手帳／ズムスタ指定席券（抽選）他
- **レディース**（3,800円）バッグ他
- **シニア**（3,200円）マルチケース&マスク他

S 東京ヤクルトスワローズ

文句のない豪華特典の数々

2013年の「スワローズクルー」誕生以来、着実に優良FCの道を歩み続けるヤクルト。「プラチナ会員」（1万3300円）の選択特典では、傘のマークでおなじみのアーノルドパーマーとコラボした「CREWスタジアムジャンパー」やBluetooth機能搭載の「CREWワイヤレスヘッドフォン（マイク付）」など、冒険心あふれる新機軸が。さらに、目立たないけど新しいのが+3000円で選手名と背番号が入れられる「ユニフォームオプション」が全選手対応に。まだ実績もなく市販されていない若手選手のユニフォームはとても貴重だ。

山﨑と中山にかける期待

今年の選択制特典の一つ「うたたねつばくろっく」は青木宣親、山﨑晃大朗、中山翔太、村上宗隆の4選手。山田哲人や石川雅規ではなく、山﨑と中山だ！ また、「黒リュック多すぎ問題」の当事者である「CREWバックパック」はマジェスティック製。背面部分のパソコン収納用ポケットが便利で、球団ロゴもさりげないあしらいなので、普段使いしている。20年から採用された招待券ポイントは3ポイント。コロナ禍により、サービスが提供できない場合は「別途代替サービスを提供」と気遣いも。FOY（ファンクラブ・オブ・ザ・イヤー）に決定。

質量とも充実したプラチナ会員特典で、今季のFOYに選出。つばくろっくはシリコンランプ仕様

入会コースと主な特典

- **レギュラー**（3,600円）ユニホーム／特典チケット引換1ポイント／つば九郎がまぐちポーチ（早期入会）／ファンブック／チケット割引／ポイントサービス他
- **キッズ**（2,000円）特典チケット引換3ポイント他
- **ライト**（2,600円）
- **スワチケ会員**（無料）
- **ゴールド**（7,200円）
- **プラチナ**（1万3,300円）うたたねつばくろっく、メッセンジャーバッグなど8種類から2つ選択他

【ヤクルトファンとしての弁明】

ここ数年、ヤクルト関係の書籍を立て続けに出版している。元々、ヤクルトファンであることを隠してはいなかったけど、最近では「長谷川はヤクルト好きだ」ということは多くの人が知るようになってきた。だからこそ、この企画

18年目を迎えた長寿企画

とうとう「食」が特典になる時代がやってきた……

パンデミックにより、ファンサービスのあり方も変わってきた。ファンサービスに尽力する球団関係者に敬意を表し、全12球団のファンクラブに入り続けて18年のあの男が今年も筆を執った。

18年目だよ、おっかさん！

新型コロナウイルス禍はなおも続いているものの、一昨年、昨年よりは少しだけ落ち着きを取り戻しつつある。球場ではビールが飲めるようになり、チケットの販売制限、入場制限も緩和、撤廃された。

２００４年の「球界再編騒動」、11年の東日本大震災、そして20年から始まるコロナ禍。プロ野球界に訪れたさまざまな危機を人々の英知と勇気で乗り越えようと、なおも奮闘は続くのだ。

さて、プロ野球12球団すべてのファンクラブ（ＦＣ）に入会して今年で18年目を迎えた。05年の新生児は18歳となり、高校３年生となっている。今秋の高校生ドラフト候補たちは、僕が全球団ＦＣに入会した年に生まれた選手たちなのだ。あぁ、感慨深い。小さな赤ちゃんがプロ野球選手になる時代が、ついにやってくるのである。人間の成長は速い。一方、僕は何も成長しないまま18年が経過してしまった……。

過ぎ去りし日々の重さを噛み締めつつ、じっと手を見る。そこには「楽しくて、楽しくて仕方がない」と書かれていた。そう、相も変わらず、何もためらうこともなく、僕はこれからもＦＣに入り続ける所存なのだ（笑）。ひとまずは2年後の20周年を目指すのである！

22年ＦＣ界のトレンドは？

ではさっそく、22年のＦＣ界のトレンドを解説していこう。

①ついに「食」が特典に！

毎年、各球団はメイン特典にさまざまな趣向を凝らしている。そうした特典群の中から、特に優れたものを僕はＧＯＹ（グッズ・オブ・ザ・イヤー）と称して独自に顕彰しているのだが、今年はオリックスの「宮崎牛」をＧＯＹとすることを早くもこの時点で宣言したい（笑）。

まさか「食」が特典となる日が来るとは思わなかった。ユニフォームやパーカーなどの「衣」は定番だ。21年のロッテは「謎の魚ワンタッチテント」、22年はＤｅＮＡ「ポップアップテント」がメイン特典なので「住」もある。そして、今年の「宮崎牛」で、晴れて「衣食住」がそろうことになった。

②加湿器、イヤホンブーム

昨年から「マスク特典」が急増したのはこのご時世ゆえだが、今年はコロナ禍の影響もあってかヤクルト、阪神、日本ハムが加湿器を特典とした。また、阪神、日本ハムがワイヤレスイヤホンを、ヤクルトとＤｅＮＡがスマートウォッチを特典としたことも今年のトレンド。

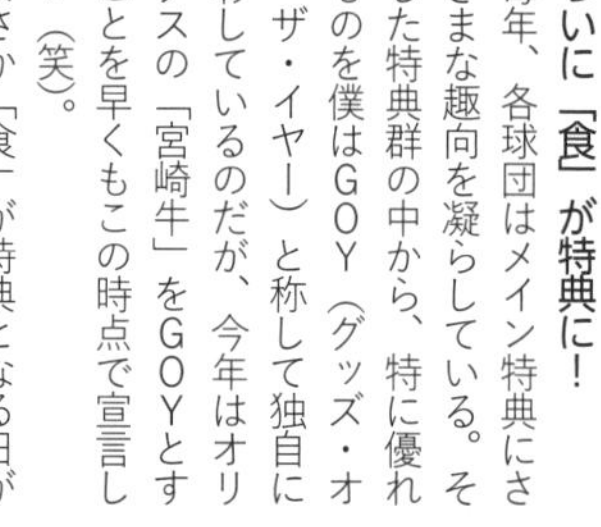

ヤクルト（写真右）とDeNA（写真左）はスマートウォッチを特典に。DeNA版はある騒動を巻き起こした

③ソフバ本革路線の加速

毎年注目しているソフトバンクの「本革路線」。19年のトートバッグ、20年のリュック、21年のショルダーバッグに続いて、今年はボストンバッグ。高品質の高級路線をこのまま邁進してほしい。

野球のある「日常」に感謝

昨年の今頃は球場でのアルコール販売が禁止されていた。ビールを飲まずに野球観戦するのは大人

2022年筆者が入会したファンクラブの充実度

FOY	チーム	充実度				入会したコース金額	コメント
		総合	観戦特典	グッズ特典	ポイント特典		
	東京ヤクルト	A	◎	◎	◎	2万1,600円	メイン特典の豊富さ、デザイン、品質と文句ナシ。観戦特典もポイント特典も充実し、コスパのよさ、私的満足度は今年も高値安定だ
	阪神	B	△	〇	〇	3万3,900円	今季は久々に3万円を支払ってダイヤモンドプラス会員に。スワロフスキーがあしらわれたユニフォームは確かにゴージャスだった
	巨人	B	◎	×	〇	3,300円	ほんの数年前のことを考えると、「巨人が12球団最安値FC」という時代が訪れるとは……。この路線は今後も続くのだろうか?
	広島	B	×	〇	×	4,000円	長年にわたってこだわり続ける「オリジナルユニフォーム」に超最新の「メタバース」活用。12球団有数の個性的FCとして唯一無二の存在
	中日	A	△	◎	〇	4,200円	人気マスコットのドアラを活用したアイテムは毎年のお楽しみ。今年のスツールはかなりの優れモノ。収納ボックスとして大活躍している
	横浜DeNA	B	◎	〇	〇	8,300円	昨年までの「草野球実用路線」から、新機軸に舵を切ったものの、FC史に残る「スマートウォッチ騒動」の当事者となってしまった。詳しくは球団別ページを
	オリックス	B	◎	〇	◎	2万8,000円	年会費を考えると全体的にコスパがよくない気もするが、「宮崎牛」のインパクトは絶大だった。来年はかつてのご当地「神戸牛」に期待したい
◎	千葉ロッテ	A	◎	◎	〇	1万6,000円	佐々木朗希の完全試合を受け、「偉業はみんなでたたえ合う」姿勢に敬意を表して今季のFOYを進呈したい。佐々木ボブルほしいな
	東北楽天	B	◎	〇	〇	1万500円	昨年話題となった「マー君クラブ」は今年の募集はナシ。来場特典を厚くして、少しずつ「コロナ禍」以前を取り戻そうとしているのか?
	福岡ソフトバンク	A	◎	〇	◎	1万615円	「本革路線」に加えて、新たな新機軸として注目の「健康路線」は今後も加速されていくのか? 独自路線で高値安定の優良FC
	北海道日本ハム	B	×	〇	〇	3,600円	新監督の22年、新球場の23年、これから球界に新風を吹き込んでいく日本ハムは、今後FC界にどんな新たな風を巻き起こしていくのか?
	埼玉西武	A	×	〇	〇	8,000円	ここ数年の「おはようからおやすみまでライオン(ズ)」路線は、今年も健在。日常の隅々にライオンズがいる。暮らしに優しいFCを目指す

※1　ロッテを「ファンクラブ・オブ・ザ・イヤー」に認定　※2　「充実度」は編集部と筆者の独断と偏見によるものです。
※3　コース金額に送料は含まれません。

パンデミックの影響か、日本ハム、ヤクルト、阪神は卓上加湿器を特典に加えた

になって初めてのことだった。今年は球場に売り子さんが戻ってきた。心地よい陽気の中で飲むビールの味は格別だ。まだまだ予断を許さぬ状況ではあるけれど、少しずつ取り戻されつつある「日常」に感謝しつつ、これからも野球を楽しみたい。

昨年まで自粛していたけれど、今年は遠征もするつもりだ。最大限の注意をしつつ、かつてのような心持ちで野球を楽しみたい。野球のある生活に感謝。そんな気持ちで18年目のFC生活を迎えている――。

S 東京ヤクルトスワローズ

スワクル10周年の記念イヤー

13年に誕生した「スワローズクルー」も今年でついに10周年。昨年もFOY（ファンクラブ・オブ・ザ・イヤー）に輝くなど、優良FCとしての地位を完全に確立した。

今年の変更点としては「クルーキャップ」が希望者のみ1500円での選択制になったこと、ヤクルト本社の株主優待として保有株数に応じてライト会員、レギュラー会員に無料で入会できるようになったことなどが挙げられる。10周年記念の「ペーパークリップ」、日本一記念の「チャンピオンメダル」、早期入会特典の「カトラリーセット」など、オマケも大充実。安定のFC運営は今年も健在だ。

電子機器が定番特典に

今年は「スマートウォッチ」が気になり、これを選択。腕時計＋体温、心拍数、睡眠測定、酸素飽和度がチェックでき、スマホとBluetooth接続をすればメールも受信できる。

時計をする習慣がないので、普段使いをすることはないけど、電子機器が特典となる時代が当たり前となったことは明記しておきたい。他に「ワイヤレスマウス」を選択。確実にFCは進化しているのだ。

追加料金5000円を支払って「マウンテンパーカー」も選択。ユナイテッドアローズとのコラボでデザイン性、機能性に優れ、こちらは普段使いしている。

写真はプラチナ会員特典。記念の「チャンピオンメダル」に、昨季の日本一の余韻が味わえる

入会コースと主な特典

- **レギュラー**（3,600円）
  ユニホーム／特典チケット引換1ポイント／キャップオプション（追加料金）／チケット割引他
- **キッズ**（2,000円）
  特典チケット引換3ポイント他
- **ライト**（2,600円）
- **ゴールド**（7,200円）
  つば九郎エコ加湿器など4種類から2つ選択他
- **プラチナ**（1万3,300円）
  マウンテンパーカー、スマートウォッチなど8種類から2つ選択他

T 阪神タイガース

ダイヤモンドプラス会員に

10年以上継続入会している「ダイヤモンド会員」だけが特別入会できる「ダイヤモンドプラス会員」に久々に入会。通常の3900円に加えて、3万円を追加して、計3万3900円。

そのメイン特典は「ゴールド・スペシャルユニフォーム」。右袖にはスワロフスキーを施した特別仕様のワッペンがあしらわれた選手仕様の軽量素材。なるほど、確かにゴージャスだ。これを目当てに入会した。

さらに昨年の名場面を収めた「メモリアルDVD」付き。西武やソフトバンクは一般会員にも配布しているが、阪神は追加料金を払った会員しか入手できないシロモノ。

DVDの収録時間は54分

気になるDVDの中身だが、54分にわたって矢野燿大監督から始まる撮りおろしメッセージを中心に昨シーズンの名場面が続く。他球団と比べるとパッケージはチャチだが、肝心の画質は映画のようなクオリティ。見応えはあった。

コロナのために「ペアチケット全員プレゼント」は中止になったが、嬉しかったのが来場プレゼントのピンバッジ。本来は中身を選べないが「ダイヤモンドプラス会員」は希望の選手を指定できるのだ。一般特典は、僕は「ワイヤレスイヤホン」、家族は「加湿器」を選択。イヤホンの音質はイマイチだが、USB接続の加湿器は高品質。

写真は10年以上継続で入会可能なダイヤモンドプラスの特典。イヤホンは品質改善の余地あり

入会コースと主な特典

- **レギュラー**（3,900円）
  イエローメッシュジャージ、ワイヤレスイヤホン、加湿器、トート&クーラーバッグセット、マフラータオルセット、フランネルブランケットから1つ選択／チケット割引／会報誌（年4回）／継続年数によって記念品他
- **レギュラー中学生**（2,500円）
- **ライト**（2,700円）
- **KIDS**（2,500円）
  勝ったらハイタッチ（抽選）他

している。「追加サービス」をしていない球団については家族名義で複数口入会していたが、ここ数年はメルカリを中心としたフリマアプリ、ネットオークションをフル活用して研究活動に勤しんでいるのである。

G 読売ジャイアンツ

なぜかストレージ推し

19年の改革着手以来、迷走が続いている巨人FC。何も悩むことなく、今年も年会費4400円の「シルバーメンバー」には入会せずに、3300円の「ブロンズメンバー」に。ということで、12球団最安値は巨人となった。早期入会特典として「ストレージボックス」をもらった。ちなみに、昨年の選択制のメイン特典の一つは、荷物を収納できる「ストレージバスケット」。巨人はどうしてストレージ推しなのだろう？　今年は「オリジナルTシャツ」「2WAYバックパック」「ビッグブランケット」から僕はブランケットをチョイス。フランネル素材。可もなく不可もなく。

FCデー、本格スタート

今年から、東京ドームで行われる5試合において、「CLUB GIANTSデー」が開催されることに。先着でオリジナルTシャツが配布され、追加来場ポイントが100ポイント付与される。他球団では当たり前となっているイベントに、いよいよ巨人も参戦。

また、東京ドームでのキャッシュレス化を推進する一環として「facethru」というサービスもスタート。自分のSuicaと紐づけることによってチケットとしての入場が可能となり、同時に顔認証とクレジットカードを登録すれば、顔パスで売店での購入も可能となる。すごい時代だ。

他球団のFCがレベルアップするなか、停滞ムードが続く巨人。かつてのゴージャス感はどこへ

入会コースと主な特典

- **シルバー**（4,400円）
  オリジナルTシャツ、2WAYバックパック、ビッグブランケットから1つ選択／卓上カレンダー／会報誌（年4回）／会員限定特典グッズ付き指定席販売／チケット先行販売／イースタン公式戦ホーム入場無料／ポイントサービス他
- **ブロンズ**（3,300円）
- **キッズ**（3,300円）
  KIDS限定イベント（抽選）他
- **ゴールド**（2万7,500円）
  入会資格に所定の条件あり

C 広島東洋カープ

新規会員はすでに頭打ち？

17年には定員3万人だったが、毎年増員を繰り返していた広島FCも、20年、21年、そして22年と3年連続で5万3000人に落ち着いた。ただ、気になるのはその内訳で、以前は継続会員3万5000人、新規会員1万8000人だったが、22年は継続会員4万5000人、新規会員8000人に変化している点だ。新規会員の定着率は悪くないものの、新規会員の割合が1万人も減少。

チーム成績と新規会員数は比例することが判明しているが、広島は16～18年までのリーグ3連覇以降、Bクラスが続いている。今季のチーム成績と来季の応募人数の割合に注目したい。

話題のメタバースにも参入

今季もメイン特典は「オリジナルユニフォーム」で、リサイクルポリエステルを利用したSDGsユニフォーム。なぜか赤か青の二色展開でどちらになるかは到着時のお楽しみ。「5名限定で赤でも青でもない」ものが届くという。

また、今季の目玉として「メタカープ」がスタート。マツダスタジアムでの全試合をバーチャル空間で、他のファンとともに一緒に観戦できるのだ。僕にとって、話題の「メタバース」デビューはまさかの広島FCだった。コロナ禍において、スクワット応援、ジェット風船を自由に楽しめるのはまさにバーチャル空間ならでは。

「知恵で勝負」の独自路線をひた走る広島FC。写真右上の起き上がりこぼしは継続特典だ

入会コースと主な特典

- **ファン倶楽部**（3,800円～）
  ユニフォーム／起き上がりこぼし（継続特典）／ズムスタ公式戦全試合をバーチャル空間で観戦／イヤーブック／グッズ先行販売／入場券先行販売／会員限定サイト／会員限定イベント他
- **ジュニア**（3,500円）
  リュック／キャップ／ジュニア会員手帳／観戦招待（抽選）他
- **レディース**（3,800円）
  バッグ&コインケース他
- **シニア**（3,200円）
  クリアケース&コインケース他

【メルカリ、ヤフオク、PayPayフリマに楽天ラクマ】
ここ数年、西武、ロッテ、ヤクルトなど、「追加料金で追加アイテムゲット可」というチームが増えてきた。「12球団ファンクラブ評論家®」としては、少しでも気になったアイテムは現物を見たいので追加料金を支払うように

D 中日ドラゴンズ

強度も収納力もバッグン

近年の中日FCのメイン特典だが、個人的にとても気に入っている。19年のドアラ型ドライバーセット「ドアライバー」、20年の「3WAYビーズクッション」、21年の「ドラゴンズボイスアラーム」はいずれも僕的ヒットだったが、今年の「マスコットスツールBOX」もなかなかいい。ドアラ、シャオロン、パオロンの顔がデザインされたスツールで、フタを開ければ収納BOXとして重宝できる。

実際に仕事場において使っているがかなり頑丈で、体重62キロの僕が座ってもビクともしない。昨年の楽天FC「収納ボックス」が貧相だっただけになおさら引き立つ。

オリジナルアイテムがいい

16年にポイント制度を本格導入後、さまざまな試行錯誤を経て現在ではすっかり定着した。ヤクルト、巨人、ソフトバンクなどと比べると交換アイテムが少なく、まだまだ改善の余地はあるが、それでも僕はこれまでに、歴代の『燃えよドラゴンズ！』を集めたCD『1974-1999』と『2004-2011』の2アイテムをゲットした。前者はすでに引き換え終了だが、いずれもFC会員限定の非売品。板東英二、舟木一夫、水木一郎、つボイノリオを聴き比べつつ、往時のメンバーに思いをはせるのは楽しい。当時のジャケットも復刻収録。なかなかいい企画。

レギュラー特典で筆者が選択したのはマスコットスツールBOX。強度に優れ出色の品質だった

入会コースと主な特典

- **レギュラー**（4,200円）
  モジュラーバッグ、スツールBOX、ユニホーム、キャップ、3WAYボストンバッグ、ドアラエコバッグから1つ選択／ドラチケクーポン（2700円分×2枚）／チケット先行販売／ポイントサービス／会報（年2回）会員限定イベント他
- **ジュニア**（3,800円）
  ドラチケクーポン（500円分×4枚）他
- **ゴールド**（1万400円）
  フード付きジャケット／ドラチケクーポン（5,000円分×4枚）他

DB 横浜DeNAベイスターズ

機能充実のスマートウォッチ

年会費8300円の「スペシャル会員」に入会。メイン特典の「スマートウォッチ」がほしかったからだ。入会案内を見ると、「①心拍数の記録②着信通知③睡眠モニター④運動の記録⑤消費カロリー⑥バッテリー長持ち⑦各種アプリ通知機能⑧IP67防水⑨遠隔撮影⑩目覚まし・アラーム⑪運動記録モード⑫血圧測定⑬血中酸素測定」と大充実機能。

そして3月、ついにブツが届く。なかなかカッコいい。さっそく使いこなしてみよう。そう思っていた矢先、球団から「スペシャル会員特典グッズに関する重要なお知らせ」と題された一通のメールが届いたのだ……。

FC最大の珍事が勃発

なんとこのスマートウォッチ、「技術基準適合証明の認証が取れておらず、日本国内で使用する無線機器に必要な表示がなされていないことが判明した」という。

かいつまんで言えば「安全上の問題はないものの」、「日本国内で利用することは禁止されている」のだという。こうして、球団は回収、そして認証品の再送付を行うことになる。一連の手続きは、球団から製造を委託された東急ハンズが行うこととなった。再発送は7月上旬になるということだが、記録として手元に取っておくことにした。法を犯すわけにもいかず使用することができないでいる。

写真下部が回収騒動に発展したスマートウォッチ。過去18年のFC史に残る事件になってしまった

入会コースと主な特典

- **レギュラー**（3,100円）
  特典チケット2枚分（もしくは2,000円分クーポン＋選手カード5枚）／チケット先行販売他
- **レギュラー・ライト**（1,600円）
  特典チケット1枚分他
- **キッズ**（3,100円）
  2WAYショルダーバッグ／特典チケット5枚分他
- **スペシャル**（8,300円）
  スマートウォッチ、ポップアップテント、メッセンジャーバッグから1つ選択／特典チケット4枚分他
- **V☆SPIRIT**（3,100円）
  ビジターファン向けのコース

14年から16年までは「クリスピー・クリーム・ドーナツ試食券」もつく大盤振る舞いだった。しかし、「試食券」と「冷凍肉」とを比較した結果、「食特典の元祖は22年オリックス」ということで閣議決定したいと思う。

B オリックス・バファローズ

史上初となる「食特典」

前ページでご紹介したように今年のGOYは前代未聞の「食特典」である「宮崎牛モモスライス500グラム」としたい。

かつての本拠地である「神戸牛」ではなく、キャンプ地である「宮崎牛」である点が、まるでふるさと納税のようで趣深い。気になるお味だが、やはり美味しい。王道のすき焼きとして食す。あっという間に平らげてしまい、現在僕の手元には「宮崎牛」と書かれた空き箱と甘美な思い出だけが残っている。

まさに「消えもの」。入会案内書では山本由伸が笑顔で「生肉」を指さしてアピールしている。この写真もまたかなり味わい深い（笑）。

優勝記念カードほしかったな

昨年、25年ぶりにパ・リーグを制覇したオリックス。近年の優勝チームは、当初の予定にはなかった「優勝記念アイテム」を急遽追加する傾向にある。「オリックスの場合はどうなのかな?」と楽しみにしていたら、「優勝記念カード（台紙付）」が追加されることに。ホームページで確認すると「アプリ会員のみ」「球場引き換えのみ」の特典だと知った。近年はアプリ会員証を強力に推し進めているので、その一環としてのことなのだろう。

ということで、僕はこの特典を手にしていない。狙いはわかるけれど、優勝の喜びはみんなで分かち合うものではないのか?

GOYを授与した宮崎牛はゴールド以上のグレードの会員特典。食の特典は革新的アイデアだ

入会コースと主な特典

- **レギュラー**（4,000円）
  ユニフォーム／指定席引換券1枚／ポイントサービス他
- **ジュニア**（1,500円）
- **スタジアム**（1,500円～）
- **Bsわんにゃん**（2,500円）
  ドックウェア、タオルから選択他
- **BsCLUB無料**（無料）
- **ゴールド**（1万2,000円～）
  宮崎牛モモスライス500g他
- **プラチナ**（3万1,000円～）
- **エクストラプレミアム**（10万円～）
  球団指定の席種に引換可能な日付指定チケット1試合につき1枚他

M 千葉ロッテマリーンズ

近年の斬新路線は小休止

20年の「ZOZOマリンスタジアムエアソファー」、21年の「謎の魚ワンタッチテント」と、次々と斬新かつ、意欲的な特典を採用してきたロッテだが、今年は少々おとなしめ。僕はPCポケット付きの「ファンクショナルトートバッグ」と、5000円を追加して「壁掛け時計」を選択。いずれも高品質で大満足。千葉県が描かれた移転30周年記念のホワイト基調の壁掛け時計はすべての千葉県民の自宅に飾るべき逸品だ（大げさ）。2000円を追加してゲットした「フラグメントケース」は箱入りでカッコいい。カード入れ、小銭入れとして日常遣いで活用している。

偉業はみんなでたたえ合う

16年から始まった「ファンクラブデー」は本当にすばらしい。今年も4月に「タープバッグ」、5月に「ステンレスボトル」、そして6月には「選手ボブルヘッド」が先着順で来場者にプレゼントされる。注目すべきは24日、25日の「佐々木朗希ボブルヘッド」プレゼント。当初は「先着10000名」だったが、完全試合達成を記念して、「より多くのTEAM26会員の皆さまとこの喜びを分かち合うため」、「先着20000名に変更」したのだ。偉業はみんなでたたえ合う。FCの根源的なあり方を体現している。FOY（ファンクラブ・オブ・ザ・イヤー）を進呈したい。

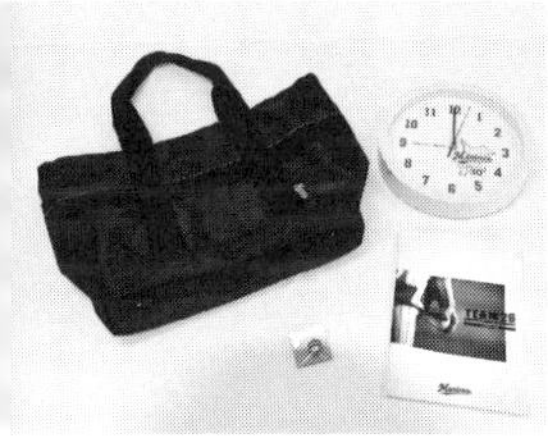

昨年の「謎の魚ワンタッチテント」のような、意欲的な特典グッズ開発を来年は期待したい

入会コースと主な特典

- **レギュラー**（3,900円）
  2WAYショルダーバッグ、フラグメントケース、マグカップ、マルチポーチから1つ選択／一部指定席引換券最大2枚／会員限定ガチャ（来場特典）／ポイントサービス他
- **カジュアルレギュラー**（2,900円）
- **ジュニア**（3,200円）
- **ゴールド**（1万1,000円）
  5種類から1つ選択他
- **プレミアム・ゴールド**（1万1,000円）
  シーズンシート購入者限定会員
- **無料会員**（無料）

【食べ物特典の元祖は、実はロッテ!?】
今年のオリックスの「宮崎牛」のインパクトがあまりにも大きくて「FC史上初の食特典」と力説しているが、厳密に言えば僕が全球団FC加入を始めた05年から16年まで、ロッテは「ロッテリア試食券」を特典としていた。しかも

E 東北楽天ゴールデンイーグルス

マー君クラブの募集はナシ

昨年、田中将大の電撃復帰を記念して誕生した「マー君クラブ」は今年の募集はナシ。限定10名で、年会費180万円というFC史上最高値は今年は更新されなかった。

庶民である僕は年会費1万500円の「3スター」に入会。メイン特典の「FANSユニフォーム」は田中将大の背ネーム、背番号入りを希望する。3月に「1円クーポン」が届き、オンラインショップで注文。定価9000円のユニフォームを1円で購入した。手間はかかるが、年会費を考えてもコスパはいい。楽天ポイントも付与された。こうして、僕も楽天経済圏の一員となっていくのである。

来場促進施策が復活傾向

昨年は実施されなかった「来場ポイント制度」が復活。来場するたびに、5スターは100、4スターは50、3スターは30の楽天ポイントが付与される。年に数回行われる「FansMATCH」では、来場ポイントが2倍になり、キャップ、ビニールバッグ、リストバンド、Tシャツがプレゼントされる。

来場回数に応じた「ステップアップチャレンジ」も拡充された。コロナ禍3年目を迎え、少しずつ来場を促進する施策が拡充。登録したヒーローが活躍しても楽天ポイントが付く。浅村栄斗の活躍に一喜一憂している僕は、紛れもなく楽天経済圏の一員なのだ。

3スター会員特典。スタンダードコースのわりに年会費は高額だが、サービスのコスパは十分

入会コースと主な特典

- **3スター**（1万500円）
  ユニフォーム、リュック、タオル、応援バットから1つ選択）／選べる特典B（レプリカキャップ、収納ボックスなど4種類から1つ選択）／観戦チケット引換権利4枚～他
- **4スター**（3万円）
  選手イベント参加権利など3種類から1つ選択他
- **5スター**（10万500円）
  全選手直筆サイン入りカードなど4種類から1つ選択他
- **Lライト**（2,000円）
  タオル／チケットクーポン1枚他

H 福岡ソフトバンクホークス

本革路線に並ぶ新機軸

19年から始まる「本革路線」は今年も健在。物々しい不織布にくるまれたボストンバッグは小旅行の際に普通に使えそうだ。このまま「革財布」「革ベルト」など、とことん邁進してほしい。

そして、ソフトバンクFCには「もう一つの系譜」が生まれつつあることも指摘しておきたい。それが、21年「ホークスバランスボール」、22年「ホークスヨガローラー」と続く「健康路線」だ。元気があれば何でもできる。健康寿命が延びれば、ファンは死ぬまで球団にお金を使い続ける。ファンの健康は球団の健康でもある。この路線はさらに続くのか？　23年に注目だ。

プレミアム会員への憧れ

継続年数10年以上のファンだけが入会できるのが年会費10万4885円の「プレミアム会員」。継続18年目の僕は、もちろん有資格者なのだが、金額にビビってしまい入会を検討したことはない。でも、選択制ではあるものの「チケット10枚」「お買物券」「お食事券」いずれか50000円分など、ソフトバンクらしい太っ腹な特典が並んでいるのでコスパはいい。年2回の会員限定イベントにも参加したいし、節目の20周年を迎える24年には入会してみようかな？　福岡は遠いから頻繁には行けないけど、入会してみる価値はありそうだ。ひとまず、来年考えます（笑）。

ハイグレード会員特典。高級感のあるボストンバッグは、本革路線を進むソフトバンクならでは

入会コースと主な特典

- **スタンダード**（4,015円）
  レプリカユニフォーム（ホーム、ビジター）、メッセンジャーバッグ、バスタオル、ヨガローラー、タカポイント3000点、お買物券3000円分、など10種類から1つ選択／チケット先行販売／PayPay支払い時飲食5%オフ／会報誌（年4回）他
- **ジュニア**（2,750円）
  指定席チケット他
- **ファミリー**（6,655円～）
- **ハイグレード**（1万615円）
  内野指定席ペアチケット他

に関しては今年のオリックス「宮崎牛」で完璧だ。「衣」はキャップ、パーカー、ユニフォーム類は潤沢にある。19年西武の「ステテコ」、20年阪神の「サンダル」で頭から足元までのフルコーディネートも可能になった。

F 北海道日本ハムファイターズ

何かが始まる胎動の息吹

就任以来、「ビッグボス」一色である。新庄剛志監督の就任以来、FCの新規入会が激増したという。プライマリーロゴもユニフォームも新しくなり、23年には新球場・エスコンフィールドHOKKAIDOも誕生する。何か新しいものが生まれる。球団全体にそんなムードが漂っている気がする。さて、FCである。昨年は全13種類だったが、今年は6種類からの選択制に。僕は「スノードーム」をチョイス。届いた箱には新球場のイラストの上に「2023PLAYBALL」と書かれている。22年開幕前に翌年のことに思いを馳せることになるとは思わなかった(笑)。

スノードーム最高!

スノードームを愛でる趣味などないけれど、これは僕にとって会心アイテムだった。仕事机の上に飾っているのだが、こんなに心が落ち着くとは思わなかった。これから誕生する北の大地の新球場。

ここで一体、どんなドラマが誕生するのか? 仕事のストレスを忘れさせてくれる。オリックスの「宮崎牛」がなければ間違いなくGOYだった。

ビッグボス就任以前に設計された今季のFCに大きな変化はなかったのは仕方がない。新庄剛志の下、新球場が誕生する23年、このときFCはどう変わるのか? 真価が問われるのは来年だ。

特典の選択肢は激減したものの、新球場のスノードームには新しい時代の幕開けを予感させる

入会コースと主な特典

- **ルーターズ**(3,600円)
エスコンフィールドHOKKAIDOスノードーム、Tシャツ&タオルセット、3WAYボストンバッグ、ポータブル卓上加湿器、マルチ大判ストールから1つ選択/チケット先行販売/チケット割引/ポイントサービス/来場プレゼント/会員マイページ&メールマガジン/会員限定ガチャポン/ビンゴ参加/会員限定クレーンゲーム他
- **キッズ**(3,600円)
主催試合対象席種無料他

L 埼玉西武ライオンズ

おはようからおやすみまで

18年に「シャンプーボトルセット」、19年に「ステテコ」、20年には「スリッパ」「枕カバー」「ブランケット」、そして21年にはお掃除道具の「マイクロファイバーモップ」など、生活密着型特典路線を邁進する西武FC。一連のこの流れを僕は「おはようからおやすみまでライオン(ズ)」と呼んでいるのだが、今年もこの路線を踏襲。

選択特典の中に「どんぶり&レンゲセット」「ランチョンマット&おはしセット(2組)」が加わった。どんぶりの底には「食べられてよかったです」と書かれてあり、おはしは紺と赤の二膳となっている。この路線はまだまだ続きそうだ。

おうち時間の悩み解消

12種類から選べるメイン特典。僕が注目したのは「クッション付きテーブル」だ。入会案内には「おうち時間の悩みを解消!」とある。膝の上に乗せるクッションに天板がついていて、座ったまま読書やパソコン作業ができるようになっている。天板にはタブレットや携帯電話を立てかけられる溝もある。

使ってみると確かにラクだが、気になるのが天板の柄。全11選手のプリントサインが配されているのだが、パソコン作業をしていて目がチカチカする。普通に球団ロゴやレオが描かれているだけで、デザイン的にも機能的にもグッと改善されると思うのだが……。

写真はハイグレード会員特典。異彩を放つクッション付きテーブルは、主力選手のサイン入り

入会コースと主な特典

- **レギュラーA**(3,500円)
ユニフォーム、ポータブルキャップ、ランチョンマット&おはしセット(2組)、保冷バッグ、どんぶり&レンゲセット、バスタオルなど8種類から1つ選択/DVD(早期入会)/チケット割引他
- **レギュラーB**(2,500円)
5種類から1つ選択他
- **レギュラーC**(2,000円)
- **ジュニア**(2,000円)
主催試合入場無料他
- **ハイグレード**(8,000円)
記念品12種類から2つ選択他

【おはようからおやすみまでライオン(ズ)】
全球団FCに入会を始めてから、「FCグッズだけで生活できないか?」と考えている。「生活」というからには「衣食住」のすべてがそろっていなければならない。「住」に関しては21年ロッテ「謎の魚　ワンタッチテント」が、「食」

一年に一度の名物企画もいよいよ19年目

2023

FC界も「脱・巣ごもり化」が加速中!

プロ野球界とファンサービスの関係を調査すべくスタートした好評企画も今年で19年目。唯一無二の12球団ファンクラブ評論家®が今年も12球団のFCを徹底調査する。今年は連載19年目にして初めての異変も!

疾風怒濤の19年目に突入!

入場制限も撤廃され、スタジアムに歓声が戻ってきた――。まだまだ予断は許さないものの、それでも新型コロナウイルス禍は少しずつ沈静化の気配を見せ始めている。「失われた3年間」を取り戻すべく、多くのファンが球場を訪れて熱い声援を送っている状況下で、12球団ファンクラブ（FC）生活も19年目を迎えることとなった。

2004年の球界再編騒動に端を発し、「本当のファンサービスとは何か?」を探るべく、全球団のFCに入会してから、実に19年の歳月が流れた。35歳の青年は53歳の中年オヤジとなったが、まだまだ野球に対する情熱は衰えていない。来年の20周年に向け、ますます邁進していく所存である。

さて、23年度のFC界は全体的に低調であった感は否めない。ここ数年、選手との握手会や撮影会などの「ふれあい特典」から、リモートイベントなど、コロナ禍ならではの「ニューノーマル特典」にシフトチェンジしつつあったが、今シーズンは従来のスタイルに戻り始めている。しかし、アッと驚くような特典グッズは見当たらず、組織のリニューアルはいくつか見られたものの、大胆なFC改革は敢行されなかった。

これは、逆に言えばすでに各球団のFC組織が成熟し、特に大きな問題点や瑕疵がないということの証明なのかもしれない。初めて全球団のFCに入会した05年は、まだまだ過渡期にあり、多くの球団に「改善の余地アリ」と感じられたものだったが、ここ数年は特に大きな課題もなく、各球団が円滑なFC運営を行っているのは間違いない。それこそが、19年という年月がもたらした成熟なのだろう。

23年FC界のトレンドは?

さて、改めてFC界の23年トレンドを解説したい。

①阪神、日本ハム「20周年」

04年、「阪神タイガース10番目の野手募集。」のコピーで発足した阪神FCがめでたく20周年を迎え、ハイグレードプランが誕生。一方、日本ハムは北海道本拠地移転20年目を記念して、新組織「FAV（ファブ）」を新設。「FAV」とは「ファイターズ・フェイバリット」の略。継続は力なり。

②「脱・巣ごもり化」が加速

ヤクルトはサンシェイドテント、DeNAはアウトドアチェアが特典となった。あるいは日本ハム、ソフトバンク、DeNAではキャリーケースが特典に。「巣ごもり」が叫ばれていた時代に終わりを告げ、いよいよ再びみんなで外に飛び出す時代が戻ってきたのか? それに呼応するように、昨年まで多くの球団で採用されたコロナ禍ならではの「マスク」はヤクルトのオプション特典のみ。FCグッズは時代を映す鏡なのである。

野球のある日常に感謝!

5月8日、新型コロナが5類感染症に移行。感染時の自宅療養や濃厚接触時の待機がなくなり、コ

まさかの"ストラックアウト被り"が起きたソフトバンクと中日。サイズには差が……

2023年筆者が入会したファンクラブの充実度

FOY	チーム	充実度 総合	充実度 観戦特典	充実度 グッズ特典	充実度 ポイント特典	入会したコース金額	コメント
	オリックス	B	◎	△	◎	2万8,000円	なおも「宮崎牛」のインパクトは絶大だが、毎年「今治タオル」「コラボバッグ」のマンネリ感は否めない。さらなる新機軸に期待したい
	福岡ソフトバンク	B	◎	△	◎	1万500円	選択特典として、「内野席ペアチケット」「ビジターチケット2枚」が復活。ビジター球場の招待はソフトバンクだけのユニークな試みだ
	埼玉西武	B	◎	○	◎	1万2,000円	大胆な値上げを敢行。「チケット引換クーポン」によって、お得度は増した気がするが、はたしてこの決断は吉と出るのか、凶と出るのか?
	東北楽天	C	◎	×	○	1万500円	「CLUB EAGLES」として生まれ変わったが大きな変化は見られない。楽天はわりと頻繁に組織改編を行っているが、その効果は……
	千葉ロッテ	B	◎	○	◎	1万3,000円	「ポータブルコーヒーメーカー」「サーモジャグ」は日常遣いもできるので便利。新機軸としての「セルフカフェ」路線は、来年も続くのか?
	北海道日本ハム	B	△	○	○	3,900円	今季から新組織「FAV」誕生。「プレミアム特典」を新設したり、「2000円チケット割引クーポン」も付けたり、意欲的な姿勢は◎
	東京ヤクルト	B	◎	○	◎	2万1,600円	13年のスワクル誕生以来、着実に優良FCを作り上げた。今季からは遠方ファンのために「燕征会員」を創設。さらなるサービス拡充に期待
	横浜DeNA	B	◎	○	△	8,300円	FC史に残る「回収騒動」を経て、今季は「スピーカー」「バッグ」「チェア」と毛色の違う3アイテムを準備。再び安定運営で進んでいく
	阪神	B	△	△	△	1万円	祝・誕生20周年。今季は「ハイグレードプラン」「プレミアムコース」が誕生。新たな時代を進むべく、まだまだ改良を続けていってほしい
	巨人	C	◎	×	○	3,300円	「モノではなく、思い出」にシフトしたのか? 他球団と比べると特典グッズの貧弱さがひと際目立つ。このまま進むのか。来季の動向に注視
	広島	B	×	○	×	4,000円	大きな変化もない代わりに、常に安定したサービスを提供している。「オリジナルユニフォーム」はもはや伝統芸の域に。「醤油皿」最高だ
	中日	B	◎	△	○	4,200円	年会費3万円、定員1000名の「エグゼクティブコース」はすでに受付終了。ここ10年で言えばもっとも進化、発展したFC。次の一手は何か?

※1:今年度は「ファンクラブ・オブ・ザ・イヤー」該当ナシ　※2:「充実度」は編集部と筆者の独断と偏見によるものです。
※3:コース金額に送料は含まれません。

今年のグッズ・オブ・ザ・イヤーは広島の醤油皿。醤油を入れると模様が浮かび上がる

ロナ禍は新たなフェーズを迎えている。

さまざまな制約下にあった過去3年間を思えば、ようやく取り戻した日常に浮かれたくなるのは人間の性かもしれない。それでも、まだまだ油断は禁物。節度を持った観戦スタイルはこれからも継続していきたい。

GW中、全国各球場は連日、満員を記録した。ひいきチームが勝つこともあれば負けることもある。それでも、目の前に野球があることに感謝。大好きな野球とビールを求めて、僕は今日もスタジアムに行く!

B オリックス・バファローズ

今年は肩ロース、ウデ肉！

昨年は前代未聞の「食特典」である「宮崎牛モモスライス５００ｇ」でＧＯＹ（グッズ・オブ・ザ・イヤー）を獲得したオリックスは今年もやってくれた。

2年目となる23年は「宮崎牛肩ロース・ウデ焼肉（各２００ｇ、計４００ｇ）」に加え、「オリジナル焼肉ダレ」まで！　今年もやはり本拠地だった神戸牛ではなく、キャンプ地である宮崎牛ということ、部位が異なるので単純な比較はできないが、昨年より１００ｇ減ったことは見逃せない。昨年はしゃぶしゃぶでいただき、今年は焼肉。「いぶし銀」と命名されたタレは絶品。あっという間に完食。

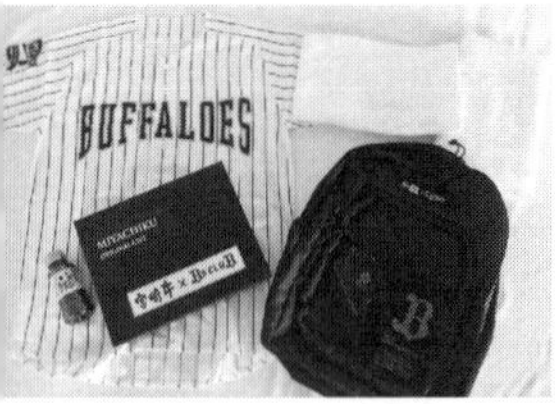

写真はゴールド会員Cコース特典。2年連続の食特典・宮崎牛は焼肉ダレつきなのがうれしい

大充実のアプリ会員システム

ここ数年、徹底的に「アプリ会員証」推しのオリックス。アプリ内には会員証だけではなく、ＦＣ特典である指定席引換券、継続入会特典であるピンバッジ、優勝記念カード&ハンカチ引換クーポン、さらにはオンラインショップ１０００円分割引券が表示され、来場ポイントも無人で受付可能となり、スマホだけあれば何でもできる。

なるほど、各球団アプリ会員証を積極的に導入しているけれど、ここまで至れり尽くせりなのはオリックスだけ。長年集めてきたプラスチック製会員証がなくなってしまうのは寂しいことだけれど、これも時代の流れなのだろう。

入会コースと主な特典

- **レギュラー**（4,000円）
  ユニフォーム、トートバッグなど3種類から1つ選択／指定席引換券1枚／ポイントサービス他
- **ジュニア**（1,500円）
- **Bsわんにゃん**（2,500円）
  ドッグウェア、タオルから選択他
- **無料会員**（無料）
- **ゴールド**（1万2,000円～）
  宮崎牛肩ロース・ウデ焼肉他
- **プラチナ**（3万1,000円～）
  指定席引換券8枚他
- **エクストラプレミアム**
  （6万5,000円～）

H 福岡ソフトバンクホークス

「二大路線」は継承されず

19年特典「本革トートバック」、20年「レザーリュック」、21年「レザーショルダーバック」、22年「レザーボストンバック」と、4年も続いた「本革路線」。昨年、「革財布や革ベルトなど、とことん邁進してほしい」と書いたものの、今年はこの路線は継承されなかった。

同様に21年「ホークスバランスボール」、22年「ホークスヨガローラー」と続いた「健康路線」もひとまず小休止。両路線とも、毎年楽しみにしていただけに残念だ。

今年もハイグレード会員に入会。迷った末に新アイテムの「ミニトートバッグ」「オリジナルストラックアウト」の2点を選ぶも……。

ハイグレード会員特典。本革路線は途絶えたが、選択特典のストラックアウトが異彩を放つ

史上初「ほしいものがない！」

ホークスＦＣといえば、早くから「複数選択制」が充実しており、特典グッズを選ぶ楽しさがあったのだけれど、今年はどれもイマイチでほしいものが何もなかった。こんなことは初めての事態だった。

毎年楽しみにしている継続特典ＤＶＤ。09年から始まり、前年の名場面や試合前の円陣が収録されている。試しに09年のＤＶＤを見ると、川﨑宗則の円陣が実に懐かしく目に飛び込んできた。ちなみに、今年の目玉企画はホークス一筋19年、昨年限りで引退した明石健志特集。年度版の記録となっており、資料的価値も高い。これだけでも、かなり得した気分になる。

入会コースと主な特典

- **スタンダード**（3,980円）
  ユニフォーム（ホーム、ビジターなど）、トートバッグ、バスタオル、ストラックアウト、タカポイント3,000点、お買物券3,000円分など13種類から1つ選択／チケット10%オフ／飲食・グッズ5%オフ／会報誌他
- **ジュニア**（2,750円）
- **ファミリー**（6,650円～）
- **タカポイント**（無料）
- **ハイグレード**（1万500円）
  グランドコート、パーカー、キャリーバッグなどから選択他

る。いろいろあって日本ハムへ移籍した山田遥楓と辻監督とのやり取りは最高だった。最後に辻さんから、「劇団獅子」に込めた思いが語られるのだが、本当にほのぼのとしていて彼の人柄がよく出ていた。6年間お疲れさまでした！

L 埼玉西武ライオンズ

年会費の大幅値上げ断行!

22年9月に届いた会報は23年FC特集で、表紙に「入会受付開始!」と大書され、中央には腕を組んで仁王立ちする辻発彦前監督の姿。本来ならば松井稼頭央新監督を全面に打ち出したかったことだろうけれど、これぱかりは仕方ない。

今季の最大の変化は「大幅値上げ」だ。ハイグレード会員は8000円から1万2000円、レギュラーA会員も3500円から6000円に。一方で、コロナ禍により中止していた「チケット引換クーポン」が復活。観戦の際に利用すれば、かなりお得なのは事実だが、大幅値上げのインパクトの前には少々霞み気味である。

山川穂高デザイン特典……

かつてのソフトバンクFCのお株を奪うように、今では「複数選択制」は西武の十八番。今年は全11アイテムから、自分の好きなものをチョイスできる。

僕は山川穂高デザインの「カレー皿&スプーン」に加え、オプション5000円を払ってオフィシャルユニフォームサプライヤーであるファナティクスの「MA-1」も選択。期待よりは安っぽい作りだったが価格相応か?

昨年「ランチョンマット&おはしセット(2組)」を選択したので、「カレー皿&スプーン」を選んだのだが……。これもある意味では「FC事件簿」と言えるだろう。

写真はハイグレード会員特典。カレー皿の達筆な「完食」の文字は山川穂高が自ら書いている

入会コースと主な特典

- **レギュラーA**(6,000円)
  トートバッグ、カレー皿&スプーン、バスタオル、スマホショルダー、Tシャツ、オンラインストア1,000円クーポンなど7種類から1つ選択/DVD(早期入会)/指定席引換券2枚他
- **レギュラーB**(3,800円)
  4種類から1つ選択他
- **レギュラーC**(3,300円)
- **ジュニア**(2,200円)
  主催試合入場無料他
- **ハイグレード**(1万2,000円)
  限定特典などから2つ選択他

E 東北楽天ゴールデンイーグルス

本当に「改革」なのか?

昨年までの「TEAM EAGLES」から、今年は「CLUB EAGLES」に生まれ変わった。それに伴い、コース名も「3STAR」は「スタンダード」、「4STAR」は「ハイグレード」、「5STAR」は「プレミアム」へと改称された。

これまでの「スター制」はわかりづらかったので、シンプルになったのはいいことだけど、どうしても「ただ名前を変えただけ」感は否めない。スタンダード4枚、ハイグレード6枚、プレミアム8枚の「観戦チケット引換権利」がつくので、それなりにお得感はあるが、他球団の改革と比べると、今ひとつインパクトは弱い。

魅力的な特典グッズがほしい

年会費10万500円のプレミアム、同3万円のハイグレードには、選択制で「選手直筆サイン入り色紙」か「サインボール」が特典となっているが、いずれも「※選手は選べません」の注意書きが。公式HPマイページでは「My HERO」を選べるようになっているのだから、せめて希望の選手を選択できるようにしてはいかがだろうか。

ここ数年は「先行割引販売でチケットを買えればいい」というファンのみを対象としているかのようなスタンスで、魅力的な特典グッズは皆無。せっかく生まれ変わったのならば、もう少し意欲的な特典の誕生を切に願う。

スタンダード会員特典は毎年代わり映えがせず、やや残念。来季はエッジを利かせられるか

入会コースと主な特典

- **スタンダード**(1万500円)
  ユニフォーム、タオル、応援バット/観戦チケット引換権利4枚他
- **ハイグレード**(3万円)
  選手イベント参加権利など3種類から1つ選択他
- **プレミアム**(10万500円)
  全選手直筆サイン入りカードなど3種類から1つ選択/プロモデルユニフォームなど3種類から1つ選択他
- **ライト**(2,000円)
- **イーグルスキッズ**(2,000円)

【さらば、そしてありがとう辻発彦監督!】
西武FCの早期入会特典「オリジナルDVD」を見ていて、去りゆく辻発彦監督への感謝の思いが募った。今年は、ベルーナドームのスタメン紹介時における監督と選手たちによるパフォーマンス「劇団獅子」総集編が収録されてい

M 千葉ロッテマリーンズ

独自の「セルフカフェ」特典

年会費1万1000円の「ゴールド会員」には「ポータブルコーヒーメーカー」や100℃のお湯を80℃で12時間キープできる「サーモジャグ」が選択特典に。

「コーヒースペシャリスト」の資格を持つ廣畑敦也に感化されたのか、突然の「セルフカフェ特典」は独自色が強い。前ページで述べたように、こちらも「脱巣ごもり」アイテムである。

さて、昨年の「フラグメントケース」、各種会員証やポイントカードをコンパクトに収納でき、高級感あふれる優れモノだったが、残念ながら耐久性に乏しく、すぐにボロボロになってしまった。

今年も大充実のFCデー

全球団入会を始めた05年以降は球界のトップを走り続け、その後、若干の低迷期間はあったものの、20年頃から再び勢いを取り戻してきたロッテFC。16年から始まったFCデー来場特典は他球団を凌駕する充実ぶり。今年も4月は「佐々木朗希投手&松川虎生選手ボブルヘッド」、6、7月は「サコッシュリュック」、8月は荻野貴司、そして佐々木のボブルヘッドなど、通常特典並みの豪華アイテムを先着でプレゼント。サコッシュとリュックという、全然異なる形状、収納力のカバンが2wayで楽しめるという。はたしてどんなものなのか？　球場に行くのが楽しみだ。

ゴールド会員特典に追加料金を払い、リュックとトートバッグを両獲り。来場特典も充実

入会コースと主な特典

- **レギュラー**（3,900円）
  ビッグトートバッグ、アクリル万年カレンダー、バスタオル、ベースボールシャツから1つ選択／一部指定席引換券最大2枚／会員限定ガチャ（来場特典）／ポイントサービス他
- **カジュアルレギュラー**（2,900円）
- **ジュニア**（3,200円）
- **ゴールド**（1万1,000円）
  ポータブルコーヒーメーカーなど5種類から1つ選択／一部指定席引換券最大6枚他
- **無料会員**（無料）

F 北海道日本ハムファイターズ

新組織「FAV」誕生！

昨年の本稿で「新庄剛志の下、新球場が誕生する23年、このときFCはどう変わるのか？　真価が問われるのは来年だ」と書いた。この言葉に呼応するように、今年から新組織「FAV」が誕生。全員に「HOKKAIDO20thメモリアルユニフォーム」を特典に。

さらに、「プレミアム特典」として、9000円を追加することで「エスコンフィールド開業記念スタジャン」か「キャリーケース」も選択できるようにした。

決して、会員種別を増やさずに、メモリアル感を演出するのは、長年「スタンダードプラン」のみで展開する日本ハムFCならではだ。

郷愁を感じさせる特典

昨年、新球場の「スノードーム」を選択し、北の大地の新しいグラウンドに思いを馳せたものだが、今年は「ES　CON　FIELD　HOKKAIDOレプリカ」を選択。実際の500万分の1スケールで精巧に再現したレプリカをスノードームと並べて陳列。野球場への郷愁を掻き立てられる粋な特典だ。もしも全球団に「球場レプリカ」特典があれば、僕は間違いなくコンプリートしているはずだ。

従来の「FANSポイント」は「Fマイル」に改称。チケットやグッズ購入だけでなく、飲食や宿泊でもポイントが貯まるように。これぞ、自前の球場ならではだ。

FAVとして生まれ変わったファンクラブ特典。球場レプリカは屋根がスライド式になっている

入会コースと主な特典

- **FAV**（3,900円）
  メモリアルユニフォーム／エスコンフィールドHOKKAIDOレプリカ、手ぬぐい&ブランケット、ウォールクロック、キッズリュックから1つ選択／ポイントサービス／Fマイル1,000マイル（継続特典）／スタジャン（9,000円追加料金のプレミアム特典）／チケット先行販売／チケット割引クーポン／指定席招待券5枚（小学生以下）／メンバー限定ウェブページ他

野球観戦以外はインドアな僕ではあるけれど、一連のアウトドアグッズを持ってどこかに出かけたい気分。自宅マンションには屋上庭園があるので、ぜひ夏の夜に試してみたい。管理事務所に申請したら、はたして許可は出るのだろうか？

S 東京ヤクルトスワローズ

「燕征会員」新設も……

「スワローズクルー」と組織改革して11年目。すでに優良FCとしての地位は確立したが、新たに「燕征会員」が誕生。なかなか神宮球場に行くことができない遠方の会員のために「招待券ポイント」の代わりに、公式ネットショップで使える「グッズクーポン」1000円分が。「CREWユニホーム」がついているもの、年会費3600円ではお得感は薄いかな?

コロナ禍も落ち着き、「練習見学会」や「グラウンド開放」「ファンミーティング」など、「体験特典」も戻ってきた。少しずつ、コロナ前に戻りつつある。さらなる優良FC化に向け、邁進してほしい。

つば九郎はやっぱりかわいい

プラチナ会員メイン特典として「2023 CREW サンシェイドテント」を選択。21年のロッテは「謎の魚 ワンタッチテント」が特典だったが、ヤクルトも同タイプのもの。入会案内書には「簡単な開閉式」と書かれているけど、確かに「開」は簡単なのだが、「閉」は、コツをつかむまではなかなか難しい。ロッテの「謎の魚版」はシュールだったが、今回の「つば九郎版」はシンプルにかわいい。

追加で5000円を払って「レインカバー付きリュック」を選択。アメリカンブランド「YAK PAK」とのコラボだが、収納力はあまりなく未使用のまま。

写真はプラチナ会員特典。サンシェイドテントは意欲的な特典ながら、しまうのにコツが必要

入会コースと主な特典

- **レギュラー**(3,600円)
  ユニホーム/特典チケット引換1ポイント/キャップオプション(追加料金)/チケット割引他
- **キッズ**(2,000円)
  特典チケット引換3ポイント他
- **ライト**(2,600円)
- **ゴールド**(7,200円)
- **プラチナ**(1万3,300円)
  サンシェイドテント、レトログラスなど8種類から2つ選択他
- **燕征**(3,600円)
  グッズクーポン1,000円分他

DB 横浜DeNAベイスターズ

昨年の大騒動を乗り越えて

昨年の特典「スマートウォッチ」は回収騒動にまで発展し、製造委託元の東急ハンズはてんやわんやだったはず。捲土重来を期す今季の「スペシャル会員」は「Bluetoothスピーカー」「アウトドアチェア」「バックパック」から1点。ヤクルトFCでテントを選んだので、ここは迷いなくチェア一択。

さっそく、自宅マンション屋上にテントとチェアを設置する。都会の喧騒を忘れられるひととき。オリックスFCの宮崎牛でバーベキューでもしようと思ったものの、屋上は火気厳禁のために断念。実現していれば「FCグッズだけでアウトドア」が楽しめたのに……。

最高だ、入江&牧コンビ!

球団公式HPに「入江選手と牧選手が教えてくれる!? 公式ファンクラブ」という2分11秒の映像がアップされている。

ここでは入江大生と牧秀悟が掛け合いでFC特典を説明し、入会を勧めているのだが、いい意味での2人のやかましさ、お調子者っぷりが最高だ。もちろん台本があるとはいえ、的確にFCの魅力を伝え、視聴後には「オレも入ろうかな?」という気にさせられる。選手自ら勧誘する球団愛がすばらしい。自称「2000個のギャグ」を持つ入江と、WBCでもムードメーカーとして存在感を発揮した牧には、毎年ぜひPR隊長として期待したい。

スペシャル特典ではアウトドアチェアを選択。チケット4枚分と観戦特典も充実している

入会コースと主な特典

- **レギュラー**(3,100円)
  特典チケット2枚分(もしくは2,000円分クーポン+選手カード5枚)/チケット先行販売他
- **キッズ**(3,100円)
  ステンレスボトルセット/特典チケット5枚分他
- **スペシャル**(8,300円)
  Bluetoothスピーカー、アウトドアチェア、バックパックから1つ選択/クリアファイル/特典チケット4枚分他
- **V☆SPIRIT**(3,100円)
  ビジターファン向けのコース

【アウトドアグッズがそろってきたぞ!】
本文でご紹介したように、今年はヤクルトが「サンシェイドテント」、DeNAが「アウトドアチェア」を特典としたので迷わずゲット。以前も、ロッテがテント、巨人がチェア、日本ハムがランタンを特典としており、こちらも入手済み。基本、

T 阪神タイガース

祝・FC誕生20周年!

２０２２年FC会報第3号の表紙には佐藤輝明のスイング写真とともに、「新たな時代へ」と大きな見出しが打たれている。

04年に現在のスタイルとなったFCが20周年を迎えた。この会報には、歴代の募集告知が掲載されている。04年度「阪神タイガース10番目の野手募集。」というコピーとともに登場しているのが、この年から駐米スカウトとなるトーマス・オマリー。17年は1軍の金本知憲、2軍・掛布雅之両監督。他にも、今岡誠（真訪）、赤星憲広、藤浪晋太郎、鳥谷敬らが並び、近年では大山悠輔や近本光司の姿も。20年という歴史の重みを感じさせる。

ハイグレードプラン誕生!

20周年を記念して、今季からは年会費1万円の「ハイグレードプラン」が登場。ジャーナルスタンダードとコラボした「リュック」か「トートバッグ」から1点を選択。さらに「20周年記念メダル」付き。

そして、継続20年という猛者に向けて「プレミアムコース」が誕生。7万円をプラスすると「バカラ ベガワイングラス2客」か「輪島塗蒔絵時計」を選択可能。ちなみにバカラのグラスは市場価格4万円前後の高級品。もちろん、チケットも超先行で一番に購入可。WEB入会限定で先着３００名。来年は僕も有資格者となる。特典内容次第では入会も検討したい。

新設のハイグレードプランに入会。阪神は継続年数で段階的にサービスが充実する仕組みだ

入会コースと主な特典

- **レギュラー**(3,900円)
  イエローメッシュジャージ、ワイヤレスチャージャー、キー太スマホスタンドなど6種類から1つ選択／チケット割引／会報誌(年4回)／継続年数によって記念品他
- **レギュラー中学生**(2,500円)
- **ライト**(2,700円)
- **KIDS**(2,500円)
  勝ったらハイタッチ(抽選)他
- **ハイグレード**(1万円)
  リュック、トートバッグから1つ選択他

G 読売ジャイアンツ

やはり今年も「収納」推し

久々に英和辞典を引いた。「Storage（ストレージ）」の意味を知りたかったからだ。そこには「保管、倉庫、貯蔵」とある。昨年の本稿で、巨人FCについて「なぜかストレージ推し」と書いた。21年は「ストレージバスケット」、翌22年は「ストレージボックス」が特典だったからだ。

そして、この傾向は今年も続いた。今年は6種類から1点選べるのだが、僕は「折りたたみ収納コンテナ」を選択。思えば17年のGOYは椅子と収納ボックスが融合した「Gボックスチェア」だった。「実に便利で実用的」というのが授賞理由。あの頃から収納推しだったのである。

「コロナ後」、本格スタート!

19年のFC改革後、どうも魅力に欠けている気がしてならない。けれども、20年から本格化したコロナ禍のために「やりたいことができないのだろう」と静観していた。そして、23年。

ようやく「体験特典」「ふれあい特典」が本格稼働。試合後のグラウンドを開放し、選手とハイタッチできる「アフターゲームオープンフィールド」や、試合前練習を間近で見学できる「エキサイトシート練習見学」「ベンチ前打撃練習見学」「バックネット裏打撃練習見学」など、「体験特典」が目白押し。なるほど、「モノ」ではなく「思い出」に特化するのも一つの戦略だろう。

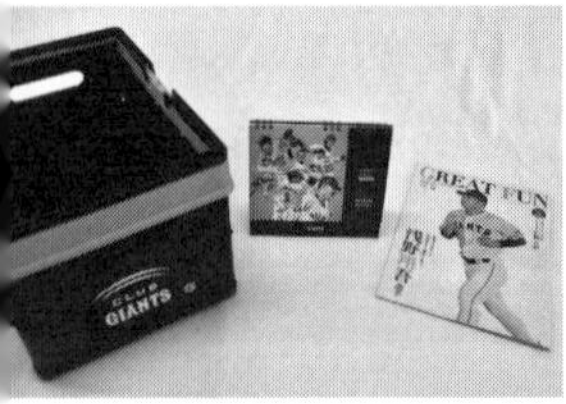

今年は折りたたみ収納コンテナを選択も使い勝手は疑問。収納推し路線はいつまで続くのか

入会コースと主な特典

- **シルバー**(4,400円)
  バックパック、ポケットトートバッグ、エンボスブランケット、折りたたみ収納コンテナなど6種類から1つ選択／卓上カレンダー／会報誌(年3回)／チケット先行販売／イースタン公式戦ホーム入場無料／ポイントサービス他
- **ブロンズ**(3,300円)
- **キッズ**(3,300円)
- **GIANTS ID**(無料)
- **ゴールド**(2万7,500円)
- **グランドスラム**(55万円)

のだ。冒頭で書いたように、今年のFCはどこもこれといった特徴がなく、「このFCを推したい!」という球団がなかった。ここは関係各位のさらなる奮闘を期待して、史上初「FOYナシ」とさせていただきたい。来年に期待したい！

C 広島東洋カープ

募集定員数は5万3000人

昨年の定員は、継続会員4万5000人、新規会員8000人の合計5万3000人だった。

年々、新規会員数が減少しているのが気になっていたのだけれど、今季は継続4万3000人、新規1万人となった。

かつてFC担当者は「むやみに会員数を増やすことはせず、きめ細かい対応ができる適正数を見極めたい」と語っていたが、ここ数年は5万3000名に落ち着いている。

毎年、ユニークな視点が面白い広島FCの今季のスローガンとして会員証に刻まれているのは「Cc走(しっそう)」。歴代会員証を見ているだけで面白いのも広島の個性。

今年のGOYは「醤油皿」!

メイン特典は今年ももちろん「オリジナルユニフォーム」。左右2つのポケット付きで紺と赤の2色があり、僕には赤が届いた。「偉大なるマンネリ」のように見えて、実はいろいろアイディア満載のこの路線は今後も続くのだろう。そして、ぜひ続いてほしいと願う。

さて、今年の広島の継続特典「醤油皿2枚セット」は最高だ。醤油を入れると、1枚は「醤油瓶を持ったカープ坊や」、もう1枚は「C」のマークと「しょうゆ　しょうゆしょうゆ　しょう　ゆうしょう」と浮かび上がる。脱力系のダジャレも含めて、これぞカープクオリティ。今年のGOYとしたい。

イヤーブックの斬新なデザインは今年も健在。GOY受賞の醤油皿など"クセスゴ"感が強い

入会コースと主な特典

- **ファン倶楽部**(3,800円〜)
  ユニフォーム/醤油皿(継続特典)/ズムスタ公式戦全試合をバーチャル空間で観戦/イヤーブック/グッズ先行販売/入場券先行販売/会員限定サイト/会員限定イベント他
- **ジュニア**(3,500円)
  リュック&キャップ/ジュニア会員手帳/観戦招待(抽選)他
- **レディース**(3,800円)
  お買い物保冷バッグ他
- **シニア**(3,200円)
  ポータブルステンレスマグ他

D 中日ドラゴンズ

エグゼクティブ会員新設

今季から、年会費3万円、定員1000名で「エグゼクティブ会員」が新設された。選択制のメイン特典は「リアルレザーサコッシュ」。17年には「レザーライク・トートバッグ&ポーチ」を選択したが、「やっぱりフェイクレザーは安っぽいな」と感じたことを思い出した。

年会費4200円の「レギュラー会員」は8アイテムからの選択制。僕はソフトバンクと同じ「タペストリー型ストラックアウト」を選択。両球団を比較しようと思ったのだが、同タイプのアイテムでも中日の方がひと回り小さかった。やはり、何事もきちんと比較してみなければわからない。

会員限定映像は貴重

令和期となり、各球団が「FC限定動画」に力を入れており、ベンチ裏やプライベート時間など普段見ることができない選手の姿を知れるのはなかなか面白い。

5月末に公開された42分弱の動画では「試合前円陣」「イケメンコンテストの舞台裏」が面白かった。23年、スタートダッシュに失敗し、連敗が続く中でも、選手たちが必死に、力強くメッセージを発している姿はカッコいい。また、人生初のタキシード姿に照れる根尾昂、仲地礼亜は初々しい。今後は期間限定ではなく、ぜひアーカイブ化してほしい。公式ならではの密着映像、秘蔵映像はやはり貴重だ。

写真はレギュラー特典。壁掛け型のストラックアウトはソフトバンクよりも一回り小さい

入会コースと主な特典

- **レギュラー**(4,200円)
  多機能チケットホルダー、マルチストレージボックス、ストラックアウト、ユニホーム、キャップ、ポイント1,000ポイントから1つ選択他
- **ジュニア**(3,800円)
- **カジュアル**(3,000円)
- **ゴールド**(1万400円)
  サーモステンレスボトル他
- **エグゼクティブ**(3万円)
  リアルレザーサコッシュ/ドラチケクーポン(1万500円分×2枚)他

【史上初の「FOY」ナシ!】
長年にわたって、この欄を読んでくださっている読者の方、何かお気づきではないですか? 実は、毎年その年の一番のFCを独断で決定している「FOY (ファンクラブ・オブ・ザ・イヤー)」について、今年は何も言及していない

祝・20周年到達！

FCに入り続けて20年目に見えた世界とは？

12球団ファンクラブ評論家®の長谷川晶一が忖度抜きに12球団のファンサービスを論じる名物企画も、今年でとうとう20年目に達した。節目の年、新たな展開が待ち受けていた。ページの最後の最後まで見逃すな！

FC生活、祝20周年！

　2004（平成16）年の球界再編騒動をきっかけとして、「本当のファンサービスとは何かを探るために、全球団のファンクラブ（FC）に入会しよう！」と決意してから、実に20年の月日が流れた。34歳で始めた試みだが、気がつけば54歳になった現在でも、「FC生活」を続けているとは思いもしなかった。生まれたばかりの赤ちゃんが20歳である。誰も褒めてくれないし、そもそも「褒めろ」と言う方がおかしいのだけれども、たとえどんなことであろうとも、一つのことを20年間も続けたということは誇りたい（笑）。感無量である。

　この間、球界は大きく変わり、当然のごとくFC界も一変した。いずれも、「ファンファースト」の姿勢を鮮明にし、特典グッズも多彩となり、いずれも高品質化。システマティックでありながら、かゆい所に手が届く運営スタイルを確立しつつある。各球団のFC担当者の努力に頭が下がる思いだ。世界中にパニックをもたらした新型コロナウイルス禍も落ち着きを見せ、今年はFC運営も完全に通常営業となった。

　思えば、コロナ禍の影響を直接受けた21年から22年までの2年間はFC界にとっての暗黒期だった。23年度にはまだ「マスク特典」があったけれど、24年度の特典には「コロナの痕跡」が皆無だ。まだまだ油断してはいけないと承知しつつ、それでも「オレたちはこの苦境を乗り越えたぞ！」と声を大にして誇りたい気分である。

24年FC界のトピックは？

　さて、改めてFC界の24年トピックを解説したい。

①DeNAのリニューアル！

　従来の「B☆SPRIT友の会」から、新たに「BlueMates（ブルーメイツ）」に生まれ変わった。これに伴い、ロイヤリティプログラム、ステージランクも一新。チケット、飲食、グッズの購入や来場登録によって「STAR」と呼ばれるポイントを獲得することで、さまざまなサービスが受けられることとなった。思えば20年前は「ファンクラブ」と「友の会」という運営が異なる2つの組織が混在し、しっちゃかめっちゃかだったのだが、親会社がDeNAに代わってから、着実にステップアップしている。

②楽天、ソフトバンク20周年！

　前年の球界再編騒動を受けて05年に誕生した楽天、そしてソフトバンクFCはともに20周年を迎えた。僕の全球団入会史と同じ歴史を歩んできた両球団をともに祝いたい。ということで、今年は楽天・プレミアムコース（10万500円）、ソフトバンク・プレミアム会員（10万4900円）に入会。大奮発だ（※決して、大散財ではない。詳しくは本文で）。

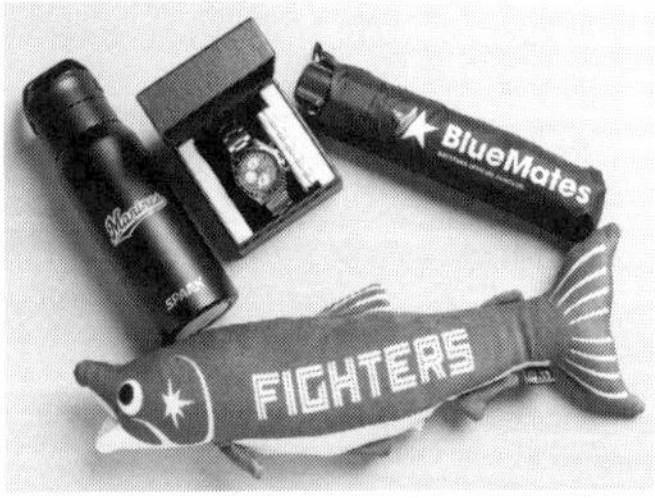

2024年のGOY（グッズ・オブ・ザ・イヤー）はこちらの最終候補4品に絞られた

今後、どうすべきなのか？

　さて、ここまでは例年通りに能天気に書き進めてきたけれど、そろそろ先延ばしにしてきた「問題」

2024年筆者が入会したファンクラブの充実度

FOY	チーム	充実度 総合	観戦特典	グッズ特典	ポイント特典	入会したコース金額	コメント
	阪神	B	△	○	○	1万円	今季、初採用された「フォトブック」は、選手たちの緊張した面持ちが楽しめて面白い。毎年の年度版として今後も特典としてほしいところ
	広島	B	×	○	×	4,000円	昨年、GOYを獲得した「醤油皿」に続き、今季の継続特典は「スライリーのつぼ押し」。実際に使ってみると本当に気持ちよくて手放せない
	横浜DeNA	B	○	○	○	8,700円	今季から、新組織「BlueMates」発足。ポイントシステム、ステージ制度も一新され、これまでの課題解消に向けて、着実にステップアップ
◎	巨人	A	△	◎	◎	3,300円	ここ数年の停滞ぶりがウソのような充実ぶりを見せた。12球団最安値。今季から大きくパワーアップしたポイントプログラムは、かなり魅力的
	東京ヤクルト	A	○	○	◎	1万7,300円	「ニュースペーパーバッグ」やチャムスとコラボした「レインポンチョ」など、選択特典は全部魅力的。「ゲルクッション」は仕事場の椅子で絶賛愛用中
	中日	B	△	△	○	1万400円	エグゼクティブからカジュアルまで全5カテゴリー。選択制グッズも11アイテムと年々充実。ポイント制度もさらに拡充され、安定期に突入
	オリックス	B	○	△	○	2万8,000円	昨年までの「宮崎牛」が、今年は「宮崎うなぎ」に。ふるさと納税感あふれる、キャンプ地・宮崎県との強力タッグは今後もさらに続くのか？
	千葉ロッテ	A	○	○	◎	1万3,000円	SPARXとコラボした「真空断熱炭酸用ボトル」は観戦の際にかなり便利で愛用中。これこそ、まさにプロ野球球団FCらしい特典ですごくいい
	福岡ソフトバンク	A	◎	○	◎	10万4,900円	プレミアム会員となり、10枚の観戦チケットの他に「特別シート招待」や専用ラウンジ特典があり、今季は何度も博多に行くことになりそうだ
	東北楽天	A	◎	◎	○	10万500円	9年ぶりにプレミアムコースを選択。「全選手の直筆サインカード」が楽しみで仕方がないのだけれど、到着は「2024年内」。気長に待とうか
	埼玉西武	B	○	○	○	1万3,000円	外崎、源田の「トノゲンコンビ」がプロデュースした「マグカップ&コーヒー」は期待以上によかった。新たな「食特典」として今後も期待
	北海道日本ハム	B	△	◎	○	4万3,900円	普段、まったく時計なんてしないのに「SEIKOコラボウォッチ」を手に入れた。「FC生活20周年」の記念アイテムとして大切に使いたい

※1：巨人を「ファンクラブ・オブ・ザ・イヤー」に認定　※2：「充実度」は編集部と筆者の独断と偏見によるものです。

に、正面から向き合わねばならないだろう。「問題」とは何か？　そう、「この全球団ＦＣ入会をいつまで続けるか、どうすべきか？」という大問題である。カネもかかる、手間もかかる。溜まりゆく一方の特典グッズを収納するスペースも限界に差し掛かってきた。そろそろ決断のときが近づいているのかもしれない……。

迷いつつ、悩みつつ、まずは球場へ行く。大好きな野球とビールを求めて、僕は今日もスタジアムへ行く。あしたはどっちだ？

怪しげな雰囲気の撮影に臨む長谷川氏。詳細は209ページをご覧ください！

T 阪神タイガース

ずっとブレない姿勢が最高

昨年、セ・リーグを制した勢いのまま38年ぶりの日本一となり猛虎フィーバーを巻き起こした。それを祝して「バカラグラス2客セット」が特典の「プレミアムプラス」に入会しようと思ったものの、年会費8万円にひるんでいるうちに、あっと言う間に先着300名が締め切りに。「メモリアルDVD」や「来場者プレゼントの一部を自宅配送」「応援デーグッズコンプリートセット」など魅力ある特典が並ぶ。

このコースは20年以上、継続した会員のみが特別入会できるシステム。従来から阪神FCは、継続年数に応じてランクが上がる「カネより忠誠心」を重視している。

新企画「フォトブック」がいい

今季は年会費1万円の「ハイグレードプラン」に入会。お目当てはSHIPSとコラボした「2wayトート」ではなく、新企画「選手フォトブック」。入会案内書には「ファン必見!! ユニフォーム姿ではない選手のグラビアショット」とある。ということは「私服ショットだろう、いや、ひょっとしたらセミヌードかも?」と申し込む（笑）。

金の箔押しの表紙には私服姿の大山悠輔、中野拓夢、佐藤輝明、そして近本光司。ぎこちない笑顔がなかなかいい。全体の構成は全10名のスタジオ特写と岡田監督以下、主力選手のオフショットが並ぶ。全70ページの力作で満足。

1万円のハイグレードプランで選択した特典は、佐藤輝明が異彩を放つ選手フォトブックだ

入会コースと主な特典

- **レギュラー**（3,900円）
  イエローメッシュジャージ、ツールバッグ、ポケッタブルボストン、スマホショルダーポーチなど6種類から1つ選択／チケット割引／会報誌（年4回）／継続年数によって記念品他
- **レギュラー中学生**（2,500円）
- **ライト**（2,700円）
- **KIDS**（2,500円）
- **ハイグレード**（1万円）
  2wayトート（帆布×合皮）、ショルダーウォレットから1つ選択他

C 広島東洋カープ

独自路線をひた走り続ける

この20年間において、「もっともブレていないFC」の称号は広島のものだ。普通ならば「創意工夫がない」とか「マンネリだ」と批判されるだろうが、広島の場合は揺るぎない信念を感じる。メイン特典の「オリジナルユニフォーム」は毎年変わらない。それでも、そのデザインはパジャマ風、ヒッコリーシャツ風、ノースリーブなど、毎年、「これはユニフォームじゃないよ」と言いたくなるようなモノが続く一方で、継続特典は昨年GOY（グッズ・オブ・ザ・イヤー）を獲得した「醤油皿2枚セット」のような意欲的なアイテムが多く、今年は「スラィリーのつぼ押し」（笑）。

広島FCのセンス好きです！

さらに、広島FCの独自性は会員証にも表れている。他球団のように「来場ポイント制度」があるわけではないので、会員証を使用する機会は皆無であるにもかかわらず、毎年、独自のコンセプトとともにカラフルで楽しいデザインをモチーフにしている。今年は大正ロマン風のカープ坊やが描かれ「鯉爛漫」と書かれている。近年のスローガンを紹介すると、23年「Cc走（しっそう）」、22年「やるど。」、21年「頂ます!」、20年「5c（ファイブシー）」と、何が何だかよくわからない（笑）。でも、それでいいのだ。これぞ他球団にはない独自のCQ（カープクオリティ）。

どう会議をすれば「スラィリーつぼ押し」なる珍妙なアイデアが出るのか、興味深い……

入会コースと主な特典

- **ファン倶楽部**（3,800円〜）
  ユニフォーム／スラィリーつぼ押し（継続特典）／メタカープ（ズムスタ公式戦全試合をバーチャル空間で観戦）／イヤーブック／グッズ先行販売／入場券先行販売／会員限定サイト他
- **ジュニア**（3,500円）
  リュック（またはショルダーバッグ）＆キャップ／全試合観戦招待他
- **レディース**（3,800円）
  巾着ショルダーバッグ他
- **シニア**（3,200円）
  保冷ポーチ付きミニバック他

3000円。BlueMates会員は2500円。特典アイテムは最近はやりのモチモチした触感のクッション。リバーシブル仕立てで「DB.スターマン&DB.キララ」と「BART&CHAPY」のデザインが楽しめる。12球団初の試み。つば九郎やドアラも、続くのか?

DB 横浜DeNAベイスターズ

BlueMates誕生!

冒頭で述べたように、今季から大幅リニューアルを断行。名称が代わり、同時にポイントシステム、ステージランクも一新された。

公式ホームページでは「3分半でわかる!スペシャルムービー」と題して、牧秀悟と上茶谷大河が説明を担当しているが、2人とも「ロイヤル、ロイヤルぅ〜」と言いたいだけで、これを見ている限りではよくわからないのが難点だ(笑)。ちなみに、昨年は上茶谷ではなく入江大生。牧は2年連続の出演。

僕は「スペシャルコース(8700円)」に入会。「引換チケット4枚」ということで、すでに3試合ハマスタで観戦。すでに元は取った。

優れモノの折り畳み傘

気になるメイン特典だが、「トートバッグ」「中華風食器3点セット(丼・八角皿、レンゲ)」、そして「折り畳み傘」からの選択制だが。実用度を重視して傘を選ぶ。

遮光、UVカット機能が嬉しい晴雨兼用で、表面には黒に白地のFCロゴ。裏地はペイズリー柄に球団ロゴが透かし彫り。コテコテしたデザインでないので、普段使いがしやすく、常にカバンに入れている。「中華風食器」と迷ったのだけれど、コレにしてよかった。耐久性さえ問題なければ、かなり長い期間、活用できそう。まずは新組織の発足は上々のスタート。今後のさらなる発展に期待したい。

DeNAのFCは大幅リニューアル。スペシャル特典で普段使いしやすい折り畳み傘を選択した

入会コースと主な特典

- **レギュラー**(3,500円)
  引換チケット2枚/チケット先行販売他
- **ショッピング**(3,500円)
  webショップクーポン他
- **キッズ**(3,000円)
  ダブルウォールグラス2点セット/引換チケット3枚他
- **スペシャル**(8,700円)
  トートバッグ、中華風食器3点セット(丼、八角皿、レンゲ)、折り畳み傘から1つ選択/引換チケット4枚他
- **ビジター**(3,500円)
  引換チケット2枚他

G 読売ジャイアンツ

ついに浮上、改革の成果が!

19年にFC改革を行ったものの、コロナ禍の直撃により、低迷期が続いていた巨人FC。昨年は「体験特典」「ふれあい特典」を本格始動し、今年は「グッズ特典」「ポイントプログラム」を大幅に拡充。

グッズは7点からの選択制。ここ数年、ずっと推し続けていた「ストレージ」がないのが残念。あればそれにしていたのだが、今年は「ラグマット」を選択。毛足が長く、裏地には滑りどめ。つい、14年のメイン特典である「バスマット」を思い出した。東京ドームのネクストバッターズサークルを模したもので、今年の「ラグマット」と同じコンセプトだろうか? 温故知新。

巨人ブランドの底力を見た

続いて「ポイントプログラム」だが、交換できるアイテムは約60種類。「BRUNOステンレスマグ」「LASMOスピーカー」「ナイキパーカー」「CAPTAIN STAGリラックスクッションチェア」など、他ブランドとのコラボを積極的に推進。新アイテムが盛りだくさんで、先行するオリックス、ソフトバンク、ヤクルトらに匹敵する品ぞろえを実現させた。個人的には「コールマンLEDランタン」を目指すこととしたい。

球団創設90年の今年、巨人FCは本気だ。昨年空位となったFOY(ファンクラブ・オブ・ザ・イヤー)は巨人FCに差し上げたい。

7種類の共通特典からラグマットを選択。ポイントサービスの充実度を評価し、FOY戴冠!

入会コースと主な特典

- **シルバー**(4,840円)
  バックパック、コンパクトショルダーバッグ、トートバッグ、ブランケット、ラグマットなど7種類から1つ選択/卓上カレンダー/会報誌(年3回)/チケット先行販売他
- **ブロンズ**(3,300円)
- **キッズ**(3,300円)
  ペア招待券1試合他
- **ゴールド**(3万250円)
- **グランドスラム**(55万円)
  選手直筆サイン入りグッズ/パーティースイート観戦会ペア招待他

【ベイスターズ・マスコットコースに入会した!】
昨年、突然誕生したDeNAのマスコットコース。昨年は、期間限定でさらにハマスタでの現地受付のみだったので入会できなかったけれど、今年は公式ホームページからの受付が可能だったので即入会。新規入会は

S 東京ヤクルトスワローズ

500～700円の値上げ

なかなか神宮球場に行くことのできない全国のファンに向けて昨年誕生した「燕征会員」は今年も健在だが、特にサービス拡充はなされていないのが残念。

昨今の物価高と強烈な円高の影響はもちろんFC界も直撃。ヤクルトを一例に挙げて恐縮ではあるが、昨年と比較してプラチナ会員は700円、ゴールド会員は500円の値上げ。世知辛い世の中ではあるが、企業努力も限界に達しているのだろう。昨今の経済情勢を鑑みれば、それもやむなしなのか。

毎年述べているように、今年もまた、体験特典、ポイント制度、チケット特典とすべてが合格点。

早期継続特典のつば九郎醤油皿、早期入会特典の折りたたみコンテナが異様な存在感を放つ

昨年のGOYと同じ特典

今年も「プラチナ会員（1万4000円）」に入会。メイン特典はシカゴのワークウェアブランド「UNIVERSAL OVERALL」とコラボした「ニュースペーパーバッグ」をチョイス。口元が広く、出し入れしやすく丈夫で、大量の資料が必要な取材の際に重宝している。サブ特典は「ゲルクッション」を選択。

早期継続特典の「つば九郎醤油皿」。醤油を注ぐとつば九郎が浮かび上がるのだが、これは昨年、GOYに輝いた広島のものと同じ。カープの場合は2枚組で、脱力系ダジャレが秀逸だったが、ヤクルトつば九郎版は1枚のみ。

入会コースと主な特典

- **レギュラー**（3,600円）ユニホーム／チケット招待券1ポイント（外野席）／キャップオプション（追加料金）／チケット割引他
- **キッズ**（2,000円）チケット招待券3ポイント（外野席）他
- **ゴールド**（7,700円）
- **プラチナ**（1万4,000円）ベースボールジャケット、ショルダーポーチなど8種類から2つ選択他
- **燕征**（3,600円）**グッズクーポン1,000円分他**
- **ライト**（2,600円）

D 中日ドラゴンズ

「収納グッズ路線」を邁進？

今季は「ゴールド会員（1万400円）」に入会し、「吊るせるトラベル収納ケース」を選択した。22年の「マスコットスツールBOX」、23年の「マルチストレージボックス」と、中日FCもまた、昨年までの巨人のように「収納グッズ路線」を目指しているのだろうか？　トラベル収納ケースは確かにかさばらず旅行用にはいいけど、実際に使用することはないかな？

これまであまり触れてこなかったけれど、「ドラチケクーポン」はゴールド会員ならば5000円分が2枚つく。これだけで、年会費の元が取れる。今夏予定している名古屋遠征の際にぜひ活用したい。

ゴールド特典の吊せるトラベル収納ケースは筆者には刺さらなかったが、斬新なアイデアだ

デザイン力向上のために

10年前に出版した『FC本』において、僕は中日FCについて「グッズデザインにどうしても違和感」と書いた。せっかく質のいいアイテムを特典としているのに、「デザインがどうにもダサい」と失礼なことを書いたのだが、残念ながらその傾向は、さらに10年が経過した今も改善されずじまい。

今年に限って言えば、「エグゼクティブ会員（3万円）」だけが選択できる「オリジナルリュック」はニューエラとのコラボだが、他球団のように、もっとアパレル、アウトドアブランドとのコラボを増やすことで、デザイン力向上を図ることはできないだろうか？

入会コースと主な特典

- **レギュラー**（4,200円）ランドリーネット、帆布トートバッグ、ポイント1,000ポイント、ユニホーム、キャップなど8種類から1つ選択／ドラチケクーポン（2,800円×2枚）他
- **ジュニア**（3,300円）
- **カジュアル**（3,000円）
- **ゴールド**（1万400円）吊せるトラベル収納ケース他
- **エグゼクティブ**（3万円）NEW ERAコラボリュック／ドラチケクーポン（1万900円×2枚）他

今年で権利は消滅する。更新すれば、さらに10年。しなければ商標登録は失効。「さて、どうしよう?」と思ったけれど、ここはひとまず更新手続きをすることにした。次の更新は2034年。そのとき僕は64歳だ（笑）。さてさて、一体、どうなるのか?

B オリックス・バファローズ

「食特典」、ついに廃止か……

大ニュースである。22年「宮崎牛モモスライス500g」、23年「宮崎牛肩ロース・ウデ焼肉（各200g、合計400g）」と、FC界に革命をもたらしたオリックスの「食特典」がついに廃止に。しゃぶしゃぶ、焼肉と続いたから、「今年は豚肉で生姜焼きでも食べたいな」とのん気に構えていたのに……。ウシは食えるときに食え。

残念なのは「食特典」に代わる新機軸がなかったこと。リュックとタオルとユニフォームは例年同様でデザイン的にも代わり映えなし。20年の「エポック社製野球盤」のようなインパクトの強い特典の復活を期待したいところだが……。

いや、「食特典」は不滅だ！

……という原稿を書いてはみたものの、実は「食特典」は、「宮崎特産品セット」として、「エクストラプレミアムメンバー」の「フルコース（13万5000円）、シーズンシートコース（7万円）」の特典となっていたのである！

気になる内容は、「宮崎県産ハーブうなぎ【特大】2尾×2個、鶏炭火焼（180g）×1個、宮崎牛ご飯たれ×1個、宮崎辛麺（1食入）×2個、宮崎マンゴー地サイダー×3個、日向夏ドレッシング×1個」。非常に魅力的だったけれど、そのためだけに13万円は支払えず断念。ほぼふるさと納税だが、これはこれで個性的だ。

写真はゴールド会員Cコース特典。12球団唯一無二だった「Bsわんにゃんクラブ」は廃止に

入会コースと主な特典

- **レギュラー**（4,000円）
  ユニフォーム、オンラインショップ割引券1,500円など5種類から1つ選択／指定席引換券1枚／ポイントサービス他
- **ジュニア**（1,500円）
- **無料会員**（無料）
- **ゴールド**（1万2,000円〜）
  NEW ERAコラボリュック他
- **プラチナ**（3万1,000円〜）
  指定席引換券8枚／4月・5月特定日指定席引換券1枚他
- **エクストラプレミアム**
  （7万円〜）

M 千葉ロッテマリーンズ

少数精鋭がウリの4アイテム

例年通り「ゴールド会員（1万1000円）」に入会し、2000円を追加して「ラウンドショルダーバッグ」をゲット。

ゴールド会員の選択特典は4種類。「ミズノトラックジャケット」「撥水トートバッグ」、SPARXとコラボした「真空断熱炭酸用ボトル」「ホームベース型珪藻土マット」と、実にバラエティーに富んだラインナップ。他球団は「8アイテムから選択」などと数の多さを誇っているが、ロッテは4アイテムすべてが魅力的。僕は「炭酸用ボトル」を選択。炭酸飲料も持ち運べる優れもの。容量は530㎖。「珪藻土マット」も追加すればよかったな。

指定席引換券で過去グッズも

16年から始まり、近年さらに充実している「FCデー来場特典」は今年もすごい。「キルトブランケット」「パッカブルトートバッグ」「折りたたみテーブル」「マルチパスケース」などなど。事前に8月までの日程が発表されている心遣いもいい。

個人的に「これはいいな」と感じたのが、ゴールド会員用の「指定席引換券」で、過去の入会特典グッズに交換できるサービスだ。FC評論家としては、かつて入手できなかったアイテムを再びゲットできるチャンスが広がるのは嬉しい。23年の「ポータブルコーヒーメーカー」「サーモジャグ」があれば、ぜひ手に入れたい。

ゴールド会員特典で真空断熱炭酸用ボトルを選択。追加料金を払えば他の特典も選択できる

入会コースと主な特典

- **レギュラー**（3,900円）
  ラウンドショルダーバッグ、ロープマルチポーチ、UVカットオリジナルバスタオル、ジュニアアロハシャツから1つ選択／一部指定席引換券最大2枚／来場ポイントサービス他
- **カジュアルレギュラー**（2,900円）
- **ジュニア**（3,200円）
- **ゴールド**（1万1,000円）
  真空断熱炭酸用ボトル、ホームベース型珪藻土マットなど5種類から1つ選択／一部指定席引換券最大6枚他
- **無料会員**（無料）

【12球団ファンクラブ評論家®、更新!】
2014年、「FC生活10周年」を記念して、特許庁まで赴いて「12球団ファンクラブ評論家®」を商標登録した。手間もお金もかかったけれど、これで僕は正真正銘の「FC評論家」となったのである。期間は10年。つまり、

H 福岡ソフトバンクホークス

「本革路線」、ついに復活！

今年は全球団入会20周年記念として、10年以上継続したファンだけが入会できる「プレミアム会員（10万4900円）」に入会。「選べるチケット・商品券」は「レギュラーシーズン主催試合チケット10枚」を選択。東京在住ではあるけれど、「今年は博多に行こう」と決意したのだ。

「選べるグッズ」では、2年ぶりに復活した「本革路線」の「本革クッション」を選ぶ。これまでのボストンバッグなどと同じ革で、同じデザインなので、統一感があっていい。さらに選択制で「会員証ケース（牛革）」もあったのだが、うっかりしていて「タカポイント5000pt」を選択。

継続10年以上の会員だけが入会できるプレミアム。これが10万円超のラグジュアリー特典だ！

限定ユニの自宅送付が嬉しい

さらに、会員専用ラウンジ「FAN'S SQUARE」の優先予約権」が2回分。さっそく6月の試合で予約した。驚いたのは、開幕早々だというのに、「白のキセキ」「ピンクフルデー」「ファイト！九州デー」などの限定イベントで配布されるユニフォームがまとめて届いたことだ。

九州在住ではないのでこれは嬉しい。上段で述べたように、試合チケットが10枚もあるので、今年はみずほPayPayドームには足しげく通う予定で、チケット特典、ラウンジ特典をとことん満喫するつもりだ。10万円超の年会費ではあったけれど、なかなかコスパは悪くない。大満足だ。

入会コースと主な特典

- **スタンダード**(3,980円)
  ユニフォーム(白、黒)、プラクティスTシャツ、バスタオル、ショッピングバッグ、タカポイント3,000点、お買物券3,000円分、内野席ペアチケットなど12種類から1つ選択／来場回数に応じてタカポイント加算／会報誌他
- **ジュニア**(2,750円)
- **ファミリー**(6,650円〜)
- **ハイグレード**(1万500円)
  パーカー、リュック、本革クッションなどから選択他
- **プレミアム**(10万4,900円)

E 東北楽天ゴールデンイーグルス

大満足のプレミアムコース

ソフトバンクに続いて、楽天FCでも最上級「プレミアム（10万500円）」に入会。こちらも大充実特典がズラリ。以前入会したときと同様「全選手直筆カード」を選択も、「2024年内発送」とのこと。「選手直筆サインボール」は「7月頃発送」とのことで、いずれもまだ手元にはない。ずいぶん悠長だな（笑）。

「ミズノ社製リュック＆グラウンドコート」はかなりの高品質。他にも「ビッグトートバッグ」「トラベル＆ポーチセット」もつく大盤振る舞い。嬉しいのは「観戦チケット」が8枚もあり、すでに4月、6月に2試合ずつ計4試合を観戦。夏にも行く予定。

大満足のプレミアム特典ながら、全選手直筆カードなど豪華な品が早く届かないのは残念

コース間格差がハンパない

ただ、昨年「魅力的な特典グッズは皆無」と書いたけれど、「ハイグレード（3万円）」「スタンダード（1万500円）」となると、一気に特典が貧相となる感は否めない。10万円超払えば、お腹いっぱいになるぐらいの豪華特典が付くものの、それ以外は一気に貧弱となるのはいかがなものだろうか？

「プレミアム」に入会した今年は大満足だ。何も申し分がない。けれども、もしも「スタンダード」に入っていたら、「コスパ悪いなぁ〜」と嘆いていたことだろう。他球団と比較すると、コース間格差が大きいのが楽天FCの特徴なのか？　ぜひ、改善、是正を求めたい。

入会コースと主な特典

- **スタンダード**(1万500円)
  ユニフォーム／タオル／ビッグトートバッグ、ネックファンなど8種類から1つ選択／チケット引換クーポン4枚他
- **ハイグレード**(3万円)
  選手直筆サイン色紙など4種類から1つ選択／チケット引換クーポン6枚他
- **プレミアム**(10万500円)
  全選手直筆サイン入りカードセットなど4種類から1つ選択／チケット引換クーポン8枚他
- **ライト**(2,000円)
- **イーグルスキッズ**(2,000円)

分の全データに加え、大小合わせて約50本の書下ろし原稿を加えた超強力、超無意味、超完全版！ 現在、絶賛執筆中。懐かしいグッズに囲まれ、当時の資料を読みながら感慨に浸る日々を送っている。自分でもどんな本が完成するのかまったくわからない(笑)。

L 埼玉西武ライオンズ

西武FCでも「食特典」が!

昨年オフに配布された入会案内で、選手よりもひときわ大きく描かれていたのが就任2年目となる松井稼頭央監督である。しかし、この原稿執筆中にシーズン半ばでの休養となった。戦力が整わない中での就任となり、志半ばで去らざるを得ないのは本当に残念である。

今年も「ハイグレード会員（1万2000円）」に入会。グッズ特典は「ファナティクス・ラージトートバッグ」と、外崎修汰と源田壮亮プロデュースによる「木製マグカップ&ドリップバッグコーヒー」を選択した。昨年のロッテFCの「コーヒー」に続き、これもまた「食特典」の一つの系譜である。

源田と外崎のこだわり

さて、この「マグカップ&コーヒー」だが、公式ホームページには両選手のプロデュース過程が動画で公開されている。

まずはマグカップに刻印されている両者のイラスト制作風景。手元のカップと見比べながら動画を見ると楽しみは倍増する（笑）。コーヒーの試飲を続けているうちに源田が口の中を火傷するのがおかしい。8種類のコーヒーの中から二人が選んだのはともに「キリマンジャロAA」だったが、「それでは面白くない」ということで、源田が「エチオピアイリガチェフ」、外崎が「マイルドすずきブレンド」をチョイス。どちらも美味しかった。

写真はハイグレード会員特典。木製マグカップは"トノゲンコンビ"のプロデュース品だ

入会コースと主な特典

- **レギュラーA**(6,000円)
  ラウンドショルダーバッグ、ポロシャツ、木製マグカップ&ドリップバッグコーヒーなど8種類から1つ選択／DVD(早期入会)／内野指定席引換券2枚他
- **レギュラーB**(3,800円)
  4種類から1つ選択他
- **レギュラーC**(3,300円)
- **ジュニア**(2,200円)
  主催試合入場無料他
- **ハイグレード**(1万2,000円)
  ラージトートバッグ、モバイルバッテリーなど限定特典などから2つ選択他

F 北海道日本ハムファイターズ

SEIKOとのコラボウォッチ

昨年、新組織「FAV」としてリニューアルされた日本ハムFC。今年も従来と同様、「スタンダード会員（3900円）」が基本線で、希望者のみ「プレミアム特典」を追加できる仕組みとなっている。

スタンダード特典は「しゃけまるネックピロー」を選択。移動時はネックピロー、観戦時は定番応援グッズのしゃけまるに変身する2WAYタイプで面白い。今年のGOYは、コレにしたい！

プレミアム特典は、時計メーカー「SEIKOコラボウォッチ（4万円）」「バックパック（1万2000円）」「北海道産ウッドプレートセット（7000円）」の3つ。

細かすぎるこだわりがいい

僕は4万円を追加してこの時計をゲット！　文字盤はファイターズストリコロールの3色を基調として配色され、チームロゴや七光星が鮮やかに描かれている。裏面にはシリアルナンバーの刻印もある。

さらに、盤面に描かれた分目盛りをよく見ると、そこには、北海道に移転した04年、リーグ優勝、日本一に輝いた06、07、09、12、16年、そしてエスコンフィールドが開業した23年がゴールドになっている。

言われなければ、絶対に気づかなかった（笑）。僕の貧弱な腕にはちょっといかつすぎるけど、FC生活20周年メモリアルアイテムとして大切にしたい。

年会費に4万円を追加してSEIKOコラボウォッチを入手。しゃけまるネックピローはGOY受賞

入会コースと主な特典

- **FAV**(3,900円)
  Tシャツ、キャップ、ショルダーバッグ、しゃけまるネックピロー、1,000Fマイルから1つ選択／SEIKOコラボウォッチ(4万円追加料金)／バックパック(1万2,000円追加料金)／北海道産ウッドプレートセット(7,000円追加料金)／チケット先行販売／チケット割引クーポン／指定席招待券5枚(小学生以下)／メンバー限定ウェブページ／来場者サービス／ポイントサービス他

【速報・FC本第2弾発売決定!】
10年前に発売され、一部マニアの間で話題となった『プロ野球12球団ファンクラブ全部に10年間入会してみた!』(集英社)。実はこの度、「FC生活20周年」を記念して、第2弾が発売されることが決まった! 過去20年

ファンクラブあるある④

球場配布あるある

先着グッズをもらい忘れた時の喪失感。

FC会員になれば多大な恩恵が受けられるが、無垢な喜びばかりではない。先着限定のグッズをもらい忘れたり、間に合わなかったりした時の虚無感は計り知れない。結構、もらいそびれている。

各球団に
感謝を
込めて……

12球団 ファンクラブ 通信簿

1	西武	96pt
2	ロッテ	94pt
3	ヤクルト	92pt
4	巨人	84pt
5	中日	82pt
6	ソフトバンク	72pt
7	広島	68pt
7	阪神	68pt
9	DeNA	66pt
9	オリックス	66pt
11	楽天	64pt
12	日本ハム	62pt

※ポイント集計方法＝著者の長谷川が毎年評価する「充実度」を数値化。A＝5pt、B＝3pt、C＝1ptと換算（評価方法が「松竹梅」の時代は松＝A、竹＝B、梅＝Cに置き換えた）。2005～2024年まで20年間の合計ポイントをランキング化した。

埼玉西武ライオンズ

球界の盟主としての気概を胸に、新たな時代を！

12球団FC通信簿
2005-2024充実度
1位

ある時期、「西武ＦＣのＦＣ殿堂入りを真剣に検討すべきではないか？」と考えたことがある。それぐらい、各種特典が大充実していたからである。07年、松坂大輔の海外移籍に伴うポスティングマネーを投じた、いわゆる「松坂ＦＣ革命」によって、一気に球界有数のＦＣに躍り出た。

その後も着々と健全運営を続けてきたが、15年に「事件」が起こる。「プラチナ会員」のメイン特典である「内野自由席フリーパス」に制約がかかることになり、事前告知もないままチケット特典が改悪されてしまったのである。多くのファンからのクレームを受けて「退会希望者には全額返金」という措置を講じたものの、しばらくの間、ファンの怒りは収まらなかった。翌16年には「プラチナ会員」は消滅する。

そしてこの年には待望の「ハイグレード会員」が新設され、よりハイレベルなグッズが特典となった。以来、上質のアイテムが常に採用されている。個人的には21年の「レオシルエット掛け時計」は本当に気に入っている。この20年、全球団の特典の中でもトップクラスの完成度であり、満足度である。

ソフトバンクに続いて、13年から始まった早期入会特典の「オリジナルＤＶＤ」は、選手たちの座談会など、撮りおろしコンテンツを充実させながら現在も続いている。過去のＤＶＤを見るたびに、この10年強の間に、涌井秀章、岸孝之、秋山翔吾、菊池雄星、浅村栄斗、山川穂高ら、多くの選手が他球団

埼玉西武ライオンズ2005-2024年FC通信簿

年度	会費	充実度	FOY/GOY
2005年	¥3,000	A	
2006年	¥3,000	A	FOY
2007年	¥3,000	A	FOY
2008年	¥3,000	A	
2009年	¥5,000	A	
2010年	¥5,000	A	
2011年	¥5,000	A	GOY
2012年	¥5,000	A	
2013年	¥5,000	A	
2014年	¥5,000	A	
2015年	¥5,000	A	
2016年	¥10,700	A	
2017年	¥10,000	A	
2018年	¥10,800	A	
2019年	¥15,900	A	GOY
2020年	¥12,000	A	
2021年	¥13,000	A	GOY
2022年	¥8,000	A	
2023年	¥12,000	B	
2024年	¥13,000	B	

20年間の総合ポイント **96pt**

FOY獲得 **2回**

GOY獲得 **3回**

コスパ	アイデア	ラグジュアリー
A	B	A

ベストグッズ

レオシルエット掛け時計
(2021年)

ベストイヤー

2011年

総額 **¥152,400**

に移籍してしまった現実を痛感させられる。

さらに近年では、他球団にはない独自の「生活密着路線」を開拓し、意欲的なアイテムをどんどん投入している。この20年において、19年西武ＦＣだけが特典としたボトムス、「ステテコ」はフル活用している。自宅で日常使いをしているけれど、ゴムが伸びたり、生地がヨレヨレになったりせず、すでに5年が経過しても、なんの問題もなく着用している。本書コラムでも書いたけれど、ぜひ今後は高級文具メーカーとのコラボでボールペンやノートなどを望みたい。

僕自身が80年代を席巻した「西武カルチャー」直撃世代であるが、「西武」ブランドは、あの時代を知る人々にとって絶大な影響力を誇っている。さらにこの時期、広岡達朗、森祇晶監督の下で、野球でも黄金時代を築いていた。近年は有力選手の流出が相次ぎ、不本意なシーズンが続いているが、「西武」ブランドはかつて、野球もＦＣもトップレベルにあった。新時代の盟主を目指すべく、球界全体をリードしていたかつての気概を再びＦＣ界でも見せてほしい。

千葉ロッテマリーンズ

「先行者」の意地で、再びFC界のトップに返り咲け

12球団FC通信簿
2005-2024充実度

2位

14年に出版した前作において、僕はロッテFCについて、「FC界、最強の先行者にして、最大の功労者」と書いた。05～14年までの10年間、僕の胸の内では、ロッテが一つの基準となっていた。すべての球団がロッテFC並み、もしくはそれ以上の高いレベルとなれば、FC界には明るい未来が待っている。本気でそう考えていたのである。

しかし、ある時期から、その存在感が少しずつ薄くなってきているように感じていたのも事実だ。かつて僕は、ロッテFCにエールを送るべく、「追われる者の辛さを超えろ」と書いた。それだけ期待していたのである。FC担当者は僕と同じトゥエルバーで、プロ野球以外でも、Jリーグなど他のスポーツのFCに入会し、いいものは積極的に取り入れようと貪欲な姿勢を見せている点にも好感を抱いたものだ。

しかし、必ずしも順風満帆なFC運営を続けてきたわけではない。09年には「LOTE（ロテ）事件」があり、14年には「KOBE（神戸）」と記すべきところを「KOPBE」と記したピンバッジを配布し、正しいものを再配布したこともある。記憶に新しいところでは20年には電話番号の誤表記によって会員証を再配布もした。いずれも誤植の問題だ。

出版業界に生きる僕にとって、いくら万全を期したと思っても、キッチン奥のゴキブリのごとく、ヤツはなんの前触れもなく現れる。誤植との戦いに負けず、これからもお互いに頑張ろうではないか！

千葉ロッテマリーンズ2005-2024年FC通信簿

年度	会費	充実度	FOY/GOY
2005年	¥3,500	A	
2006年	¥10,000	A	
2007年	¥3,500	A	
2008年	¥3,000	A	FOY
2009年	¥3,500	A	
2010年	¥3,500	A	
2011年	¥3,500	B	
2012年	¥10,000	A	FOY
2013年	¥10,000	A	GOY
2014年	¥3,500	A	
2015年	¥10,300	A	
2016年	¥11,000	A	
2017年	¥15,300	A	
2018年	¥16,100	A	
2019年	¥16,600	A	
2020年	¥11,000	B	
2021年	¥16,000	A	
2022年	¥16,000	A	FOY
2023年	¥13,000	B	
2024年	¥13,000	A	

20年間の総合ポイント 94pt

FOY獲得 3回

GOY獲得 1回

コスパ	アイデア	ラグジュアリー
A	B	B

ベストグッズ

エアソファ
(2020年)

ベストイヤー

2018年

総額 ¥192,300

先ほど、「存在感が薄くなってきた」と書いたけれど、その後は少しずつ復調気配を見せている。16年、「OUTDOOR PRODUCTS」とコラボした「2wayデイパック」はカッコよかったし、18年の「スウェットスタジアムジャンパー」は今でも愛用するほどのお気に入りだ。そして、20年の「エアソファ」は歴代ベストの斬新さだった。あの頃、地味に話題を集めていた新マスコット「謎の魚」関連のグッズもよかった。20年代に入り、ようやくかつての独自性が復活しつつあることが嬉しい。

唯一、苦言めいた願望を述べるならば、かつての名物特典「ロッテリア試食券」の復活を心から願う。「食特典」に注目が集まりつつある昨今、菓子メーカーの雄であり、「ロッテ」の名を冠し、ZOZOマリンスタジアムにも出店するロッテリアの試食券をぜひ特典に。同様にロッテ製品の特典化も望みたい。新時代の新たな可能性となる「食特典」のトップランナーを目指してほしい。ベストイヤーは「スタジャン」も「パーカー」もよかったので18年としたい。

東京ヤクルトスワローズ

13年の「スワローズクルー」発足で優良ＦＣに大転換

12球団FC通信簿
2005-2024充実度
3位

子供の頃からのヤクルトファンであるということは、別に隠してはいない。ある時期からは、積極的に公言している。これまで、さまざまなヤクルト関連の本を書いてきた。だからこそ、ＦＣ比較については、「絶対に私情を挟むまい」と心に決め、他球団よりも、むしろ厳しめに論じてきたつもりだ。

トゥエルバーとなったきっかけは、長年入会し続けてきたヤクルトＦＣに対する「不信感」だった。今から思えば、04年こそ、ＦＣに対する不満が最高潮に達していたといえるだろう。その後も、「プレミアム会員なのにプレミアム感がまったくない」と、何度も指摘した。しかし、ヤクルトＦＣは先行する他球団に追随しながら、年々地道な改革を続けていく。

そして13年、現在まで続く「スワローズクルー」として生まれ変わってからは、他球団を凌駕するセンスのいいアイテムを続々と提供するようになった。

観戦特典、グッズ特典、「スワレージ」と呼ばれるポイントシステムもどんどん拡充してきた。バランスがいいのだ。非の打ちどころがないのだ。

一時期は、西武ＦＣ同様「このままだと毎年ヤクルトがＦＯＹを獲得してしまうぞ……」と、本気で心配し、「ヤクルトだけ殿堂入りということにして、今後は選考対象外としようか？」と真剣に考えたこともある。それぐらい完成度が高いのである。

さて、広島ＦＣの継続特典については何度も絶賛してきたが、ヤクルトＦＣの早期入会特典も、実は

東京ヤクルトスワローズ2005-2024年FC通信簿

年度	会費	充実度	FOY/GOY
2005年	¥5,000	A	FOY
2006年	¥5,000	A	
2007年	¥10,000	A	
2008年	¥10,000	A	
2009年	¥10,000	A	
2010年	¥15,000	A	GOY
2011年	¥5,000	B	
2012年	¥5,000	A	
2013年	¥10,000	B	
2014年	¥10,000	B	
2015年	¥13,600	A	
2016年	¥13,000	A	FOY
2017年	¥13,000	A	FOY
2018年	¥13,000	A	
2019年	¥16,300	A	
2020年	¥13,600	A	
2021年	¥22,600	A	FOY
2022年	¥21,600	A	
2023年	¥21,600	B	
2024年	¥17,300	A	

20年間の総合ポイント **92pt**

FOY獲得 **4回**

GOY獲得 **1回**

コスパ	アイデア	ラグジュアリー
A	A	B

ベストグッズ

バックパック
（2021年）

ベストイヤー

2022年

総額 **¥250,600**

多種多彩でとても楽しい。何しろこの球団には「つば九郎」という圧倒的大スターが控えている。早期入会特典として、つば九郎モチーフの手ぬぐい（15年）、ノート（16年）、トランプ（17年）、カルタ（18年）、児童書出版のフレーベル館とコラボした本格絵本『つばくろうをさがせ！』（19年）、チョロQタイプの「てくてくつば九郎」（20年）、「がまぐちポーチ」（21年）など、きりがないほど大充実しているのだ。

かつて、FC担当者に、スワレージの交換アイテムの充実ぶりについてインタビューした際に、「パチンコ店の景品交換を参考にしています」と語っていた。お父さんが観戦帰りに、家で待つ子供のためにお土産を持って帰る感覚だという。

ひいき目抜きに、すばらしい運営を実践しているのは確かである。惜しくも、西武、ロッテの後塵を拝する形となったが、グッズ特典、観戦特典、ポイントシステム、ふれあい＆体験特典などなど……。総合的な完成度は群を抜いている。結果は3位だが、セ・リーグトップ。大いに胸を張っていただきたい。

読売ジャイアンツ

さまざまな紆余曲折を経て、これから向かう先は……

12球団FC通信簿
2005-2024充実度
4位

この20年において、このチームほど紆余曲折があったＦＣはないかもしれない。

05年に初めて入会したときには、「もう、お腹いっぱいです。これ以上の特典は望みません」というぐらい質量ともに充実していた。その後、メイン特典も王道と冒険心あふれる意外なグッズの両輪がそろっていたため、前作において、「のび太が逆立ちしてもかなわない出木杉くん」と、巨人ＦＣを評した。

しかし、その後の巨人は迷走状態に陥ってしまう。17年こそ、「Ｇボックスチェア」がＧＯＹを獲得したり、翌18年には「アウトドアチェア」を発表したり、意欲的なラインナップが並んでいたものの、19年、長年親しまれてきた「Ｇ－Ｐｏ」を改め、新たに「ＣＬＵＢ　ＧＩＡＮＴＳ」としてリニューアルした頃から雲行きが怪しくなる。

時代に逆行するかのように「複数選択制」をやめてしまったのである。よっぽど魅力的な自信作ならともかく、これだけ趣味嗜好が細分化した多様性の時代において、「単品強制制」はナンセンスだ。19年の本文で、僕はハッキリと「ＦＣ改革元年は不発に終わった」と書き、「来季のさらなる改善に期待」と続けた。努めて冷静に書いたつもりではあるが、怒りと失望を感じながらキーボードに向かっていたのだ。

それでも、僕が求めた「改善」はなかなか訪れる気配すらなかった。20年の本文では「課題は山積したまま……」と書き、21年には「この路線は今後も

読売ジャイアンツ2005-2024年FC通信簿

年度	会費	充実度	FOY/GOY
2005年	¥4,800	A	
2006年	¥4,800	A	
2007年	¥4,500	A	
2008年	¥4,800	A	
2009年	¥4,800	A	FOY
2010年	¥4,800	A	
2011年	¥4,800	A	FOY
2012年	¥4,800	A	GOY
2013年	¥4,800	A	
2014年	¥4,800	A	
2015年	¥4,800	A	
2016年	¥4,800	B	
2017年	¥4,800	A	GOY
2018年	¥4,800	B	
2019年	¥4,320	B	
2020年	¥3,300	B	
2021年	¥4,400	B	
2022年	¥3,300	B	
2023年	¥3,300	C	
2024年	¥3,300	A	FOY

20年間の総合ポイント 84pt

FOY獲得 3回

GOY獲得 2回

コスパ B

アイデア B

ラグジュアリー B

ベストグッズ

ラグマット
(2024年)

ベストイヤー

2011年

総額 ¥88,820

続くのか……」といら立ちを隠せず、22年には「迷走が続いている巨人ＦＣ」と記した。

しかし、23年の本文では「『コロナ後』、本格スタート！」と書いている。コロナが落ち着きを見せ始めたこの年、ようやく打撃練習見学などの「体験特典」、そして選手とハイタッチできるなどの「ふれあい特典」が充実の兆しを見せ始めたのである。

さらに翌24年になると、「ついに浮上、改革の成果が！」と、明らかに筆が躍っている。この年、メイン特典は7種類からの「複数選択制」となり、同時に「ポイントプログラム」で交換できるラインナップが約60種類までに拡充されたのだ。

23年の体験特典、ふれあい特典の拡充を経て、24年にはメイン特典、ポイントシステムもパワーアップされた。バランスのいいＦＣ運営は、すぐそこまで来ている。「空白の一日」ならぬ、「空白の数年間」を経て、ついに巨人はＦＣ界でも球界の盟主として復活をはたそうとしている。さぁ、お楽しみはこれからだ。どんな楽しみが待っているのか？

中日ドラゴンズ

一度も、FOY獲得はないものの、堅実な運営が光る

12球団FC通信簿
2005-2024充実度
5位

05年、「よし、全球団のFCに入会しよう！」と決意して、最初に立ちはだかった大きな壁が中日だった。当時は0〜5歳までの「キッズ」、新小学生から中学3年生までの「ジュニア」、そして新高校生から20歳までの「ユース」と、この3カテゴリーしかなかったのだ。ということで、甥っ子名義でユースに入会したところから、トゥエルバーとしての歴史が始まった。

もしも、その状態がずっと続いていれば、僕は早々にこの取り組みをやめていたはずだ。しかし、幸いだったのは翌06年に、16歳以上なら誰でも入会できる「一般コース」を創設。このとき、スタジオジブリ・宮崎駿監督がデザインした新キャラクターまで誕生し、翌07年に公募で「ガブリ」と決まった。誕生初年度にいきなり7大特典という華々しいスタートを切ったように、その後も安定運営を続けていく。

しかし、僕と中日FCの相性はあまりよくない。せっかく興味のあるアイテムがあっても、そのデザインがどうもイマイチなのだ。ハッキリ言ってしまえば、「ダサい」のだ。好みの問題があるから、僕の独断でしかないことは承知しているけれど、もっと他にやりようがあるのではないか？　ずっと、そんな思いを抱いて、今日に至っている次第である。

公式FC誕生10周年に当たる15年には「プレミアムコース」が誕生。年会費3万円を払って、すぐに入会してみたけれど、アシックス製の「グラウンドコート」が、どうにも野暮ったい。一度、試着した

中日ドラゴンズ2005-2024年FC通信簿

年度	会費	充実度	FOY/GOY
2005年	¥3,000	B	
2006年	¥3,800	A	GOY
2007年	¥3,800	A	
2008年	¥3,800	A	
2009年	¥3,800	A	
2010年	¥3,800	A	
2011年	¥3,800	B	
2012年	¥3,800	B	
2013年	¥3,800	B	
2014年	¥3,800	A	
2015年	¥30,000	A	
2016年	¥3,900	B	
2017年	¥3,900	B	
2018年	¥3,900	B	
2019年	¥4,100	A	
2020年	¥4,200	A	
2021年	¥4,200	A	
2022年	¥4,200	A	
2023年	¥4,200	B	
2024年	¥10,400	B	

20年間の総合ポイント **82pt**

FOY獲得 **0回**

GOY獲得 **1回**

コスパ	アイデア	ラグジュアリー
C	B	B

ベストグッズ

ドアライバー（2019年）

ベストイヤー

2006年

総額 **¥110,200**

だけで、すぐにドラゴンズファンにあげてしまった。

16年からは親会社である中日新聞社から球団に、運営が移管され、「何かが変わるのか？」と期待したが、特に大きな変化はなかった。長年、会報は新聞形式で会員証はプラスチック製ではなく紙製というのも、中日ＦＣだけの特徴だったが、現在は他球団同様、パンフレット形式の会報、プラスチック製の会員証となっている。おかしかったのは18年の会報において、「プラスチック仕様に変えています」と、大々的に宣言していたことだ。

実は内心では「06年のガブリぬいぐるみ以降、中日ＦＣからＧＯＹが選出されることはないだろう」という予感を抱いている。19年の「ドアライバー」が惜しくも逃してしまったが、今後、ＧＯＹを奪取する斬新な特典の誕生を待ちたい。

この20年間、大きな改革もなく粛々と運営を続けてきた。一度もＦＯＹ獲得はないけれど、安定した運営で5位となった。ベストイヤーはＦＣ誕生の06年。あのインパクトを超える衝撃を楽しみにしている。

福岡ソフトバンクホークス

「複数選択制」の雄は、「本革路線」に続く、新機軸の模索を

12球団FC通信簿
2005-2024充実度
6位

ダイエーからソフトバンクに親会社が変わり、球団初年度の05年に入会しているので、僕とＦＣの歴史は完全に一致している。発足当初、孫正義オーナーは「世界一のＦＣを目指す！」と高らかに宣言したものの、20年が経過して、世界一はおろか、まだ日本一にもなっていない。それが、「12球団ファンクラブ評論家®」としての見解である。

ソフトバンクＦＣといえば「複数選択制」というイメージが完全に定着している。創設2年目の06年には、早くも4アイテムとなり、そこからどんどんアイテム数は増え、10年以降は8アイテムとなり、18年に11アイテム、24年時点では「スタンダード会員」なら12種類、「ハイグレード会員」なら、15種類から選ぶことができる。

また、唯一他球団に比べて見劣りしていたポイントシステムも、17年に「タカポイント」を開始。チケット、グッズ、球場内飲食など、あらゆる経済活動でポイントが付与される。現在では、ソフトバンクが推し進めるＰａｙＰａｙを利用するとさらに還元率がアップ。公式アプリ経由ならば、テレビ中継内で放送されるキーワードを入力することでもポイントが貯まる。12球団有数の貯めやすさであり、交換アイテムも多種多彩で「選ぶ楽しさ」を満喫できる。

謎の新マスコット「ふうさん」が突然、現れたのは15年5月4日、ヤフオクドーム（当時）のこと。さらに18年の同日には、ふうさん似の「こふうさん」

福岡ソフトバンクホークス2005-2024年FC通信簿

年度	会費	充実度	FOY/GOY
2005年	¥3,700	B	
2006年	¥3,700	B	
2007年	¥3,700	B	
2008年	¥3,700	B	
2009年	¥3,700	A	
2010年	¥3,700	A	FOY
2011年	¥3,700	A	
2012年	¥3,700	A	
2013年	¥3,700	B	
2014年	¥3,700	B	
2015年	¥3,780	B	
2016年	¥10,260	B	
2017年	¥10,260	B	
2018年	¥10,260	B	
2019年	¥10,260	B	
2020年	¥10,615	B	
2021年	¥10,615	B	
2022年	¥10,615	A	
2023年	¥10,500	B	
2024年	¥104,900	A	

20年間の総合ポイント
72pt

FOY獲得 **1回**

GOY獲得 **0回**

コスパ	アイデア	ラグジュアリー
A	B	A

ベストグッズ

本革トートバッグ（2019年）

ベストイヤー

2024年

総額 **¥229,065**

も登場する。以降、ＦＣ特典には両キャラクターのアイテムが登場することになった。

近年の話題としては「本革路線」と「健康路線」という新機軸を打ち出したこと。前者は「本革トートバッグ」（19年）から始まり、「レザーリュック」（20年）、「レザーショルダーバッグ」（21年）、「レザーボストンバッグ」（22年）と連なる系譜だ。後者は「ホークスバランスボール」（21年）「ホークスヨガローラー」（22年）と続く一連のアイテム群である。

他球団との差別化を図るためにも、ぜひこうした流れはどんどん加速していってほしい。

トゥエルバー20周年となる24年は自分へのご褒美として「プレミアム会員」（年会費10万4900円）となった。博多には2回足を運び、計5試合を観戦。チケット特典をフル活用させてもらった。クラブホークスもまた、誕生から20年が経過した。「同期」であり、「同志」でもあるような、そんな親近感を勝手に抱いている。あれから20年――。

これからも、お互いに切磋琢磨していきたい。

広島東洋カープ

頭を使い知恵を絞り、12球団唯一無二の「手作り感」を

12球団FC通信簿
2005-2024充実度
7位

本書において、繰り返し述べてきたように、広島FCを表現するには「CQ（カープ・クオリティ）」というひと言でこと足りる。予算やマンパワーに限りがある中で、「どうすればファンに喜んでもらえるか?」ということに、日々頭を悩ませ、知恵を絞って運営に励んでいるのだ。以前、FC担当者に話を聞いたとき、彼はこんなことを言っていた。

「うちの大きな特徴は《定員制》だということです。他球団FCの場合は特典グッズプレゼントとか、チケット割引とか、多くの方に球場に来ていただくスタンスで運営されています。うちの場合はそういう面も、もちろんゼロではないですけれど、FCに限って言うと、会員限定のイベントを開催して、楽しんでいただくということを一つの柱にしています」

ここに広島FCの大きな特徴がある。会員数が増えすぎると、イベント参加の競争率が高くなってしまう。だから定員制にしているのである。16年度は「定員1万6000名」がすぐにいっぱいになり、急遽2000名を追加した。この年、25年ぶりの優勝を達成し、翌17年は一気に「定員3万人」となり、18年は3万5000名まで増員。リーグ3連覇を果たし、さらなる躍進を目指す19年は、継続会員、単年会員合わせて5万人となった。この短期間で、最も急激に組織拡大を実現したのが広島FCだった。また、毎年変わらず、「オリジナルユニフォーム」がメイン特典である点については、こう答えている。

広島東洋カープ2005-2024年FC通信簿

年度	会費	充実度	FOY/GOY
2005年	¥3,000	C	
2006年	¥3,000	C	
2007年	¥3,500	B	
2008年	¥3,500	A	
2009年	¥3,500	A	GOY
2010年	¥3,500	A	
2011年	¥3,500	A	
2012年	¥3,500	B	
2013年	¥3,500	B	
2014年	¥3,500	B	
2015年	¥3,500	B	
2016年	¥3,500	B	
2017年	¥3,500	B	
2018年	¥3,500	A	FOY
2019年	¥4,000	A	
2020年	¥4,000	B	
2021年	¥4,000	B	
2022年	¥4,000	B	
2023年	¥4,000	B	GOY
2024年	¥4,000	B	

20年間の総合ポイント
68pt

FOY獲得 1回

GOY獲得 2回

コスパ	アイデア	ラグジュアリー
A	A	C

ベストグッズ

スラィリーつぼ押し（推し）
（2024年）

ベストイヤー

2023年

総額 ¥72,000

「他球団さんのように〝複数のグッズからの選択制〟となると、ロットや在庫の問題が出てきます。それをやろうとすると、コストがかさんでしまうので、現在は一品に集中して、それなりのクオリティのあるものを特典としています」

担当者としては、「この点は変えていかなければならない」という思いはあっても、現実的にはそれも難しい。だからこそ、「どの世代にも、もっとも喜ばれるのがコレなのかな？」という思いでユニフォームをメイン特典としているのである。

09年の「カオシマユニフォーム」に代表される斬新なアイデアの秘密も尋ねてみると、「実は企画会議というものはほとんどありません」という意外な答えが返ってきた。

「今までのものに関しては、その場の思いつきで、〝こんなのどうだろう？〟と提案されたものばかりです（笑）。会社全体がそういう雰囲気ですから」

12球団唯一無二の手作り感あふれるFCとして、今後も緩やかな社風を継続してほしいものである。

阪神タイガース

継続年数を重視して、ファンの忠誠心を問う

12球団FC通信簿
2005-2024充実度
7位

栄えある第１回ＧＯＹに輝いたド派手な「イエローメッシュジャージ」に象徴されるように、阪神ＦＣの特典グッズは、いい意味での「コテコテ感」にある。配色は黒と黄色、そこに虎のマークがドーン！　淡い色よりは原色を使って、誰が見ても「オレはタイガースに命かけてまっせ！」と大きくアピールできるような派手さ、けばさ、毒々しさが特徴だった。

しかし、２０１０年代半ばくらいになると、カモフラ柄にうっすらと虎のマークをあしらうようなこじゃれた特典が増えていく。18年の「トートバッグ」がその典型だったが、20年の「リフレクターリュック」は、阪神ＦＣの新たな可能性を教えてくれたような気がする。一見すると、黒いリュックに交通安全用に光を反射する黄色いリフレクターをつけただけなのだが、目を凝らしてよく見てみると、そこにはチームロゴと一緒に『六甲おろし』の歌詞が浮かび上がってくるのだ。パッと見はファッショナブルだが、マインドはコテコテ。このハイブリッドこそ、阪神ＦＣが目指すべき方向性なのではないだろうか？

また、19年に「中学生会員」の年会費を３６００円から２５００円に大幅に値下げしているのは良策だ。このご時世において、若年層ファン獲得に向けて、思い切った施策を採る経営判断に拍手を送りたい。

04年から現在のスタイルとなった阪神ＦＣは、23年に設立20周年を迎えた。これを記念して、この年は年会費１万円の「ハイグレードプラン」と、継続

阪神タイガース2005-2024年FC通信簿

年度	会費	充実度	FOY/GOY
2005年	¥3,500	B	GOY
2006年	¥3,500	B	
2007年	¥3,500	B	
2008年	¥3,500	B	
2009年	¥3,500	B	
2010年	¥3,500	B	
2011年	¥3,500	B	
2012年	¥3,500	B	
2013年	¥3,500	B	
2014年	¥33,500	A	GOY
2015年	¥33,600	A	
2016年	¥33,600	A	
2017年	¥3,600	A	
2018年	¥3,600	B	
2019年	¥3,900	B	
2020年	¥3,900	B	
2021年	¥3,900	B	
2022年	¥33,900	B	
2023年	¥10,000	B	
2024年	¥10,000	B	

20年間の総合ポイント **68pt**

FOY獲得 **0回**

GOY獲得 **2回**

コスパ	アイデア	ラグジュアリー
B	A	A

ベストグッズ

革製長財布（2016年）

ベストイヤー

2024年

総額 **¥205,000**

20年の者だけが、年会費に7万円をプラスすると入会できる「プレミアムコース」を誕生させた。

大枚をはたけば誰でも入会できるのではなく、「継続年数20年の者に限る」という縛りをつけるあたり、「カネより忠誠心」という、前作で指摘したポリシーがまったく揺らいでいないのが嬉しい。

少々わかりづらいので整理すると、24年度の場合、10年以上の継続会員は「ダイヤモンドプラス（年会費＋3万円）」、そして20年以上の会員は「プレミアムプラス（年会費＋7万円）」に入会できる。「ダイヤモンド」はミズノ製グッズが特典となることが多いが、「プレミアム」は「バカラのグラス」、または「燕三条のカトラリーセット」などの最高級アイテムに加え、「限定ビデオレター」などが特典となっている。

ファッショナブルとコテコテ、カネと忠誠心。両輪そろって阪神FCは進んでいく。僕もいつかはプレミアムコースに入会してみたい。継続年数はクリアしているが、問題は7万円という大金である。忠誠心だけではどうにもならない大問題である。

横浜ＤｅＮＡベイスターズ

「革命」、それとも「迷走」？　大胆な施策に挑み続ける

12球団FC通信簿
2005-2024充実度
9位

　前作が扱った05年から14年にかけてのベイスターズは、親会社がＴＢＳからＤｅＮＡに代わる時期に当たっているため、混乱の渦中にあり、正直言えばＦＣにかける余力はほとんど残っていなかった。そのため、05年から11年にかけては低迷期が続いた。

　しかし、12年からＤｅＮＡが親会社となったことで、ここから一気に反転攻勢をしかけ、前作では「奇跡の急上昇、こんな大躍進が起こるとは……」と書いた。「観戦特典」が充実し、「アースミュージック＆エコロジー」などの人気ブランドとのコラボアイテムをメイン特典とし、「ポイント制度」も拡充した。

　だからこそ僕は、「これからのＤｅＮＡには期待できる。12球団でもっとも伸びしろが大きく、ここ3年で一気に優良ファンクラブへと変貌を遂げたのだ」と、なんの迷いもなく自信を持って書いた。

　しかし――。

　何事も思い通りにならないのは世の常なのか？ ここからＤｅＮＡＦＣはまさかの迷走状態に陥るのである。翌15年のことだ。この年、経営陣は横浜スタジアムへの「来場促進」に全精力を注ぐことを決めた。「観戦特典」をパワーアップし、観戦回数に応じて、さらにチケットをゲットできるようにしたのだ。折しも球場改修で座席数を大幅に増やそうとしていた時期だった。ブレのない経営施策であったのだ。

　そして、ビジターチームのファンをターゲットとして、「Ｖ☆ＳＰＩＲＩＴ（３０００円）」を発足さ

横浜DeNAベイスターズ2005-2024年FC通信簿

年度	会費	充実度	FOY/GOY
2005年	¥4,000	C	
2006年	¥4,000	B	
2007年	¥4,000	B	
2008年	¥4,000	B	
2009年	¥4,000	C	
2010年	¥5,000	B	
2011年	¥4,000	B	
2012年	¥2,000	B	
2013年	¥3,000	B	
2014年	¥3,000	A	FOY
2015年	¥3,000	A	FOY
2016年	¥3,000	B	
2017年	¥3,000	B	
2018年	¥8,000	A	GOY
2019年	¥8,000	A	
2020年	¥8,300	A	FOY
2021年	¥8,300	B	
2022年	¥8,300	B	
2023年	¥8,300	B	
2024年	¥8,700	B	

20年間の総合ポイント 66pt

FOY獲得 3回

GOY獲得 1回

コスパ	アイデア	ラグジュアリー
A	B	B

ベストグッズ

ファーストミット（2020年）

ベストイヤー

2020年

総額 ¥103,900

せた。「V」とはもちろん「ビジター」のVだ。

こうした思い切った改革、いや、革命は17年までの3年間続いた。「ある程度の成果が出た」という判断だったのか、それとも「この計画は見直そう」という判断だったのかはわからないけれど、突然、「キャッチャーマスク」（18年）、「キャッチャーミット」（19年）、「ファーストミット」（20年）と「ガチ野球路線」が特典となった。あまりの高低差に耳がキーンとなってしまったけれど、僕にとっては大歓迎。

残念ながらこの路線は21年「外野手用グローブ」で終わってしまったが、FC史に残る試みだった。

そして、24年からは新たに「BlueMates」と組織改編。手薄だったポイントシステムに注力する姿勢を見せている。「スペシャルコース（8700円）」だと「引換チケット4枚」もつく。僕がチョイスした「折り畳み傘」も気に入っている。新組織はいい滑り出しを見せた。これからに期待が持てる。23年からは「マスコットコース」も誕生させた。貪欲に新しいことにトライする姿勢があれば改革はうまくいく。

オリックス・バファローズ

そろそろ本腰入れて、「脱マンネリ」を目指す時期に

12球団FC通信簿
2005-2024充実度
9位

　ＦＣについて語る前に、まずは「本業」の野球のことから始めたい。僕がトゥエルバーとなった05年から14年までの10年間で、オリックスがAクラスになったのは2年だけだ。そして、15年から20年までは最下位3回を含めて、すべてBクラスだった。しかし、中嶋聡監督が就任した21年からは3年連続でリーグ制覇を実現し、この世の春を謳歌している。

　それまでの経験則で言えば、「ＦＣが改善されるとチームが強くなる」と感じていたのだが、今ではその考えを撤回している。というのも、15年以降のオリックスＦＣを振り返ってみても、別に改善されていないし、むしろ停滞気味であるという印象があるからだ。どうやら「ＦＣの充実とチーム成績向上」という因果関係は、オリックスには当てはまらないようだ。

　14年に発売した前作において、僕はオリックスＦＣについて「印象に残らない個性のない特典」と書いた。あれから10年が経過して、はたして現在はどうなっているのか？　この問いに対して、僕は明確な答えを見つけることができない。強いて言うなら、「半分は改善されて、半分はそのまま」としか言いようがないのだ。15〜24年までの10年間のオリックスＦＣの特典を思い浮かべてみる。僕の脳裏に鮮やかに浮かび上がるのは3アイテムだ。

　20年の「オリジナル野球盤京セラドーム大阪Ｖｅｒ．」、22年「宮崎牛モモスライス」と、翌23年「宮崎牛肩ロース・ウデ焼肉」の3つである。10年のう

オリックス・バファローズ2005-2024年FC通信簿

年度	会費	充実度	FOY/GOY
2005年	¥2,100	C	
2006年	¥2,100	B	
2007年	¥3,000	B	
2008年	¥3,000	B	
2009年	¥3,000	B	
2010年	¥3,000	B	
2011年	¥3,000	B	
2012年	¥3,000	B	
2013年	¥3,000	A	FOY
2014年	¥3,600	B	
2015年	¥3,600	B	
2016年	¥15,000	A	GOY
2017年	¥15,000	B	
2018年	¥16,000	A	
2019年	¥13,600	B	
2020年	¥10,000	A	
2021年	¥20,000	B	
2022年	¥28,000	B	GOY
2023年	¥28,000	B	
2024年	¥28,000	B	

20年間の総合ポイント
66pt

FOY獲得 **1回**

GOY獲得 **2回**

コスパ	アイデア	ラグジュアリー
B	C	A

ベストグッズ

オリジナル野球盤
(2020年)

ベストイヤー

2016年

総額 **¥206,000**

ち3アイテムは強烈なインパクトを残し、残り7年はまったく印象に残っていないのである。「野球盤」と「宮崎牛」に挟まれたエアポケットのような21年、僕は「再びマンネリ化が進むのか？」と書いている。この3アイテム以外は「オリジナルユニフォーム」「デサントコラボバッグ」「今治製タオル」がひたすら繰り返されている。モノはいい。高品質だ。けれども、面白みがない。歴代の「デサントコラボバッグ」をズラッと並べて「年代順に並べよ」と問われたら、はたしてオリックスのFC担当者は正解できるのだろうか？　僕には無理だ。16年には球界初となるペット専用FC「Bsわんにゃんくらぶ」を創設するというアバンギャルドでラディカルなことを平然としているのだ。抜本的な改革を期待したいのだが、改革の兆しが何も見えないのがもどかしい。

　最後の改革は「BsCLUB」発足10年目となる16年。そう、「わんにゃんクラブ」誕生のときだ。あれからすでに8年が経過した、そろそろ見直しの時期に差しかかっているのではないだろうか？

東北楽天ゴールデンイーグルス

「プレミアム」は至れり尽くせりも、他のカテゴリーは？

12球団FC通信簿
2005-2024充実度
11位

楽天ほど評価の難しいＦＣはないのではないか？

この20年間のうち、14、15、そして24年と3年間、かつての「ブースタークラブ」、現在の「プレミアム」に入会したのだが、さすが年会費10万５００円だけあって、質量ともに大満足だった。特に「全選手直筆サインカード」は、ファンにはたまらない逸品で、毎年入会して年度版としてコレクションしている人もたくさんいるに違いない。

ところが……。ところが、だ。24年を例にすると「ライト（２０００円）」「スタンダード（1万５００円）」「ハイグレード（３万円）」が、あまり魅力的でないのだ。観戦チケットは年会費相応に充実しているので、「安く観戦できればいいや」と考えている人にとっては大きな不満はないのだろう。

けれども、ＦＣ評論家としては、これから毎年10万円強も年会費を払い続けることも難しく、「スタンダード」「ハイグレード」でも、ある程度のクオリティの特典グッズを期待したい。

苦言ばかり続いてしまったが、ソフトバンク同様、楽天もまた創設20年の節目の年を迎えた。つまり、僕の「同期」であり、「同志」である。発足初年度となる05年は「創立会員」の名前が記された小冊子も特典の一つとなった。小さな字でびっしりと書かれたその名簿の中に「長谷川晶一」と見つけたときは嬉しかった。球団創設直後、つまりはＦＣ誕生直後の楽天は、業界の風習や因習に縛られない自由な組織だった。

東北楽天ゴールデンイーグルス2005-2024年FC通信簿

年度	会費	充実度	FOY/GOY
2005年	¥3,000	B	
2006年	¥3,500	B	
2007年	¥3,500	B	GOY
2008年	¥3,500	B	
2009年	¥3,500	B	
2010年	¥3,500	B	
2011年	¥3,500	B	
2012年	¥3,500	B	
2013年	¥3,500	B	
2014年	¥100,500	A	
2015年	¥100,500	A	GOY
2016年	¥16,000	B	
2017年	¥30,000	B	
2018年	¥10,500	B	
2019年	¥16,000	B	
2020年	¥10,500	B	
2021年	¥10,500	B	
2022年	¥10,500	B	
2023年	¥10,500	C	
2024年	¥100,500	A	

20年間の総合ポイント　64pt

FOY獲得　2回

GOY獲得　0回

コスパ　?（評価不能）

アイデア　A

ラグジュアリー　A

ベストグッズ

全選手サイン入りカード（2014年）

ベストイヤー

2024年

総額　¥447,000

そうでなければ、「Mr・カラスコクラブ」という独創的なFCなど誕生させることはできなかった。しかし、09年を最後に「カラスコクラブ」は消滅し、現在まで復活の兆しすらない。かつて、FC担当者はこんなことを言っていた。

「ファンの方からも、〝なくなって残念だ〟というお声をいただきました。カラスコ本人が〝やる〟って言ったら、復活するかもしれません（笑）」

頼む、カラスコ！「やる」って言ってくれ！

さて、本書カバーにはマスク姿の「著者近影」、つまり僕の写真が掲載されている。このマスクは「カラスコクラブ」の06年の特典だ。そして、クリムゾンレッドのブレザーも、06年「ブースタークラブ」の特典でオンワード樫山製だ。さらに、胸元に輝いているのは24年の継続特典「20周年記念ピンバッジ」だ。期せずして楽天FC尽くしとなった。

これからも、「同期」であり「同志」として、末永くいい関係を続けていけたら幸いである。まずは「カラスコクラブ」の復活を切に願っている。

北海道日本ハムファイターズ

新球場から始まる、新たな個性を持ったFCを目指す

12球団FC通信簿
2005-2024充実度
12位

前作において、僕は「日本ハムFCは、もっとも印象度が薄く、存在感も希薄だ」と書いた。これを受けて、当時のFC担当者はこんなことを言っていた。

「もちろん、読ませていただきました。若干、傷ついた部分もあります（笑）。でも、私たちもなかなか他球団さんとのコミュニケーションがないので、こちらの本でいろいろと勉強させていただきました」

　このやりとりの中ですごく嬉しかったのが、「この本に後押しされて、特典グッズの《複数選択制》を意識した」という言葉だった。

「私たちの中でもずっと課題としてあったんですけど、あの本を読んで、〝いよいよ始めなければ〟と背中を後押しされました（笑）」

　初めて「12球団ファンクラブ評論家®」らしいことをした（笑）。さて、前作でも書いたように、長年にわたって、日本ハムFCは個性に乏しく、大きな欠点もない代わりに、これといった魅力も感じられず、影の薄い存在だった。しかし、近年になって、少しずつ変化の兆しを見せ始めている。

　その後押しとなったのが、23年に開業した新球場エスコンフィールドHOKKAIDOだ。

　開業前年となる22年に就任した「ビッグボス」こと、新庄剛志監督に注目が集まる中、新球場開業の23年に狙いを定め、その前年からすでに盛り上げ態勢に入っていた。そして、23年。この年日本ハムFCは大きく生まれ変わる。新組織「FAV」の誕生であ

北海道日本ハムファイターズ2005-2024年FC通信簿

年度	会費	充実度	FOY/GOY
2005年	¥3,000	B	
2006年	¥3,000	B	
2007年	¥3,000	B	
2008年	¥3,000	B	GOY
2009年	¥3,000	B	
2010年	¥3,000	B	
2011年	¥3,000	B	
2012年	¥3,000	B	
2013年	¥3,000	B	
2014年	¥3,000	C	
2015年	¥3,000	B	
2016年	¥3,300	B	
2017年	¥3,300	B	
2018年	¥3,600	B	
2019年	¥3,600	A	FOY
2020年	¥3,600	A	GOY
2021年	¥3,600	B	
2022年	¥3,600	B	
2023年	¥3,900	B	
2024年	¥43,900	B	GOY

20年間の総合ポイント **62pt**

FOY獲得 **1回**

GOY獲得 **3回**

コスパ	アイデア	ラグジュアリー
B	B	B

ベストグッズ

SEIKOコラボウォッチ（2024年）

ベストイヤー

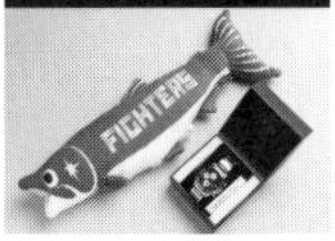

2024年

総額 **¥105,400**

る。これは「ＦＩＧＨＴＥＲＳ　ＦＡＶＯＲＩＴＥ」の略であり、「ファイターズが好き」という思いを表しているのだという。ポイントシステムをリニューアルし、ランク制度も新たに構築した。特典グッズに関しても、追加で９０００円を支払えば「プレミアム特典」として「スタジャン」か「キャリーケース」がゲットできるようになった。他球団のように会員種別を増やさない日本ハムＦＣらしい妙案である。

翌24年は「プレミアム特典」が3種類に増え、「選ぶ楽しさ」も味わえるようになった。普段は時計などしないのに、「ＳＥＩＫＯコラボウォッチ」をゲットするために4万円も追加した。正直言えば、まだまだ個性は弱い。「観戦特典」「グッズ特典」「ふれあい特典」「体験特典」「ポイント制度」……、ＦＣに必要なさまざまな要素を少しずつレベルアップさせていく必要性に迫られている。それでも、新しい球場で、若くて生きのいい選手が台頭している現状を鑑みれば、この波に乗ってＦＣ改革をさらに推し進めることもできるはず。期待とともに、信じている。

おわりに

2034年――はたして、30周年記念本は出るのか？

2005年と2024年は雲泥の差

ご苦労さまです。そして、お疲れさまです。

このページ右下の3ケタの数字、いわゆるノンブルをご覧ください。そうです、それです。「390」と書かれていますね。書きたいこと、言いたいことが多すぎて、当初考えていたよりもかなりぶ厚い本となってしまいました。

最初から順番に読み進めてきた方、パラパラと読み飛ばしながら、ここにたどり着いた方、あるいはいきなりこのページを開いた方もいらっしゃるかもしれません。

どんなプロセスを経てここまで来たのかは人それぞれでしょうが、400ページにわたるこの本には、球界再編騒動の翌年である**2005（平成17）年から、2024（令和6）年までの20年間のファンクラブの歴史**が閉じ込められています。

気がつけば元号も「平成」から、「令和」に変わっていました。

個人的な話で恐縮ですが、34歳になる直前の33歳でこの試みを始めてから、すでに20年が経過し、僕もすでに54歳となってしまいました。

馬齢を重ねる——。

ふと、そんな言葉が頭をよぎりました。そうです、「無駄に年をとってしまった」という意味合いでしょうか？　大抵の場合、謙遜表現として使われることが多いようですが、今回に関しては文字通りの意味で、無駄に年をとってしまったといえるでしょう。

そうでなければ、50代半ばになって、口元の開いたマスク、仮面ライダーでいえばライダーマンのようなマスクをかぶって、人前に出るはずなどありませんから。

滑稽なマスクをかぶったこの男（僕のことですが）は、**20年間にわたって、12球団すべてのファンクラブに入会**し、挙句の果てには**「12球団ファンクラブ評論家®」で商標登録**をしています。いい大人のすることではないですし、あまり頭のいい振る舞いとも思えませんが、それでも失った時間は取り戻すことができないのですから、受け入れるしかないでしょう。意外と、あきらめがいいんです、僕は。

さて、本書を読んで、読者のみなさんはどのような感想を持たれたでしょうか？

現在の視点で見れば、05年当時のファンクラブはまだまだ未成熟で、至らぬ点が多々目につきます。けれども、あの時点ではそれが最先端であり、ファンクラブ運営サイドとしても、決して手を抜いたり、怠けたりしていたわけでもなく、それが全力のサービスだったのです。一方で、それを享受するファンとしても、「そういうものなんだ」と思って、提供されるサービス、グッズを受け入れていました。

では、それから20年が経過した24年、現時点でのファンクラブ事情はどうでしょう?たった今見たばかりの05年と比べれば、雲泥の差があります。天と地ほどの差です。

今回、この本を作るにあたって、当時自分が書いた文章を読み返してみました。

その時点で感じていたことが、後から考えれば実にどうでもいいことだったり、あるいは後に重要な意味を持つことをアッサリとスルーして見逃していたり、渦中にいるときには気づかなかったことがたくさんありました。

同時に、後に解釈が変わってしまうこともこんなに多いのかと驚きました。改めて「20年」という時間の長さ、そして重みを痛感した次第です。

この本で、どうしても伝えたかったこと

さて、最後の最後に恐縮ですが、この本の狙い、この本で伝えたかったことを改めてご

説明させてください。こういうことを「蛇足」というのかもしれませんが、どうしてもこれだけはお伝えしたく、こうしてキーボードを叩いています。

本書の構成は、「12球団ファンクラブ 2005~2024クロニクル」パートと、大小、長短さまざまな「コラム」パートの二部構成となっています。クロニクルに関しては、かつての『野球小僧』、現在の『野球太郎』で、年に一度執筆していた原稿がベースとなっています。いってみれば「再掲載」です。

そして、再掲に当たって重視したのは「なるべく、当時の文章をそのまま掲載する」ということでした。それは、先ほど述べたように、できるだけ「後から見て気づいたこと」「後の視点による後出しじゃんけん的解釈」を排除したいと考えたからです。

作者である当人からすれば、30代の頃に書いた文章、40代で執筆した文章、そして今、50代の文章、いずれも全然違うことに驚きました。若い頃の文章はみずみずしい半面、ちょっとした気負いや鼻息の荒さが目につきます。同様に40代で書いたものも青くさい部分や未熟な箇所が目につきます。こんな書き方をすると、大所高所に立って「オレも若かったなぁ……」と過去を振り返る大御所のようですが、50代の今、「これがベストだ」と思って書いていることも、後から見ればそれもまた青く未熟なものなのでしょう。

けれども、なるべくならそのままの形で読者のみなさんには読んでほしい。そう考えました。未成熟だったファンクラブが少しずつ整備され、現在の姿になっていったように、書き手の成長、あるいは老化もまた、読者のみなさんに味わってほしいと考えたからです。

それが成長や進化なのか、あるいは衰えや退化なのかはわかりませんが、その変化こそ、「20年」という時間の重さだと思ったからです。

その結果、今言っていることと、かつて言っていたこととの矛盾が生じるケースもあるでしょう。「おまえ、13年にはこう言っていたのに、23年には真逆のことを言ってるじゃないかよ！」と詰問されることは覚悟の上です（笑）。

読者のみなさんはぜひ、その当時の空気感を味わいながら読み進めてみてください。そして、「あのとき、自分はこんなことをしていたなぁ」とか、「こんなことで悩んでいたんだよなぁ」ということをチラッとでも思い出してみてください。

僕が20年生きてきたように、あなたもまた20歳もの年齢を重ね、この世界を生き抜いたのですから。

なかには未成年の読者もいることでしょう。そんな方には、あなたが生まれる前からマスクをかぶって全球団のファンクラブに入会していたバカな男の能書きや講釈を楽しんでもらえると嬉しいです。

だからこそ、「蛇足だよ」と言われるのは覚悟で、長々と述べさせていただきました。

結局、続けるの？　続けないの？　どっちなの？

さて、長々と屁理屈を述べてきましたが、そろそろ本題に入らなければいけません。本題とは何か？　そう、先ほどノンブルを確認した「３９０」ページに戻って、改めてこの文章のタイトルを見てください。なんと書いてありますか？

２０３４年――はたして、30周年記念本は出るのか？

「来年の話をすると鬼が笑う」といいますが、ここではあえて10年後の話をしようと思います。端的に言えば、「いつまでこの生活を続けようか？」ということです。

本書１９８ページから始まる長いエッセイでも書いたけれど、誰かから強制されているわけでも、命令されているわけでもないのだから、やめようと思えばいつでもやめられます。でも、それがいつなのかは、僕自身が決めなければなりません。

現実的なことを言えば、僕がこれからも続けようとも、今ここでやめようとも世の中にはなんの影響もありません。そもそも、こんな男がいることすら知らないし、知りたくも

ないでしょう（笑）。今これを読んでくださっている読者のみなさんにとっても、「あぁ、まだ続けるんだ……」とか、「あっ、もうやめるのね」といった程度の問題でしょう。

大仁田厚のように、引退すると言っては何度も復帰したり、街の商店街の一角でもう何年も「倒産売り尽くしセール」を行ったりするようなことはしません。

もったいぶるわけではないし、「えーっ、やめないで」と引き留めてもらいたいという思いがあるわけでもありません。すでに述べたように、終わりのない「段ボール問題」に疲れてきたということはありますが、まぁ、どこかに部屋か倉庫でも借りれば解決する問題でしょう。続けるか、やめるかを決定する要素は、いったいなんだろう？

つい、そんな自問自答をしてしまう自分がいます。

・楽しいか、楽しくないか？
・保管場所があるか、どうか？
・毎年、数万円の年会費を払い続けられるか？
・北海道、仙台、博多など、遠征に行く体力があるか、どうか？

考えるべきことは、これぐらいでしょうか？　あっ……。

・家族の同意を得られるか、どうか？

これも当然、忘れてはならない大事な要素です。

いろいろ頭をひねってみるのですが、思い浮かぶのはこの程度です。一つ、一つ、仔細に検討してみると、いずれも「まぁ、大丈夫だろう」という結論に達します。

そうなると、やめる理由もないので続けることとしましょうか（笑）。

今、ここに挙げた最初の設問、「楽しいか、楽しくないか？」でいえば、20年が経過した今でも、「楽しい！」と自信を持って言うことができます。

続けるとしたら、10年前に商標登録を申請した「12球団ファンクラブ評論家®」の更新手続きも必要となりますが、その点も大丈夫。僕には、弁理士の友人という心強い味方がいるので、書類作成などは彼におんぶに抱っこでお任せしましょう。

そうなると、続けることの支障はまったくなくなったのかな？

……あっ、一つだけありました。最後に大事なことを忘れていました。

この本に関わってくれたすべてのみなさまに

10年前に前作を出版することが決定して、その後もトゥエルバーとして生きていくこと

を決意したとき、僕は真っ先に、本のあとがきで、「これからもまだ続けますよ」ということ、そして、「10年後に2冊目の本を出版しますよ！」ということを、読者のみなさんに宣言しようと決めました。

一つは自分にプレッシャーをかけるためでしたが、もう一つは、10年後の２０２４年に新たに本を出したときに、読者の方々に「アイツ、まだやってたのか」と半笑いしてほしいという思いがあったからです。そして、そのうちの何人かが「そういえば、あとがきに〝また10年後にお会いしましょう〟と宣言していたけど、本当に約束を守ったんだな」と思い出してほしかったからです。

そして、ようやくその夢がかなうときがやってきます。

たまたまこの本を書店で見つけた方が、「アレ、この本、ずいぶん前に読んだぞ」と手に取ったら、タイトルの「10年間」が「20年間」に変わっていることに気がついて、「エーッ！」と驚いてほしい。そんな思いで、10年前に「またお会いしましょう」と書いたのです。でも、一度やってしまったことをもう一回やっても面白くはありません。

だから、今回は「また10年後に会いましょう」とは言いません。けれども、その代わりに、ありったけの感謝の思いを込めて、「ありがとうございました！」と伝えさせてください。みなさんの協力がなければこの本は生まれませんでした。本当に多くの人の支えが

あって、この本は生まれました。本当に感謝しています。**お互いにいつまでも元気で、いつまでも野球を楽しみましょう！**

元広島の野村謙二郎氏の引退スピーチじゃないけれど、本書の制作を通じて、「野球はいいもんだぞ。野球は楽しいぞ！」ということを改めて痛感しました。この20年間、毎年『野球小僧』『野球太郎』で書いてきた結びの言葉を本書でも使わせてください。

さぁ、スタジアムへ行こう！

２０２４年６月29日　奥川恭伸の神宮復帰登板勝利の日に

長谷川晶一（12球団ファンクラブ評論家®）

長谷川晶一　はせがわ・しょういち

1970年生まれ。東京都出身。ノンフィクション作家&世界で唯一人の12球団ファンクラブ評論家®。早稲田大学卒業後、出版社勤務を経てフリーに。野球を中心としたスポーツ、サブカルの分野で緻密な取材を元に数多くの作品を執筆。主な著書に「詰むや、詰まざるや　森・西武vs野村・ヤクルトの2年間 完全版」(双葉文庫)、「いつも、気づけば神宮に　東京ヤクルトスワローズ『9つの系譜』」(集英社)、「中野ブロードウェイ物語」(亜紀書房)など多数。

プロ野球12球団ファンクラブ全部に20年間入会してみた!

著者　長谷川晶一

2024年7月31日　第1刷発行

発行者　樋口尚也
発行所　株式会社　集英社

〒101-8050
東京都千代田区一ツ橋2-5-10
編集部　03-3230-6206
販売部　03-3230-6393(書店専用)
読者係　03-3230-6080

印刷所　TOPPAN株式会社
製本所　加藤製本株式会社

装丁　コイグラフィー（鈴木ユキタカ）
DTP　コイグラフィー（鈴木ユキタカ、うえさかあらた）
編集　菊地高弘　内山直之

ISBN978-4-08-790167-2　C0075